无锡、苏州、常熟方言本字和词语释义

翁寿元　著

苏州大学出版社

图书在版编目(CIP)数据

无锡、苏州、常熟方言本字和词语释义 / 翁寿元著.
—苏州:苏州大学出版社,2014.12
ISBN 978-7-5672-1159-9

Ⅰ.①无…　Ⅱ.①翁…　Ⅲ.①吴语—本字—方言研究—江苏省②吴语—词语—方言研究—江苏省　Ⅳ.①H173

中国版本图书馆 CIP 数据核字(2014)第 300711 号

无锡、苏州、常熟方言本字和词语释义
翁寿元　著
责任编辑　周建国

苏州大学出版社出版发行
(地址:苏州市十梓街1号　邮编:215006)
宜兴市盛世文化印刷有限公司印装
(地址:宜兴市万石镇南漕河滨路58号　邮编:214217)

开本 700 mm×1 000 mm　1/16　印张 17.5　字数 287 千
2014 年 12 月第 1 版　2014 年 12 月第 1 次印刷
ISBN 978-7-5672-1159-9　定价:68.00 元

苏州大学出版社营销部　电话:0512-65225020
苏州大学出版社网址　http://www.sudapress.com

目　　录

无锡、苏州、常熟方言本字(一)

一、本书所说的无锡方言包括原无锡县东部硕放乡薛典的方言①和今无锡市区的方言。无锡薛典方言就语音说,与苏州及原吴县②方言很接近;就词汇说,与苏州、常熟及无锡市区有很多共同的地方。所以本书在述及四处方言共同的语素时,除无锡薛典方言外,还列出苏州、常熟及无锡市区的方言,兼谈三地的本字。本文各条目后所记的音,① 为无锡薛典音,② 为苏州市音,③ 为常熟市音,④ 为无锡市区音。文中所举例句都是属无锡薛典方言的。

二、本文所说的主要是方言中的单音语素(成词或不成词),一般是方言中有音无字或一般不知其字的语素。另外还谈了文读音与口语音差别较大的一些通用字。本文以"~"代替条目字头,例句中写不出的字用同音字,无同音字直接记音。

三、无锡薛典、苏州市、常熟市和无锡市区四地方言声韵调如下:

1. 四地方言声母　下列声母中,无锡薛典和无锡市区无dz,dʐ,苏州无dz,tʂ,tʂʻ,dʐ,ʂ,ʐ,常熟全有。

p pʻ b m f v　　t tʻ d n l ts tsʻ dz s z　　tʂ tʂʻ dʐ ʂ ʐ

tɕ tɕʻ dʑ ȵ ɕ　　k kʻ g ŋ h ɦ Ø

2. 四地方言韵母

无锡薛典方言韵母:

ɿ	ʮ	ɑ	ɐ	ɛ	ø	o	ei	əu	ər	ã	ɑ̃	əŋ	oŋ	aʔ	ɑʔ	oʔ	əʔ
i		iɑ	iɐ	iɪ	iø	io				iã	iɑ̃	iŋ	ioŋ	iaʔ	iɑʔ	ioʔ	iəʔ
u		uɑ		uɛ						uã	uɑ̃	uəŋ		uaʔ			uəʔ
y												yəŋ		yaʔ			yəʔ
ṃ		ṇ		ŋ̍													

① 今属无锡市新区硕放镇薛典。

② 今属苏州市区。

苏州方言韵母：

ɿ	ʮ	ɑ	æ	ɛ	ø	o	ʏ	əu	ər	ã	ɑ̃	ən	oŋ	aʔ	ɑʔ	oʔ	əʔ
i		iɑ	iæ	iɪ	iø	io	iʏ			iã	iɑ̃	in	ioŋ	iaʔ	iɑʔ	ioʔ	iəʔ
u		uɑ		uᴇ	uø					uã	uɑ̃	uən		uaʔ			uəʔ
y												yən		yaʔ			yəʔ
m̩		n̩		ŋ̍													

常熟方言韵母：

ɿ	ʮ	ɑ	ɔ	ᴇ	ɛ	ɤ	o	ɤɯ	ər	ã	ɑ̃	əŋ	oŋ	aʔ	ɔʔ	oʔ	əʔ
i		iɑ	iɔ	ie	iɛ	iɤ	io	iɤɯ		iã	iɑ̃	iŋ	ioŋ	iaʔ	iɔʔ	ioʔ	iəʔ
u	uɑ			uᴇ	uɛ	uɤ				uã	uɑ̃	uəŋ		uaʔ	uɔʔ	uoʔ	
y																	
m̩				ŋ̍													

无锡市区方言韵母：

ɿ	ʮ	ɑ	ʌ	o	ɛ	ᴇ	ɤɯ	ou	ei	ər	ã	ɑ̃	ən	oŋ	aʔ	ɑʔ	ɔʔ	əʔ
i		iɑ	iʌ	io	iɪ		iɤɯ	iou			iã	iɑ̃	in	ioŋ		iɑʔ	iɔʔ	iəʔ
u		uɑ			uɛ	uᴇ					uã	uɑ̃	uən		uaʔ			uəʔ
y													yən		yaʔ			yəʔ
m̩	ŋ̍																	

3. 四地方言声调

	阴平	阳平	阴上	阳上	阴去	阳去	阴入	阳入
无锡	44	24	52	31	424	213	5	$\underline{23}$
苏州	44	13	52		412	31	5	3
常熟	53	24	44	31	424	213	5	$\underline{23}$
无锡市区	55	13	324	232	35	213	5	$\underline{23}$

眵

① $ts'ʅ^{44}$　② $ts'ʅ^{44}$
③ $ts'ʅ^{53}$　④ $ts'ʅ^{55}$

眼～。《广韵》平声支韵叱支切:"～,目汁凝也。"《说文·目部》:"～,一曰瞢兜。"段玉裁注:"瞢,各本讹作瞢,今依玄应正。瞢兜者,今人谓之眼～是也。"徐锴《说文解字系传》:"瞢兜,目汁凝也。"《急就篇》第四章:"痹热瘘痔～瞢眼。"颜师古注:"～,目之蔽垢也。"唐韩愈《短灯檠歌》:"夜读细字缀语言,两目～昏头雪白。"清胡文英《吴下方言考》卷八:"～,泪所凝也。今吴谚谓目汁凝曰～。"章炳麟《新方言·释形体》:"～,今人谓眼中凝汁为眼～。"

蛓

① $ts'ʅ^{424}$　② $ts'ʅ^{412}$
③ $ts'ʅ^{424}$　④ $ts'ʅ^{35}$

～毛:一种带黑色绒毛的有毒昆虫,常食菜叶等,又指长在树上食树叶的带绒毛的有毒昆虫。《广韵》去声志韵七吏切:"～,～毛虫有毒。"《说文·虫部》:"～,毛虫也。"《玉篇·虫部》:"～,毛虫也。"汉王逸《九思·怨上》:"～缘兮我裳,蠋入兮我怀。"清顾张思《土风录》卷五:"夏秋间有毛虫食树叶,名～毛虫。～音刺。"清朱骏声《说文通训定声》:作"刺毛"。"毛虫也……苏俗谓之刺毛。"按:"刺"与"～",方言同音。

鉏

① $zʅ^{24}$　② $zʅ^{13}$
③ $zʅ^{24}$

～头:即锄头,除草或松土用的农具。在方言口语中,～不单用,也不作动词用,不说"～草",说"削草"。《广韵》平声魚韵士鱼切:"～,……又田器。"《释名》曰:"～,助也,去秽助苗也。"《说文·金部》曰:"立薅斫也。"又"锄,上同"。《后汉书·独行传·李善》:"乃脱朝服,持～去草。"明钱秉镫《田园杂诗》:"日入开我卷,日出把我～。"《玉篇·金部》:锄同～。本字依《说文》作"～"。今通作"锄"。按:古鱼韵庄初崇生四母字,三地方言韵母分别为[əu]、[əu]、[ɤɯ],只有"～"和"梳"二字口语又读[ʅ]韵。

餈

① $zʅ^{24}$　② $zʅ^{13}$
③ $zʅ^{24}$　④ $zʅ^{13}$

～团:把糯米烧成饭捣烂,做成里面包馅外裹松花粉的团子。《广韵》平声脂韵疾资切:"～,饭饼也。"《说文·食部》:"～,稻饼也。"段玉裁注:"以糯米蒸,饼之如面饼曰～。今江苏之～饭也。"按:～饭与～团不同。～饭,糯米饭不一定捣碎,里面不包馅,外不裹松花的食品,切成糕状叫～饭糕,做成团子状叫～饭团。《周礼·天官·笾人》:"羞笾之食,糗饵粉～。"郑玄注:"饵,～皆粉稻米、黍米所为也,合蒸曰饵,饼之曰～。”～团的做法,古今和各地会有不同。清顾禄《清嘉录·八月》:“煮糯米和赤豆作团祀灶,谓之‘～团’。”今通常写作“糍”。

疰 ① tʂʮ^{424} ② tsʮ^{412} ③ tʂʮ^{424} ④ tʂʮ^{35}

～夏:夏天食欲不好,常易发烧、乏力的一种病。如“伊是一到夏天就～夏葛”。～船:晕船。指坐船(特别用橹摇的木船)时引起头晕和呕吐等反应。《广韵》:去声遇韵之戍切:“～,～病。”《广雅·释诂一》:“～,病也。”清尤怡《金匮翼·诸疰》:“～者,住也。邪气停住而为病也。”也有写作“注”的。清顾张思《土风录》卷八:“夏至食李,以解注夏之疾。”又:“不服船曰注船”。按:“注”与“～”,《广韵》同音,方言也同音。

椎 ① ʐʮ^{24} ② zʮ^{13} ③ dʐʮ^{24} ④ ʐʮ^{13}

敲打用的棒。棒～:洗衣时捶打用的木棒。《广韵》平声脂韵直追切:“～,……亦棒～也。”《说文·木部》:“～,击也。”段玉裁注:“～,所以击也。”《玉篇·木部》:“～,木～也。”《墨子·备城门》:“长～,柄长六尺,头长尺。”《太平广记》卷三二三引干宝《搜神记》:“便举～打之,都督云:‘头觉微痛。’”今通作“槌”。脂韵澄母字四地方言有文读音,分另为[zɛ]、[zᴇ]、[dzᴇ]和[zᴇ]。

鎚 ① ʐʮ^{24} ② zʮ^{13} ③ dʐʮ^{24}

铜～:古代兵器,柄端有球状物。《广韵》平声脂韵直追切:“～,金～。”《玉篇·金部》:“～,铁～也。”唐骆宾王《咏怀》:“宝剑思存楚,金～许报韩。”清王晫《兵仗记》:“～之制有二:曰铁～,曰流星～。”今通作“锤”。脂韵澄母字三地方言有文读音,分别为[zɛ]、[zᴇ]和[dzᴇ]。

墜 ① ʐʮ^{213} ② zʮ^{31} ③ dʐʮ^{213} ④ ʐʮ^{213}

下落,下垂。如“该件衣裳着勒浪有点望下～葛”。《广韵》去声至韵直类切:“～,落也。”《说文·土部》:“～,陊也。”按:陊《说文·阜部》:“落也。”《玉篇·土部》:“～,落也。”《楚辞·离骚》:“朝饮木兰之～露兮,夕餐秋菊之落英。”下垂为其引申义,指东西较厚重而有下垂的感觉。如“袋袋里放仔几块银洋钿,袋袋也～下哉”。“～”有文读音,四地方言分别为[zɛ]、[zᴇ]、[dzᴇ]和[zᴇ]。成语“天花乱～”,

～就读文读音。

㓟 ① $p'i^{44}$ ② $p'i^{44}$ ③ $p'i^{53}$ ④ $p'i^{55}$

把整块肉用刀成片剖开，或者用刀平切。如“拿该只腿（指整只猪腿）～～开”。《广韵》平声支韵敷羁切：“～，开肉。”《集韵》平声支韵攀縻切：“～，剖肉也。”明戴冠《濯缨亭笔记》：“吴俗语必有义，最为近古，如……谓具酒肴贺人曰‘～劝’。”原注：“～音披，言割肉以劝酒也。”有的写作“批”。明韩奕《易牙遗意》卷上：“腿精批作片，以刀背匀捶三两次，切作块子。”“批”与“～”，方言同音。

刺 ① $p'i^{44}$ ② $p'i^{44}$ ④ $p'i^{55}$

用斧头等工具把竹木砍去或削去一层，如“该块木头厚着一点，要～脱点”。《广韵》平声齐韵匹迷切：“～，～斫。”《玉篇·刀部》：“～，削也。”《方言据》卷下：“侧刀削物令薄曰～。”元耶律楚材《和移剌继先韵三首》之三：“细切清风非异事，更将明月～来薄。”诗中是把明月也比作为可～削的东西。《光绪黄岩县志》卷三十二：“削物曰～。”

頩 ① $p'i^{52}$ ② $p'i^{52}$

头倾侧。如“我搭伊讲话，伊～转仔头，只当覅听见”。《集韵》上声纸韵普弭切：“～，倾头也。”《说文·页部》：“～，倾首也。”段玉裁注：“玄应引《苍颉篇》云：‘头不正也。’”《广雅·释诂二》：“～，衺也。”按：“衺”同“邪”。《五灯会元》卷十一：“月映娥眉～面看。”

髲 ① bi^{213} ② bi^{31} ③ bi^{213} ④ bi^{213}

～子：妇女的发髻中，外加的扎成把的头发。《广韵》去声寘韵平义切：“～，头发也。”《说文·髟部》：“～，鬄也。”鬄，《说文·髟部》：“～也。”“～”与“鬄”为同义。《释名·释首饰》：“～，被也，发少者得以被助其发也。……剔刑人之发为之也。”《世说新语·贤媛》：“（湛氏）头发委地，下为二～，卖得数斛米。”《民国嘉定县续志·方言》：“～子：俗呼妇人所用之益发也。”

鐾 ① bi^{213} ② bi^{31} ③ bi^{213} ④ bi^{213}

把刀在缸沿等上面略磨，使锋利。磨剃刀的布条叫“～刀布”。《集韵》去声霁韵蒲计切：“～，治刀使利。”《字汇·金部》作“錍”，这是字形结构上的不同。明冯梦龙《笑府·刺俗》卷八：“取厨下刀于石上一再～（原注：～音避，治刀使利也)。"～,方言又引申为擦的意思,如擦火柴为"～自来火"。

𥶉 ① fi[424] ② fi[412] ④ fi[35]

芦～:把芦苇剖开摊成片状编成的席子样用具。《广韵》去声废韵方肺切:"～,芦～。"《方言》卷五:"簟,其粗者谓之籧篨。"郭璞注:"江东呼籧篨为～。"《说文·竹部》:"籧,籧篨,粗竹席也。"后也指芦苇编的粗席。《淮南子·本经》:"若簟籧篨。"高诱注:"籧篨,苇席。"按:今辞典和苏州方言称芦苇编的为芦～,竹篾片编的细的可供人睡的称篾席,粗的称竹席,编成长条形的供围屯粮食用的称篅条。～,《玉篇·竹部》作𥳒,并注:"𥳒,籧篨。"明冯梦龙《山歌》卷九:"论起行户中间来,我搭你芦𥳒上芦𥳒下,称起骨头来你半斤我八两。"《洪武苏州府志·风俗》:"苇席曰芦蕟。"按:蕟,同～。《集韵》去声废韵放吠切:"～,或蕟。"今简化作"箥"。

渧 ① ti[424] ② ti[412] ③ ti[424] ④ ti[35]

滴水。如篮浪还有水,让伊～～干。《广韵》去声霁韵都计切:"～,《埤苍云》:'～,㴖漉也。'"。清胡文英《吴下方言考》卷八:"《埤苍》:'～,㴖漉也。'按:～,水已竭而尚余滴漉也。"《民国嘉定县续志》:"～,俗言滴水也。如滴水不止曰搭搭～"。

𣝨 ① t'i[424] ④ t'i[35]

养蚕时给蚕去掉桑渣和蚕屎后,将蚕移入干净的蚕匾。如"今朝上半日～仔五筷蚕"。～筷:养蚕时把蚕移入干净的筷中。按:"筷",一种像匾的竹器,如"蚕三眠过后是隔两日就～筷葛"。虽然旧时无锡一带养蚕大都用竹制的匾,但仍说"～筷",不说"～匾"。《集韵》去声霁韵他计切:"～,蚕易曲也,或从弟。"按:"曲",《说文·曲部》:"曲,蚕薄也"。～有的书写作"𣝘",清沈练《广蚕桑说辑补》卷下:"蚕出之后,至三、四日,桑渣蚕沙之积已厚,即须以他器易之,俗谓之𣝘(原注:楮几切,读若'体'音)。"清翟灏《通俗编》卷三十六:"俗谓移蚕曰体蚕,实当书𣝘。"两书都写作"𣝘",且都用"体"作为同音字注音。𣝘,《广韵》上声旨韵楮几切:"𣝘(按:右边的桒为'桑'的俗字),移蚕就宽。"又去声至韵丑利切:"𣝘,分蚕。"《集韵》上声旨韵楮几切:"𣝘,移蚕。"又去声至韵丑二切:"𣝘,蚕析曰𣝘。"两书都有上声、去声两读。按:《广韵》《集韵》的楮几切、丑利切、丑二切,与今方言对应推算，似乎都不会音“体”。按：以上反切上字“楮、丑”两字都是彻母字，彻为舌上音，除非根据古无舌上音的说法，彻母字古音当读为透母字。这样楮几切才有可能读“体”字的音，“体”方言读阴上。薛典方言～读阴去，与“丑利切和丑二切声调相符合，也可以说都是保留了古音读音法”。如以上所说成立，实际上“～”“⿰彖弟”“⿸尸⿱彖氺”“⿸尸隶”为同一字的不同形体。虽然“⿸尸⿱彖氺”字使用较多，且在《玉篇》已有“⿸尸⿱彖氺”字，但因为《集韵》的“他计切”与方言的读音最切合，所以本书仍以《集韵》的～字为本字。

⿰氵隶 ① li^{213} ② li^{31} ③ li^{213} ④ li^{213}

带水的物体滴去水。如“米淘好后，让水～～干”。《广韵》去声霁韵郎计切：“～，《埤苍》云：滞～，漉也。”《集韵》去声霁韵郎计切：“～，一曰沥也。”《玉篇·水部》：“～，滴也。”四地方言还有“～涎”的说法，指不自觉地流出唾液。《民国嘉定县续志·方言》：“～涎，俗言小儿吐沫也。读若丽才。”按：涎，方言指唾液。

⿰禾資 ① tsi^{424} ② tsi^{412} ④ $tsɿ^{35}$ 又 tsi^{35}

稻～：稻把堆成的垛。柴～：稻草堆成的垛。《集韵》去声寘韵子智切：“～，积禾也或从齐。”意义与方言相符，读音按反切薛典、苏州应读[tsɿ]，但方言实际读[tsi]，韵母不同。无锡市区方言有[tsɿ]和[tsi]两读。也许可以这样认为，“～”或“⿰禾齐”本来就有两读的可能，特别是“⿰禾齐”字。《集韵》去声霁韵子计切：“⿰禾齐，获也。”意义与方言不够贴切，但读音与薛典、苏州完全一致。

《说文·禾部》：“～，积禾也。《诗》曰：‘～之秩秩。’”徐锴《说文解字系传》：“堆积已刈之禾也。”《广雅·释诂一》：“～，积也。”《玉篇·禾部》：“～，积也。”按：“积”，本来就有累积、堆积和堆子垛子的意义。《荀子·劝学》：“积土成山，风雨兴焉；积水成渊，蛟龙生焉。”唐段成式《酉阳杂俎·广动植》：“遇狼数十头，其人窘急，遂登草积上。”清钱大昕《恒言录》卷五：“柴积，积音祭。俞玉吾《月下偶谈》：‘吴人指积薪曰柴积。’”“积”音“祭”，“柴积”与“柴～”，音相同，字不同。有的写作“际”。《民国太仓州志·风土》：“积柴曰柴际。”“际”与“～”方言同音。～有的写作“⿰禾蔡”。明冯梦龙《山歌》卷二：“姐儿生得滑油油，遇着子情郎就要偷。正像个柴⿰禾蔡上火烧处处着，葫芦结顶再是个囫囵头（眉注：⿰禾蔡，音蔡）。”按：“⿰禾蔡”，一般字书并无此字，可能是“穄”字之误。

“穄”,《广韵》去声祭韵子例切:“黍穄,《吕氏春秋》曰:‘饭之美者……《说文》曰:穈也。’”按:“穄”《广韵》反切与薛典和苏州方言音[tsi]相同,但义不相符合。

黐 ① tsʻi^{44} ② tsʻi^{44} ③ tsʻi^{53}

~胶:旧时用来粘捕鸟的胶液。据说是用某种树皮捣烂而成。《广韵》平声支韵丑知切:“~,所以粘鸟。”按:反切薛典、常熟方言音[tʂʻʅ],苏州方言音[tsʻɿ]但三地口语都说[tsʻi]。《玉篇·黍部》:“~,黏也。”唐玄应《一切经音义》卷二“~,《字书》:木胶也。”《六书故·植物二》:“~,黏之甚者也。苦木皮捽取胶液,可以黏羽物,今人谓之~。”唐韩愈《寄崔二十六立元》:“敦敦凭书案,譬彼鸟黏~。”刘义庆《幽明录》:“多置~以涂壁,夕有数蝙蝠大如鸡,集其上不得去。”三地方言不单说“~”。清胡文英《吴下方言考》卷三:“~,黏胶也。吴中谓之~胶。”

粞 ① si^{44} ② si^{44} ③ si^{53} ④ si^{55}

碎米。《广韵》平声齐韵先稽切:“~,碎米。”《玉篇·米部》:“~,碎米。”宋苏轼《吴中田妇叹》:“汗流肩赪载入市,价贱乞与如糠~。”明陆容《菽园杂记》卷二:“此时舂者,多碎而~,折耗颇多。”明冯梦龙《山歌》卷四:“姐夫强横了要偷阿姨,好像个枕头边筛米满床~。”

翨 ① tɕi^{424} ② tɕi^{412} ③ tɕi^{424}

~翮:鸟类的翅膀。《广韵》去声寘韵居企切:“~,鸟~。《说文》云:‘鸟之强羽猛者。’”《玉篇·羽部》:“~,鸟翮也。”按:翮,鸟的翅膀。翮,薛典、苏州音[kaʔ^{5}],《广韵》入声麦韵古核切:“翮,翅也。”《说文·羽部》:“翮,翅也。”《广雅·释器》:“翮,翼也。”常熟不说“~翮”,说“~扇[ʂɤ^{424}]”。

餌 ① ȵi^{213} ② ȵi^{31} ③ ȵi^{213}

糕饼一类的食品。团~饼食:指糕团饼一类食品的总称。三地方言大多指米或米粉制成的食品。如“伊欢喜吃团~饼食,勿欢喜吃粥勒饭”。~,方言一般不单用。《广韵》去声志韵仍吏切:“~,《说文》:粉饼也。”《说文·鬻部》:“䰻,粉饼也,从鬻耳声。~,䰻或从食耳声。”应该认为䰻和~两字当时已并存,不过许慎认为~是或体。段玉裁注:“《周礼》:‘糗~粉餈。’《食部》曰:‘餈,稻饼也。’此曰:‘~,粉饼也。’

盖谓餈者，不粉之稻米为饼；～者，稻米粉之为饼，文互相足。”徐锴《说文解字系传》：“粉米蒸屑皆～也。”《急就篇》第二章：“饼～麦饭甘豆羹。”颜师古注：“溲米蒸之则为～。”《方言》卷十三：“～谓之糕。”《后汉书·酷吏传·樊晔》：“晔为市吏，餽～一笥。”从以上释义看，～，似乎可指米粉所蒸的糕，也可以指米蒸的糕。看来古代并不是严格区分的。再从应用上说，“鬻”和“～”，似乎用“～”字为多，可能“～”字较简单。从构字看，“鬻”和“～”都是形声字，但作为一种食品看，显然用“食”作形旁更合理且容易理解。䰜，《说文·䰜部》：“䰜，歷也，古文亦鬲字。”鬲，古代炊具。用炊具作形旁，当不如用“食”字作形旁。声旁用“耳”也较易读。清胡文英《吴下方言考》卷八：“鬻，吴中谓粉果曰：搏鬻饼食。”按：搏，《说文·手部》：“～，索持也，一曰至也。从手尃声。”《广韵》入声铎韵补各切：“搏，手击。”音和义都不可理解。搏，是否为摶字之误。摶，《说文·手部》：“圜也。”唐玄应《一切经音义》卷九引《通俗文》：“手團曰摶。”《集韵》平声桓韵徒官切：“摶，《说文》：‘圜也。’谓以手圜之。”音符合，但“摶”作为动词用。根据方言现在的意义，团～饼食，是包含团子、糕、饼等一类食品的总称，并非是指手捏团成～饼一类食品的意思。～为名词，摶为动词不合适。苏南一带盛产稻米，团子是一种很普通的食品。《吴下方言考》作者胡文英是武进人，应该有“团”这个词。所以我又认为“搏”是“糐”字之误。《广韵》未列“糐”或“糰”字，但《玉篇·米部》：“糰，糰糉(今作粽)。”《集韵》平声桓韵徒官切：“糐，粉饵，或从團从耑。”总之，胡文作“搏”有误。

秿

① p'u^{44}

③ p'u^{53}

稻～；割下的稻子在田里放成未捆小堆，如“稻～放放齐”。方言不单用。沰稻～：指割下的稻子还没有收即遭雨淋。《集韵》平声模韵滂模切：“～，一日穧也。”《广雅·释诂四》：“～，穧也。”王念孙疏证：“～，积也……今涞易之间刈稻聚把。”《说文·禾部》：“穧，获刈也”。段玉裁注：“穧，谓已刈而遗于田未敛者也。”《诗·小雅·大田》：“彼有不获稚，此有不敛穧。”孔颖达疏：“穧者，禾之铺而未束者。”“穧”与“～”义同。

篰

① bu^{31} ② bu^{31}

③ bu^{31}

竹编的器具，有的形状像坛子，有的像筐子。编得密的用来盛放东西，编得稀的渔民把它沉入水中养鱼。现在也有用稻草或剖开的芦苇编的。《集韵》上声姥韵伴姥切："～，竹器。"从三地方言来说，音义都是符合的。不足的是释义不具体。《玉篇》《广韵》等都查无此字。常用的却是"篰"字。《六书故·植物三》："篰，篮类。"宋朱熹《按唐仲文第三状》："去年，有客人贩到鮝鲑一船，凡数百篰。"明张岱《陶庵梦记·曹山》："余少时从先宜人至曹庵作佛事，以大竹篰贮西瓜，四浸宕内。"按："篰"，《说文·竹部》："蔺爰也。"朱骏声通训定声："秦汉简册曰蔺爰。"《玉篇·竹部》："竹牍也。"《广韵》上声厚韵蒲口切："篰，牍也。"《集韵》上声厚韵薄口切："篰，《说文》蔺爰也。"从以上所引看，"篰"的音和义与三地方言都不合。"篰"作为竹器的意义是后来才有的。"篰"，《现代汉语词典》《汉语大字典》都注音为 bù，释义为"（方）竹子编的篓子"，与方言音义一致，今通作"篰"。

袂 ① fu^{44} ② fu^{44} ③ fu^{53} ④ fu^{55}

衣服的前襟。长袍、旗袍露在外面的前襟叫"大～"，隐在大～里面的较小的叫"小～"。初生小儿穿的前襟是斜的叫"[tsʻɑ]$_{斜}$～"。《广韵》平声虞韵甫无切："～，衣前襟。"《集韵》平声虞韵风无切："～，一曰衣前襟。"《说文·衣部》："～，袭～也。"姚文田、严可均校议："《六书故》第三十一引'袭～也'下有'一曰前裣'。"裣，《说文·衣部》："交衽也。"按："裣"同"襟"，《说文》无襟字。邵瑛《群经正字》："裣，今经典作襟"。所谓交衽，指衣服的交领，即古代衣服胸前的交领部分。随着衣服式样的改变，"襟"的意义也有所改变。

缚 ① vu^{213} ② vu^{31} ③ vu^{213} ④ vu^{213}

捆东西的绳子。柴～：用两小把稻草的头打结连成捆绑东西的绳子。也用作量词，用绳子捆东西绕一周叫"一～"。《集韵》去声遇韵符遇切："紨，～绳也，或从尃。"《说文·糸部》："紨，布也，一曰粗䌷。"据段玉裁注：紨为布名；粗䌷谓大丝缯之粗者。紨作为～绳义是后起的。《说文·糸部》："～，束也。"《玉篇·糸部》："～，束～也。"都是作为动词释义的。作为捆绑东西的绳子，似乎都是它们的引申义。两者相较，～作为束～的引申义，作名词解似较更合理些。本书取～为本字。《左传·僖公六年》："武王亲释其～；受其璧而祓之。"唐柳宗元《童区寄传》："童自转，以～即炉火烧绝之。”

牀

① ɦu^{24}　② ɦəu^{13}
③ ɦu^{24}

～头：棺材的头部。～头板：棺材头部和后部的方形木板。《广韵》平声戈韵户戈切：“～，棺头。”《玉篇·片部》：“～，棺～也。”《广雅·释器》：“其当谓之～。”王念孙疏证：“当，谓棺前后蔽也。车前后蔽谓之笪，义与棺当同。”有的写作“和”。清顾张思《土风录》卷4：“棺前后曰和头。”“和”与“～”方言同音。

㗅

① ɦu^{24}
③ ɦu^{24}　④ ɦu^{13}

～咙：喉咙。《集韵》平声模韵洪孤切：“～，咽喉也。”明孙百川《吴音奇字·身体门》：“～，音胡，方言～咙，喉也。”有的书写作“胡”。清梁同书《直语补证》：“《后汉书·五行志》：‘请为诸君鼓胡咙。’今俚语以喉咙为胡咙，古语也。”《沪谚》：“看人吃食胡咙痒。”“胡”与“～”方言同音。

焐

① u^{424}　② əu^{412}
④ u^{424}

用热的物体接触凉的物体使变暖，或使湿的物体变干。如“手冷得来，放勒热水里～～”。“汗潮葛衣裳～干哉”。《集韵》去声过韵乌卧切：“～，煖也。”清吴趼人《二十年目睹之怪现状》第一〇三回：“鸦头等小解完后，便把夜壶舀干净，拿来～在自己被窝里，等到老爷再要用时，已是～得暖暖儿的了。”《现代汉语词典》作“焐”。按：“焐”，《广韵》《集韵》都未列此字。但元李文蔚《燕青博鱼》第三折有“焐”字，“你便杀了我，到冬腊月害脚冷，谁与你焐脚。”《民国崇明县志·方志》：“焐，俗谓以体热温干湿冷物为焐。”《民国嘉定县续志·方言》：“焐，俗言温之使暖或干也。”“焐”读若“好恶”之“恶”，“焐”与“煨”通。按：释义是对的，但“焐”与“煨”并不同音，“焐”，今读去声；“煨”，《集韵》平声戈韵乌禾切：“暖貌。读阴平。”至于“～”与“焐”，“～”在《集韵》已有当为本字，“焐”是后来出现的较通用的字。

㥞

① tɕʻy^{44}　② tɕʻiɤ^{44}
③ tɕʻiɤɯ^{53}　④ tɕʻiɤɯ^{55}

坏；差。如“该个小人脾气～勿过”。《广韵》平声尤韵去秋切：“～，戾也。”《沪谚》：“一只嘴，两片皮，话好话～都是伊（原注：～音惆，戾也，俗读丘）。”有的书写作“丘”或“邱”。明冯梦龙《墨憨斋定本传寄·人兽关》：“嘴多油，本事丘，医书没一丢。大老乡绅常挂口，病人遇我即时休。”清韩邦庆《海上花列传》第十七回："我人末笨，闲话个好邱听勿出仔也好煞哉。""丘""邱"与"～"方言同音。

䘸

① $dʑy^{24}$ ② $dʑy^{13}$
③ $dʑy^{24}$ ④ $dʑy^{13}$

衣服太长，在腰上部打折用带子束一下或用针线缝一下，使短。如"衣裳脱长哉，要～脱点勒好着得来。"《广韵》平声鱼韵强鱼切："～，系～。"《类篇·衣部》："～，系也。"

沑

① $ȵy^{31}$ ② $ȵʏ^{31}$
③ $ȵiɤɯ^{31}$ ④ $ȵiɤɯ^{232}$

潮～～：将干未干带点儿湿。《集韵》上声有韵女九切："～，湿也。"《说文·水部》："～，温也。"桂馥义证："温也者，温当为湿。《集韵》：'～，溼也。'溼，俗作濕（今简化作"湿"），与温形误。"按："溼"和"濕"，在《说文》中为两个不同的字。《说文·水部》："溼，幽溼也。从水一，所以覆也，覆而有土，故溼也。"《说文·水部》："濕，水。出东郡东武阳入海，从水㬎声。桑钦云：'出平原高唐'。"两字义不同，音亦不同。其实《说文》作"溼"，汉隶已多作"濕"。《玉篇·水部》："濕"同"溼"。《广韵》《集韵》在潮湿意义上也认为同一字。由此可见，"濕""溼"为同一字由来已久。《说文》"温"作为"湿"的误字是可信的。

糗

① $çy^{52}$ ② $çiʏ^{52}$
③ $çiɤɯ^{44}$ ④ $çiɤɯ^{324}$

干饭粒或干饭屑。饭～子：皮肤上长的小包，里面有白色的像饭粒一样的东西，如"伊身浪长仔几粒饭～子"。《集韵》上声有韵许久切："～，干饭屑。"《说文·米部》："～，熬米麦也。"意思是炒或煮米麦。《玉篇·米部》："～，糒也。"《说文·米部》："糒，干（饭）也。"段玉裁注："饭字各本夺。"今依李贤《后汉书·明帝纪》："注……玄应书补。"《玉篇·米部》："糒，干饭也。"因此～，应是干饭或干饭屑的意思。《孟子·尽心下》："舜之饭～茹草也，若将终身焉。""饭～子"，无锡市区方言说"饭～～"。

秄

① $ɦy^{24}$
③ $ɦy^{24}$

～青：稻麦等作物，叶茂而呈深青色，该吐穗时还不吐穗（往往是氮肥太多造成的）。方言不单用。《集韵》平声虞韵云俱切："～，禾不秀。"《玉篇·禾部》："～，不秀也。"

㶷

① y^{52}
③ $iɤɯ^{44}$ ④ $iɤɯ^{324}$

～：不很干。如"衣裳还赠干

透，有点～来”。～搭搭：不很干。如“该件衣裳还有点～搭搭来，明朝还要晒晒。”《集韵》上声有韵於九切：“～，～炷，欲干。”“炷”，《集韵》上声有韵女九切：“～炷，欲干。”《篇海类编·天文类·火部》：“炷，～炷，欲干，一曰半干。”无锡市区食品受潮不脆也说“～”。如“饼干～落咧”。

篣 ① dɑ³¹ ② dɑ³¹ ③ dɑ³¹ ④ dɑ²³²

（1）竹编的浅口圆形的用具，篾间有的留有三角形的空隙，旧时装有提手，近时无提手，苏州一带常见。渔民常用来装鲜鱼，卖鱼时用来摊放鲜鱼，便于顾客选购。～，也可作为日常摊放东西的用具。《集韵》上声蟹韵杜买切：“～，取鱼竹器”。明冯梦龙《山歌》卷八：“左手提着介一～，右手拿子介一篮……～里尽是宿鲫，篮里尽是鳗鲤鳅鳝……劈手一夺，拿个～里播播，提个篮里颠颠。”有的写作“箉”。《民国嘉定县续志·方言》：“箉，俗呼篮之无鋬而浅者曰箉。音大，亦读大上声。”“箉上声”与“～”，方言同音。

（2）竹篾编的圆形浅口的农用器具，篾间留有较大的三角形空隙（与筛子不同，筛子为较小的方形空隙）。稻麦打下后，用来筛去较大的桔秆、穗头等杂物。～，大的直径三尺左右，中间有横档，可挂在架子上用；小的不足二尺，可手端着用。～，还可作动词用，如“拿～来～～干净”。有的写作“簩”。按《龙龛手鉴·手部》在谈道拐与柺时认为：“拐，俗，正作柺。”据此“～”与“簩”是正俗的不同，本书以～为本字。至于“拐”与“柺”，今以“拐”为正字。

元王祯《农书》卷十五：“筛谷～，竹器。～与袋同音。《篇》《韵》俱各不收，盖土俗所呼传写于文字者如此。其制比帘疏而颇深，如篮大而稍浅，上有长系可挂，农人扑禾之后，同稃穗子粒，旋旋贮之于内，辄筛下之。上余穰藁，逐节弃去；其下所留谷物，须付之飏篮以去秕糠，尝见于江浙农家。”上述说明，其器物形状，功用及使用方法等都与四地方言相合。但作者云～与袋同音，与四地方言不合。袋，《广韵》去声代韵徒耐切，《集韵》待戴切，韵和声调与～都有差异。可能与作者的方言同音。另外作者又云：“《篇》《韵》俱各不收”，其实《广韵》上声蟹韵有～字，不过其音为“求蟹切”，不同。

解 ① kɑ⁵² ② kɑ⁵² ③ kɑ⁴⁴ ④ kɑ³²⁴

锯开。木匠用锯子将木头锯成

板叫“～板”。专门将整段木头锯成板的匠人叫“～匠”。《集韵》上声蟹韵举蟹切：“～，《说文》：判也。”唐刘恂《岭表录异》卷中：“木性如竹，紫黑色，有文理而坚，工人～之以制博奕局。”《生绡剪》第十回：“刀也砍他不断，斧也铲他不碎，锯也～他不开。”明毛晋《六十种曲·锦笺记》十三出：“皮匠裁缝我至亲，～匠堪舆我近邻。”有的写作“𨭎”。明冯梦龙《警世通言》卷二十二：“陈三郎正在店中支分𨭎匠锯木。那人道：‘三郎，我引个主顾作成你。’”“𨭎”，是一个加了形旁“金”的形声字，可能作者认为这样更易理解。

庎

① kɑ^{424}　② kɑ^{412}
③ kɑ^{424}　④ kɑ^{35}

～橱：放碗和菜肴盛器的橱，中间常分成几层。《集韵》去声怪韵居拜切：“～，所以庋食器者。”《玉篇·广部》：“～，所以庋食器也。”方言不单用。

⿸广架

① kɑ^{424}　② kɑ^{412}
③ kɑ^{412}　④ ku^{35}

量词，指屋间的进深。旧时造房两边有柱子，柱子顶端架桁条，两根柱子或两根桁条之间的距离叫“一～”。如“该间房间有六～屋大”。《广韵》去声祃韵古讶切：“～，屋间也。”《字汇·广部》：“～，屋间也。”

捱

① ŋɑ^{24}　② ŋɑ^{13}
③ ŋɑ^{24}　④ ŋɑ^{13} 又 ŋɑ^{213}

拖延（时间）。如“伊要～脱两日再去”。《集韵》平声佳韵宜佳切：“～，拒也”。按：拒，《广韵》上声语韵其吕切：“违也。”有违抗，不接受之意。拖延可视作“违”的引申义。宋陈著《烛影摇红·寿内子》：“～到如今，信知空挂闲怀抱。”《醒世姻缘传》第四十二回：“若抵拒延～，打了你自己，还拿你家属送衙。”明冯梦龙《古今小说》卷二十七：“因此高低不就，把女儿直～到一十八岁，尚未许人。”又引申为赖着（不走）。如“伊～勒浪不肯走”。现普通话写作“挨”，但“～”和“挨”方言不同音。

砑

① ŋɑ^{213}　② ŋɑ^{31}
③ ŋɑ^{213}

用平整的硬东西碾压某物使平滑。如“～～平”。《广韵》去声祃韵吾驾切：“～，碾～。”宋李诫《营造法式·窑作制度·青掍瓦》：“青掍瓦等之制，以干坯用瓦石摩擦，用水湿布揩拭，候干，次以洛河石掍～。”明李实《蜀语》：“碾物使光曰～。”《民国崇明县志·方言》：“音牙，去声。凡物之不光泽，以玉石类砻治之曰

～。”《民国嘉定县续志·方言》：“～,布帛以石摩之使发光泽者。”

笡 ① tsʻiɑ^{424} ② tsʻiɑ^{412} ③ tsʻiɑ^{424} ④ tsʻiɑ^{35}

斜。如“伊住勒我葛～对过”。《广韵》去声祃韵迁谢切：“～,斜逆也。”《广雅·释器》：“⿱竹逆谓之～。”王念孙疏证：“《太平御览》引《纂文》云：‘⿱竹就,狐枪也。’《玉篇》：‘⿱竹逆、～,逆枪也。⿱竹逆,同上。’”按此,～,当为名词篙子的意思。作为斜的意思可能因为篙子一般都是斜着篙的,因而引申出斜的意义。《通俗编》作“揸”,云：“今有揸柱语,又凡有径者曰：‘斜揸过去。’”按：“揸”,《集韵》去声祃韵七夜切：“揸,斜捂也。”“揸”与“～”可认为同一字的不同形。

瀉 ① siɑ^{52} ② siɑ^{52} ③ siɑ^{44} ④ siɑ^{324}

(水)快流。～水：水很快流去。如“屋面斜一点,落大雨容易～水”。《广韵》上声马韵悉姐切：“～,～水。”《玉篇·水部》：“～,倾也。”《古诗为焦仲卿妻作》：“阿女默无声,手中掩口啼,泪落便如～。”宋陆游《雨夜》：“急雨如河～瓦沟,空堂卧对一灯幽。”

又作为“肚子～”的～,《广韵》去声祃韵司夜切：“～,吐～。”方言读去声。《集韵》去声祃韵四夜切：“～,泄也。”

竵 ① huɑ^{44} ② huɑ^{44} ③ huɑ^{53} ④ huɑ^{55}

不正。如“该张地图挂得有点～”。《广韵》平声佳韵火娲切：“～,物不正。”《说文·立部》：“～,不正也。”《玉篇·立部》；“～,不正也。”宋沈括《梦溪笔谈·书画》：“铉尝自谓,吾晚年始得～匾之法,凡小篆喜瘦而长。～匾之法,非老笔不能。”章炳麟《新方言·释言》：“今江南谓不正为～。”《民国嘉定县续志·方言》：“～,俗言不正也。”今方言通常写作“歪”。

喎 ① huɑ^{44} ② huɑ^{44} ③ huɑ^{53} ④ huɑ^{55}

口不正。～嘴；嘴不正。《广韵》平声佳韵火娲切：“～,口偏。”《玉篇·口部》：“～,口戾貌。”《字汇·口部》：“～,口戾,又口偏。”清徐珂《清稗类钞·苏州方言》：“歪嘴吹喇叭,喻人之一团邪气也。”“～”与“竵”音义相同,“～”似为专指口部不正。今方言通常写作“歪”。

趵 ① pɐ^{424}

跳跃。如“该只球夺$_{\text{掉}}$勒地浪要～三～”。《集韵》去声效韵巴校切：“～，跳跃也。”《玉篇·足部》：“～，足击声。”《广韵》入声觉韵北角切：“～，足击。”《类篇·足部》：“以足击也。”字义都与足部有关，是用足敲打撞击的意义。作为跳跃的意义当是后来产生的引申义。明刘侗、于奕正《帝京景物略·畿辅名迹·红螺山》：“有泉～～如颗，时一定动，曰珍珠泉。”济南有～突泉，就是取其泉水跳跃式涌出之义。

脬 ① p‘ɐ^{44} ② p‘æ^{44} ③ p‘ɔ^{53} ④ p‘ʌ^{55}

（1）尿水～：膀胱。（2）卵～，阴囊。《广韵》平声肴韵匹交切：“～，腹中水府。”《说文·肉部》：“～，膀光也。”《玉篇·肉部》：“～，膀胱也。”《史记·扁鹊仓公列传》：“风瘅客～，难于大小溲。”张守节正义：“言风瘅之病客居在膀胱。”宋苏舜钦《奉酬公素学士见招之作》：“宾从倾颓尚未猒，直恐溃烂肠与～。”明冯梦龙《笑府》卷四：“群盗方杀一大卵～者，首坠而～已缩小。”

浠 ① p‘ɐ^{424} ② p‘æ^{412} ③ p‘ɔ^{424} ④ p‘ʌ^{35}

浸没；浸泡。如“落仔场大雨，麦田才$_{\text{都}}$～勒水里哉”。《集韵》去声效韵披教切：“～，渍也。”宋周煇《清波杂志》卷一：“荒野中寒甚，烧柴，借半破磁盂，温汤～饭，茅簷下与汪伯彦同食。”《儿女英雄传》第三十七回：“浇了半日，才换了热水来，自己～了又～，洗了又洗。”《黄岩县志》：“滚水渍物曰～。”有的写作“泡”。宋吴自牧《梦粱录·诸州府得解士人赴省闱》：“士人在贡院中，自有巡廊军卒，赍砚水、点心、泡饭、茶酒、菜肉之属货卖。”清魏源《再上陆制府论下河水利书》：“东台、盐城、阜宁海卤地咸，全恃西水泡淡，始便种植。”“泡”在《广韵》《集韵》中音义多与方言不合。本字似应作“～”。今通常写作“泡”。

艒 ① mɐ^{213} ② mæ^{31} ④ mʌ^{213}

小船，方言不单用。～～船：一种船舱低矮的小船。《集韵》去声号韵莫报切：“～，舟名。”《玉篇·舟部》：“～，～艊，船名。”又《集韵》入声沃韵谟沃切：“～，南楚谓小船曰～艊。”又《集韵》入声德韵密北切：“～，小舟。”音虽与方言不同，但义是明确的。《宋书·吴喜传》：“从西还，大艑小～，爰及草舫，无船不满”。

洮 ① dɐ^{24} ② dæ^{13} ③ dɔ^{24} ④ dʌ^{13}

洗，如“～米”。《广韵》平声豪韵徒刀切：“～，清汏也。”《说文·水部》：“～，水，出陇西，临～东北入河。”“～”本义为水名，作为～洗和盥洗的意义可能是后来才有的。《书·顾名》：“甲子，王乃～颒水。”孔颖达疏：“颒是洗面，知～为盥手。”唐玄应《一切经音义》卷七引《通俗文》：“淅米谓之清汏。”《后汉书·陈元传》：“解释先圣之积结，～汏学者之累感。”李贤注：“清汏，犹洗濯也。”“～”今通作“淘”。《字汇·水部》：“淘，澄汏，与～同”。

憦

① lɐ^{213} ② læ^{31}

③ lɔ^{213} ④ lʌ^{213}

懊～：懊悔。《集韵》去声号韵郎到切：“～，懊～，悔也。”“懊～”这个词在吴方言较多见。明孙楼《吴音奇字·人事门》：“懊～，悔也。”胡祖德《沪谚外编》：“寒豆花开乌䌷䌷，小姐烧香梳好头。活佛看见微微笑，尼姑懊～剃光头。”《乾隆宝山县志·方音》：“懊～，俗称心悔也。”有的吴方言作品中写作“老”或“劳”等音近字。清梦花馆主江阴香《九尾狐》第八十四回：“奴万勿壳张故歇会转，弄得实梗样式，倒变懊老回信答应俚哉。”《缀白裘》二集卷一：“（净）若要赶着前头只船，要介五钱银子厾。（贴）就是五钱，只要你赶去。（净）阿哟，奥劳弗说子五两哉。”

抓

(1) ① tsɐ^{44} ② tsæ^{44}

③ tsɔ^{53} ④ tsʌ^{55}

搔；～挠。如“背皮浪痒得来，搭我～～”。《广韵》平声肴韵侧交切：“～，～掐。”《玉篇·手部》：“～，～痒也。”《广雅·释诂二》：“～，搔也。”唐杜牧《读韩杜集》：“杜诗韩笔愁来读，似倩麻姑痒处～。”明罗浮散客《贪欣误》第一回：“老虎头上去～痒。”《民国嘉定县续志·方言》：“～，俗言以手指止痒曰～，音蚤。见《字林》。”按：“蚤”，《广韵》子皓切，声调为上声，与四地方言音不同。

(2) ① tsɐ^{52}

③ tsɔ^{44} ④ tsʌ^{324}

人用指甲或猫等动物用爪子刺划。如“该只猫凶勿过，要用脚爪～人葛”。《广韵》上声23韵侧绞切：“～，乱～掐。”元关汉卿《玉镜台》第三折：“兀那老子，若近前来我～了你那脸。”按在方言中，如果人用指甲～人，一般不用～，而说“搲”。如“伊勒别人面孔浪搲仔一把，面孔也搲碎哉”。《集韵》上声马韵乌瓦切：“搲，吴俗谓手爬物。”

(3) ① tsɑ^{44} ② tsɑ^{44}

③ tsɑ^{53} ④ tʂɑ^{55}

人用多个手指握取或动物用爪子取物。如"老鹰～小鸡"/"伊～仔一把长生果就吃"。一般说人手指取物用～,有行动较快速突然等意味。在方言中一般用手指握取物多用"摦"。《集韵》平声麻韵乌瓜切:"摦,手捉物。"至于作为捕捉义的～,在方言中旧时也用"捉"。如捉人、捉贼、捉强盗、捉赌、捉鸡。用"～"可能是受了书面语和官话的影响才逐渐使用的。关于～(3)的字音,普通话音[tʂuɑ],方言音[tsɑ]或[tʂɑ],《广韵》和《集韵》中都没有与之相应的反切,比较特殊。

耖

① tsʻɐ⁴²⁴

③ tsʻɔ⁴²⁴

田耕过以后,用耙子或铁耙把大块的泥弄碎。如"～田"。《广韵》去声效韵初教切:"～,重耕田也。"《集韵》去声效韵楚教切:"～,覆耕田也。"《四川谚语》第二集:"田要犁,地要～,棉花无草也要薅。"

筲

① sɐ⁴⁴ ② sæ⁴⁴

③ sɔ⁵³ ④ sʌ⁵⁵

～箕:盛饭或淘米用的竹丝编成的竹器。《广韵》平声肴韵所交切:"～,斗～,竹器。"《说文·竹部》:"籍,陈留谓饭帚曰～,从竹捎声,一曰饭器容五升。"《玉篇·竹部》:"～,饭帚也。"又"筲,同～,又斗筲,竹器。""～"和"筲"在意义上有相同处,也有不同处。"斗～"是指古人用以盛饭食约容一斗的竹器。《方言》卷十三:"籐,南楚谓之～。"《字汇·竹部》:"～,饭器,俗谓～箕。"《篇海类编·花木类·竹部》:"～,饭器,～箕也。"后来～箕意义引申扩大,不仅作盛饭用,而且可用来淘米。～箕一直沿用至今,当然其形制会有所改变。今薛典方言称无盖的为"～箕",称有盖的为"饭～箕",专供盛饭用。"～",今通作"筲"。

梢

① sɐ⁴⁴ ② sæ⁴⁴

③ sɔ⁵³

指树木或树枝的末端。长～:指留木头顶端的整根长木,一般指整根长的杉木,区别于锯成一段一段的"段筒"。旧时盖房两边都有柱子,就用长～木。《广韵》平声肴韵师交切:"～,枝～也。"《说文·木部》:"～木也。"段玉裁注:"～,枝～也。"

疒

① kɐ⁵² ② kæ⁵²

③ kɔ⁴⁴ ④ kʌ³²⁴

～肠痧:一种腹部剧痛不吐不泻的霍乱。《广韵》上声巧韵古巧切："～，腹中急痛。"《说文·疒部》："～，腹中急也。"徐锴《说文解字系传》："今人多言腹中绞结痛也。"《玉篇·疒部》："～，腹中急。"有的书写作"绞"。明冯梦龙《醒世恒言》卷二十七："焦榕假惊道：'好端端地，为何痛得恁般利害？'焦氏道：'一定是绞肠沙了。'""绞"与"～"方言同音，"沙"与"痧"方言同音。今～通作"绞"。

鉸

① kɐ^{52}

③ kɔ^{44}　④ kʌ^{324}

用～刀切。～刀：铡刀，农村中用来铡稻草一类东西的工具。《广韵》上声巧韵古巧切："～，～刀。"《集韵》上声巧韵古巧切："～，交刃刀也。"《六书故·地理一》："～，交刃刀也，利以剪。"《正字通·金部》："～，即今妇功缝人所用者，俗呼剪刀。""～"和"剪"都是交刃的刀具，但在三地方言中是不一样的。～刀是下刃固定在木制凳子上的，刃口向上；上刃是可活动的，刃口向下，支点在刀的前端，也叫"铡刀"。剪刀与之不同，且功用也不一样。剪刀一般剪细或薄软的东西，如剪鞋样、剪布等。～刀是～较粗较硬的东西，如～稻柴、～猪草等。

䫜

① ɐ^{44}　② æ^{44}

③ ɔ^{53}　④ ʌ^{55}

～里头：额头突出而眼鼻部位较凹进的一种脸形。《广韵》平声肴韵於交切："～，头凹也。"《集韵》平声爻韵於交切："～，大首深目貌。"《玉篇·頁部》："～，头凹也。"《明史·流贼传·李自成》："自成为人高颧深～。"《初学记》卷十九引刘思贞《丑妇赋》："两眼～如臼。"按：眼部凹进，额和颧骨口部必然显得凸出，形成方言所说的"～里头"。今一般写作"凹"。

渂

① ɐ^{424}

③ ɔ^{424}

给田里灌水，如"～秧田"。《集韵》去声号韵於到切："～，溉也。"《说文·水部》："～，溉灌也。"段玉裁注："～，隶作沃。"《玉篇·水部》："～，灌溉也。沃，同上。"但在今方言中"～"和"沃"并不同音。《广韵》入声沃韵乌酷切："沃，灌也，《说文》作～。"又《集韵》入声**渂**韵乌酷切："～，《说文》溉灌也，或作沃。"这说明"～"和"沃"为同一字，意义也相同。但"沃"《广韵》《集韵》都只有"乌酷切"一个读音；"～"，《集韵》有"於到切"和"乌酷切"两个读音，而且在"於到切"中"～"字下并未注明与"沃"同。可见作为"於到切"的"～"并不与"沃"同。方言该用"～"。"沃"，今方言读入声。

擙

① ɐ^{424} ② æ^{412} ③ ɔ^{424} ④ ʌ^{35}

～磨：牵磨时由一或二人握住磨夯（音）的一端推和拉，另一端套在磨盘的横梁上；由一人一手握住推拉，配合着使磨盘旋转，随着磨盘的转动，另一只手不住地向磨子的洞眼内分小把加进要粉碎的料，这一人做的就叫～磨。《字汇·手部》："～，磨也。於到切。"《民国嘉定县续志·方言》："～，俗言～磨，音奥。"按："奥"，《广韵》去声号韵乌到切。与方言音完全相符。有的写作"拗"。锡剧《双推磨》："苏小娥：呃，叔叔，不要推，不要推，两个人可以牵了。何宜度：你拗磨，我来牵。"吴歌《五姑娘》："伲在僻静场化开爿豆腐店，一人牵磨一人拗磨，做出豆腐过时光。""拗"《广韵》上声巧韵於绞切，"拗"与"～"方言音近。

㑃

① ɐ^{424} ② æ^{412} ③ ɔ^{424} ④ ʌ^{35}

不顺；不顺从。～戾：扭转不顺。《广韵》去声效韵於教切："～，很也，戾也。出《字林》。"《集韵》去声於教切："～，很戾也。"《玉篇·人部》："～，很～也。"但在使用中常写作"拗"。明冯梦龙《古今小说》卷三十："当日子瞻定要瑞卿作伴同往，瑞卿拗他不过，只得从命。"《新平妖传》第一回："若有人一句话儿拗着他，他把手一招，其人便扑然倒地。"《字汇·人部》："～，与拗同。"其实，至少在四地方言中并不是同一字。"拗"在四地方言分别读作[ɐ]、[æ]、[ɔ]和[ʌ]的阴上，《广韵》上声巧韵於绞切："～，手拉也。"《说文新附·手部》："拗，手拉也。"按："拉"，摧折的意思，如"伊拿根竹头一拗两段"。"～"和"拗"音义都不同。今都写作"拗"。

穮

① piɐ^{44}

秀出的稻穗。抢～：指比其他稻子抢先长出的稻穗。这种稻穗往往不能长出结实的谷粒，农民常常拔去。《集韵》平声宵韵卑遥切："～，稻田秀出者。"明李实《蜀语》："稻苗秀出者曰放～。"

挑

① t'iɐ^{44} ② t'iæ^{44} ③ t'iɔ^{53} ④ t'iʌ^{55}

剔出；挖掘。如"手浪触着一个竦刺，搭我～～出来/春天一淘去～荠菜"。《广韵》平声萧韵土彫切："～，挑拨。"《说文·手部》："～，挠也，一曰摷也。"段玉裁注："挠者，扰也；扰者，烦也。～者，谓拨动之。"又：《说文·手部》："抉，～也。"段玉裁注："抉者，有所入以出之也。"

唐玄应《一切经音义》卷二："《说文》：挑，抉也，以手抉～出物。"（今本《说文》未见此说）《搜神记》卷十四："高辛氏，有老妇居于王宫，得耳疾历时，医为～治，出顶虫，大如茧。"《墨子·非儒》："其亲死，列尸弗歛，登屋窥井，～鼠穴，探涤器，而求其人焉，以为实在，则戆愚甚矣。"

⿰丬兆

① $\mathrm{di}ɐ^{31}$ ② $\mathrm{di}æ^{31}$ ③ $\mathrm{di}ɔ^{31}$ ④ $\mathrm{di}ʌ^{232}$

阔约二尺，长约五尺，高约一尺三四寸，像小床，竹或木制的家具。可睡人或坐人，也可当桌子用。旧时苏南农家常有。如"夏天夜里乘风凉，勿少人坐勒～浪讲山海经"。《广韵》上声篠韵徒了切："～，～床子。"《民国嘉定县续志·方言》："竹～，俗呼竹床也。《广韵》～床子，音窕。《方言笺疏》云：'今人谓坐具之广而长者为～，音如条上声。'"《民国崇明县志·方言》："～，邑俗嫁奁中春～，即长机。"四地方言所说的"～"以木制的较多，竹制的大多叫"竹榻"。

飉

① $\mathrm{li}ɐ^{24}$

小风。南～风：夏天吹的东南方向的小风，常常一连吹好几天，天气较凉快。《集韵》平声箫韵怜萧切："～，小风也。"《玉篇·风部》："～，风貌。"《初学记》卷一引《风俗通》："微风曰～。"晋陆机《羽扇赋》："翩婂婂以微振，风～～以垂婉。"

橑

① $\mathrm{li}ɐ^{24}$ ② $\mathrm{li}æ^{13}$ ④ $\mathrm{li}ʌ^{13}$

～檐：屋檐。《广韵》平声萧韵落萧切："～，椽也。"《说文·木部》："～，椽也。"《广雅·释器》："～，椽也。"《淮南子·本经》："～檐榱题，雕琢刻镂。"高诱注："～，椽～也。"《楚辞·九歌·湘夫人》："桂栋兮兰～，辛夷楣兮药房。"王逸注："以木兰为榱也。"按：榱，《说文·木部》："榱，秦名为屋椽，周谓之榱，齐鲁谓之桷。"有的书写作"寮"。《缀白裘》十一集卷一："且在寮檐底下蹲一蹲再处。""寮"与"～"方言同音。

⿰面尞

① $\mathrm{li}ɐ^{31}$ ② $\mathrm{li}æ^{31}$ ③ $\mathrm{li}ɔ^{31}$ ④ $\mathrm{li}ʌ^{232}$

白～～：面色苍白。《集韵》上声筱韵朗鸟切："～，～～，面白。"《玉篇·面部》："～，面白也。"清钱大昕《恒言录》卷二："今人以面白而带病容曰白～～。"清胡文英《吴下方言考》卷五："～～，面白无血色貌。吴中谓面白而无血色者曰面白～～。"清毛奇龄《越语肯綮录》：

"面瘠白曰～～，今越人谓神减而白曰白～～。"《吴歌甲集》："你是正月梅花，销金帐里把风寒冒；二月里杏花面上白～～。"《民国嘉定县续志·方言》："俗谓面瘠而神减也。"

鎀 ① tsʻiɐ⁴⁴ ② tsʻiæ⁴⁴ ③ tsʻiɔ⁵³ ④ tsʻiʌ⁵⁵

缝纫方法，做衣服时把边往里边卷了缝。如"～边"。《集韵》平声宵韵千遥切："～，以箴紩衣，通作缲。"明焦竑《俗字刊误·俗用杂字》："以针紩衣曰～。"至于"缲"，《说文·糸部》："缲，帛如绀色，或曰深缯。"是指带红的黑色帛。《广雅·释器》："缲，青也。"指青色。又《广雅释器》："缲，谓之缣。"王念孙疏证："《说文》：'缣，并丝缯也。'《释名》云：'缣，兼也，其丝细致，数兼于绢也。'"是指一种双丝的厚绢。意义不合。从音来说，缲，《广韵》有子皓切和苏遭切两个音，《集韵》有四个音，其中平声宵韵千遥切，与～同音，但《集韵》释义："缲，帛如绀色。"所以"～"和"缲"音与义都不完全相同。"～"为本字，"缲"作为"缝纫的方法"是后来给予的意义，并成为通用字。《现代汉语词典》作"缲"。

筱 ① siɐ⁵² ② siæ⁵² ③ siɔ⁴⁴

竹～：细小的竹子或竹子的细枝。《广韵》上声篠韵先鸟切："篠，细竹也。""～，上同。"《集韵》上声～韵先了切："～，《说文》：'箭属，小竹也。'或作篠。"《说文·竹部》："～，箭属，小竹也，从竹攸声。"段玉裁注："今字作篠。"《书·禹贡》："三江既入，震泽底定，篠簜既敷。"孔安国传："篠，竹箭。"孔颖达疏："篠为小竹，簜为大竹。"《尔雅·释草》："篠，箭。"郝懿行义疏："篠者，《说文》作～，云'箭属，小竹也'。盖篠可为箭，因名为箭。"元李衎《竹谱详录·竹品谱·全德品》："篠竹凡四种……一出姑苏灵岩山中，极短，高者不过二尺，一枝三叶……土人呼为趁篠。"今苏州灵岩山一带仍有这一种竹。宋陆游《过大蓬岭度绳桥至杜秀才山庄》："柳空丛篠出，松偃翠萝蒙。"根据上述看，"～"和"篠"为同义异形字，出现的时间都很早。今从《说文》以"～"为本字。

扳 ① pɛ⁴⁴ ② pᴇ⁴⁴ ③ pɛ⁵³ ④ pɛ⁵⁵

拉。～艄：摇船时把橹柄往身边拉，使船头向右边移，船艄往左边移，以改变或校正船行方向。与之相反叫"推艄"。行船过程中，由于要改变或校正船行方向，经常要～艄或推艄。《广韵》平声删韵布还切:“～,挽也。”宋佚名《题公馆壁》:“猛风～大树,其树根已露。”清韩邦庆《海上花列传》第二十三回:“一个客人拉住仔个手,一个客人～牢仔个脚,俚哚两家头来剥我裤子。”清胡文英《吴下方言考》卷五:“吴谚谓直物则曰～倒,卧物则曰～起。”《光绪常昭合志稿·方言》:“使物向外曰推,向里曰～。”

[illegible] ① pɛ^{424} ② pᴇ^{412} ③ pɛ^{424} ④ pɛ^{35}

绊。如“拨地浪葛树桩～着一～/～着一跤”。《集韵》去声裥韵博幻切:“～,绊也。”《民国嘉定县续志·方言》:“～,俗言绊也。”

鋬 ① p‘ɛ^{424} ② p‘ᴇ^{412} ③ p‘ɛ^{424} ④ p‘ɛ^{35}

器物上的提手部分。《集韵》去声谏韵普患切:“～,器系。”宋王黼《宣和博古图录七卷》:“周凫尊……重三斤九两,有流有～,阙盖无铭。”王国维《说盉》:“此盉者,盖用以和水之器。自其形制言之,有梁或～者,所以持而涤荡之也。”从构字看,可能最初专指金属器具上的提手,后泛指一切器物上之提手。《民国嘉定县续志·方言》:“～,俗呼器之提系也。”

[illegible] ① bɛ^{24} ② bᴇ^{13} ③ bɛ^{24} ④ bɛ^{13}

成片状的东西。如“竹～/木～/瓦～”。《集韵》平声删韵步还切:“～,片也。”一般都写作“爿”。孙海波《甲骨文编》:“《说文》有片无爿。”段玉裁注《说文》云:“爿,反片为爿,读若墙。”音与方言不合。《字汇》:“蒲闲切。”与方言音相合。明冯梦龙《山歌》卷二:“姐儿床沿上坐攋攋,吃郎君好像半爿鱼头只一腮。”清玩花主人等选《缀白裘》三集卷一:“去年稻场个时节,吃子热团子,至今烫落一爿皮。”今通作“爿”。“爿”与“～”方言同音。

[illegible] ① fɛ^{24} ② fᴇ^{412} ③ fɛ^{412} ④ fɛ^{35}

感到恶心或想呕吐。如“今朝吃仔饭心里～得来”。《广韵》去声愿韵芳万切:“～,吐～。”《集韵》平声愿韵方愿切:“～,心恶病。”《玉篇·疒部》:“～,吐～也。”《字汇·疒部》:“～,心恶吐疾也。”清范寅《越谚》卷中:“心～,恶心欲吐。”《民国嘉定县续志·方言》:“～,俗谓心中作恶而欲吐也。”有的作品写作“泛”。明凌濛初《拍案惊奇》卷十九:“小娥口中泛出无数清水,不多几时,醒将转来。”“泛”与“～”方言同音。

擹 ① $t^{‘}ε^{44}$ ② $t^{‘}E^{44}$ ③ $t^{‘}ε^{53}$ ④ $t^{‘}ε^{55}$

古时博戏～蒲的简称。摇～：旧时的赌博方式。赌博时把四粒骰子放在盆中，上面盖上盅子，摇动，根据点数分四门（青龙、进门、白虎、出门，如四粒骰子点数相加为四、八、十二、十六……是青龙；相加为五、九、十三……是进门；相加为六、十、十四……是白虎；相加为七、十一、十五……是出门，余类推）。赌者押其中的一门或几门，押得者庄家配钱，否则庄家吃进。《广韵》平声寒韵他干切："～，～蒲，赌博。"《玉篇·手部》："～，～蒲，赌钱也。"《集韵》平声寒韵他干切："～，或从难。"后世"～"多写作"摊"。宋洪迈《容斋五笔》卷一："今人以钱赌博，皆以四数之，谓之摊。"清金学诗《牧猪闲话》："随手把钱数十枚，纳于器中。俟众压毕，乃取计之，统计凡为四者若干，余零或一或二或三成数，分为四门，以压得者为胜，俗谓之摊钱。"按：此具体方法与旧时通行在苏锡一带的摇～略有不同。清韩邦庆《海上花列传》第五十六回："今朝倪大人吩咐下来，说山家园赌场闹猛得势，成日成夜赌得去，摇一场摊有三四万输赢哚。"金松岑等《孽海花》第四回："在县衙里遇见了一个宗人府的同事，便是他当日的赌友。那人投他所好，和他摇了两夜的摊。"有的写作"滩"。清陈森《品花宝鉴》第三十四回："即于初九晚上开起赌来，或是摇滩，或是掷骰。""摊""滩"与"～"方言同音。

瘫 ① $t^{‘}ε^{44}$ ② $t^{‘}E^{44}$ ③ $t^{‘}ε^{53}$ ④ $t^{‘}ε^{55}$

疲劳无力。如"几日重生活做下来，人也～脱哉"。《广韵》平声寒韵他干切："～，力极。"《集韵》平声寒韵他干切："～，《博雅》～～，疲也。"《说文·疒部》："～，马病也。"徐锴《说文解字系传》："马疲乏也。"后引申泛指疲乏。《玉篇·疒部》："～，力极也。"近人蒋礼鸿《敦煌变文字义通释》中解释《破魔变文》："鬼神类，万千般，变化如来气力滩。"认为"气力滩"是气力尽的意思。徐复在《评敦煌变文字义通释》中认为滩并非本字，本字当作"～"。明冯梦龙《醒世恒言》："压得那马背郎当，担夫～软。"

倓 ① $t^{‘}ε^{52}$ ② $t^{‘}E^{52}$ ③ $t^{‘}ε^{44}$

笃～：形容心里平静不急不慌，又自信而没有顾虑，如"该桩事体又急又难，伊倒笃～煞，一点也勿急/吃子饭去乘一点钟葛火车，笃～，来得及葛"。～，方言不单用。《集韵》上声敢韵吐敢切："～，安也。"《说文·人部》:"～,安也。"《荀子·仲尼篇》:"～然见仲尼之能,足以托国也,是天下之大知也。"杨倞注:"～,安也,安然不疑也。"《玉篇·人部》:"～,静也,恬也。"按:静,有平静、恬静义;恬有安然、坦然义。《荀子·富国》:"轻非誉而恬失民。"杨倞注:"恬,安也。言不顾下之毁誉而安然忘于失民也。"因此本书认为～可以作笃～的本字。有的写作"坦"。叶祥苓《苏州方言词典》即写作"坦"。"坦",《广韵》上声旱韵他但切:"平也,安也,明也,宽也。"《说文·土部》"坦,安也。"《玉篇·土部》:"坦,宽貌,又平也,明也,《说文》安也。""坦"从"安也"这一意义上说与"～"是广义的同义词,而且"～"(《集韵》吐敢切)与"坦"(《广韵》他但切)今方言又是同音。《现代汉语词典》:"坦,心里安定。"所以写作"坦"应该是完全可以的。

关于笃～的"笃",《广韵》入声沃韵冬毒切:"厚也,《说文》曰:'马行顿迟。'"《说文·马部》:"笃,马行顿迟。从马竹声。"这是笃的本义。笃还有很、甚、深等表示程度的意义。《汉书·疏广传》:"(广)上疏乞骸骨,上以其年笃老;皆许之。"南朝梁钟嵘《诗品·总论》:"曹公父子,笃好斯文。"方言还有"笃定""笃悠悠"等说法。笃定:心里十分安定,不急不慌,很有把握。也可以说"笃笃定定"以加强语意。笃悠悠,表示不紧不慢,很从容而悠闲的意思。所以笃～、笃定等写作"笃",音义与方言是完全符合的。

篸

① $dɛ^{31}$ ② $dᴇ^{31}$

③ $dɛ^{31}$

～竹:一种较细的竹子,竹叶可入药,鲜竹可制竹沥,为清热解毒的中药。《广韵》上声敢韵徒敢切:"～,竹名。"《玉篇·竹部》:"～,竹。"

爁

① $lɛ^{31}$

③ $lɛ^{31}$

火烧;延烧。"拿把稻柴点着子～一～,赶脱点蚊子/旁边火着失火哉,当心自家房子拨火舌头火焰～着仔"。《广韵》上声敢韵卢敢切:"～,火～也。"《玉篇·火部》:"～,火焱行。"《淮南子·览冥》:"火～炎而不灭,水浩洋而不息。"清胡文英《吴下方言考》卷七:"吴中谓火光所及,因以烧灼为～(音懒)。"

塁

① $lɛ^{31}$

指土块,如"田里难泥泥土}䠂敲碎,块块～～葛"。也泛指块状物,如"面粉䠂调匀,块块～～葛"。～,方言不单用。《广韵》去声队韵卢对切:"～,块土貌。"《集韵》去声队韵卢对切:“～,块也。”

琖 ① tʂ'ɛ^{52}　② tsᴇ^{52}　③ tsɛ^{44}　④ tsɛ^{324}

小杯。茶～:小碗,如“伊一顿吃两茶～饭”。《广韵》上声产韵阻限切:“～,玉～,小杯,或作盏。”《说文新附》:“～,玉爵也。夏曰～,殷曰斝,周曰爵。从玉戔声,或从皿。”“～”和“盏”为同一字的异形。古代～用玉制,故从玉。作为一种器皿,故又从“皿”。今依《说文》以“～”为本字。《礼记·明堂位》:“爵用玉～仍雕。”宋郭应祥《念奴娇·次贾子济韵》:“待添几～,共君今夕同醉。”今通作“盏”。

篅 ① zɛ^{24}　② zᴇ^{13}　③ zɤ^{24}　④ zᴇ^{13}

～条:用竹篾或芦苇篾片编成的长条形席状物,作为盛谷等的用具。使用时围成圈,底部一般放竹匾,可往上层层加高,增加储粮数量。《广韵》平声支韵是为切:“～,盛谷圆笆。”《说文·竹部》:“～,以判竹,圜以盛谷也。”段玉裁注:“用竹篾圜其外,杀其上,高至于屋盖以盛谷,近底之处,为小户,常闭之,可出谷。今江苏谓之土篷是也。”四地方言所说“～条”与段说在形制和使用上略有不同。《急就篇》:“笆、～、篧……”颜师古注:“笆、～皆所以盛谷也。”《民国嘉定县续志·方言》:“～条,俗呼盛米具也。”又可作动词用,如“上～条葛辰光要～～好,否则要漏葛”。

襉 ① kɛ^{424}　② kᴇ^{412}　③ kɛ^{424}　④ kɛ^{35}

衣裙上打的褶子,如“裙浪多打～好看”。《广韵》去声～韵古苋切:“～,～裙。”《集韵》去声～韵居苋切:“～,裙幅相厕也。”《玉篇·衣部》:“～,裙～。”宋吕渭老《圣求词～千秋岁》:“宝香盈袖,腕约金条瘦,裙儿细～如眉皱。”～在四地方言中意义有扩大,不仅指裙～,衣服上打的褶子也可以称“～”。甚至其他东西上部分相叠也可以说“褶～”。“～”,一般写作“襇”,今简化作“裥”。

隑 ① gɛ^{213}　② gᴇ^{31}　③ gɛ^{213}　④ gᴇ^{213}

倚靠;依仗。如“伊～了墙壁浪/伊～仔爷葛牌头到外国去哉”。《集韵》去声代韵巨代切:“～,《博雅》陭也。”《方言》卷十三:“～,陭也。”郭璞注:“江南人呼梯为～,所以～物而登者也。”《玉篇·阜部》:“～,梯也。”“梯”和倚靠之间意义上有联系,梯子一般都要靠在某种物体上，人才能逐级而登。《民国嘉定县续志·方言》："～，俗谓倚曰戤。按戤应作～。……《新方言》：'负墙立曰～，仰胡床而坐亦曰～。'"《象山县志·方言》："今言倚靠曰～。"一般都写作"戤"。清顾张思《土风录》卷十五："倚靠曰戤。"清欧阳巨源《负曝闲谈》第四回："赶忙把手里的雨伞往红木炕床旁边墙角一戤，那伞上的雨，早点点滴滴溜了一地。""戤"与"～"方言同音。

䁶 ① kuɛ424 ② kuᴇ412 ③ kuᴇ424 ④ kuᴇ35

看。方言熟语："眼～四方，耳听八方。"《广韵》去声寘韵规恚切："～，视也。"《玉篇·目部》："～，视也。"《广雅·释诂一》："～，视也。"清顾景星《李时珍传》："读书十年，不出户庭，博学无所弗～。"

㷇 ① huɛ52 ② kuᴇ52 ③ kuᴇ44 ④ kuᴇ55

（1）烂～～：食物烂而不爽口或东西软而不挺括。如"青菜烧得脱熟，烂～～葛勿好吃/该块布烂～～葛着勒浪勿挺葛"。"烂～～"往往不受欢迎而有贬义。《集韵》上声贿韵虎猥切："～，烂也。"《玉篇·火部》："～，～～，烂也。"清胡文英《吴下方言考》卷七："～，吴中谓煮肉至烂不用齿曰～（音闵）。"按：胡文释义与注音均有不当之处。～，《集韵》有三个音，分别是平声呼回切、上声贿韵虎猥切，上声贿韵母罪切，没有一个音与"闵"同音。方言中吃东西时只要含而不嚼叫[min]或[miŋ]，这时方言与"闵"同音。"闵"，《集韵》上声准韵洱尽切。看来作者误读了字音，也误释了字义。至于"煮肉至烂不用齿"义，似应另有其字。

（2）把烧熟的食品再加佐料回锅烧。如"～羊肉"，是指把烧熟的羊肉再加大蒜、粉皮等佐料回锅烧成的菜。清翟灏《通俗编·杂字》引《字学订讹》："熟食以火再煮曰～。"《乾隆宝山县志·方言》："～，音毁，俗呼物再煮为～。"《民国崇明县志·方言》："～，音煅，熟食复制曰～。"

煨 ① uɛ44 ② uᴇ44 ③ uᴇ53 ④ uᴇ55

在热的火灰中烤东西，如"～山芋"。《广韵》平声灰韵乌恢切："～，煻～火。"《说文·火部》："～，盆中火。"段玉裁注："～，《玉篇》作盆中火爊。《广韵》曰：'爊者，埋物灰中令熟也。'"《六书故·天文下》："～，灰火中熟物也。"宋陆游《初夏野兴》之三："糠火就林～苦笋，密罂沉井渍青梅。"清吴趼人《二十年目睹之怪现状》第二十三回："天天早起,跑到金利源栈房门口摆个摊子,卖起～山芋来。"方言还有"～灶猫"的说法,指冬天钻在还有余热的灶膛里取暖的猫。也用作比喻精神不振的人。

䫻 ① uɛ44 ③ uᴇ53

风小;小风。如"一夜大风,现在～脱哉"。《广韵》平声灰韵乌恢切:"～,风低貌。"《集韵》平声灰韵乌回切:"～,低风谓之～。"《玉篇·风部》:"～,风低貌。"《篇海类编·天文类·风部》:"～,风低貌,或作飏。"清查慎行《梅雨初晴》:"晒书亭前日淡淡,打麦场上风～～。"《文选·郭璞〈江赋〉》:"徐而不～,疾而不猛。"清胡文英《吴下方言考》卷六:"今吴谚谓风略小为飏。"

瀊 ① bø24 ② bø13 ③ bɤ24 ④ bo13

逆溢而上或水流回旋。如"～清水:指胃里的酸水液体反溢至口中/～奶奶乳汁:指婴儿吸乳以后从胃里溢出/大雨以后水涨,水勒桥洞门前～来～去"。《集韵》平声桓韵蒲官切:"～,水洄也。"《玉篇·水部》:"～,洄也。"《说文·水部》:"洄,滂洄也。"按:"滂"同"泝",今作"溯"。逆流而上的意思。～,又引申为水流回旋。有的书写作"盘"。清夏敬渠《野叟曝言》第八十八回:"谁想药超匙入口,不能下咽,盘出口角,挂下颈也。""盘"与"～"方言同音。

拌 ① bø31 ② bø31 ③ bɤ31 ④ bo232

搅和。《集韵》上声缓韵部满切:"～,物之相和。通作拌。"按:"拌",《集韵》上声缓韵部满切:"拌,《博雅》拌,捐弃也。"《广雅·释诂一》:"拌,弃也。"王念孙疏证:"《方言》:'拌,弃也。楚凡挥弃物谓之拌。'"据此,"拌"的本义当为弃。作为搅和的意义是后来才产生的。这可能和形旁手有关系,因为搅和常常要用手。因此一般常用"拌"。宋叶隆礼《契丹国志·岁时杂记》:"出兔肝切生,以鹿舌酱拌食之。"《民国嘉定县续志·方言》:"拌,俗谓调和之曰拌。"由于"拌"古代只有捐弃义,今依《集韵》以～为本字。"拌"与"～"方言同音。

鞔 ① mø24 ② mø13 ③ mɤ24 ④ mo13

(1)把布或皮缝在鞋面上或把布缝在衣服的外面。如"鞋头浪～一层布,鞋头勿容易踢破/棉襦下裙浪～一层，里向葛面子勿会弄龌龊，也勿会破”。《广韵》平声桓韵母官切：“～，～鞋履。”《说文·革部》：“～，履空也。”段玉裁注：“空、腔古今字，履腔，如今人言鞋帮也。”作为～鞋，用的是～的引申义。五代马缟《中华古今注》：“（鞋）至汉有伏虎头，始以布～繶。”章炳麟《新方言》六：“今人谓以革补履头为～鞋。”

（2）把皮革放在鼓框周围固定，做成鼓面。如“该面鼓是用牛皮～葛”。唐段成式《酉阳杂俎·语资》：“宁王尝夏中挥汗～鼓。”清溪道人《禅真逸史》第十九回：“老猪皮止可将去～鼓，那里还揎得哩？”《民国嘉定县续志·方言》：“～，俗言覆也。……（～鼓）谓以皮张之使四周与框相附着也。”

碫

① $tø^{424}$　② $tø^{412}$
③ $tɤ^{424}$　④ to^{35}

凿磨使利。～磨：用凿子凿磨子的圆石盘或木盘使锋利。如“牵粉葛磨子要～一～哉/要牵砻哉，磨盘先～～好（砻，去掉稻壳的工具，用木制，要经常凿磨使利，现已不用）”。《广韵》去声换韵丁贯切：“～，砺石。”《说文·石部》：“～，厉石也，从石段声。”段玉裁本作“～，～石也。”并注：“今依《诗释文》及《玉篇》正。”《玉篇·石部》：“～，砺石也。”《孙子·势》：“兵之所加，如以～投卵者，虚实是也。”作为磨砺的动词意义，是砺石的引申义。《广雅·释器》：“～，砺也。”清程含章《海安城论父老》：“耕者～乃锄，樵者砺乃斧。”

抟

① $dø^{24}$　② $dø^{13}$
③ $dɤ^{24}$　④ do^{13}

揉捏成团；集聚。如“～脱仔三张纸头，一个字也𫠣写成/该点山芋～～堆，一共几铜钿（意思是聚成一堆不用称了，估个价）”。《集韵》平声桓韵徒官切：“～，《说文》：圜也。谓以手圜之。”按：圜，《广雅·释诂三》：“圜，圆也。”又《广雅·释诂三》：“～，著也。”王念孙疏证：“～者，聚之著也。”唐玄应《一切经音义》卷九引《通俗文》：“手团曰～。”《礼记·曲礼上》：“毋～饭，毋放饭，毋流饮。”孔颖达疏：“共器若取饭作～，则易得多，是欲争饱，非谦也。”《商君书·农战》：“凡治国者，患民之散而不～也。”《民国川沙县志·方俗志》：“手团曰～。”今通常写作“团”。《缀白球》三集卷一：“弗要慌，我叫李成家婆团个饭团拉唔吃哟。”“团”与“～”方言同音。

黗

① $dø^{31}$　② $dø^{31}$
③ $dɤ^{31}$　④ do^{232}

黑色。～暗：天将完全黑。如“就要～暗哉，你早点走吧”。《集韵》上声感韵徒感切：“～，《广雅》黑也。”《说文·黑部》：“～，桑椹之黑也。”《文选·左思〈魏都赋〉》：“榱题～黮，阶陏嶙峋。”李善注：“《声类》曰：‘～，深黑也。’”宋王明清《挥麈后录》卷十一：“适（徐）康国翌日再造，有～袍后生武士复在焉。”清胡文英《吴下方言考》卷九：“吴谚谓将黑为～闇。”原注：“～，闇音团暗。”按：“闇”，《玉篇·门部》：“闇，与暗同。”

斷

① $dø^{213}$

③ $dɤ^{213}$ ④ do^{213}

锯～，动词，如“拿根木头～个几段”。《集韵》去声换韵徒玩切：“～，《说文》曰：截也。”按：“～”，《说文》作“㫁”。《玉篇·斤部》：“～，截也。”邵英《群经正字》：“今经典作～。”《释名·释言语》：“～，段也，分为异段也。”《易·系辞下》：“～木为杵，掘地为臼，臼杵之利，万民以济。”～，方言有三个读音，意义不同。《集韵》上声缓韵杜管切：“～，绝也。”《集韵》去声换韵都玩切：“～，决也。”三个音三个不同的意义。

攣

① $lø^{24}$ ② $lø^{13}$

③ $lɤ^{24}$

聚拢；围聚。如“葛点零散末事～～勒一淘，装勒袋袋里/几个人～一只鸡，想捉牢仔杀鸡吃”。《集韵》平声桓韵卢丸切：“～，聚也。”

糂

① $sø^{52}$ ② $sø^{52}$

③ $səŋ^{44}$ ④ so^{324}

米～：饭粒。也说饭米～。《广韵》上声感韵桑感切：“～，羹～。墨子曰：孔子厄陈，藜羹不～也。或作糁。”《集韵》上声感韵桑感切：“～，《说文》……一曰粒也。籀从朁，古从参。”《说文·米部》：“～，以米和羹也，一曰粒也……籀文～从朁，古文～从参。”段玉裁注：“今南人俗语曰米糁饭，糁谓熟也。”《玉篇·米部》：“～，以米和羹，又粒也。糁古文，䉶籀文。”这三种不同的字形是不同时代不同地域造成的。就时代说籀文、古文早于小篆，秦以小篆统一文字，这里就以小篆为准。《墨子·非儒下》：“孔某穷于蔡、陈之间，藜羹不～。”然而后世“糁”字较常用。明袁宏道《王回先奄然逝矣，遂为长律哭之》：“甑中无糁粒，袖里有珠玑。”清顾张思《土风录》卷十五：“今俗米糁、饭糁，止谓米粒耳。”《民国吴县志·风俗二》：“饭粒曰米糁。”今通作“糁”。

苫

① $sø^{424}$ ② $sø^{412}$

④ so^{35}

用稻草或草帘子等遮盖,如“要落雨哉,场浪葛谷拿稻柴～～好”。《广韵》去声艳韵舒赡切:“～,以草覆屋。”《说文·艹部》:“～,盖也。”《尔雅·释器》:“白盖谓之～。”郭璞注:“白茅盖也。”宋陆游《幽居岁暮》之五:“刈茅～鹿屋,插棘护鸡栖。”清顾张思《土风录》卷十四:“稻草盖屋曰～。”

墡 ① zø^{31} ② zø^{31} ③ dʐɤ^{31} ④ zo^{232}

白土。白～:用白土和以油漆作的涂料,旧时厅堂上的屏门常用。《广韵》上声狝韵常演切:“～,白土。”《玉篇·土部》:“～,白垩名,白～也。”《民国嘉定县续志·方言》:“俗言垩也。《六书故》:～,白埴土也。按今以之和油涂饰门屏谓之白～。”

⿷匚贛 ① kø^{52} ② kø^{52} ③ kəŋ^{44} ④ ko^{324}

盖子。镬～:锅盖。方言也说“镬～盖,可能是因为～字作为盖的意义已不易理解,所以又加上同义的盖。酱帽头～:竹编的伞状尖顶的盖子,无锡、苏州一带旧时盖酱缸用。《广韵》上声感韵古禫切:“～,《方言》云:‘一曰覆头。’”按:覆,《说文·襾部》:“覆,盖也。”因此作为器盖的意义是～的引申义。《字汇》作“⿷匚赣”:“器盖。”按:“～”与“⿷匚赣”两字之别可能是小篆隶变后出现的。按小篆来说作“～”更合理。后世的楷书大多作“⿷匚赣”。宋耐得翁《都城记胜·酒肆》:“门首红栀子灯上,不以晴雨,必用箬⿷匚赣盖之。”《民国崇明县志·方言》:“⿷匚赣,器物之盖,俗呼镬⿷匚赣、缸⿷匚赣。”有的写作“⿷匚贡”,《光绪盛湖志补·方言》:“盖曰⿷匚贡。”有的还写作“⿰木⿷匚敢”,清顾禄《清嘉录·正月》:“谚云:参星参在月背上,鲤鱼跳在镬⿰木⿷匚敢上;参星参在月口里,种田种在石臼里。”按:前句表示发大水,后句表示遭干旱。有的又写作“⿷匚敢”。明李诩《戒庵老人漫笔》卷五:“盖谓之⿷匚敢。”《乾隆苏州府志·风俗》:“盖曰⿷匚敢。”《民国璜泾志稿》卷一:“盖曰⿷匚敢。”按:“⿰木⿷匚敢”与“⿷匚敢”不见于一般字书,可能都是通行于苏南一带的方言字。

又:《集韵》上声感韵古禫切作“⿱⺮贛”:“盖也。”可能是一个新的形声字,一般都不用,但有助于～释义的可信。

熯 ① hø^{424} ② hø^{412} ③ hɤ^{424} ④ ho^{35}

在锅里干烤或放少量油煎,如“～麦饼/～馄饨”。《广韵》去声翰韵呼旰切:“～,火干也。”《说文·火部》:“～,干貌。”《易·说卦》:“燥万物者，莫～于火。”作为烘烤、油煎的意义是“干”或“火干”的引申义。明冯梦龙《警世通言》卷五：“取出四个饼子，厨房下～得焦黄。”清徐珂《清稗类钞·饮食类》：“春饼，唐已有之，捶面使极薄，～熟，即置炒肉丝于中，卷而食之。”《民国嘉定县续志·方言》：“俗言火干也。”

揞 ① ø^{52} ② ø^{52} ③ əŋ^{44} ④ o^{324}

用手遮或按。如“～没眼睛/～住仔耳朵只当𣍐听见”。《广韵》上声感韵乌感切：“～，手覆。”《玉篇·手部》：“～，藏也。”《方言》卷六：“～，藏也。荆楚曰～。”《广雅·释诂四》：“～，藏也。”王念孙疏证：“～，犹揜也。……《广韵》：‘～，手覆也。’覆亦藏也，今俗语犹谓手覆物为～矣。”元乔吉《南吕一枝花·私情》：“风声儿惹起如何～。”清张南庄《何典》第一回：“形容鬼忽觉一阵肚肠痛，放出一个热屁来，连忙～住屁股。”《道光象山县志》卷一：“手覆曰～。”《民国崇明县志·方言》：“～，俗谓手覆物曰～。”

埢 ① tɕʻiø^{44} ③ tɕʻiɤ

墙～：围墙，如：伊勒该个墙～里长大葛，伊葛情况我才都晓得”。《集韵》平声仙韵驱圆切：“～，圜墙也。”

貆 ① ɕiø^{44} ② ɕiø^{44} ③ ɕiɤ^{53}

偷瓜～：刺猬。《广韵》平声元韵况袁切：“～，兽名。”《山海经·北山经》：“谯明之山有兽焉，其状如～而赤豪。”郭璞注：“～，豪猪也。”豪猪身上有棘刺，刺猬身上也长棘刺，喜食瓜类，故苏州一带称刺猬为“偷瓜～”。有的写作“蝎”。明冯梦龙《山歌》卷九：“捻来手里好像拳紧个一只偷瓜蝎，落来地上好像矗起来介一只刺毛莺。”“蝎”与“～”方言音近。按：“～”与“獾”在方言中是两种动物，“獾”，体形较大，如猪獾、狗獾。“獾”，三地方言分别读[hø]、[huø]和[huɤ]。“獾”，《广韵》平声桓韵呼官切：“野豚。”

剈 ① iø^{44} ② iø^{44} ③ iɤ^{53}

把东西弯折使断。如“一只筷拨伊～断脱哉”。《广韵》平声先韵乌玄切：“～，曲翦。”按：“翦”《广韵》上声狝韵：“截也。”《说文·戈部》：“截，断也。”

䶕 ① bo^{213} ② bo^{31} ③ bu^{213} ④ bu^{213}

上牙齿突出，有的露出上唇外。如"～牙齿/伊葛牙齿有点～葛"。《集韵》去声祃韵步化切："～，齿出貌。"明冯梦龙《醒世恒言》："萧雅一脸麻子，眼眍齿～，好似飞天夜叉模样。"《缀白裘》十集卷三："老娘饿不惯，瘦得牙齿～。"《民国崇明县志·方言》："～，俗谓齿见唇也。"

㪥 ① tso[44] ② tso[44] ④ tsou[55]

用手指取东西，如"～扑克牌/～麻将牌"。《集韵》平声麻韵庄加切："～，《说文》叉取也，或从手。"《说文·又部》："～，叉罕也。"段玉裁据《类篇》改作"叉罕"，曰："叉者，用手自高取下也。……《方言》担、摣，取也。南楚之间，凡取物沟泥中谓之担，或谓之摣，亦此字引申之义。"《广雅·释诂一》："摣，取也。"王念孙疏证："摣与下担字同。……㪥，叉取也。《释名》：'摣，叉也，五指俱往叉取也。'今俗语犹呼五指取物曰摣。"《玉篇·又部》："～，取也。"又：《玉篇·手部》："摣，取也。"《玉篇·手部》："担，取也。"《正字通·手部》："担，别作摣、～，义通。"今依《说文》以"～"为本字。《嘉定县续志·方言》："～，俗言取也，……即一把～之～字，～，亦作摣。"《盐城县志·民俗》："罕而取之曰～。"今作揸。《现代汉语词典》注音为 zhā。

奓 ① tso[424] ② tso[412] ④ tsou[35]

张开，如"手节头～～开/裙子下头～开仔像喇叭"。《广韵》去声祃韵陟驾切："～，张也，开也。"《玉篇·大部》："～，下大也。"明陆容《菽园日记》卷十："马尾裙始于朝鲜国，流入京师……大抵服者下体虚～，取观美耳。"

瓦 ① ŋo[213] ③ ŋu[213]

在屋面上铺瓦或在原有的瓦房屋面上再加灰泥和瓦，使屋面不易漏雨，如"买仔点瓦，请泥水匠～一～"。～，动词。《广韵》去声祃韵五化切："～，泥瓦屋。"《集韵》去声祃韵吾化切："～，施瓦于屋也。"《急就篇》卷三："榱椽欂櫨～屋梁。"颜师古注："瓦屋，以瓦覆屋也。"宋陆游《抚州广寿禅院经藏记》："予之始至也，才屹立十余柱，其上未瓦。"名词"瓦"，薛典、常熟读阳上。苏州阳上读为阳去，名词"瓦"也读阳去。

瘕 ① ho[44]

啪咙～痛：喉头发炎疼痛。《集韵》平声麻韵虚加切："～，喉病。”

煆

① ho⁴⁴ 又 hɑ⁴⁴ ② hɑ⁴⁴ ④ hu⁵⁵

火气、热气冒出，如“开镬盖葛晨光一只手～得痛得来”。《集韵》平声麻韵虚加切：“～，火气。”《广韵》平声麻韵许加切：“火气猛也。”《广雅·释诂二》：“～，爇也。”王念孙疏证：“《方言》：～，爇也。……热与爇亦声近义同。”《玉篇·火部》：“～，热也。”唐柳宗元《同刘二十八院长述旧言怀》：“瘴氛恒积润，讹火亟生～。”蒋之翘辑注：“～，火气。”

颬

① ho⁴⁴ 又 hɑ⁴⁴ ② hɑ⁴⁴ ③ hɑ⁵³ ④ hɑ⁵⁵

口中吹气，如“～～气，拿洋灯罩揩揩干净”。《广韵》平声麻韵许加切：“～，吐气。”《字汇·风部》：“～，开口吐气貌。”张衡《西京赋》：“含利～～，化为仙车。”吕延济注：“～～，开口貌。”按：《集韵》平声麻韵虚加切：“～，风吹谓之～。”～，从风，当与风有关，作风吹解，似为～的本义，开口吐气似为其引申义，因为吐气亦似风吹。有的写作“哈”。清落魄道人《常言道》第十回：“便把一口气哈去，一个牛豆几乎被他哈热，吹得牛毛根根竖起。”李季《当红军的哥哥回来了·风雪夜端阳追杨高》：“跪在雪地上哈热气，嘴里气息敌得过刺骨寒风。”“哈”与“～”方言同音。

罅

① ho⁴²⁴ ③ hu⁴²⁴ ④ hu³⁵

裂，如“该只碗～着一条缝”。～缝：裂缝，缝隙，如“你勒门～缝里张张看，伊勒作啥”。《集韵》去声祃韵虚讶切：“～，《说文》：裂也。”《说文·缶部》：“～，裂也。缶烧善裂也。”段玉裁注：“～，引申为凡裂之称。”《文选·左思〈蜀都赋〉》：“紫梨津润，樼栗～发，蒲桃乱溃，若榴竞裂。”李善注引刘逵曰：“～发，栗皮坼～而发也。”《徐霞客游记·粤西游日记一》：“其山甚薄，上穹，如合掌，中～。”《民国嘉定县续志·方言》：“～，俗言裂也。”

摦

(1) ① o⁴⁴ ② o⁴⁴ ③ u⁵³ ④ u⁵⁵

用手指并拢握成把的方式取东西，如“～一把米”。《集韵》平声麻韵乌瓜切：“～，手捉物。”按：“～”，《集韵》字右下的“瓜”，即“瓜”字，见《玉篇》《广雅》《广韵》等。元无名氏《陈州粜米》第一折：“父亲，他那边又～一些米去。”清张南庄《何典》第一回：“这里有丢头蒸卷，沥干团子，酥米糖，～迷露雾做饼，都是出名的。"《光绪常昭合志》:"手捉物曰～。《类篇》吴俗谓手持物曰～。"按:《常昭合志》将"～"字写作"掠"。

(2) ① o52 ② o52

④ u324

用手指甲爪,如"面孔浪拨伊～着一把,～碎哉"。《集韵》上声马韵乌瓦切:"～,吴俗谓手爬物。"《类篇·手部》:"～,吴俗谓手爬物曰～。"

骲 ① tɕʻio44

跛。～脚:跛脚。《广韵》平声戈韵丘靴切:"～,手足疾貌。"又:"骲,同上。"《集韵》作"骲","足病貌"。就方言的意义说,"～"一般只指足病,手病称"[tsɑ]手"。方言说"～脚"的已很少,通常多说"跷脚"。按:"跷",《集韵》平声宵韵丘袄切:"～,举趾。"《尔雅·释言》:"趾,足也。"郭璞注:"足,脚。"所谓"举趾"也就是抬起腿脚。"跷",在方言中还有"跛"的意义,义同"～",如"伊走起路来脚有点跷葛/伊跌仔一跤,跌成仔跷脚"。清翟灏《通俗编·品目》:"跷欹,世因跷欹之言,辄谓足跛者曰跷。"清朱骏声《说文通训定声》卷七:"今苏俗语有言轻跷者,有言跷脚者,皆此字。"《生绡剪》第九回:"筋裹毒血,挛结难行,医得身轻,脚要跷了。"

敨 ① tʻei52 ② tʻʏ52

③ tʻᴇ44 ④ tʻei324

(1) 打开包着的或卷着的包袱或袋子把东西倒出,如"拿叉袋一种麻袋里葛米～出来"。《集韵》上声厚韵他口切:"～,展也。"～,在四地方言中单纯作为展开的意义,很少用。

(2) 抖搂,如"衣裳浪葛灰尘～～脱"。

倜 ① tsei44 ② tsʏ44

③ tsɤɯ53

性情、行为、言语等别扭或不讲情理,如伊个人脾气～勿过,搭伊呒拨没有讲头葛。《集韵》平声尤韵张流切:"～,乖也。"《太玄·去》:"阳去其阴,阴去其阳,物咸～倡。"王涯注:"～与侜同,万物倡狂离散也。"按:"侜",《广韵》平声尤韵张流切。《尔雅·释训》:"侜张,诳也。"《诗·陈风·防有鹊巢》:"谁侜予美?"郑玄笺:"谁侜张诳欺我所美之人乎?"由此可知"～"和"侜"在乖张这一意义上有相通之处,两字古代都很早使用,但"～"《集韵》释义为乖,还包含乖戾的意思,这与方言所说的"～",似乎更切合方言的意义。为此本文以"～"作为本字。

篘 ① tsʻei⁴⁴ ③ tsʻiɤɯ⁵³

竹篾编的留有细缝的圆筒形中空的漉取酒或酱油等的器具。也作动词用。如"用～放勒酱缸里～酱油"。《广韵》平声尤韵楚鸠切："～，酒～。"《集韵》平声尤韵初尤切："～，漉取酒也。"《玉篇·竹部》："～，酒笼。"唐白居易《咏家酝十韵》："酿糯岂劳炊范黍，撇～何假漉陶巾。"又作动词用，宋苏轼《江城子》："今夜巫山真个好，花未落，酒新～。"元康进之《李逵负荆》第一折："一壁厢肉又熟，一壁厢酒正～。"今市场上酱油中的所谓"抽油"，意思是指这种酱油是用黄豆等原料酿造而成的，用～取的（现在不一定用～）而不是化学合成的。旧时酿造的酱油一般都用～漉取，所以本书认为"抽油"更确切地说该是"～油"。

𣸈 ① sei⁵² ② sʏ⁵² ③ sᴇ⁴⁴ ④ sei³²⁴

加水在米粉或面粉中拌和揉搓。如"你～好粉我来做团子"。《广韵》上声有韵踈有切："～，～面，亦作溲。"《说文·水部》："～，浸渼也。"按："浸渼"，浸泡也。作为加水在米粉或面粉中拌和的意义是浸泡义的引申。《玉篇·水部》："～，～面也。"又："溲，同上。"《集韵》上声有韵所九切，同时列了～、溲等三字，并注明"或作溲"。这说明是同一字的异体。一般使用时都作"溲"。《礼记·内则》："为稻粉，糔溲之以为酏。"宋王禹偁《甘菊冷淘》："俸面新且细，溲摄如玉墩。"清顾张思《土风录》卷六："作饼饵，以水拌面曰溲面。"清朱骏声《说文通训定声》："溲，浸渼也……今苏俗言溲粉、溲面皆是。"由于《说文》有"～"字，《玉篇》《广韵》《集韵》都以"～"为正字，故本字作"～"。通常写作"溲"。

揂 ① zei²⁴ ② zʏ¹³ ③ dzɤɯ²⁴ ④ dʑiɤɯ¹³

用手把线、绳子、藤等收聚，如"～鷂（风筝）线/～山芋藤"。《广韵》平声尤韵即由切："～，聚也。"又《集韵》平声尤韵兹秋切："～，捊聚也。""捊"《集韵》平声尤韵方鸠切："引取也。"《说文·手部》："～，聚也。"按：《广韵》《集韵》反切，～，为精母字，四地方言音应为[tsei]、[tsʏ]、[tsɤɯ]、[tɕiɤɯ]，但方言都读为从母字。有的写作"揉"。《梅花戒宝卷》上卷："大家来动手嘞，把网扎之落起，慢慢揉起来。""揉"与"～"方言音同或音近。

穛　① zei^{31}　② zʏ^{31}　③ ʐɤɯ^{31}　④ ʐei^{232}

积聚，如“～点铜钿买只电视机”。《集韵》上声有韵士九切：“～，聚也。”《篇海类编·花木·禾部》：“～，积也。”有的写作“受”。明冯梦龙《山歌》卷五：“天上星多月弗多，和尚在门前唱山歌。道人问道：‘师父那了能快活？’‘我受子头发讨家婆。’”又卷九：“你搭受子个零碎银子，咦要来我身上煎介个煎饼。”“受”与“～”，方言同音。

剾　① k‘ei^{44}　② k‘ʏ^{44}　③ k‘ᴇ^{53}　④ k‘ei^{55}

用手或工具挖，如“～一个洞”。《广韵》平声侯韵恪侯切：“～，剜里也。”《广雅·释诂四》：“～，剜也。”《玉篇·刀部》：“～，剜也。”明汪廷讷《狮吼记·冥游》：“你～了他左眼，我折他右手。”有的书写作“抠”。明冯梦龙《醒世恒言》卷三十：“将匕首衔在口中，双手拍开，把五脏六腑抠将出来，血沥沥提在手中。”按：“抠”，《说文·手部》：“抠，绣也，一曰抠衣升堂。”《玉篇·手部》：“抠，挈衣，《曲礼》曰：‘两手抠衣去齐尺。’”《广雅·释诂四》：“抠，举也。”《广韵》平声侯韵恪侯切：“抠，抠衣，挈衣也。”就其本义来说均无挖的意义。后世用“抠”表示挖的意义，是因为挖一般都得用手。抠，手旁，容易造成用字人的联想。“抠”与“～”方言同音。

瞘　① k‘ei^{44}　② k‘ʏ^{44}　③ k‘ᴇ^{53}　④ k‘ei^{55}

眼睛凹陷，如“伊葛眼睛～勤里向”。《集韵》平声侯韵墟侯切：“～，《埤苍》：目深貌。”《玉篇·目部》：“瞜，瞜～，目深貌。”又：“～，口侯切”，未释义，承上省。元佚名《叨叨令过折桂令·驮背妓》：“眼儿～，鼻儿凸，驱处走了猢狲怪。”清范寅《越谚》：“眗、抠，深目貌，俗言眼睛晓进也。～同。”有的写作“抠”。明冯梦龙《醒世恒言》卷十一：“东坡因小妹双眼微抠，复答云：‘几回拭脸深难到，留却汪汪两道泉。’”“抠”与“～”方言同音。

毻　① t‘əu^{424}　② t‘əu^{412}　③ t‘ɤɯ^{424}　④ t‘ɤɯ^{35}

禽兽换毛羽。如“鸡要换毛哉，鸡毛也～脱哉”。《广韵》去声过韵汤卧切：“～，鸟易毛。”《方言》卷十三：“～，易也。”钱绎笺疏：“今俗语犹谓鸟兽易毛为～毛。”《广雅·释诂》：“～，解也。”王念孙疏证：“《方言》：‘～，易也。’”郭璞注云：“谓解～也。”北周庾信《老子庙应诏》：“～毛新鹄小，盘根古树低。”清胡文英《吴下方言考》卷五："吴中谓鸟兽落毛曰～毛。"四地方言还引申指果子等成熟老化后自然掉落，如"桃子熟哉，要～下来哉/秋天树叶也～哉"。

蜕 ① tʻəu^{424} ② tʻəu^{412} ③ tʻɤɯ^{424} ④ tʻɤɯ^{35}

蛇、蝉等脱皮。如"蛇～壳"。《广韵》去声过韵汤卧切："～，蛇去皮。"《说文·虫部》："～，蛇所解皮也。"《说文》所说是作名词解释的。～，还有动词义。《广雅·释诂一》："～，解也。"王念孙疏证："今俗语犹谓虫解皮为～皮矣。"《淮南子·说林》："蝉饱而不食，三十日而～。"《史记·屈原贾生列传》："蝉～于浊秽，以浮游尘埃之外。"张守节正义："～，去皮也。"四地方言均引申扩大指人，如"夏天拨太阳晒仔，背浪～脱一层皮"。方言还引申为像皮一样的东西脱去，或原来固定在某物上的东西掉下，如"裤带一松，裤子～下来哉"。

拸 ① dəu^{31} ② dəu$^{31}_{少}$ ④ dɤɯ^{232}

叠；加，如"该只碗～勒葛只碗里/几只箱子～～好"。《集韵》上声哿韵待可切："～，加也。"《广雅·释诂二》："～，加也。"王念孙疏证："～之言移也，移加之也。"

⿰禾垂 ① dəu^{31}

稻把堆成的稻垛，如"今年收成勿好，只有一个稻～～"。《集韵》上声果韵杜果切："～，禾积也。"《广雅·释诂一》："～，积也。"《玉篇·禾部》："～，小积也。"

捼 ① nəu^{24} ② nəu^{13} ③ nɤɯ^{24} ④ nɤɯ^{13}

揉搓，如"跌痛仔末～～就好葛"。《广韵》平声戈韵奴禾切："～，～莎，《说文》曰：'摧（推）也，一曰两手相切摩也，俗作挼。'"《说文·手部》："～，推也……一曰两手相切摩也。臣铉等曰：'今俗作挼非是。'"《玉篇·手部》："～，摧也，一曰两手相切摩也。"《集韵》："～，奴禾切，《说文》：'推也……'。"《广雅·释诂三》："摧，推也。"所以'推'和'摧'意义是相通的，可能所据版本不同，或形近而有别，可以不论。推或摧及两手相切摩的意义引申为搓～、按摩的意义，应该是合理的。《广韵》平声灰韵乃回切："～，手摩物也，又奴和切。"前面引的《广韵》的"奴禾切"与这里引的"奴和切"是同音的，四地方言也是同音的。章炳麟《新方言·释言》："今谓按摩曰～。"《民国嘉定县续志·方言》:"～,俗谓按摩也。"《民国川沙县志·方俗志·黄琮川沙方言汇释》:"两手相切摩曰～。"清范寅《越谚·搨搨～～》:"搨搨～～,百病消磨。"也有写作"挪"的。《道光象山县志》卷一:"搓摩曰～,亦作挪,奴禾切。"明冯梦龙《山歌》卷六:"日里吃郎扯来拽,夜里凭郎搦来挪。"挪,《广韵》平声歌韵诺何切:"搓挪。""挪"与"～"《广韵》不同音,四地方言同音。

攎

① ləu²⁴ 又 ləu⁴⁴ ② ləu⁴⁴
③ lɤɯ⁵³ ④ lɤɯ¹³

用手贴着平面移动收聚或除去东西,如"台子浪葛末事～～勒一道/长生果壳～～脱"。《广韵》平声模韵落胡切:"～,～敛。"《集韵》平声模韵龙都切:"～,敛也。"《嘉庆如皋县志·方俗》:"～,聚起也。"《光绪通州直隶州志》卷一:"～,聚起也。"有的写作"掳"。清李宝嘉《官场现形记》第四十四回:"蹲在地下,拿两只马蹄袖掳那打碎的磁片子,弄得袖子尽湿。"清韩邦庆《海上花列传》第三十九回:"听见大房间䢩的一声,接着乒乒乓乓,好像一桌子东西通通掳在地下的光景。"柳青《创业史》一部八章:"父子俩一起把平铺在地面的……荸荠、桔子掳成一堆。""掳"与"～"方言音近。"掳",《广韵》上声姥韵郎古切:"掳掠。"《集韵》上声姥韵笼五切:"掳,《说文》'获也'。"意义均不合,掳只是借用而已。

捰

① ləu²⁴ 又 ləu⁴⁴ ② ləu⁴⁴
③ lɤɯ⁵³ ④ lɤɯ¹³

用手顺势轻轻地抚摸,如"～～顺毛/～头发/～～面孔"。《广韵》平声戈韵落戈切:"～,理也。"《玉篇·手部》:"～,理也。"按:《广韵》反切四地方言应为阳平,但一般都读阴平。

腡

① ləu²⁴ ② ləu¹³
③ lɤɯ²⁴ ④ lɤɯ¹³

手指纹。《广韵》平声戈韵落戈切:"～,手指纹也。"《玉篇·肉部》:"～,手理也。"四地方言指纹分两类:指纹中心为圆形像箩口的称箩,指纹旁有缺口的称畚箕。清胡文英《吴下方言考》卷六:"《声类》:'～,手理也。'按:～,手指旋文也……吴谚云:～多辛苦,粪箕闲。""箩"与"～"方言同音。可能由于"～"作为指纹义为统称,且又不完全能区分两类不同的指纹,所以方言再从指纹的不同而分"箩"和"畚箕"。

肧

① p'iɪ⁴²⁴ ② p'iɪ⁴²⁴

指躯体的一半,如"卖肉

葛拿一只猪开成两～"。今肉店挂的半体猪肉就叫一～。《广韵》去声霰韵普麪切:"～～,半体也。"《玉篇·肉部》:"～,半体也。"

缏

① biɪ^{24}

用针缝。～带子:把布开成斜条,～成带子。《广韵》平声仙韵房连切:"～,缝也。"《说文·糸部》:"～,一曰缏衣也。"朱骏声《说文通训定声》:"缝缉其边曰～。"《玉篇·系部》"～,交枲缝衣也。"唐王建《宫词》:"～得红罗手帕子,中心细画一只蝉。"

牑

① biɪ^{31}

④ biɪ^{232}

用细竹、芦苇等编的帘子一样的东西,旧时摊放在床架上作床板用,也叫"床簀帘"。《集韵》上声铣韵婢典切:"～,床簀。"《说文·片部》:"～,床版也。"《方言》卷五:"床,齐鲁之间谓之簀……其上版,卫之北郊,赵魏之间谓之牒,或曰～。"郭璞注:"簀,床版也。"明王思任《通明亭初记》:"于是乎有纳～排闼之好。"用整根芦苇编成的帘子,方言叫"芦～",旧时农家盖房用芦～铺在椽子上面,再在上边盖上瓦或稻草。也可以简陋地作为分隔房间用等。

敁

① tiɪ^{44} ② tiɪ^{44}

③ tie^{53} ④ tiɪ^{55}

用手托物,估计重量,如"你～～看,阿有几化重"。《广韵》平声添韵丁兼切:"～,～敠,称量。"《集韵》平声沾韵丁廉切:"～,～掇,以手称物。"《玉篇·支部》:"～,～掇,称量也。"今作"掂",《广韵》《集韵》都不列"掂"字。《字汇·手部》:"掂,手掂也。"看来"掂"为后出字。元王实甫《西厢记》第一本第二折:"尽着你说短论长,一任待掂斤播两。"《光绪常昭合志·方言》:"以手称物轻重曰掂。即～敠之～俗字。"《阜宁县新志·谣谚》:"～掇,犹称量也。"

湔

① tsiɪ^{44} ② tsiɪ^{44}

③ tsie^{53} ④ tsiɪ^{55}

用水洗衣服等局部有油垢的地方。《广韵》平声仙韵子仙切:"～,洗也。"《说文·水部》:"～,手瀚也。"瀚,《说文·水部》:"濯衣垢也。""瀚"同"浣"。《玉篇·水部》:"～,浣也。"《史记·扁鹊仓公列传》:"～浣肠胃,漱涤五藏。"明冯梦龙《醒世恒言》卷三:"那件污秽的衣服,我叫丫环～洗干净了还你罢。"《吴语》(《制言》半月刊):"段说,浣衣不全濯之,徒濯垢处为～。"

煎 ① tsiɪ^{424} ② tsiɪ^{412} ③ tsie^{424} ④ tsiɪ^{35}

熬，如"陈米～勿腻$_{\text{黏稠}}$，新米一～就腻"。《集韵》去声线韵子贱切："～，熬也。"《说文·火部》："～，熬也。"宋苏轼《绝句三首》："偶与老僧～茗粥，自携修绠汲清泉。"～，方言读去声，一般只用于～粥，油～、～药等都读阴平，《广韵》平声仙韵子仙切。

锓 ① tsʻiɪ^{44} ② tsʻiɪ^{44}

刻，如"～一个图章，一般指木质的。"《集韵》平声盐韵千廉切："～，刻也。"《玉篇·金部》："以爪刻版也。"《公羊传·定公八年》："孟氏与叔孙氏迭而食之，睋而～其板。"何休注："以爪刻其馈鈙板。"徐彦疏："谓以指爪刻其馈器上鈙藏衣物之板，谓盖板也。"后引申为刻书板。明方孝孺《蜀鑑》序："俾臣序之，将重～而传于世。"方言又引申为刻木质的图章。刻金石的图章不说～。

椠 ① tsʻiɪ^{44} ② tsʻiɪ^{44} ③ tsʻie^{53} ④ tsʻiɪ^{55}

削，如"～一只梨吃吃/脚浪葛老皮～～脱"。《广韵》平声盐韵七廉切："～，削皮。"《说文·木部》："～，牍朴也。"段玉裁注："～谓书版之素未书者也。"《玉篇·木部》："～，削版牍也。"古代削木为牍，后引申为削其他东西。有的写作"扦"，《缀白裘》二集卷二："春里卖卖扦光荸荠、打水段甘蔗、炒砂豆、长生果，赶赶戏台。""扦"与"～"方言同音。"扦"一般只有插或扦子的意义。

⿰扌䙴 ① tsʻiɪ^{44} ② tsʻiɪ^{44} ③ tsʻie^{53} ④ tsʻiɪ^{55}

插，如"～一棵月季花"。《集韵》平声仙韵亲然切："～，插也。"清汪如洋《花儿通》："～之使活，接之使附，尽是匠人衣食具。"通常写作"扦"。明张自烈《正字通·手部》："～，插也，俗作扦。"宋周密《癸辛杂志续集·白蜡》："树叶类茱萸叶，生水傍，可扦而活，三年成大树。"今作"扦"。

筅 ① siɪ^{52} ② siɪ^{52} ③ sie^{44} ④ siɪ^{324}

～帚：炊帚，一般用竹片在一端劈成细丝扎成把儿，常作刷锅用具。《广韵》上声铣韵苏典切："箲，洗帚，饭具。～，上同。"《集韵》上声铣韵稣典切："箲，饭帚，或从先。"《广韵》《集韵》都把～作为或体。《玉篇·竹部》："～，～帚。"《广雅·释器》："箱谓之～。"王念孙疏证："箱，即今之刷锅帚也。《说文》陈留谓饭帚曰箱……～，犹洗刷也，曹宪音素典反。”宋吴自牧《梦粱录·诸色杂买》：“其巷陌街市，常有使漆修旧人……并挑担卖油、卖油苕、扫帚、竹帚、～帚。”明冯梦龙《山歌》卷九：“你拿个冷水来泼我个身上，我还道是你取笑；拿个～帚来支我，我也只弗做声。”今按《玉篇》《广雅》本字作“～”。《现代汉语词典》也作“～”，以“筅”为异体。

挦

① zir^{24}　② zir^{13}

③ zie^{24}　④ zir^{13}

拔去禽畜的毛，如“～鸡毛”。《集韵》平声盐韵徐廉切：“～，摘也。”《方言》卷一：“～，取也。卫、鲁、扬、徐、荆、衡之郊曰～。”钱绎笺疏：“今俗谓以指摘物曰～。”《玉篇·手部》：“～，取也。”唐贾岛《原居即事言怀赠孙员外》：“镊～白发断，兵阻尺书传。”明冯梦龙《古今小说》卷三十九：“郭兴招引地方，将董四背剪绑起，头发都～得干干净净。”又《山歌》卷二：”昨夜同郎醉后眠，一言不合就捉我个鬓来～。”黄侃《蕲春语》：“吾乡谓杀禽兽已，纳之沸汤去毛，曰燅毛，或书作～毛。”《民国嘉定县续志·方言》：“俗谓去牲畜之毛曰～。”四地方言“～”一般用于拔禽畜之毛，不用于拔除人的头发。如用手拔头发，用“～”往往是别人强加的，或不客气的鄙夷的说法，如“两个人打相打，拉牢仔头发，弄得头发～脱仔勿少”。

樿

①　zir^{24}　② zir^{13}

～子：一种木制圆形浅口盘状有脚的用具，常盛食品用。旧时祭神时常用来装猪头等祭品。《广韵》平声仙韵似宣切：“～，圜案也。”《说文·木部》：“～，圜案也。”徐灏注笺：“～，盖如盘而有足，故曰圜案。”《玉篇·木部》：“～，圜案也。”按“圜”，《广雅·释诂三》：“圜，圆也。”

镟

① zir^{213}

③ zie^{213}　④ zir^{213}

～子：铜锡等制的圆形像盆一样的加温或盛物用具。《集韵》去声线韵随恋切：“～，《说文》：圜鑪。”按：“鑪”，《广韵》平声模韵落胡切：“酒盆。”《字汇·金部》：“鑪，酒器。”《六书故·地理一》：“～，酒器也，旋之汤中以温酒与洎者也。”《篇海类编·珍宝类·金部》：“～，酒～。”《元史·舆服志一》：“酒器许用银壶、瓶……～，余并禁止。”在苏州一带平常作为家用，主要不是用作温酒，而是用来盛食品或放在锅架上温水用。明冯梦龙《古今谭概·妖异部·～中物像》:“常熟丘郡家食橱内,锡～置熟鸡半只。”在方言中“～子”与“樶子”虽然音近,但是两种不同的器物,用材不同,形状不同,用途也稍异。

搛

① tɕiɪ^{44}　② tɕiɪ^{44}　③ tɕie^{53}　④ tɕiɪ^{55}

用筷子等夹取,如“～块肉伊吃吃/用火夹$_{\text{火钳}}$～末事”。《集韵》平声沾韵坚嫌切:“～,夹持也。”清南北鹖冠史者《春柳莺》第六回:“叫人斟了一碗酒,～了两块肉,递与石生。”《民国嘉定县续志·方言》:“攲,俗谓以箸取物曰～,按～应作攲。《广韵》音羁,俗读若坚。”按:“攲”,《广韵》平声支韵居宜切:“箸取物也。”又《广韵》去奇切:“持去也。”又:《广韵》上声纸韵於绮切:“持去也。”“攲”虽然意义与“～”相同,但读音与“～”不相同。嘉定既然“俗读若‘坚’”,字当作“～”。“坚”与“～”方言同音。

枅

① tɕiɪ^{44}　② tɕiɪ^{44}　③ tɕi^{53}

柱子上的横木,有的方形,有的圆形。山～头:旧时房屋一般都有柱子,柱子上装有横木,便于架檩条。由于屋面为坡形,因而中间最高,两边渐低,屋内的墙一般只砌到横木下,因此上面就形成了“△”形的山形空间,这个空间就叫山～头。山～头在房屋内部的间与间之间,有的空着,有的装木板隔开。如“你勒隔壁讲葛闲话,山～头里才传过来哉,我听得清爽煞”。《集韵》平声先韵经天切:“～,屋栌也。”又:《集韵》平声齐韵坚奚切:“～,《说文》:屋栌也。”《广韵》平声齐韵古奚切:“～,承衡木也。”常熟方言～,音[tɕi^{53}],来源于《集韵》坚奚切和《广韵》古奚切。《说文·木部》:“～,屋栌也。”栌,《说文·木部》:“柱上柎也。”按:“柎”,斗上横木。作为房屋结构的斗,也作“枓”,《广韵》上声厚韵当口切:“枓,柱上方木。”《玉篇·木部》:“～,方木也。”根据上面的释义看“柱上”“横木”“承衡木”“方木”等,在意义上都与旧时房屋柱上的～有相通相符之处。由于房屋构造古今有变,在～的实际意义上会有些差别,这应该是可以理解的。山～头有的称屋山头。明冯梦龙《古今小说》卷三十三:“两个媒人用五轮八光左右两点瞳人,打一看时,只见屋山头堆垛着一便价十万贯小钱儿。”清李渔《肉蒲团》第十二回:“仰起头来细看,只见屋山头上有三尺高五尺阔的一块,是砖墙砌不到,用板壁补完的。”从例句看“屋山头”指的是有空间“可以堆垛东西”,是“砖墙砌不到,用板壁补完”

的地方。意义和山～头完全相符。

㨜 ① dʑiɪ²⁴ ② dʑiɪ¹³ ③ dʑie²⁴ ④ dʑiɪ¹³

用肩扛东西,如"伊～仔一袋米转来"。《集韵》平声仙韵渠焉切:"～,负物也。"清顾张思《土风录》卷十四:"肩举物曰攑(音乾)……俗作掮。"按:"攑",《说文·手部》:"攑,相援也。"《玉篇·手部》:"攑,相援也。"《集韵》平声无韵渠言切:"攑,《说文》相援也。"音与方言相符,但义不合。此外,"攑"(包括"攑"),《集韵》还有四个音,分别为:丘焉切、丘言切、居言切和居闲切,其释义均为"相援"或"援",与《说文》《玉篇》等一致,并无"负物"之义。《集韵》的这几个反切音,均不符合方言音。就方言而言,音义均合的是～。但实际使用中有的写作"攑"。《光绪常昭合志稿·方言》:"以肩承物曰攑。"有的写作"掮"。清落魄道人《常言道》第十五回:"狭路相逢,遇一人掮着耜头,劈头要来打他。"今通作"掮"。"掮"不见于《广韵》《集韵》等较早的书,似为后起的形声字。

揵 ① dʑiɪ²⁴ ② dʑiɪ¹³ ③ dʑie²⁴ ④ dʑiɪ¹³

举起,竖起,如"手～起来让我看看"。《广韵》平声仙韵渠焉切:"～,举也。"《文选·司马相如〈上林赋〉》:"～鳍掉尾,振鳞奋翼,潜处乎深岩。"李善注引郭璞曰:"～,举也。"《文选·张衡〈思玄赋〉》:"左青琱之～芝兮,右素威以司钲。前长离使拂羽兮,后委水衡乎玄冥。"李善注:"《说文》曰:'～,竖也。'"按:今本《说文》无"～"字。～与前文的㨜,按《集韵》意义是有差别的。

妗 ① ɕiɪ⁴⁴ ② ɕiɪ⁴⁴ ③ ɕie⁵³ ④ ɕiɪ⁵⁵

轻浮不持重,风骚,炫耀,好表现,如"伊个人～勿过,一点也勿稳重葛/该个女人～勿过,看见仔男人就要上去搭腔轻骨头葛/伊有仔点本事就要～葛"。也说"～夹夹、～夹腊等"。《集韵》平声咸韵虚咸切:"～,女轻薄貌。"在吴方言的作品中常写"掀"或"轩",掀、轩与～,四地方言同音。明冯梦龙《山歌》卷九:"有个骚离离掀格腊个样寡妇,时常捉我挠挠。"又《醒世恒言》卷十:"旁边转过一个轩跎喇的后生道:'老人家闪开,待我来。'向前一抱,轻轻的就扶了起来。"《昆曲大全〈水浒记〉四回》:"吖哟,个个女客实头掀夹夹笃,那说叫我猜介。"还有的写作"莶",《光绪周庄镇志·风俗》:"莶,音轩,技痒亦曰莶,少年好事曰莶夹夹。”按：“莶”，《集韵》有六个音，与～今方言同音的有：平声沾韵馨兼切：“莶，辛毒之味”；平声严韵虚严切：“莶，豨签，草名”。所释意义与～完全不同，“莶”只是一个与“～”同音的字。

晵 ① ɕiɪ⁴²⁴ ② tɕʻiɪ⁴¹² ④ ɕiɪ³⁵

～昼：雨天中午前后雨止，出一会太阳，这种情况经常预示还要下雨。《广韵》去声线韵去战切：“～，雨而昼止。”《说文·日部》：“～，雨而昼姓也。”段玉裁注：“姓者，雨而夜除星见也，雨而昼除见日则谓之～，～亦谓之姓。”《说文·日部》：“姓，雨而夜除星见也。”《乾隆宝山县志·方音》：“俗呼雨昼止曰～昼，音牵去声。谚云：‘昼～不如晚晴。’杨用修曰：‘雨而昼见日曰～。’”按照《广韵》反切，辞典、无锡市方言声母该为[tɕʻ]，但实际读[ɕ]。

⿱衍虫 ① ɦiɪ³¹ ② ɦiɪ³¹ ③ ɦie³¹

指蜗牛等软体动物等缓慢爬行，如“养勒盆里葛螄螺螺螄才勒～出来哉”。《集韵》上声狝韵以浅切：“～，虫行貌。”清胡文英《吴下方言考》卷五作蜒，音延：“《楚辞·大招》：‘南有炎火千里，蝮蛇蜒只。’按：蜒，如有所沿而缓游也。吴谚谓缓游为蜒。”按：“蜒”，王逸注：“蜒，长貌也。言南方太阳有积火千里，又有恶蛇蜿蜒而长有蝫毒也。”蜒并无缓游义。《玉篇·虫部》：“蜒，蚰蜒也。”《广韵》仙韵以然切：“蜒，蚰蜒。”《集韵》仙韵夷然切：“蜒，虫名。《方言》：‘燕北谓易析曰祝蜒，一曰蝘蜒，兽名，一曰蜿蜒，龙貌。’”《篇海类篇·虫部》：“蜒，蜿蜒，龙貌。”据上所引，从意义看，蜒或与蜒组成的词，大多为名词，无缓游义。从读音看，作为虫行的意义，三地方言为上声，而蜒为平声。从三地方言适用范围来说，～，只用于无足的软体动物。蛇虽无足，但不属软体动物，蛇爬行方言说“游”。有足的虫类方言说“蹇”。本字应作～。

衍 ① ɦiɪ²¹³ ② ɦiɪ³¹ ③ ɦie²¹³ ④ ɦiɪ²¹³

溢，如“水缸里葛水满哉，勒～出来哉”。《广韵》去声线韵于线切：“～，溢也。”《说文·水部》：“～，水朝宗于海也。”王筠句读：“案字形，水在行中，与‘洐’水在行外异，当是即行为义。”～的本义是水通过河道流入海，作为水满溢出，当为其引申义。《文选·司马相如〈长林赋〉》：“安翔徐回，翯手滈滈，东注太湖，～溢陂池。”张铣注：“～，亦溢也。”

潒 ① ɦiɪ213 ③ ɦie213

水满将溢的样子，如“水勒缸沿浪～勒～。”《集韵》去声线韵延面切：“～，水溢貌。”

醃 ① ɦiɪ213 ② ɦiɪ31 ③ ɦie213 ④ ɦiɪ213

用盐腌，如“冷天要～点肉，～点咸菜”。《广韵》去声艳韵以赡切：“～，以盐腌也。”《礼记·内则》：“布牛肉焉，屑桂与姜，以洒诸上而～之。”明陶宗仪《辍耕录》卷二十四：“流光中陨一鱼，桥下一细家取欲烹食，其妻～而藏之。”清顾禄《清嘉录·十月》：“吴语谓以鹾腌物曰～。”按：“鹾”，即盐（名词）。王筠《说文释例》卷十九：“鹾，当为盐之别名。”《乾隆苏州府志·风俗》：“谓以鹾醃物曰～。去声。”

厴 ① iɪ52 ② iɪ52 ③ ie44 ④ iɪ324

（1）～脐：蟹肚下可活动的盖。雌的圆形，雄的形状较尖，平常说的“九月团脐十月尖”就是指～脐说的。意思是农历九月吃雌蟹，十月吃雄蟹为好。《广韵》上声琰韵于琰切：“～，蟹腹下～。”《沪谚》：“雌蟹舍不得～，雄蟹舍不得螯（原注：～，音厌，脐也。雌蟹之～，雄蟹之螯，均为美味）。”按：四地方言～与厌音不完全相同，厌，阴去。

（2）～旋：螺蛳一类头上的圆盖，盖上有圆形纹，如“蛳螺烧得脱熟，～旋也才脱落哉”。清徐珂《清稗类钞·动物类》：“荣螺为软体动物……壳甚厚，有～，孔大而圆，外暗青色。”

匽 ① iɪ52 ② iɪ52 ③ ie44 ④ iɪ324

隐藏，如“该两日人也寻勿着你，你～勒啥场化介”。《广韵》上声阮韵於幰切：“～，隐也。”《说文·匚部》：“～，匿也。从匸妟声。”段玉裁注：“～之言隐也。”按：“匸”，《说文·匸部》：“匸，衺徯，有所侠藏也。从乚上有一覆之。”清胡文英《吴下方言考》卷八：“～，忽然藏匿也。吴中谓忽匿不见曰～（音掩）。”然而很多古籍有的写作“掩”。《广韵》上声琰韵衣俭切：“掩，闭取也。”《说文·手部》：“掩，歛也。”徐灏注笺：“《文选·怀旧赋》注引《埤苍》曰：‘掩，覆也。’《淮南子·天文训》注：‘掩，蔽也。’此掩歛之本义也。”《左传·文公十八年》：“毁则为贼，掩贼为藏。”杜预注：“掩，匿也。”由此可见，“～”和“掩”都有隐蔽、藏匿的意义。然而根据《广韵》的反切，“～”和“掩”是不同音的。由于方言的音系简化，今方言同音，而且就隐蔽、藏匿意义说还同义。从方言来看，写"～"或"掩"似乎都是可以的；从古代使用看，似乎用"掩"的比较多。从字的构成看，都是形声字；从形旁看，"～"字的"匸"旁似更合乎字的本义。今依《说文》以～为本字。

浜 ① $p\tilde{a}^{44}$ ② $p\tilde{a}^{44}$ ③ $p\tilde{a}^{53}$ ④ $p\tilde{a}^{55}$

小的河道，或者与外界不通的小河。《集韵》平声庚韵晡横切："～，沟纳舟者曰～。"明李诩《俗呼小录》："绝潢断港谓之～。"宋朱长文《吴郡图经续记·城邑》："观于城中，众流贯州，吐吸震泽，小～别派，旁隔路衢。"明冯梦龙《山歌》卷二："结识私情隔条～，湾湾走转两三更。"清顾张思《土风录》卷十五："小港曰～。"《道光苏州府志·风俗》："断港谓之～。"《民国嘉定县续志·方言》："～，俗言绝潢断港曰～。"

迸 ① $p\tilde{a}^{424}$ ② $p\tilde{a}^{412}$ ③ $p\tilde{a}^{424}$ ④ $p\tilde{a}^{35}$

裂开，如"～一条坼/西瓜皮薄，切下去就～开来哉"。《广韵》去声诤韵比诤切："～，散也。"《说文新附·辵部》："～，散走也。"《玉篇·辵部》："～，散也。"辽希麟《续一切经音义》卷七："～，《韵集》云：'～，散也。'"作为裂开、破裂的意义是由散走、散逐步引申出来的。《世说新语·方正》："（桓）温弯弹弹刘（惔）枕，丸～碎床褥间。"《徐霞客游记·黔游日记一》："东望屏列之山，南～成峡。"

弸 ① $p^{\text{‘}}\tilde{a}^{44}$ ② $p^{\text{‘}}\tilde{a}^{44}$ ③ $p^{\text{‘}}\tilde{a}^{53}$ ④ $p^{\text{‘}}\tilde{a}^{55}$

张开绷紧，如"～线：两手张开绷紧线束，以便绕线/～丝棉：把成块的丝棉，由两人用力拉开，使成又薄又松软的丝棉絮"。《集韵》："平声庚韵披庚切："～，张弦也。或从糸。"《玉篇·弓部》："～，普庚切，又作絣。"按：张弦必须拉紧，使绷紧，因而引申出一般意义的张开绷紧的意义。一般多用絣。《太平广记》卷二百一七四引《野人闲话》："别絣绢素，画一钟馗。"《元史·礼乐志五·宴乐之器》："制如琵琶……以皮为面，四弦，皮絣同一孤柱。"

閛 ① $p^{\text{‘}}\tilde{a}^{424}$ ② $p^{\text{‘}}\tilde{a}^{412}$ ③ $p^{\text{‘}}\tilde{a}^{424}$ ④ $p^{\text{‘}}\tilde{a}^{35}$

～上：关上，如"出去拿门～上"。《集韵》去声诤韵叵进切："～，开闭门也。"今四地方言只指关上。

梗

① kã^{52}　② kã^{52}　③ kã^{44}

阻塞。尿～病：旧时称一种排不出小便的病。《广韵》上声梗韵古杏切："～，梗直也。"《说文·木部》："～，山枌榆，有刺，荚可为芜荑者。"《说文》所释为本义。由于古代文字多借用，遂用来表阻塞的意义。《广雅·释诂一》："～，病也。"王念孙疏证："梗者，《大雅·桑柔篇》：'至今为梗。'毛传云：'梗，病也。'"《管子·四时》："谨祷獘～。"尹知章注："～，塞也。"由此可见，～是指一种犯阻塞的病，如尿～病，心肌～塞。《正字通·疒部》："㾘，病也。《诗·大雅》：'谁生厉阶，至今为梗。'传云：'梗，病也。'俗因从疒作㾘。"《集韵》上声梗韵古杏切："㾘，病也。"㾘为后起的形声字。

桁

① ɦã^{24}　② ɦã^{13}　③ ɦã^{24}　④ ɦã^{13}

～条：檩条。《广韵》平声庚韵下孟切："～，屋～。"《玉篇·木部》："～，屋～也。"《文选·何晏〈景福殿赋〉》："～梧重叠，势合形离。"李善注："～，梁上所施也。"晋王嘉《拾遗记·周灵王》："（大树）大幹为～栋，小枝为栭桷。"按："栭桷"指方形的斗拱和椽子。～，今方言不单用。《民国嘉定县续志》："～条，俗称屋中横木也。读若杏。"

竹倉

① tsʻiã^{424}　② tsʻiã^{412}　③ tsʻiã^{424}　④ tsʻia^{35}

箩筐等底部插的起支撑加固作用的竹片，如"该只箩底下葛～断脱哉"。又动词，如"该只篮要～根～哉，勿然$_{\text{否则}}$底里要勿好放末事哉"。～，不见于《广韵》《集韵》等书，见于明宋濂等的《篇海类编·花木类·竹部》："～，竹～。"～，《汉语大词典》注音为 qiàng，与四地方言以上标音是相符的。～，可能是宋代以后有了竹～这一意义才有的字。本文以～为本字。又《现代汉语词典》有"戗"字，注音为 qiàng，释义为支撑柱子或墙壁使免于倾倒的木头。所注的音与方言音也是相应相符的，但意义不同。方言竹～的～同样起支撑作用，不过用的是竹子，一般是支撑竹器的。按："戗"，《集韵》只有平声的读法，阳韵初良切："创，《说文》：伤也。创，古作戗。"《玉篇·戈部》："戗，古创字。"看来"戗"音 qiàng 和支撑用的木头的意义也是后来才有的。又方言～还可以指船帆上斜插的竹竿，用来支撑船帆使张开迎风，风向变了或船拐弯，要掉转船帆叫"掉～"。～，有的写作"抢"。明田艺蘅《留青日札》卷三十八："抢，此亮切。……今扬帆上风日使抢。”“抢”如按此亮切，与～同音。

殭 ① tɕiã44 ② tɕiã44 ③ tɕiã53 ④ tɕiã55

白～蚕：蚕病，死后发白的蚕，中医可作药，治头风等病。《广韵》平声阳韵居良切：“～，死不朽也。”《玉篇·歹部》：“～，死不朽也。”《字汇·歹部》：“～，蚕白也。凡死后不朽皆曰～，故蚕死而白谓之～蚕。”明方以智《物理小识·鸟兽类·蚕法》：“蚕食冷露叶，必成白～。”按：“～”又作“蠷”，《玉篇·虫部》：“蠷，蠷蚕。”《广韵》平声阳韵居良切：“蠷，蚕白。”《集韵》平声阳韵居良切：“蠷，蚕白死。”《正字通·虫部》：“蠷，蚕白不朽……本作～。”“～”与“蠷”《玉篇》《广韵》《集韵》都区分了，蠷，明确指明为蠷蚕，释义具体明确。由于蠷蚕亦死不朽，今以《正字通》所说，“～”为本字。蚕为虫，“蠷”该是后起的形声字。《现代汉语词典》将～作“僵”，～为异体字。

煬 ① ɦiã24 ② ɦiã13 ③ ɦiã24 ④ ɦiã13

固体化为液体，如“铁～哉/冰～哉”。《广韵》平声阳韵与章切：“～，释金。”《集韵》平声阳韵余章切：“～，烁金，或作烊。”《说文·火部》：“～，炙燥也。”《玉篇·火部》：“～，炙也，对火也，热也。”《说文》《玉篇》都不作熔化金属解。释金或烁金是后起的意义。清王夫之《周易外传·说卦传》：“金～则液，冰冻则坚。”～，意义都限于金属。四地方言的意义，不限于金属，固体化为液体，都可说“～”。～的意义扩大了，方言常写作“烊”。明陆云龙《型世言》第三十四回：“炼了一夜，便是钢铁可烊，石也做粉。”清胡文英《吴下方言考》卷二：“吴凡化银及水皆曰烊。”《民国嘉定县续志·方言》：“烊，俗言物熔化曰烊。”《光绪川沙县志·疆域》：“物熔化曰烊。”

蛘 ① ɦiã24 ② ɦiã13 ③ ɦiã24 ④ ɦiã13

～子：米象，从方言来说，麦子里更容易生～子。《广韵》平声阳韵与章切：“～，虫名。”《广雅·释虫》：“蚲，～也。”王念孙疏证：“《尔雅》：‘蛄䗐、强蛘。’郭璞注：‘今米谷中蠹，小黑虫是也。建平人呼为蛘子。’”唐陆德明《释文》：“蛘，《字林》作～。”郝懿行义疏：“今按此虫大如黍米，赤黑色，呼为牛子……广东人呼米牛，绍兴人呼为米象，并因形以为名。”清顾张思《土风录》卷五：“米中小黑虫曰～子，大者曰乌蛩虫。”

膷

① ɦiã³¹　② ɦiã³¹
③ ɦiã³¹　④ ɦiã²³²

（恶心）～～：（恶心）想吐。方言不单用。《集韵》上声养韵以两切："～，～～，欲吐。"

斛

① p'ã⁴⁴

多，溢出，如"伊袋袋里葛铜钿多得～勒化"。《集韵》平声唐韵铺郎切："～，《说文》：量物溢也。"《玉篇·斗部》："～，量溢也。"朱骏声《说文通训定声》："量米旁溢"。薛典方言不限于用量器量而溢出，也适用于形容钱财多而溢出。也说"～～叫"，如"伊钞票多得～～叫勒化"。

儾

① nã²¹³ 又 nã⁴²⁴　② nã⁴¹²
③ nã²¹³　④ nã²¹³

（棕棚等）宽松下陷或（木板等）压重后下弯。如"棕垫松哉，困上去有点～哉"。《集韵》去声宕韵乃浪切："～，宽缓也。"《玉篇·人部》："～，宽～也。"薛典方言有阴去和阳去两读，苏州方言读阴去，常熟、无锡市区读阳去。清胡文英《吴下方言考》卷八："吴中凡两头平而中间颓坠则呼曰～（音囊，去声）。"《民国崇明县志·方言》："～，俗谓蒙物中宽不紧为～。"

趤

① lã²¹³　② lã³¹
③ lã²¹³　④ lã²¹³

～趤[dã]：游手好闲，不务正业，终日游荡，如"伊～趤惯哉，屁股也坐勿住葛"。《集韵》去声宕韵郎宕切："～，～趤，逸游。""趤"，《集韵》去声宕韵大浪切。趤，四地方言音分别为：[dã²¹³]、[dã³¹]、[dã²¹³]、[dã²¹³]。今通常写作"浪荡"。方言有"马浪荡"的说法，指游手好闲的人。清胡祖德《沪谚外编·戏改神童诗》："朝为马浪荡，暮登都督堂。"《民国嘉定县续志·方言》："～趤，俗称戏荡不事正业曰～趤。"

眼

① lã²¹³　② lã³¹
③ lã²¹³　④ lã²¹³

晒。～衣裳：把洗好的衣服穿在竹竿上或搭在绳子上晒。《集韵》去声宕韵郎宕切："～，暴也。"《字汇·日部》："～，晒～。"《五灯会元·太平懃禅师》："今年雨水多，各宜频晒～。"宋陆游《春日》："迟日园林尝煮酒，和风庭院～新丝。"清落魄道人《常言道》第十三回："这边蚌鹬相争，渔翁得利；那边三日扳罾，四日～网。"《光绪宝山县志·风俗》："～，俗呼晒为～，音浪，如～衣之类。"

磢 ① tsʻã^{424} ④ tsʻã^{35}

擦洗，如“拿身浪葛龌龊～～干净”。《广韵》上声养韵初两切：“～，瓦石洗物。”《集韵》上声养韵楚两切：“～，摩涤也。”方言不读阴上，读阴去。明李实《蜀语》：“去垢曰～。”《文选·郭璞〈江赋〉》：“潛演之所汨淈，奔溜之所～错。”张先注：“～，磨也。言奔溜急而磨错岸石也。”清胡文英《吴下方言考》卷八：“吴中谓往来磨洗垢腻曰～。”

漺 ① sã^{52} ② sã^{52} ③ sã^{44} ④ sã^{324}

清～：干净，如“衣裳汏汏清～”。《广韵》上声养韵疎两切：“～，净也。”《方言》十三：“～，净也。”吴方言作品中常写作“爽”。张春帆《九尾龟》第四十二回：“倪是勿好格，就不过为仔天热，衣裳着得清爽点，有啥格好嘎。”“爽”与“～”方言同音。今通作“爽”。

塽 ① sã^{52} ② sã^{52} ③ sã^{44}

地势高而向阳。方言不单用，常说“高～”。如“该搭蛮高～葛，造房子是好场化”。《广韵》上声养韵疎两切：“～，～塏，高也。”《集韵》上声养韵所两切：“～，地高明处，通作爽。”按：《广韵》《集韵》“～”均作“塽”，但《《广韵》上声养韵踈两切有单独的“爽”字，下有“爽”，注明“同上”。《集韵》则将爽爽并列，说明它们为不同的字形。《说文·㸚部》：“爽，明也，从㸚从大。”段玉裁注：“此字（指爽）浅人窜补，当删。爽之作爽……皆隶书改篆，取其可观耳。”所以本书取“～”字，右边不取“爽”字。清龚自珍《阮尚书年谱叙》：“天晴地～，日月穆耀。”

畂 ① kã^{44} ④ kã^{55}

～岸：宽而较高的田岸。～，方言不单用。《集韵》平声唐韵居郎切：“～，《说文》：一曰陌也。”《说文·田部》：“～，一曰陌也，赵魏谓陌为～。”《玉篇·田部》：“～，赵魏陌名。”章炳麟《新方言·释地》：“今人谓田上陌曰田～。”按：方言指田间小陌为田岸，～岸指高而较宽的田岸，往来行人较多。《民国吴县志·风俗二》：“田陌曰～岸。”《民国太仓县志·风土》：“田边高地曰～。”

囥 ① kʻã^{424} ② kʻã^{412} ③ kʻã^{412} ④ kʻã^{35}

藏，如“末事～好仔”。《集韵》去声宕韵口浪切：“～，藏也。”《缀白裘》三集卷三：“让我～拢子渠个水桶，居去大家打二记，闹热点。”《乾隆苏州府志·风俗》：“藏避曰伴，藏物曰～。”《民国嘉定县续志·方言》：“～，俗谓藏匿也。”吴歌《五姑娘》：“我上房里米囤蛀虫起，下房里大红箱子～满雪花银。”有的写作抗，《越言释》卷下：“越人以藏物为抗。”“抗”与“～”方言同音。

垙

① kuɑ̃[44]

田埂。趱麦～：为了抄近路，不顺着田埂走，而是横穿麦疄，走到对面的田埂。《集韵》平声唐韵姑黄切：“～，陌也。”《玉篇·土部》：“～，陌也。”按：“趱”，《集韵》入声盍韵疾盍切：“～，疾走貌。”薛典方言音[zaʔ[23]]。

坌

① fəŋ[424]　② fən[412]

③ fəŋ[424]　④ fən[35]

～箕：簸箕。拖～帚：拖把。《广韵》去声问韵方问切：“～，～帚，除也。”《说文·土部》：“～，扫除也。从土弁声，读若粪。”按：《说文》楷体作“坌”。段玉裁注：“～字，《曲礼》作粪。”《说文·苹部》：“粪，弃除也。”段玉裁注：“古谓除秽曰粪，今人直谓秽曰粪，此古义今义之别也。”杨树达《积微居小学述林·〈说文〉读若探源二》：“许君知～为扫除义的本字，经传既借粪为～，则二字音必同，故云：～，读若粪也。但扫除、弃除义同无异，疑～、粪本一字，而许君误分为二也。”又：《集韵》作“坌”并有其他异体不计。《字汇·土部》：“～同坌。”这样，“～”“坌”“粪”应为同一字之不同形体，本书依《说文》从土弁声以～为本字。楷书作“坌”。旧时一般常写作“粪”。明冯梦龙《醒世恒言》卷二十五：“只见有十余人，各执笤帚粪箕，将殿上扫除干净去讫。”清夏敬渠《野叟曝言》第三十一回：“连那桌上的蛋屑儿、鹅骨儿、荷叶儿一古脑儿丢入粪箕之内。”按四地方言所说～箕，虽常可写作“粪箕”，但与普通话的“粪箕子”意义不同，并不用来装粪，主要是用来装撮垃圾、粮食等。

䏲

① təŋ[44]　② tən[44]

③ təŋ[53]　④ tən[55]

（1）太饱，如“伊早晨糕勒团子吃得忒多哉，吃～哉，饭也勿想吃”。《广韵》平声登韵他登切：“～，饱也，吴人云，出《方言》。”《集韵》平声登韵他登切：“～，吴人谓饱曰～。”按反切四地方言的声母为[tʻ]，但实际读音是[t]。清钱大昕《恒言录》卷二：“《集韵》：～，他登切。吴人谓过饱曰～（注：今转为都腾切）。”这个注说明清代时，～的声母已读[t]了。钱大昕，为江苏嘉定（今属上海市）人。

（2）鸟类的嗉子，如“鸡～/鸭～”。清平步青《释谚》：“胵，《螺江日记续编·〈类篇〉》：‘吴人谓饱曰～。越人称鸡鸭之胃谓～，似亦取饱食之义。’”《越谚释》卷上：“诸羽族亦有胃，谓之膍胵，今减膍单称胵，以胵之入也，转其声为‘肫’，俗亦谓之～。”小儿往往剥鸡膍胵之皮冒之为小鼓，曰“鸡～鼓”。按：肫与～所指不同，上引二例，笔者认为有误解之处。鸡～是鸡嗉子，在食道下部，像袋子，主要用来储存食物的，鸡肫才是鸡的胃。

驐

① təŋ^{44} ② tən^{44}
③ təŋ^{53} ④ tən^{55}

去掉鸡猪等的生殖器，如“～鸡、～猪”。便于育肥。《广韵》平声魂韵都昆切：“～，去畜势，出《字林》。”宋梅尧臣《重送袁世弼》：“秋蕖出水似君才，～鸡肥脆聊供膳。”清李玉《清忠谱》二折：“童贯这一～狗，作恶异常，教我哪里按捺得定。”有的写作“镦”。清顾张思《土风录》卷十五：“《臞仙肘后经》：‘骟马、宦牛……镦鸡、善狗、净猫，皆畜之去势者。’俗鸡、猪曰镦，马曰骟。”《民国嘉定县志·方言》：“镦，俗言去畜势曰镦，音敦，见《臞仙肘后经》，《字林》作～。”本书以～为本字。

壣

① ləŋ^{24} ② lən^{13}
③ ləŋ^{24} ④ lən^{13}

地～，菜畦，如“地～浪种仔青菜勒菠菜”。又作量词，如“一～青菜，两～菠菜”。《广韵》平声真韵力珍切：“～，菜畦。”《玉篇·～上部》：“～，陇也。”按：“陇”，《正字通·阜部》：“陇，通作垄。”指田塍或种植作物、蔬菜的土埂。宋穆修《秋浦会遇》：“荷芰卷生渚，芜菁秀出～。”

疄

① ləŋ^{24} ② lən^{13}
③ ləŋ^{24} ④ lən^{13}

田垄，如“麦～”。又作量词，如“该块田种他三～麦，一～蚕豆”。《广韵》平声真韵力珍切：“～，田垄。”元王祯《农书》卷二：“高田早熟，八月燥耕而熯之，以种二麦，其法起墢为～，两～之间，自成一畎。”按：“畎”，田中沟。清黄宗羲《杨士衡墓志铭》：“皋羽挂剑于桐江兮，不占故土之一～。”“～”与“壣”，《广韵》释义不同，“～”指大田中的田垄；“壣”指种蔬菜的菜畦。然而就其形状和功用说基本是相同的，都是由人用农具耕作培成高出地面隆起的长条状，成为可种作物的地。《集韵》平声真韵离珍切：“壣，蔬畦曰壣，或作～。”认为“壣”与“～”都作菜畦解。从四地方言来说，“壣”与“～”完全可以认为同音同义的字。

齦 ① kʻəŋ^{52} 又 gəŋ^{31} ② kʻən^{52} ③ gəŋ^{31} ④ gən^{232}

牙齿用力咬,如"～骨头/～西瓜皮"。《广韵》上声很韵康很切:"～,啮也。"《说文·齿部》:"～,啮也。"《六书故·四人》:"～,啮食骨间肉也。"清翟灏《通俗编·草木》:"～瓜皮,说大话。"《民国嘉定县续志·方言》:"～,俗言啮也,如云～脱一块。"薛典又音和常熟、无锡市区读为群母字。"～"为一等字,《广韵》只有三等才有群母字。今通作"啃"。但方言读为群母字,"～"不能写作"啃"。

脗 ① miŋ^{31} ② min^{31} ③ miŋ^{31} ④ min^{232}

合拢空隙,如"嘴唇～～紧/～缝"。《集韵》上声準韵弭尽切:"～,～合,无波际貌。"《庄子·齐物论》:"为其～合,置其滑涽,以隶相尊。"清翟灏《通俗编·杂字》:"今犹谓合唇曰～。"清顾张思《土风录》卷八:"《侬渠录》云:'吴人谓合唇曰～嘴,合而无际曰～缝,～音泯。'"清范寅《越谚》卷中:"～缝,用灰漆弥器物罅隙。"有的写作"脗"。唐白居易《无可奈何歌》:"是以达人静则脗然与阴合。"按:脗,《字汇·肉部》:"～,俗作脗。"脗,视作俗字。《清宝山县志·风俗》:"脗,俗呼合唇曰脗,又呼脗缝。"《清苏州府志·风俗》:"谓凑合无罅隙曰脗逢。"清胡文英《吴下方言考》卷四作"唔":"吴谚谓闭口为唔,音泯。"按:"唔",《集韵》:"吻,武粉切,或作唔,《说文》口边也。"音义与方言均不合。今《现代汉语词典》作"抿"。

冷 ① liŋ^{24} ② lin^{13} ③ liŋ^{24} ④ lin^{13}

～瀍:冬天屋檐下挂的冰柱。《广韵》平声青韵郎丁切:"～,～泽,吴人云冰凌。"～瀍,四地也有说～泽的。按:"瀍",《集韵》平声唐韵徒郎切:"滂瀍,冻相着貌。""泽",《集韵》入声铎韵徒各切:"冰结也。"《玉篇·二部》:"泽,冰也。"清翟灏《通俗编·杂字》:"今呼簷冰为泽。"清顾张思《土风录》卷五:"屋木悬冰如箸曰～泽。"～,今通作凌。凌,《广韵》平声蒸韵力膺切:"凌,冰凌。"～与凌《广韵》义同,音不同,但从今音看还是同音的。方言"～泽",《现代汉语词典》作"凌泽"。

腈 ① tsiŋ^{44} ② tsin^{44} ③ tsiŋ^{53} ④ tsin^{55}

不带肥膘的瘦肉,如"该块肉

(指猪肉等)蛮～葛”。《集韵》平声清韵咨盈切:“～,肉之粹者。”《玉篇·肉部》:“～,～肉也。”《民国嘉定县续志·方言》:“～,俗言肉之粹者。”有的写作“精”。明冯梦龙《警世通言》卷二十八:“许宣将些碎银子买了一只肥好烧鹅,鲜鱼、精肉、嫩鸡、果品之类,提回家来。”“精”与“～”方言同音。

餳

① ziŋ[24]　② zin[13]

③ dziŋ[24]　④ zin[13]

～糖:糖稀,饴糖。方言不单用。《广韵》平声清韵徐盈切:“～,饴也。”《集韵》平声清韵徐盈切:“～,饴和馓者也。”又清韵慈盈切:“～,饴也。”(按:徐盈切与慈盈切今方言同音)《说文·食部》“～,饴和馓者也。从食易声。”《玉篇·食部》:“～,饴和馓也。”看来释义不完全相同。《说文》《玉篇》“～”和“饴”意义不同,《集韵》有两个意义,《广韵》“～”和“饴”意义没有区别。《急就篇》:“枣杏瓜棣馓饴～。”明陈与郊《麒麟记》八出:“隔墙时听卖～声。”“～”也有写作“餳”(按:今简化作饧,下引均作“饧”)的。《广雅·释器》:“饴,饧也。”王念孙疏证:“《急就篇》云:‘枣杏瓜棣馓饴饧。’……《方言》:‘凡饴谓之饧,自关而东,陈楚宋卫之间通语也。’”《资治通鉴·陈宣帝太建十三年》:“目彦光为‘著帽饧。’”胡三省注:“饧,饴也。”段玉裁注《说文》～字:“不和馓谓之饴,和馓谓之饧……各本篆作～,云易声,今正。”今所见引用同一书同一句,不同版本,有的作～,有的作饧,如《急就篇》。“～”与“饧”为同一字,本书以～为本字,《说文》小篆作“易声”,《玉篇》等均作～,但后世大多作“饧”。清顾禄《清嘉录·十一月》:“土人以麦芽熬米为糖,名曰～糖。寒宵担卖,锣声铿然,凄绝街巷。”作者为吴县(今苏州)人。按:旧时苏锡常一带挑担走村巷卖糖者,常敲小锣或吹短笛以揽顾客。所卖之糖为～糖加工后做成块状或饼状,卖时用小锤敲打。一般都用旧货换,所以卖糖者人称“换糖人”或“换糖葛”。～糖,薛典也说糖～,无锡市区说糖～。

徑

① tɕiŋ[424]

③ tɕiŋ[424]

直而近(的路),如“走该条路远,走葛条路～”。《广韵》去声径韵古定切:“～,直也。”《说文·彳部》:“～,步道也。”段玉裁注:“谓人及牛马可步行而不容车也。”徐锴《说文解字系传》:“小道不容车故曰步道。”唐杜牧《山行》:“远上寒山石～斜,白云生处有人家。”这是～

的本义。由于小道不受地形等的限制,常取直线或斜线,以缩短距离,因而引申出直而近的意义来。清徐灏《说文解字笺注·彳部》:“～,戴氏侗曰:‘小道～达,故因之为～直之义。’”《广雅·释诂二》:“～,衺也。”王念孙疏证:“颠倪者,皆衺之义也,邪、斜并与衺同……～者,祭义道而不～。郑注云:‘～,步邪趋疾也。老子云:大道甚夷,而民好～。’”《史记·高祖本纪》:“高祖被酒,夜～行泽中。”司马贞索隐:“言酒后放徒,夜～行泽中,不敢由正路,且从而求疾也。”

搇 ① tɕʻiŋ^{424} ② tɕʻin^{412} ③ tɕʻiŋ^{424} ④ tɕʻin^{35}

手按,如“勿少末事才～勒一只篮里”。《集韵》去声沁韵丘禁切:“～,按也。”《广韵》未收～字。《集韵》收～字,可能当时就是一个表示方言词的字。《集韵》常收方言词的字,至少收吴语的就有不少,有的还指明“吴人云”。另外《集韵》常收同音同义的异体字,但～字下并未列“揿”字。看来“揿”更是后来新造的形声字。明李诩《戒庵老人漫笔》卷五:“按谓之钦(去声)。”既不写“～”,也不写“揿”,用了“钦”这个字。到了明末“～”和“揿”就同时应用了,甚至同一作者既用～,又用“揿”。明冯梦龙《山歌》卷六:“姐姐好像墨斗一般般,叫情哥～住子奴身只捉眼来看。”冯梦龙《笑府》卷九:“揿,按也。”《清乾隆宝山县志·方音》:“～,俗呼以手按住物也。”今通作“揿”。《现代汉语词典》以“揿”为正体,“～”为异体。

饏 ① iŋ^{52}

饱～～:很饱的感觉,如“肚皮里饱～～,一点也勿想吃”。《广韵》上声梗韵于丙切:“～,饱,亦作𫗴。”《集韵》上声梗韵于景切:“～,饱也,或从英。”《方言》卷十二:“～,饱也。”《广雅·释诂一》:“～,满也。”王念孙疏证:“～者,《方言》:‘～,饱也。𫗴,亦～也。’”《玉篇·食部》:“～,饱满也。𫗴,同上。”可见“𫗴”作为～的异体是早已存在了。清胡文英《吴下方言考》卷二:“吴中谓已饱曰饱𫗴𫗴。”今据较早的《方言》以“～”为本字。

瀴 ① iŋ^{424} ② in^{412} ③ iŋ^{424} ④ in^{35}

凉,冷,如“你葛手～得来/今朝天蛮～勒嗨”。又～气:比较凉,如“外头天热勿过,你屋里倒～气笃”。《广韵》去声映韵于孟切:“～,～瀙,冷也。”《集韵》去声映韵于孟切:“～,～瀙,冷也。”方言可单用。～,

在读音上方言读如《广韵》映韵于敬切，或《集韵》映韵于庆切，与“映”同音。按瀴，《广雅》：“寒也。”～，有的写作窨。明冯梦龙《山歌》卷五：“六月里着肉窨丢丢介再有趣，冬天一身褥子软柔柔。”窨丢丢，凉而舒服的感觉。窨，《广韵》去声沁韵于禁切：“地屋也。”这里显然用的是吴方言的同音字，从今音看“～”与“窨”也还是同音字。但《广韵》～，于敬切，窨，于禁切，两者是不同音的。《山歌》窨作～的同音字，可能反映了明代吴方言在苏州一带一些韵母的韵尾n和ŋ已是不分了。

⿰黍刃 ① ȵiŋ^{213} ② ȵin^{31} ③ ȵiŋ^{213} ④ ȵin^{213}

米粉等黏性大，如“该个糯米粉蛮～葛”。《集韵》去声震韵而振切：“～，黏也。”《说文·黍部》：“䵒，黏也……䵒或从刃。”《玉篇·黍部》：“䵒，黏也。～，同上。”《广韵》入声质韵尼质切：“䵒，胶䵒。～，上同。”《说文》《玉篇》《广韵》都认为“䵒”与“～”是同一字，且同为入声，这与方言读音不合。“䵒”“～”《集韵》质韵有尼质和入质两切与方言也不合，但“～”《集韵》去声震韵而振切这一音就与方言音一致；“～”与“䵒”已分为不同的字。从形声字角度看，“～”字声旁“刃”与“～”同音。《方言》卷二：“～，黏也。齐鲁徐青自关而东或曰～。”郭璞注：“～，言黏～也。”《战国策·赵策三》：“君安能憎赵人，而令赵人爱君乎？夫胶漆至～也，而不能合远。”清胡文英《吴下方言考》卷八作“纫”，“吴中谓饼之凉而不中食者曰纫䭤䭤（音遣）。”按：“纫䭤䭤”本用来形容米麦粉制的食品，黏而不脆，不易咬嚼，口感较差。如“油条冷脱仔变得～䭤䭤里葛，吃勿动也勿好吃”。按：“䭤”，《集韵》上声狝韵去演切：“䭤，搏也，一曰黏也。或省（作⿰饣昔）。”《广雅·释诂三》：“䭤，搏也。”王念孙疏证：“《广韵》又作‘⿰饣昔’云：‘黏也。皆搏着之意也。’《玉篇零卷·食部》引《声类》：䭤，黏也。”～䭤䭤既是用来形容食品的，似应与“黍”有关，而不与“糸”相关，因此“纫”字似应作“～”。现在方言中“～䭤䭤”的意义有所扩大，可泛指韧软而不易断的东西。也可指人办事脾性不干脆。

⿰巾军 ① kuəŋ^{44}

合裆的内裤。侏～：方言一般指农民做水田活穿的合裆短裤，特别在耘稻的时候，可保护胯下不受稻叶划伤。《广韵》平声魂韵古浑切：“～，亵衣，裈，上同。”《说文·巾部》：“～，幒也。或从衣。”段玉裁注：“今之套裤，古之绔也；今之满裆裤,古之裈也。”据《说文》所列小篆,可知当时“～”“裈”两字已经并存,后世也常并用。《玉篇·巾部》:“～,幒也,又作裈。”今依《说文》《玉篇》《广韵》等书,以“～”作为正体,“裈”作为或体。《世说新语·德行》:“人宁可使妇无～乎?”《宋书·长沙景王道怜传》:“袭亦庸鄙,在郢州,暑月露～上听事。”有的写作“裈”。《方言》卷四:“裈,陈、楚、江、淮之间谓之裗。”钱绎笺疏:“按,裈即今之满裆裤也。”《晋书·阮籍传·大人先生论》:“君子之处域内,何异夫虱之处裈中乎?”《广雅·释器》:“裗,～也。”王念孙疏证:“《释名云》:“裈,贯也,贯两脚上系要中也。《急就篇》:‘襜、褕、袷、複、褶、袴、裈’,颜师古注云:‘袴、合裆谓之裈,最亲身者也。’”在同一段文字中“～”与“裈”同用。从前文段玉裁注,王念孙疏证看,后世似乎通用“裈”。

觛 ① ɦuəŋ³¹

角钝而圆。《广韵》上声混韵胡本切:“～,角圆貌。”《集韵》上声混韵户衮切:“～,鱼圆貌。”按:“鱼”当为“角”字之误。～,本义该是指兽角不甚尖锐。后引申扩大泛指形状似角或边沿相接形成带尖的地方。如“该张台子四只角勿尖,有点～葛”。

搵 ① uəŋ⁴²⁴ ② uən⁴¹⁴

浸没在水中,如“伊拿自家葛头～勒井水里/拿只瓶到河里～一瓶水”。《集韵》去声慁韵乌困切:“～,《说文》没也。”段玉裁注:“没者,湛也,谓湛浸于水中。”《玉篇·手部》:“～,没也。”《广雅·释诂四》:“～,擩也。”王念孙疏证:“～抐,没也。《广韵》云:～抐,按物水中也。”唐李肇《广国史补》卷上:“(张)旭饮酒辄草书,挥笔而大叫,以头～水墨中而书之,天下呼为张颠。”《民国崇明县志·方言》:“俗谓以物强置水令水入曰～。”

埲 ① boŋ²⁴ ② boŋ¹³ ③ boŋ²⁴ ④ boŋ¹³

～尘:灰尘。方言不单说。《集韵》平声东韵蒲蒙切:“～,尘也。”《沪谚》:“桃花落拉烂泥里,打麦打拉～尘里;桃花落拉～尘里,打麦打拉烂泥里(原注:三月多雨,四月多晴;三月多晴,四月多雨)。”《民国嘉定县续志·方言》:“～尘,俗呼尘也。”《民国崇明县志·方言》:“～,尘也。俗谓尘曰～尘。”有的写作“蓬”。明冯梦龙《山歌》卷八:“一射射我来门阁落里,累子我满身个蓬尘。”金松岑、曾朴《孽海花》第二十一回:“崩的一声,震得顶格上蓬尘都索索的落下来。”“蓬”与“～”,

方言同音。

鬔 ① boŋ^{24} ② boŋ^{13} ③ boŋ^{24} ④ boŋ^{13}

头发散乱，如"你头发～得来，也勿梳梳好"。《广韵》平声东韵薄红切："～，～鬆，发乱貌。"方言可单用。宋赵叔向《肯綮录·俚俗字义》："谓人发乱曰～鬆。"明佚名《奉天命三保下西洋》第二折："～头赤脚布袍宽。"《民国嘉定县续志·方言》："～松，发乱貌。"今通作"蓬"。

篷 ① boŋ^{24} ② boŋ^{13} ③ boŋ^{24} ④ boŋ^{13}

冒～：用竹篾或芦篾片编成的席状的盖船舱的用具。《广韵》平声东韵薄红切："～，织竹夹箬覆舟也。"今四地方言单说"～"，一般是指船的帆。《玉篇·竹部》："～，船连帐也，亦弇也。"《方言》卷九："自关而西，秦晋之间谓之枸篓……南楚之外谓之～。"按："枸篓"，《广雅·释器》："枸篓，軬也。"王念孙疏证："枸篓者，盖中高而四下之貌。"今船上盖的冒～，正是中高而两边低，便于水下流。《字汇·竹部》："～，编竹夹箬覆舟车者。"宋汪元量《湖州歌》："靠着～窗垂两目，船头船尾烂弓刀。"明冯梦龙《古今小说》卷三十六："石崇听得，随即推～，探头看时，只见月色满天，照着水面。"明陆云龙《型世言》第二十二回："掀开～。只是三个雕青大汉坐在船中。"～作为车～义，今仍用，如"敞～汽车"。

埲 ① boŋ^{31} ② boŋ^{31} ③ boŋ^{31} ④ boŋ^{232}

灰尘飞扬，如"扫地勿洒点水，灰尘～得来"。《广韵》上声董韵蒲蠓切："～，塕～，尘起。"宋赵叔向《肯綮录·俚俗字义》："尘起曰～塕。"章炳麟《新方言·释地》："浙江谓尘垢狼藉为～。"《民国吴县志·风俗二》："吴俗谓尘垢飞起为～起。"有的写作"埄"，《篇海类编·地理类·土部》："作埄埄塕，尘起。"

捅 ① t'oŋ^{52} ② t'oŋ^{52} ③ t'oŋ^{44} ④ t'oŋ^{324}

移动，如"台子～过点"。《广韵》上声董韵他孔切："～，进前也，引也。"《玉篇·手部》："～，搏～，引也。"按："搏～"有执持移前之义。明李诩《戒庵老人漫笔》卷五："移谓之～。"《道光苏州府志》卷二："移谓之～"。《乾隆昆山新阳合志·方言》："移物曰～。"有的写作"统"，明袁有令《隋史遗文》第三十一回：

"叔宝起来,命手下将单员外前席坐机统在咬金席旁。""统",《广韵》去声宋韵他综切,《集韵》也作去声他综切,但四地方言都读阴上。"统"与"～"方言同音。～(捅)今《现代汉语词典》作戳、扎、碰、触动等意义解释,实际上是"捅"的意义,与方言不同。

烔 ① $doŋ^{24}$ ② $doŋ^{13}$ ③ $doŋ^{24}$ ④ $doŋ^{13}$

热～～:暖和。《广韵》平声东韵徒红切:"～,热气～～。"《广雅·释诂二》:"～,爇也。"王念孙疏证:"《众经音义》卷四引《埤仓》云:'～～,热貌也。'"清胡文英《吴下方言考》卷一:"今谚有热～～,暖～～之说。"《民国嘉定县续志·方言》:"热～～,俗状温热也。"

饙 ① $zoŋ^{24}$ ② $zoŋ^{13}$ ③ $dzoŋ^{24}$ ④ $zoŋ^{13}$

馋～:特别馋,贪吃。《广韵》平声东韵锄弓切:"～,馋～,贪食也。出《古今字音》。"唐段成式《送穷文》:"予谓穷曰,予送非嚵～历感,循险索隙,膋荦瀹饼,直胆涎沥者。"按:"嚵",《字汇·口部》:"嚵"同"馋"。《民国续修盐城县志·民俗》:"贪食谓之馋～。"

有的写作"馋虫"。明《后西游记》第三十六回:"这呆子的馋虫又爬出来了,若不与他化些噇噇,莫说琐絮不了,就是走路也没心肠。"这可能由馋～的谐音才新造了"馋虫"这个词,不过意义不同。

嗅 ① $hoŋ^{424}$ ② $hoŋ^{412}$ ③ $hoŋ^{424}$ ④ $hoŋ^{35}$

用鼻子闻。今方言一般多用于猪狗等,不用于人;人一般都用闻,用"～"有嘲讽打趣的意思。《集韵》去声送韵香仲切:"～,鼻审气也。"《说文·鼻部》:"齅,以鼻就臭也。"《玉篇·鼻部》:"齅,……亦作～。"《广韵》去声宥韵许救切:"齅,以鼻取气,亦作～。"《集韵》"齅""～"也有宥韵许救切的音,把"齅"和"～"都认为同一字,但与四地方言音不合。与方言音义相合的,只有《集韵》送韵香仲切的"～",因此以"～"为本字。《庄子·人间世》:"～之,则使人狂醒,三日而不已。"宋苏轼《次韵子由所居六咏》:"何以娱醉客,时～砌下花。"清胡文英《吴下方言考》卷十:"齅(音休去声),《异物志》:'狼朧之民,夜为市,以鼻齅金银之好恶。'按:齅,以鼻分善丑也。吴中谓不动念曰鼻也不齅齅。"四地方言也有类似说法,不过一般不说齅而说"～"。《吴下方言考》作者为武进人,方言不同。

蕻 ① hoŋ^{424} ② hoŋ^{412}

草木长出新芽，如“树桩浪～出仔勿少新芽”。～条：树上或树桩上长出的新的芽条，如“桑树浪长仔～条，秋天又好长桑叶哉”。《集韵》去声送韵呼贡切：“～，吴俗草木萌曰～。”清范寅《越谚》卷中：“鲦鱼，夏躲菱～下，彻食其鲜。”按：菱～，指菱长在水面下的嫩茎和叶。有的写作“蕻”。清仲学辂辑补《广蚕桑说辑补》卷下：“于大眠后，择蚕之整齐强健者，日以蕻头叶饲之（原注：蕻，胡贡切，音共，枝顶最茂处也。蕻头力旺，蚕食之，其力自旺）。”按：“蕻”，《集韵》去声送韵胡贡切：“蕻，茂也，或作～”。按：薛典、苏州方言“～”与“蕻”，音义有别。“蕻”，音[ɦoŋ]用于“雪里蕻”，这种蔬菜茎叶特多，长得很茂盛，常作腌菜。

⿰月翁 ① oŋ^{52} ② oŋ^{52} ③ oŋ^{44} ④ oŋ^{324}

～囊音臭：植物开始腐烂时发出的臭气。《广韵》上声董韵乌孔切：“～，～臭貌。”清梁同书《直语补正》：“～，臭貌。今俗曰～冻臭。”按作者为钱塘（今杭州）人。今常州市也说“～冻臭”。《越谚释》卷上：“今俗人云～臭，则专指其臭之恶者。”有的写作“齆”。明冯梦龙《山歌》卷一：“歪嘴油瓶吃子个口弗好，齆臭泥出弗得好香菱。”“齆”，《集韵》去声送韵乌贡切：“《埤仓》：鼻病也。”“齆”与“～”音近义不同。

⿰⿱曰羽刂 ① taʔ^{5} ② taʔ^{5} ③ taʔ^{5} ④ taʔ^{5}

固定破裂的陶瓷器的锔子，锔子的两端有钩，如“一只破碗钉仔八个～”。《广韵》入声盍韵都盍切：“～，一曰～钩也。”《集韵》入声盍韵德盍切：“～，钩也。”～，又有动词意义，使固定。《玉篇·刀部》：“～，著也。”唐玄应《一切经音义》卷十九引《字书》：“～，著也。～钩、～索、打～皆作此。”

⿰口⿱曰羽 ① taʔ^{5} ② taʔ^{5} ④ taʔ^{5}

～嘴：上下嘴唇从闭到开，并常发出声响，用来表示不满或无奈。《集韵》入声盍韵德盍切：“～，口动貌。”

踏 ① taʔ^{5} ② taʔ^{5} ③ taʔ^{5} ④ taʔ^{5}

脚病，走路有点跛，如“伊走起路来一～一～葛”。～脚：跛脚，也可指跛脚的人。《广韵》入声合韵都合切：“～，跛行貌。”《集韵》入声合韵德合切：“踏，跛也，或从答。”《说文·足部》："踏，趿也。"按：趿，《说文·足部》："进足有所撷取也。"意思当为脚伸进鞋子里穿上或拖着鞋。踏，《说文》注为"他合切"，为后人所加。这样"踏"的音和义均与方言不同。踏，《宋本玉篇》也注为"他合切"。因此本字就依《广韵》作"～"。表示区别。有的写作"搭"。金松岑、曾朴《孽海花》第十四回："不一会筱亭扶着凤儿一搭一跷走出来。""搭"与"～"方言同音。

褡

① taʔ⁵

～被：横盖在被子上的被子，较小，一般盖在脚后。《广韵》入声合韵都合切："～，横～，小被。"《集韵》入声合韵德合切："～，被横谓之～。"《玉篇·衣部》："～，襀～。"按《玉篇·衣部》："襀，音横，襀～，小被。"《玉篇》横作襀，为同音字，当时可能作为横盖小被的专用字。《广韵》《集韵》用了表示普遍意义的"横"。

溚

① taʔ⁵　② ta⁵
③ taʔ⁵　④ taʔ⁵

潮～～：湿漉漉，如"落仔雨，地浪潮～～里勿好走"。也说"湿～～"。《集韵》入声合韵德合切："～，湿也。"《玉篇·水部》作"溚"，"湿也"。《民国嘉定县续志·方言》："俗谓地下潮湿及人身有汗者并曰潮～～。"有的写作"搭"。明冯梦龙《山歌》卷九："个星轻薄后生见面弗得介捉我取笑，我笑渠：无我了，你湿～～那得介安眠？"

潮～～方言也说"潮溻溻"。"溻"音[tʻaʔ⁵]。《集韵》入声盍韵讬盍切："溻，湿也。"《玉篇·水部》："溻，湿也。他盍切。"

嗒

① taʔ⁵　② taʔ⁵
③ taʔ⁵　④ taʔ⁵

吃；品尝，如"该只菜拨你～光哉/该只好小菜你要～～味道勒吃介"。《广韵》入声合韵都合切："～，舐～。"《玉篇·口部》："～，舐也。"明王錂《春抚记·定计》："口里～～，腰里撒撒，是一桩好生意来了。"《缀白裘》八集卷四："无饭吃，摸只蚌来～～没是哉。"有的写作"搭"。清山阴悟痴生《广天籁集》："锓光荸荠嘴里搭，吃得屎急煞。""搭"与"～"方言同音。

㲮

① taʔ⁵　② taʔ⁵
③ taʔ⁵　④ taʔ⁵

～眼皮：上眼皮鬆而下垂。一般老人常见。《集韵》入声合韵德合切："～，皮纵。"《玉篇·皮部》："～，皮宽也。"清范寅《越谚》卷下："宽～～。""宽～～"除了皮宽的意义外，四地方言还用来泛指不紧较松的意义，如“绳子结得宽～～里葛”。

澾 ① tʻaʔ5 ② tʻaʔ5 ③ tʻaʔ5 ④ tʻaʔ5

滑～：滑，如“落仔雨，路浪勿好走，一直打滑～”。《广韵》入声曷韵他达切：“～，泥滑。”《集韵》入声曷韵他达切：“～，《字林》：滑也。”《玉篇・水部》：“～，滑也。”清碧荷馆主人《黄金世界》第十五回：“直出法马路，看中间稀泥滑～，稍有点水痕。”孙家振《续海上繁华梦》二集第四回：“只因足上趿着一双拖鞋，跑得要紧了一些，一个滑～，跌下地去。”《民国嘉定县续志・方言》：“滑～，俗谓路泞滑不便驻足也。”有的写作“蹋”，清西湖伏雌教主《醋葫芦》第六回：“成珪又努力一拄，一个滑蹋，几乎把头皮都被席子擦破。”“蹋”与“～”方言同音。清胡文英《吴下方言考》卷三：“吴谚谓地滑难行曰滑达滑～，达，音梯。”《广韵》去声霁韵他计切：“达，足滑。”《集韵》去声霁韵他计切：“达，《字林》：滑也。”按：反切他计切，“达”应为去声，由于连读变调才读为平声的“梯”音。

衲 ① naʔ23 ② naʔ3 ③ naʔ23 ④ naʔ23

补；缝。补补～～：缝缝补补。《广韵》入声合韵奴答切：“～，补～，紩也。”《玉篇・衣部》：“～，补也，或作纳。”《广雅・释诂》：“～，补也。”王念孙疏证：“～者，《释言》云：紩，纳也。纳与～通，亦作内。今俗语犹谓破布相连处为～头。《论衡・程材篇》云：‘～褛之工，不能织锦。’”宋刘克庄《同孙季藩游净居诸庵》：“戒衣皆自～，因讲始停针。”今“～”与“纳”意义不完全相同。

皶 ① laʔ23 ③ laʔ23 ④ laʔ23

皮宽～皶：老人或瘦人皮肤宽松发皱的样子。《广韵》入声盍韵卢盍切：“～，～皶，皮瘦宽貌。”“皶”，《广韵》入声盍韵都盍切。薛典、无锡市、常熟音［taʔ］。《玉篇・皮部》：“～，～皶，皮瘦宽貌。”清胡文英《吴下方言考》卷十一：“吴中形老人皮皱曰皮宽～皶。”

睫 ① saʔ5 ② saʔ5 ③ saʔ5 ④ saʔ5

（眼睛）闭上又睁开，如“乡谚，眼睛一～，老鸡婆变鸭”。《集韵》入声洽韵色洽切：“～，目睫动貌。”薛典方言称频繁连续～眼的人谓“～眼王”。清范寅《越谚》卷中：“～～婆，眼常开闭。”清艾衲居士《豆棚闲话·空清石蔚子开盲》:“嗅嗅鼻头,～～眼睛,做鬼脸。”清胡文英《吴下方言考》卷十一:“眨,音霎……目睑数启闭也。吴谚谓眼不定曰眨眼。”按:“眨”,《广韵》入声洽韵侧洽切。《集韵》入声洽韵侧洽切。按照眨的反切,四地方言与“霎”不同音。其作者为武进人,当时“眨”也不可能与霎同音,与霎同音的应该是“～”字而不是“眨”字。“霎”,《广韵》入声洽韵山洽切。“霎”与“～”四地方言同音。

煠 ① zaʔ^{23} ② zaʔ^{3} ③ zaʔ^{23} ④ zaʔ^{23}

把食物放在水里煮或油里炸,如“氽油白～菜”。《广韵》入声洽韵士洽切:“～,汤煮。”《玉篇·火部》:“～,爚也。”《广雅·释诂二》:“～,爚也。”王念孙疏证:“爚者……内肉及菜汤中薄出之。”意思是将肉在菜汤中略煮。明徐光启《农政全书·荒政·荒救本草一》:“山苋菜……採苗叶～熟,换水浸去酸味,淘净,油盐调食。”清翟灏《通俗编·杂字》:“今人以食物纳油及汤中一沸而出曰～。”四地方言中“～”并不限于“薄出之”或“一沸而出”,可以说“多～几滚,～～烂”。《民国嘉定县续志·方言》:“～,俗谓熟煮,俗读如闸。”

䀫 ① kaʔ^{5} ② kaʔ^{5} ③ kaʔ^{5} ④ kaʔ^{5}

(1) 犯睏,眼睛张不开,如“眼睛有点～,要困哉”。《广韵》入声洽韵古洽切:“～,眼细暗。”《玉篇·目部》:“～,眼细暗。”《字汇·目部》:“～,矇胧欲睡之貌。”《西洋记》第二十回:“行了几日,中军帐上有几个军士整日家～～睏睏只是要瞌睡。”方言有～～睏睏的说法。

(2) 睏眼睛,如“眼睛～勒～,你勒动啥脑筋”。《集韵》入声洽韵讫洽切:“～,一曰目睫动也。”～,四地方言较少说,一般说“睏”。有的写作“夹”。清俞万春《荡寇志》第七十三回:“高衙内夹着一双眼,看看丽卿,连珠箭的喝采。”“夹”与“～”四地方言同音。

唊 ① kaʔ^{5} ② kaʔ^{5} ③ kaʔ^{5}

翻嘴,搬弄是非,如“伊欢喜～来～去,弄点事体出来”。也说“～嘴舌”和“～嘴～舌”。《集韵》入声洽韵讫洽切:“～,多言。”《说文·口部》:“～,妄言也。”有的写作“夹”。清梦花馆主江阴香《九尾狐》第十三回“倷声音轻点,前后隔得一层板壁,覅拨俚听见仔,倒来算夹嘴舌格。”《续海上繁华梦》二集第三十回:“不过究竟是自家人,既然估出破绽，不得不敷衍些儿，免得夹嘴夹舌闹出事来。”“夹”与“～”方言同音。

齾

① ŋaʔ^{23} ② ŋaʔ^{3}
③ ŋaʔ^{23} ④ ŋaʔ^{23}

器具等缺损一小块，如“该只碗～脱一块”。《广韵》入声辖韵五辖切：“～，器缺也。”《说文·齿部》：“～，缺齿也。”这是～的本义。段玉裁注：“～，缺齿也。引申凡缺者皆曰～。”《广韵》所释即引申义。《玉篇·齿部》：“～，齿缺也。”按：“～”，《玉篇》《广韵》均作“齾”。唐韩愈等《征蜀联句》：“更呼相簸荡，交斫相缺～。”清王士禛《池北偶谈·谈艺·志公碑》：“每行凡七十九字，其下都断～不存。”乡谚云：“歪对歪，漏对漏，破畚箕相对～笤帚。”意思是彼此差不多，相般配，谁也不要嫌弃谁。～，四地方言还有减少、扣去的意思，如“～脱三块洋钿”。指在商品买卖中少付应给的钱。

豁

① huaʔ^{5} ② huaʔ^{5}
③ huaʔ^{5} ④ huaʔ^{5}

开阔、宽广。方言不单用。空～～：形容宽敞空间大，如“该间房间一样家生$_{\text{家具}}$勿曾放进来，显得空～～里葛”。野～～：形容宽广无边际，如“勒太湖边浪望出去，湖面大得野～～里葛”。方言也可说野野～～。《集韵》入声末韵呼括切：“䜾，《说文》通谷也。”《说文》～作䜾。《玉篇·谷部》：“～，通谷也。䜾，同上。”可见“䜾”与“～”为同一字，只是形旁声旁的位置不同而已。后世一般都作“～”，本文以～为本字。《广雅·释诂三》：“～，空也。”《六书故·地理三》：“～，谷敞也。”以上所引，～都指山谷通敞的意义。开阔、宽敞都是～的引申义。《汉书·扬雄传上》：“洒沈灾于～渎兮，播九河于东濒。”颜师古注：“～，开也。”《徐霞客游记·滇游日记十一》：“其壑北向颇～。”

眓

① huaʔ^{5} ② huaʔ^{5}
③ huaʔ^{5} ④ huaʔ^{5}

～眼稍：眼稍往上斜。《广韵》入声麦韵呼括切：“～，《说文》曰：视高貌。”《集韵》入声末韵呼括切：“～，《博雅》～～，视也，一曰眼眛视高貌。”按：“眛”，目不正也。《说文·目部》：“～：视高貌。”段玉裁注：“豁目字当作此。”有的写作“豁”。锡剧《送茶》：“浑身上下都不错，可惜是竖眉毛来豁眼稍。”“豁”与“～”方言同音。

掝

① huaʔ^{5} ② huaʔ^{5}
③ huaʔ^{5} ④ huaʔ^{5}

裂开，如“衣裳拨伊拉～脱哉”。《广韵》入声麦韵呼麦切：“～，裂也。”《广雅·释诂二》：“～，裂也。”《玉篇·手部》：“～，～裂也。”有的写作“豁”。清欧阳巨源《负曝闲谈》：“狗嘴虽然是尖的，然而不至豁到两边。”清藤谷古香《轰天雷》第一回：“只见上身穿的是半新不旧的洋宁绸马褂，胸前油了一块，左袖豁了寸许。”“豁”与“～”方言同音。

⿰辛畫 ① huaʔ[5] ② huaʔ[5] ③ huaʔ[5] ④ huaʔ[5]

辣～～：味道辣或形容痛的感觉和程度，如“一记耳光打得面孔浪辣～～里葛痛”。《广韵》入声麦韵呼麦切：“～，辛～～。”《集韵》入声麦韵忽麦切：“～，味辛。”清胡文英《吴下方言考》卷十：“～，音霍（按：作者为武进人，所注音为武进音），吴中谓甚辣曰辣～～。”今四地方言“辣～～”多用于形容痛的感觉方面，这是从味觉因类似而引申出来的意义。“～”，有的写作“豁”，《后西游记》第二十回：“打了五六下，打得有些辣豁豁的。”“豁”与“～”方言同音。

擘 ① paʔ[5] ② paʔ[5] ③ paʔ[5] ④ paʔ[5]

用手把物分开，如“拿馒头一～两”。《广韵》入声麦韵博厄切：“～，分～。”《说文·手部》“～，扐也。”段玉裁注：“今俗谓裂之曰～开。”《玉篇·手部》：“～，～裂也。”《广雅·释诂一》：“～，分也。”王念孙疏证：“高诱注《淮南子·要略篇》云：‘～，分也。’”《史记·刺客列传》：“既至王前，专诸～鱼，因以匕首刺王僚。”明凌濛初《二刻拍案惊奇》卷二十七：“又在桌上取过一盘猪蹄来，略～一～开，狼飡虎咽。”

繴 ① paʔ[5] ② paʔ[5] ③ paʔ[5] ④ paʔ[5]

编织，如“～辫子/～带子”。《集韵》入声麦韵博厄切：“～，织丝带也。”《玉篇·系部》：“～，织丝为带也。”编织丝带，往往几股条状物交叉编织而成，～辫子有类似之处。

⿰片𠂢 ① p‘aʔ[5] ② p‘aʔ[5] ③ p‘aʔ[5] ④ p‘aʔ[5]

剖开，擘开。包～西瓜：意思是西瓜剖开包好。《广韵》入声陌韵普伯切：“～，破物也。”《集韵》入声陌韵匹陌切：“～，破物也。”有的写作“拍”，明冯梦龙《山歌》卷二：“好像新打个篱笆个一夹得介紧，生毛桃要吃教我那亨拍开来。”“拍”与“～”方言同音。

粍 ① tsɑʔ^{5} ② tsɑʔ^{5} ③ tʂɑʔ^{5} ④ tsɑʔ^{5}

把米粉或面粉等调入稀的粥或水里使成黏稠的糊状，如"～粥/～糊英$_{粉糊}$"。～粥，旧时常用粞粉（用粞磨成的较粗的粉）调入稀粥内。《集韵》入声陌韵陟格切："～，～屑米为饮，一曰黏也。"

𡍲 ① tsʻɑʔ^{5} ② tsʻɑʔ^{5} ③ tsʻɑʔ^{5} ④ tsʻɑʔ^{5}

裂缝，如"长远勿落雨，地浪也迸仔～哉/碗碰仔一碰有一条～哉"。《广韵》入声陌韵丑格切："～，裂也。亦作坼。"《集韵》入声陌韵耻格切："～，《说文》裂也。亦作坼。"《说文·土部》："～，裂也。《诗》曰：'不～不䟤。'"按："䟤"，《集韵》同"副"，判或裂的意思。《广雅·释诂一》："坼，分也。"《玉篇·土部》："坼，裂也。～，《说文》坼。"可见，"～"与"坼"很早就并用。《新平妖传》第十七回："原来博平县将有六个月不雨，亢旱非常。怎见得？但见河底生尘，田中坼缝。"本字依《说文》作"～"。今通作"坼"。今方言～大多作名词用。

𤿰 ① tsʻɑʔ^{5} ② tsʻɑʔ^{5} ③ tsʻɑʔ^{5} ④ tsʻɑʔ^{5}

指皮肤受冻开裂。《广韵》入声麦韵丑格切："～，皴～。"《玉篇·皮部》："～，皴～也。"清范寅《越谚》卷中："膹～，严冬皮𡍲（坼）。"按："膹"，《广韵》平声真韵昌真切："膹，肉胀起也。"看来～本是专指皮肤开裂。

拺 ① tsʻɑʔ^{5} ② tsʻɑʔ^{5} ③ tʂʻɑʔ^{5} ④ tsʻɑʔ^{5}

搀扶。一般指不能站立或站立不稳的人，由别人托住他的腋下使站起站稳。有时也指把人强行架起，如"'文革'时有的'走资派'拨'造反派'～到台上批斗"。《广韵》入声麦韵楚革切："～，扶～也。"《玉篇·手部》："～，扶～。"《集韵》入声麦韵测革切作"㨖"："扶也，或省（作～）。"今以～为本字。

捒 ① sɑʔ^{5} ② sɑʔ^{5} ③ sɑʔ^{5} ④ sɑʔ^{5}

选择；删去。如"伊勒$_{在}$五个人当中～仔三个人到伊葛厂里去做工人/拿稻柴壳～～脱好搓绳"。《广韵》入声麦韵山责切："～，择取物也"。《集韵》作"捒"，入声麦韵色责切："捒，择也。"今依《广韵》以"～"为本字。

涑 ① sɑʔ^{5} ② sɑʔ^{5} ③ sɑʔ^{5} ④ sɑʔ^{5}

望东西上像小雨零似地洒少量水，如“卖青菜葛人一直勒～水葛（这样可保持菜新鲜，又可增加斤两）”。《集韵》入声麦韵色责切：“～，《说文》：小雨零貌。”方言的意义是～的引申义。《广韵》山责切作“潎”。《玉篇·水部》作“潎”：“潎，细雨落。”本字依《说文》作“～”。

散 ① tsʻiaʔ[5] ② tsʻiaʔ[5] ③ tsʻiaʔ[5] ④ tsʻiaʔ[5]

竹木等边皮因粗糙，干裂等翘起。～丝：竹木上翘起的细丝，能刺人。《广韵》入声药韵七雀切：“～，皮皴，《尔雅》云：棤～，谓木皮甲错。”《玉篇·皮部》：“～，木皮甲错也。”这是～的本义。唐李咸用《览友生古风》：“皴～老松根，晃朗骊龙窟。”明李时珍《本草纲目·木部二·梧桐》：“梧桐处处有之，树似桐而皮青不～。”四地方言还引申为皮肤皴裂而～起，如“肉～里：指指甲后～起的肉刺”。清范寅《越谚》卷中：“凡指甲触起皮及各皮触起皆是。”清顾张思《土风录》卷十五：“皮碎上起曰～（音鹊）。”清胡文英《吴下方言考》卷十一：“吴谚谓物之光滑者曰无～丝，逆其毛曰～毛。”又引申为逆～不顺的意思，如“伊脾气强勿过，你勿要弄～脱仔，反而难缠”。清胡式钰《语窦》：“与人不睦曰～。”

秳 ① pʻoʔ[5] ② pʻoʔ[5] ③ pʻoʔ[5]

子粒不结实。～荚：豆荚壳大，子粒小而瘪，如“豆荚荚蛮大，里向葛豆小得来，才是～荚荚”。《集韵》入声铎韵匹各切：“～，禾不实。”《玉篇·禾部》：“～，禾不实。”

涿 ① toʔ[5] ② toʔ[5] ③ tɔʔ[5] ④ tɔʔ[5]

滴，量词，如“一～～水/一～酱油”。《集韵》入声屋韵都木切：“～，流下滴。”《说文·水部》：“～，流下滴也。”段玉裁注：“今俗谓一滴曰一～，音如笃。”四地方言又引申为（小）摊、（小）块，如“吐仔一～痰”。有的写作“沰”。清张南庄《何典》第四回：“自己穿了包拍大红衫，打扮得一沰胭脂一沰粉的。”其实“沰”是淋或落的意思，动词。“沰”与“～”，方言同音。还有的写作“涸”。《沪谚》：“穷人穷来四脚撑，财主人穷来一涸浆（原注：吃惯用惯懒惯，而又无一技之长，唯有饿死而已。涸，透各切，到入声）。”按，“涸”，《字汇补·水部》：“涸，雨貌。”“涸”与四地方言音义均不合。

沰 ① toʔ[5] ② toʔ[5] ③ tɔʔ[5] ④ tɔʔ[5]

落，淋，如“衣裳～潮脱哉/路浪

~着雨哉”。《集韵》入声铎韵当各切:“~,滴也。”《玉篇·木部》:“~,落也。”《广雅~释言》:“沰,磓也。”按:“磓”,《广韵》平声灰韵:“磓,落也。”《篇海类编·地理类·水部》:“~,浇也。”《民国续修盐城县志·民俗》:“流下滴曰~。”~,都是作为动词意义讲的。汉崔寔《四民月令》:“上火不落,下火滴~。”清胡文英《吴下方言考》卷十:“吴中谓雨零滴声曰滴~。”滴~,是指滴水声或以此借代下雨。

褽 ① toʔ5 ② toʔ5

(1)~褂:长而大的很不合身的衣服,如“伊着仔件~褂长衫难看煞哉”。《广韵》入声屋韵丁木切:“~,衣至地也。”《说文·衣部》:“~,衣至地也。”《玉篇·衣部》:“~,衣至地也。”~,方言不单用。

(2)补,如“鞋头穿脱哉,~仔一块布勒浪”。~角:做衣服不够时某个地方要拼上一块;~裆:做裤子时,裤裆的地方要拼上一块。《广雅·释诂四》:“~,补也。”《玉篇·衣部》:“~,补也。”

澤 ① doʔ23

冷~:冬天挂在屋檐等下面的冰柱(冷,《广韵》平声青韵郎丁切。现在说冷~的人较少,大多说“冷溏”)。《集韵》入声铎韵达各切:“~,冰结也。”《玉篇·冫部》:“~,冰也。”清翟灏《通俗编·杂字》:“~,音铎,今呼檐冰为~,是此字。”清胡文英《吴下方言考》卷十:“冰坚而垂也。吴中谓冰箸曰停~。”其作者为武进(今常州)人。今常州人仍说“停~”。《嘉庆上海县·风俗》:“檐冰谓之~。”

𡐨 ① tsoʔ5 ② tsoʔ5 ③ tʂoʔ5 ④ tsɔʔ5

堵塞。~漏:堵塞房屋漏雨的地方,如“屋面漏哉,喊泥水匠来~~漏”。《广韵》入声屋韵侧六切:“~,塞也。”《玉篇·土部》:“~,塞也。”有的写作“筑”。明凌濛初《拍案惊奇》卷十五:“却见原只是些旧屋,不过补得几块地板,筑得一两处漏点,修得三四折栏杆。”也有的写作“捉”。《沪谚》:“晴天捉漏,雨落照旧。”“筑”“捉”与“~”,方言同音。

瘃 ① tsoʔ5 ② tsoʔ5

冻~:冻疮。也说“死血”。《广韵》入声烛韵陟玉切:“~,寒疮也。”《说文·疒部》:“~,中寒肿覈。”段玉裁注:“肿覈者,肿而肉中硬如果中有覈也。”《玉篇·

疒部》：“～，手足中寒疮也。”《字汇·疒部》：“～，手足冻疮。”《汉书·赵充国传》：“将军士寒，手足皲～。”颜师古注引文颖曰：“～，寒创也。”宋梅尧臣《对残雪怀欧阳永叔》：“童仆告病～，庭户无与炊。”清朱骏声《说文通训定声》卷八：“今苏俗谓之冻～。”《民国崇明县志·方言》：“冻～，《说文》中寒肿覈。”

⿱⿰丵殳言 ① zoʔ^{23} ② zoʔ^{3} ③ dʐɔʔ^{23} ④ zɔʔ^{23}

责骂，如“伊说话勿讲道理末，你就～脱伊几句/我～仔伊几声，伊倒也勿响哉”。《集韵》入声铎韵疾各切：“～，詈也。”

戳 ① zoʔ^{23} ② zoʔ^{3} ③ dʐoʔ^{23} ④ zɔʔ^{23}

用棍棒或筷子等捣或戳，如“碗里葛条鱼拿筷～～碎吃脱伊”。《广韵》入声觉韵直角切：“～，筑也，舂也。”又：《广韵》入声觉韵敕角切：“～，刺也。”今方言～也有两个音，声母为［tsʻ］或［tʂʻ］，意义略有不同。明李东阳《石鼓歌》：“当时十鼓为一臼，犹幸农家事舂～。”明李贽《史纲评要·宋纪附辽纪》：“上引柱斧～地，大声曰：‘好为之。’俄而帝崩。”《民国崇明县志·方言》：“～，用物冲人也。作戳非。”有的写作“戳”。清张南庄《何典》第一回：“形容鬼见旁边竖着根青竹头，便拿起来望狗身上戳去。”“戳”，《广韵》《集韵》未列，据《篇海类编》云：“测角切。”与～的《广韵》“敕角切”属同音，与《广韵》“直角切”不同音。看来“戳”是后起字。戳，三地方言声母是［tsʻ］，常熟是［tʂʻ］。

浞 ① zoʔ^{23} ② zɔʔ^{23}

浸湿，如“衣裳先～勒水里，等歇再汏”。《广韵》入声觉韵士角切：“～，水湿。”《说文·水部》：“～，濡也。”按：“濡”，《广雅·释诂二》：“濡、～，渍也。”《玉篇·水部》：“～，渍也。”

濯 ① zoʔ^{23} ④ zɔʔ^{23}

洗，如“衣裳放勒水里～～干净”。《集韵》入声觉韵直角切：“～，《说文》：瀚也。”按：“瀚”，《说文·水部》：“～衣垢也。瀚，或从完。”“瀚”即“浣”。《诗·大雅·泂酌》：“泂酌彼行潦，挹彼注兹，可以～罍。”按：“罍”，古代盛酒的容器。《孟子·离娄上》：“沧浪之水清兮，可以～我缨；沧浪之水浊兮，可以～我足。”

殻 ① kʻoʔ^{5} ② kʻoʔ^{5} ④ kʻɔʔ^{5}

打,击,如“头浪～脱伊一记”。《广韵》入声觉韵苦角切:“～,击也。”《说文·殳部》:“～,击头也。”《玉篇·殳部》:“～,击头也。”《吕氏春秋·当务》:“故《跖》死而操金椎以葬曰:‘下见六王五伯将～其头矣。’”高诱注:“～,击也。”桂馥义证:“或借敲字。”王筠句读:“按～、敲同从高声,而殳、支义又近,故经典都借用之。”《玉篇·殳部》:“～,口交、口卓二切,击头也。或作‘敲’。”然而根据《广韵》反切,“～”为苦角切,“敲”为平声肴韵口交切,尽管所释意义相同,但音不相同,并不作为同一个字。在方言中,～,一般除击头用～外,对身体的击打也可用～,如“～脱伊一顿。”“敲”除了有～的这些意义外,它的适用意义较宽,如敲只洋钉、敲锣打鼓、敲竹杠等,都不能用“～”。

搉 ① k‘oʔ^{5} ③ k‘oʔ^{5} ④ k‘ɔʔ^{5}

敲,如“～只鸡蛋烧碗汤”。《广韵》入声觉韵苦角切:“～,击也。”《说文·手部》:“～,敲击也。”《广雅·释诂三》:“～,击也。”王念孙疏证:“《汉书·五行志》:‘～其眼。’”颜师古注云:“～,谓敲击去其精也。”按:《汉书·五行志》的原文为:“先是高后鸩杀如意,支断其母戚夫人手足,～其眼,以为人彘。”颜注所谓“精”,系指黑眼珠。《正字通·米部》:“精,目中黑粒有光者亦曰精。今通作睛。”～与上文“毃”都是敲击义,音又相同。古人才分为击头用“毃”,击眼用“～”。

㤸 ① hoʔ^{5} ② hoʔ^{5} ③ hoʔ^{5}

惊恐,如“心里吓得～～响”。方言不单用。《广韵》入声陌韵虎伯切:“～,心惊。”《集韵》入声陌韵霍虢切:“～,心惊貌。”又:方言馁～～,指失去勇气,心里惊恐害怕的样子,如“勒独木桥浪走,心里是馁～～里葛”。～,有的写作“霍”,如“霍闪闪”,心里惊恐害怕的样子。吴歌《五姑娘》:“心霍闪闪徐阿天,面对皇天喊可怜。”“霍”与“～”方言同音。

膬 ① ts‘əʔ^{5} ② ts‘əʔ^{5} ③ ts‘əʔ^{5} ④ ts‘əʔ^{5}

物品存放或使用时间长久后,质地变为不牢、不结实。一般多指布、绸、线、绳等较软的东西,如“该块布～脱哉,碰勿起哉/该根绳用仔长远哉,～哉”。《广韵》入声薛韵七绝切:“～,耎而易破。”《集韵》入声薛韵促绝切:“～,《说文》耎易破也。或作脆、脺。”根据以上七绝切、促绝切，四地方言韵母应为［iəʔ］，但方言实际读［əʔ］，读音稍有不同。《集韵》入声没韵苍没切：“胞，耎易破也，或作脺。”“苍没切”的读音与方言完全相合，但《集韵》未列～字。《说文·肉部》：“～，耎易破也。七绝切。”《说文·肉部》：“胞，小耎易断也。此芮切。”按：《说文》释义“～”与“胞”意义不同，所注反切（为后人徐铉据《唐韵》所加），亦有异。《玉篇·肉部》：“胞，青岁切，《说文》：小耎易断也。脆，同上，俗。～亦同上，又七绝切。”这说明《玉篇》又认为胞、脆、～为同一字，而～另有七绝切的音。根据以上所引，～、胞、脺、脆的音义都有所混。但按四地方言的音义说，本书依照《说文》所释意义及反切音为依据，以“～”为本字。至于“胞”字，下面再说。

胞

① tsʻɛ^{424}　② tsʻE^{412}
③ tsʻE^{424}　④ tsʻE^{35}

少韧性，容易断或碎，一般多指较硬的东西。如“玻璃～勿过，搬起来要当心/该种铅笔葛芯～得来，一写就断”。《广韵》去声祭韵此芮切：“～，《说文》曰，小耎易断也。膬，同上。脆，俗。”《集韵》去声祭此芮切：“～，《说文》小耎易断也。或从毳（按：即膬字），从卒（按：即脺字）。”《玉篇·肉部》：“青岁切，《说文》小耎易断也。脆，同上，俗。膬，亦同上，又七绝切。”按：以上《广韵》《集韵》《玉篇》所注的音义，“此芮切”“青岁切”及“小耎易断也”，都只与《说文》的“～”相合，而与“膬”并不相合。然而以上三书都把～和膬混为同一字，是意义的合并还是别的原因，不明。三书又都认为“脆”是“～”的俗字，“脆”今为“～”的通用字。《现代汉语词典》把“～”作为“脆”的异体，本书依《说文》把“～”，作为本字。

在四地方言中“膬”和“～”还保留着音和义的差别，所以本书把“膬”和“胞”分作为两个不同的字。是否恰当，要进一步研究。

[翕瓦]

① səʔ^{5}　② səʔ^{5}
③ soʔ^{5}　④ səʔ^{5}

器物破或扎紧的东西散了，如“木头脚盆长远勿用仔～脱哉/铺盖赠打好，～脱哉，成仔跌～铺盖哉”。《集韵》入声合韵悉合切：“～，器破。”有的写作“撒”。《缀白裘》三集卷三：“（旦）借脚盆使一使。（丑内）脚盆撒拉厾，弗曾箍来。”清张南庄《何典》第五回：“随即置办起行李来，也不过端正几件随身衣裳，一副跌撒铺盖。”按：“撒”，《集韵》入声曷韵桑葛切：“椴，《说文》糂椴，散之也，一曰放也，或作撒。”按：今本《说文》无"一曰放也,或作撒。"《广韵》入声曷韵桑割切未列撒字,只列糳字:"糳,放也,若糳蔡叔是也。"《说文》曰:"糂糳,散之也。"就"～"和"撒""糳"的意义来说,三者是不太相同的。～,指整体的东西或器物散开了或破了;撒,方言一般指把抓住的东西放开使散开、洒开,如"撒网,撒稻种"。至于字音,"撒"按《广韵》和《集韵》反切,与方言"薩"字同音。与四地方言读音不同。

𪒟 ① tʂəʔ⁵
④ tʂəʔ⁵

短。短～～:较短,如"该样末事短～～里用起来蛮好葛"。《广韵》入声薛韵职悦切:"～,倔～,短貌。"《集韵》入声薛韵朱劣切:"～,黶～,短貌。"《广雅·释诂二》:"～,短也。"王念孙疏证:"～者,《方言》:～,短也。注云:黶～,短小貌也。"《玉篇·叕部》:"～,吴人呼短物也。"章炳麟《新方言·释言》:"今江淮、浙西于物之短者称为短～～。"《江阴县续志·方言》:"短～～,此即《玉篇》吴人呼短之义。"清胡文英《吴下方言考》卷十二:"～,音掘……吴中谓物之短而无文者曰短～～。"按:作者把～注音为"掘"是不对的。在薛典方言中"短～～"和"短掘掘"(音)是两个意义不完全相同的词,至少在色彩上有些差别。"短～～"是指短而有样子或使用方便的意思。"短掘掘"是指短而样子难看或使用起来不太合适等。"短掘掘","掘"字当作"屈"(屈),《集韵》入声迄韵渠勿切:"屈,《博雅》短也,一曰无尾,或省。"薛典方言音[dʑyəʔ]。《说文·尾部》:"屈(隶省作屈),无尾也。"《玉篇·尾部》:"屈,短尾也。"《广雅·释诂二》:"侏儒……～,短也。"王念孙疏证:"屈,音九勿渠勿二反。《众经音义十二》引许慎《淮南子》注云:'屈,短也。'……屈与屈同……今江淮间犹呼鸟兽之短尾者为屈尾……《集韵》《类篇》并引《广雅》:'屈,短也。'今本脱屈字。"综上所说,"～"与"屈"都有短的意义,但"～"不是"音倔","音倔"的另有其字,为"屈(屈)"。

撤 ① tʂʻəʔ⁵　② tsʻəʔ⁵
③ tʂʻəʔ⁵　④ tʂʻəʔ⁵

抽去,除去。～骨头:从肉中除去骨头,如"肉店里猪腿肉要～仔骨头勒卖葛"。《广韵》入声薛韵丑列切:"～,抽～。"《集韵》入声薛韵敕列切:"～,抽也。"《玉篇·手部》:"～,剥也。"《字汇·手部》:"～,除去也。""～骨",今一般都写作"出骨",意义上也完全说得通。"出"与"～"方言同音。

耠 ① $kəʔ^5$

把初耕的地用铁耙等工具将泥块耙细并整成畦，或者指下种后轻耙让种子落入土中，如“你～好嶙头，下仔种再～一～就好哉”。从方言的意义来说，有点既耕且种的含义。《广韵》入声合韵侯阁切：“～，耕也。”《玉篇·耒部》：“～，耕也。”《广雅·释地》：“～，耕也。”按《广韵》反切，方言声母当音[ɦ]，但方言实际读为[k]。《集韵》入声合韵曷阁切：“～，《博雅》耖～也。（按：此处《集韵》可能有误，当作‘耖、～，耕也’）或从禾。”又：《集韵》入声合韵葛合切：“秴，种也。”音与方言合。《字汇·禾部》：“秴，耕也。”“秴”可能是后起的字。

扤 ① $ŋəʔ^{23}$ ② $ŋəʔ^3$ ③ $ŋəʔ^{23}$ ④ $ŋə^{23}$

不平而摇动，如“该张台子有点～，要放放平”。《广韵》入声月韵魚厥切：“～，动也。”《说文·手部》：“～，动也。”《玉篇·手部》：“～，动也。”《诗·小雅·正月》：“瞻彼阪田，有菀其特，天之～我，如不我克。”毛传：“～，动也。”《文选·司马相如〈上林赋〉》：“扬翠叶，～紫茎，发红华，垂朱荣。”李善注引郭璞曰“张揖曰：‘～，摇也。’”明茅维《闹门神》：“凭你说的天花乱坠，俺主意摇～不动哩。”清钱大昕《恒言录》卷二：“《说文》：～，动也。今俗语‘摇兀’，字当用此。”

熻 ① $əʔ^5$ ② $əʔ^5$ ③ $əʔ^5$ ④ $əʔ^5$

把火盖住，如“灶膛里葛火～一～，勿要旺，等歇再烧”。《集韵》入声合韵遏合切：“～，藏火也。”《正字通·火部》：“～，今人谓藏火使复燃曰～。”

堨 ① $əʔ^5$

用土遮盖。～麦：冬天把田沟边的泥耙起敲碎盖在麦苗上，帮助麦苗越冬，促使春天多萌芽。《广韵》入声曷韵乌葛切：“～，拥～。”《集韵》入声曷韵阿葛切：“閼，《说文》遮拥也，或作～。”又：《集韵》入声曷韵何葛切：“～，壅也。”就方言来说，音当从《广韵》乌葛切或《集韵》阿葛切。这样与方言音相符。有的写作“遏”。《石点头》卷四：“这家倾上水几盆，那家遏上灰半篓。”“遏”与“～”方言同音。

盦 ① $əʔ^5$ ② $əʔ^5$ ④ $əʔ^5$

覆盖遮住，不给通风（使发酵、发芽和催熟）。～黄豆芽：将浸透的黄豆放在蒲包或别的容器里，上面用东西覆盖住使发芽。～酱黄:把做酱用的面块,盖住,使面块发酵生霉菌变成黄色。《广韵》入声盍韵安盍切:"～,《说文》云:覆盖也。"《玉篇·皿部》:"～,覆盖也。"清王夫之《张子正蒙注·太和篇》:"一甑之炊,湿热之气,蓬蓬勃勃,必有所归,若～盖严密,则郁而不散。"清胡文英《吴下方言考》卷十二:"～,下有物而上覆盖之,不令出气。如吴中～酱、～面之类是也。"黄侃《蕲春语》中云:"今吾乡谓作酒煮米和曲已,置瓮中,以草盖之,俟其成,曰～酒。"有的写作"遏",明冯梦龙《山歌》卷二:"你好像绒帽子风吹毡做势,遏熟黄梅卖甚青。""遏"与"～"方言同音。

㕎

① əʔ⁵ ② əʔ⁵
④ əʔ⁵

房屋低矮。～塞:房屋低矮狭窄,有压抑感,如"该间房间～塞得来,气也透勿转哉"。《广韵》入声曷韵乌葛切:"～,屋迫。"《说文·广部》:"～,屋迫也。"徐锴《说文解字系传》:"犹言相遏也。"王筠句读:"屋中迫促,少所容也。"《玉篇·广部》:"～,屋迫也。"有的写作"扼"。清吴语弹词《珍珠塔》第十五回:"住在三间侧屋内净室,(花旦白)师父勿好。扼扼塞塞,勿是太太住的。""扼"与"～"方言同音。

潷

① piəʔ⁵ ② piəʔ⁵
③ piəʔ⁵ ④ piəʔ⁵

挡住容器里的东西倒出液体,如"～脱点水,干一点(取容器内的东西)/～点汤吃吃(取～出的汤汁)"。《广韵》入声质韵鄙密切:"～,去滓。"《集韵》入声质韵逼密切:"～,《博雅》:滗也。"《玉篇·水部》:"～,笮去汁也。"《广雅·释诂二》:"～,滗也。"王念孙疏证:"～之言逼,谓逼取其汁也……《众经音义》卷五引《通俗文》云:去汁曰～……今俗语犹云:～米汤矣。"《民国上海县续志》卷一:"～,音笔,去汁也。"《民国江阴县续志·风俗方言》:"去汁谓之～。"

撇

① biəʔ²³ ② biəʔ³
③ biəʔ²³ ④ biəʔ²³

扭转,如"伊～转仔头勿理人家"。《集韵》入声屑韵蒲结切:"～,捩也。"《道光象山县志》卷一:"捩转曰～,蒲结切。"《光绪通州直隶州志·疆域志·风气》:"～,转捩也。"有的写作"别"。明冯梦龙《醒世恒言》卷一:"贾昌那里肯要他拜,别转了头,忙叫老婆扶起。"《儒林外史》第四回:"把头别转来望着门外。""别"与"～"方言同音。今通作“别”。

塥

① biəʔ[23] ② biəʔ[3]
③ biəʔ[23] ④ biəʔ[23]

块，如“一～难泥/面粉结仔～哉”。《集韵》入声屑韵笔力切：“～，块也。”《说文·土部》：“～，凷也。”按：“凷”，同块。《玉篇·土部》：“～，土块也。”杨树达《积微居小学金石论丛·长沙方言考》：“江沅云：今人泥凷为泥～，即此字。按：今长沙亦言泥～。”清胡文英《吴下方言考》卷十二：“～，土块也。吴中谓土骈块曰～。”按照《集韵》反切，四地方言声母均应为[p]，而实际读音为[b]。有的写作“垈”。清顾张思《土风录》卷十五：“泥土结块曰垈（音邺），物坚密亦曰垈。”按：“垈”，《集韵》入声质韵薄必切：“地相连次。”意义不合。但“垈”作为薄必切与“～”方言同音。

扚

① tiəʔ[5] ② tiəʔ[5]
③ tiəʔ[5] ④ tiəʔ[5]

（1）敲，击，如“～背，捶背/用棒槌～衣裳”。《集韵》入声锡韵丁历切：“～，击也，引也。”《说文·手部》：“～，疾击也。”段玉裁注：“～，疾速击之也。”

（2）用手指头捏住掐住，或再往外拉。如“～住仔伊个耳朵勿放”。又～痧：夏天中暑后，用两个指头夹住脖子上的皮提拉，直至现红痕，据说可减轻病痛。《广韵》入声锡韵都历切：“～，引也。”《玉篇·手部》：“～，引也。”《淮南子·道应》：“孔子劲杓国门之关。”清王念孙《读书杂志》：“按杓当为～，字从手，不从木……许注训为引，则其字当从手。”明冯梦龙《挂枝儿》卷五：“耳朵儿～住，在床前跪，不信你精油嘴一味里嚼蛆。”《乾隆宝山县志·方音》：“音的，俗呼以手拖物也。”《民国太仓州志·风土》：“爪掐曰～，音的。”

戾

① liəʔ[23] ② liəʔ[3]
③ liəʔ[23] ④ liəʔ[23]

曲，不直，如“该根铅丝勿直，有点～葛”。《广韵》入声屑韵练结切：“～，曲也。”《说文·犬部》：“～，曲也。从犬出户下，～者，身曲～也。”《吕氏春秋·尽数》：“饮必小咽，端直无～。”汉刘向《九叹·思古》：“风骚屑以摇木兮，云吸吸以湫～。”“王逸注：‘湫～，犹卷～也。’”洪兴祖注：“～，曲也。”

捩

① liəʔ[23] ② liəʔ[3]
③ liəʔ[23] ④ liəʔ[23]

扭转，转动，持物转动（使断），如“～转仔身体立勒浪，勿适意得来/屁股浪拨伊～着一把/你～一段草绳拨我"。《广韵》入声屑韵练结切："～，拗～也。"《玉篇·手部》："～，拗～也。"南朝梁宗懔《荆楚岁时记》："家家槌床打户，～狗耳，灭灯烛以禳之。"唐李白《大猎赋》："扫封狐于千里，～雄虺之九首。"《齐民要术·旱稻》："其苗长者，亦可～去叶端数寸。"清顾张思《土风录》："今谓拗转曰～。"清胡文英《吴下方言考》卷十二："今吴中凡持物旋转之皆谓之～。"按："戾"与"～"方言同音，不同在于，"戾"为形容词，"～"为动词。

瀝 ① liəʔ²³ ② liəʔ³ ③ liəʔ²³ ④ liəʔ²³

让带水的东西滴干，如"米淘好仔末～～干水"。《集韵》入声锡韵狼狄切："～，水下滴。"《玉篇·水部》："～，漉也。"《篇海类编·地理类·水部》："～，漉去水也。"清朱彝尊《食宪鸿秘》卷上："干豆轻磨，拉去皮，簸净，淘浸，磨浆，用棉绸～出，勿揭起皮。"方言还常说"漮"，如"～～干水。"《广韵》去声霁韵郎计切："～，《埤苍》云：渧漮，～也。""漮"与"～"方言都说，义同音不同，是不同的字。

锲 ① tɕiəʔ⁵

～子：镰刀。《集韵》入声屑韵古屑切："～，《博雅》镰也。或从絜。"《广韵》入声屑韵古屑切："锲，镰别名也。""～，上同。"《说文·金部》："～，镰也。"《玉篇·金部》："～，镰也。锲，上同。"《方言》卷五："刈钩……自关而西或谓之钩，或谓之镰，或谓之～。""～"与"锲"为同一字之不同形体。有的写作"锲"。元王祯《农书》卷十四："锲……江淮之间恒用之……以刈草禾，或斫柴篠，可代镰斧，一物兼用，农家便之。"今依《说文》以"～"为本字。今较多用"锲"。

扢 ① tɕiəʔ⁵¹ ② tɕiəʔ⁵ ④ tɕiəʔ⁵

用工具（一般指镊子）夹住往外拉，如"～眉毛/～猪毛"。～拈：镊子。《集韵》入声薛韵九杰切："～，拔引也。"又：《集韵》入声薛韵蹇列切："～，拔也。"《集韵》九杰切和蹇列切，对应与方言同音。

埕 ① ȵiəʔ²³ ② ȵiəʔ³ ③ ȵiəʔ²³ ④ ȵiəʔ²³

往容器或袋子里塞东西，如"伊拿钞票望袋袋里一～就走/咸菜～勒甏头里"。《广韵》入声屑韵奴结切："～，塞也。"《集韵》入声屑韵乃结切作"捏"："下也，塞也。"《玉篇·土部》："～，塞也。"《方言》卷六:"揑,下也。凡柱而下曰揑。"钱绎笺疏:"《广雅》:"揑,下也。""揑"与"～"为同一字。释义以"塞也"与方言更贴切。本书以"～"为本字。

枼 ① ɦiəʔ^{23} ④ ɦiəʔ^{23}

薄,方言不单用。薄～～:薄薄的(一般有赞赏义),如"该种布薄～～里着勒浪蛮风凉葛/饼摊得薄～～里,好吃得来"。也可说"～～薄",是很薄的意思。《广韵》入声叶韵与涉切:"～,薄也。"《说文·木部》:"～,薄也。"徐锴《说文解字系传》:"～之言叶(葉)也,如木叶之薄也。"段玉裁《说文》～字注"凡木片之薄者谓之～,故叶、牒、鍱……等字皆用以会意。"《玉篇·木部》:"～,薄也。"

抑 ① iəʔ^{5} ② iəʔ^{5} ③ iəʔ^{5} ④ iəʔ^{5}

按,压。～～干:用干的东西按在水湿的东西上使干,如"书浪滴着仔水,用干布头～～干"。《广韵》入声职韵於力切:"～,按也。"《玉篇·手部》:"～,按也。"《广雅·释诂三》:"～,按也。"《说文·印部》:"归,按也。从反印,俗从手。""从手"即"～"字。今从俗以～为本字。《老子》"高者～之,下者举之。"《淮南子·精神》:"病疵瘕者,捧心～腹。"高诱注:"～,按也。"有的写作"挹"。明冯梦龙《古今小说》卷二:"鲁公子无可奈何,只得挹泪出门去了。"明邝璠《便民图纂》卷十二:"以沟渠中恶水洗过,挹干,傅上。""挹"与"～"方言同音。

寣 ① huəʔ^{5} ② huəʔ^{5} ③ huəʔ^{5} ④ huəʔ^{5}

从睡到醒为一～,如"昨日夜里一～睏到大天亮"。睏一～:睡一觉。《广韵》入声没韵呼骨切:"～,睡一觉。"《说文·门部》:"～,卧惊也。"段玉裁注:"《广雅》曰:'～,觉也。'义相近。今江苏俗语曰睡一～。"明冯梦龙《山歌》卷一:"夜间同郎说话长,失～直困到大天光。"按:"失～",睡过头。清翟灏《通俗编·杂字》:"俗以卧一觉为一～"。清胡文英《吴下方言考》卷十二:"吴中谓睡不久而醒曰一～"。按:"～"今并不一定指睡不久。《乾隆宝山县志·方音》:"～,音忽,俗呼睡一觉为一～。睡正熟谓之～头。睡多不即醒谓之失～。"

榾 ① ɦuəʔ^{23} ② ɦuəʔ^{3} ③ ɦuəʔ^{23} ④ ɦuəʔ^{23}

果子中间的核。《广韵》入声没韵户骨切:"～,果子～也。出《声谱》。”黄侃《蕲春语》：“～，果子～也。出《声谱》，户骨切。按：今吾乡谓果覈为～，音正如此。然～字《说文》所无，即覈字之音转，后出字耳。”按：“覈”《广韵》入声麦韵下革切：“覈，实也。”又与“覈”同一小韵“核，果中核”。折合成方言都与～音不同。又《集韵》入声麦韵胡骨切：“～，果中实。或作核。”这样“～”与“核”就成为同一字的不同字形。不过，就现在的方言读音而言，“核”一般读为［ɦəʔ］或［ŋəʔ］，如核心、核准等。本文以“～”为本字。

𬱖 ① uəʔ⁵ ② uəʔ⁵ ③ uəʔ⁵ ④ uəʔ⁵

没在水中，如“跌勒河里，河水深要～杀脱葛”。《广韵》入声没韵乌没切：“～，内头水中。”《集韵》入声没韵乌没切：“《说文》内头水中也。”《说文·页部》：“～，内头水中也，乌没切。”清孙楼《吴音奇字·人事门》：“～，音鹘，没头水中曰～。”按：“鹘”，《广韵》入声没韵户骨切，按照反切声母当为［ɦ］，与方言音不完全同，可能与作者的方言同音。《民国嘉定县续志·方言》：“～，俗言溺水也。”

墼 ① tɕyəʔ⁵ ② tɕiəʔ⁵ ③ tɕiəʔ⁵

土～：土坯。《广韵》入声锡韵古历切：“～，土～。”按照反切薛典方言韵母应读［iəʔ］，但口语实际说［yəʔ］。《说文·土部》：“～，瓴适也，一曰未烧也。”王筠释例：“瓴适今谓之砖。”《字林》：“砖未烧曰～。”清朱骏声《说文通训定声》卷十一：“凡瓴适之未烧者为～。”《后汉书·酷吏列传·周纡》：“纡廉絜无资，常筑～以自给。”清纪昀《阅微草堂笔记·槐西杂志三》：“吉木萨有唐北庭都护府故城，则李衡公所筑也，周四十里，皆以土～垒成。”清胡文英《吴下方言考》卷十二：“吴中谓土砖曰土～（击）。”

𡳐 ① dʑyəʔ²³ ② dʑyəʔ³ ③ dʑioʔ²³

短，如“到学堂里去只有一～～路/短～～”。《集韵》入声迄韵渠勿切：“～，《博雅》：短也。一曰无尾，或省。”《广韵》入声物韵衢物切：“～，短尾鸟。”《说文·尾部》：“～，无尾也，从尾出声。”《玉篇·尾部》：“～，短尾也。”《广雅·释诂二》：“～，短也。”清王念孙疏证：“～，短也。今本脱～字。”综上所引，～有无尾、短尾、短尾鸟、短等意义。作为短义当为其引申义。又“～”和“屈”本为同一字，隶改省作“屈”。然而根据《广韵》“屈”为入声物韵区勿切，其义为拗曲，可见《广韵》已分为音义不同的两个字。从三地方言的音义看，～与《广韵》相合。因此本文以“～”为本字。清胡文英《吴下方言考》卷十二：“吴中谓物之短而无文者日短[叕出][叕出]（音掘）。”应该说，“[叕出]”字是作者用错了。[叕出]，非音“掘”。[叕出]，《广韵》入声薛韵职悦切。

燏 ① ɦyəʔ²³ ② ɦyəʔ³ ③ ɦioʔ²³ ④ ɦyeʔ²³

火跳动，火光一闪一闪的样子，如“一阵风吹过来，蜡烛火吹得～勒～”。《集韵》入声术韵允律切：“～，火光貌。”《玉篇·火部》：“～，火貌。”

[风矞] ① ɦyəʔ²³

速度较快的风，如“～过一阵风”。《集韵》入声术韵余律切：“～，疾风。”《广韵》作“飆”，“疾风”。《玉篇·风部》：“～，急风。”《文选·木华〈海赋〉》：“影沙礐石，荡～岛滨。”李善注：“～，风疾貌。”方言作为动词解，共同点是指高速的风。薛典方言中如果是一般的风，说“吹”，如“吹过来一阵风，蛮风凉葛”。

无锡、苏州、常熟方言本字(二)

鰤 ① sɿ^{44} ② sɿ^{44}

白～鱼:体狭而长,嘴微翘,鳞银白色,有的尾部略呈黄色,也说白鱼。太湖产的白鱼很有名。《集韵》平声支韵相支切:“～,鱼名。”今张家港一带也称白鱼为“白～鱼”,但“～”字写作“丝”,“丝”与“～”方言同音。

錐 ① tʂʯ^{44} ② tsɿ^{44} ③ tsɿ^{53} ④ tsɿ^{55}

～钻:～子。《广韵》平声脂韵职追切:“～,《说文》锐也。”《玉篇·金部》:“～,针也。”《急就篇》第十二章:“铁鈇钻～釜鍑鍪。”唐颜师古注:“～,所以刺入也。”《战国策·秦策一》:“(苏秦)读书欲睡,引～自刺其股,血流至足。”《缀白裘》十二集卷二:“千学万学,再不要学皮作,猪鬃不离口头,手内～钻乱搠。”～,又作动词,用～刺,如“伊用～钻,～仔一个洞”。北齐刘昼《新论·崇学》:“苏生患睡,亲～其股。”明袁宏道《徐文长传》:“或以利～～其两耳,深入寸许。”以上注音均为“～”的口语音,文读音分别为① tsɛ^{44},② tsᴇ^{44},③ tsᴇ^{53},④ tsᴇ^{55}。

⿰纟⿱尸示 ① tʂ‘ʯ^{424} ④ tʂ‘ʯ^{35}

腻住,黏住,如“一根棒戳仔进去拉勿出来哉,～牢哉”。《集韵》去声至韵丑二切:“～,结固也。”按:“结”有凝结、凝住等意义。北魏杨衒之《洛阳伽蓝记·城北·钵和国》:“国之南界,有雪山,朝融夕结,望若玉峰。”“固”有坚牢义。《说文·囗部》:“固,四塞也。”段玉裁注:“凡坚牢曰固。”段所注为“固”的引申义。

⿰忄⿱尸示 ① tʂ‘ʯ^{424} ② ts‘ʮ^{412} ④ tʂ‘ʯ^{35}

不干脆爽快,有点腻,如“伊个脾气腻～～里葛,勿会爽快答应你葛”。《集韵》去声至韵丑二切:“～,惰也。”

豸 ① ʐʯ^{31} ② zʮ^{31} ③ dʐʯ^{31} ④ ʐʯ^{232}

虫～:虫类总称,如“惊蛰一过,虫～才$_{都}$要出来哉”。方言不单用。《广韵》上声纸韵池尔切:“虫～,

《尔雅》云：有足曰虫，无足曰～。”《玉篇·豸部》：“～，无足属。”章炳麟《新方言·释动物》：“今浙西或谓虫为虫～。”

糗 ① ʐʮ^{213} ② zʯ^{31} ③ ʐʮ^{213} ④ ʐʮ^{213}

饭～，锅巴。～，方言不单用。《广韵》去声寘韵是以切：“～，黏也。”《玉篇·米部》：“～，～黏也。”《广雅·释诂四》：“～，黏也。”有的写作“滞”。明冯梦龙《山歌》卷九：“过日子$_{\text{前天}}$你搭多烧子介一把，烧子个饭滞，倒说我馋痨子要吃。”胡祖德《沪谚》卷下：“自家无饭吃，熬不得他家铲饭滞。”“滞”与“～”方言同音。

箸 ① ʐʮ^{213} ② zʯ^{31} ③ dʐʮ^{213} ④ ʐʮ^{213}

筷子。今方言不说。筷～笼：放筷子的筒子。方言一般也只在这个词里用。《广韵》去声御韵迟据切：“～，匙～。”《说文·竹部》：“～，饭攲也。”王筠句读：“攲……《通俗文》：‘以～取物曰攲。’”攲《集韵》平声支韵居宜切：“以～取物。”《韩非子·喻老》：“昔者纣为象～而箕子怖。”《史记·留侯世家》：“汉王方食……张良对曰：‘臣请借前～为大王筹之。’”宋陆游《野饭》：“何必怀故乡，下～厌雁鹜。”清翟灏《通俗编》卷二十六：“《方言》：～筒。陈楚宋卫之间谓之筲，注云：盛札～笼也。”

方言“筷～笼”，筷，筷子；～，筷子。在构词上似有点重复，是否因为～方言不单用，意义也不很明确，才在“～笼”前加了一个方言常用、意义明确的“筷”字。“筷”字不见于一般字书，“筷”开始可能只是一个方言字。有人认为以“筷”代～是为避讳才形成的。清茹敦和三樵《越言释》卷上：“～，本无筷名，今人以～为筷者，推其始，盖以～音宁而讹为迟，故改为快以厌之。而快都以竹，遂加为筷也。”明陆容《菽园杂记》卷一：“民间讳俗，各处有之，而吴中为甚。如舟行讳‘住’讳‘翻’，以‘～’为‘快儿’，‘幡布’为‘抹布’……此皆俚俗可笑处。”《乾隆昆山新阳合志：“讳滞，呼～为快。”以上诸说也有一定的道理。“宁、住、滞”与“～”方言同音，“迟”与“～”方言音近。

比 ① bi^{24} ② bi^{13} ③ bi^{24} ④ bi^{13}

层次，排列，相接，方言借作量词，如“末事要一～一～放好”。《广韵》平声脂韵房脂切：“～，并也。”《集韵》平声脂韵频脂切：“～，相次也。”《书·牧誓》:“称尔戈，~尔干，立尔矛，予其誓。”孙星衍疏:“~者，《说文》云，相次~也。”按:今本《说文》未见此说。《资治通鉴·周显王三十六年》:“经乎亢父之险，车不得方轨，骑不得~行，百人守险，千人不敢过也。”《汉书·诸侯王表》:“诸侯北(~)境，周币三垂，外接胡、越。”颜师古注:“此谓相接次也。”按上所释，~有并列、排列、相接等意义，而一层一层的叠加也是一种排列，也是一种相接，由此引申为按次序排列的层次的意义。有的写作“坒”。《广韵》去声至韵毗至切:“地相次坒也”。又入声毗必切。《集韵》还有读作上声的部礼切。意义大多为“地相连”等，与《说文》一致。《说文·土部》:“坒，地相次坒也。”章炳麟《新方言·释言》:“今人谓土相次~，物相次~，皆曰一坒一坒。”坒《广韵》、《集韵》有上、去、入三声，唯独没有平声。就三地方言来说，读平声，因此本字还是以~字为宜。有的写作“皮”。清姑苏如莲居士《武则天改唐演义》第十七回:“将尸首……填在坑中，上用三皮石板，三皮生铅埋盖，以生铁熔化，浇成坟堆。”“皮”与“~”方言同音。

𥨍 ① mi^{44} ② mi^{44} ③ mi^{53} ④ mi^{55}

睡，小睡，如“看看电视~着哉/~仔一歇，精神好仔勿少”。《广韵》上声纸韵文彼切:“~，熟寐也。”又《广韵》上声荠韵莫礼切:“~，寐不觉。”《集韵》上声纸韵母被切:“~，熟寐也。”四地方言都读阴平。按:次浊鼻音声母的上去声字，方言常有读成阴平的，如“每、闷、鸣”等。《玉篇·㝱部》:“~，寐不觉曰~。”

洱 ① mi^{44} ② mi^{44} ③ mi^{53} ④ mi^{55}

小口少量喝，一般只适用于饮酒，如“今朝搭你~脱两口酒”。《广韵》上声纸韵绵婢切:“~，《说文》饮也。”四地方言都读阴平，原因同上字。杨树达《积微居小学金石论丛四·长少方言续考·~》:“今长沙谓以口饮酒少许为~。”盐城方言小口饮也说~。《民国续盐城县志·民俗》:“小饮谓之~。”

麼 ① mi^{24} ② mi^{13} ③ mi^{24} ④ mi^{13}

一~~:很小、很少，如“贼梗这样一~~葛字，看也看勿清/只有一~~末事，你就拿仔吧”。《集韵》平声支韵忙皮切:“~，小也。”《说文·幺部》:“~，细也。”《广雅·释诂二》:“~，小也。”王念孙疏证:“《众经音义》卷七引《三仓》云:‘~，微也。’

《列子·汤问篇》：‘江浦之间有～虫。’张湛注云：‘～，细也。’”有的写作“米”。清胡文英《吴下方言考》卷七：“吴中谓所差不多曰差一米米。”“米”与“～”方言音近。

齏

① tsi^{44}　② tsi^{44}　③ tsi^{53}

盐～菜：菜切细暴腌而成，可以生吃，也可以跟其他东西一起烧煮后吃。～，方言不单用。《广韵》平声齐韵祖钜宋本作相稽切：“～，～菜”。《说文·韭部》：“䪢，坠也。从韭次𠂔皆声，䪢或从齐。”按：释义“坠也”，“坠”为“䪥”字之误。《说文》：“䪥，～也。”《玉篇·韭部》：“𩐎，姜蒜为之。～，同上。”《周礼·天官·醢人》：“王举，则共醢六十瓮，以五齐、七菹、三臡实之。”郑玄注：“齐，当为韲。五韲：昌本、脾析、蜃、豚拍、深蒲也……凡醯酱所和，细切为韲。”按：“韲”，一本作～。孙诒让正义：“～为切和细碎之名，故菜肉之细切者，通谓之～。”宋朱敦儒《朝中措》：“自种畦中白菜，腌成瓮里黄～。”清朱彝尊《食宪鸿秘》卷上：“南方盐～菜，每百斤亦止用盐四斤。”

～字有多种形体，《说文》有䪢和～，《广雅·释器下》：“𩐎，菹也。”《玉篇·韭部》有“𩐎”和“～”，《广韵》齐韵有“𩐎”和“～”，《集韵》齐韵有“𩐎”“～”“韲”，此外还有别的写法，真是一字多形。今以《说文》～为本字，后世也较为通用。今简化汉字也以～字简化为“齑”。

覰

① tsʻi^{424}　② tsʻi^{412}　③ tsʻi^{424}　④ tsʻi^{35}

眯～：眼睛眯成缝，如“倷眯～仔眼睛勒看啥末事”。方言不单说～。眯～眼：近视眼。《广韵》去声御韵七虑切：“～，伺视也。”《说文·见部》：“～，拘～，未致密也。”段玉裁依全书通例于“～”后加“䚗～也，一曰”五字。《正字通·见部》：“～，俗作觑。”《红楼梦》第四十回：“刘姥姥也觑着眼看，口里不住的念佛。”有的写作“迷觑”“颣觑”“眯挤”等。《双鼠奇冤》卷上：“眉毛有高低，一对大迷觑，一只猪耳朵，一只木耳搭鼻头。”朱骏声《说文通训定声》卷十二：“今苏俗谓近视曰‘颣～眼’。”按：“颣”，《广韵》泰韵郎外切：“《说文》曰难晓也，一曰鲜白。”又《集韵》队韵卢对切。这样音与义似均不符合，不知何所据。《歇浦潮》第三回：“戴着副假金丝眼镜的中年男子，眯挤着双眼，几乎把鼻子凑到邵氏脸上。”《吴歌乙集》：“眯趣眼，打绰板，绰板头上挂油盏，油盏头上搭戏台。”“趣”与“～”方言同音。今“覻”简化作“觑”。

埿

① ȵi²⁴ ② ȵi¹³
③ ȵi²⁴ ④ ȵi¹³

用灰、泥等涂抹墙。《集韵》平声齐韵年题切：“～，涂也，通作泥。”～和作为含水的半固体状的土的“泥”四地方言同音。普通话作为涂抹义的“泥”读去声，来源于《广韵》去声霁韵奴计切，《广韵》认为～是泥的俗字。唐杜甫《秋雨叹》：“秋来未曾见白月，～污后土何时干。”方言作为泥土和涂抹义并无声调区别，因此用字形不同来加以区别，可能是当初产生～字的原因。

抳

① ȵi²⁴ ② ȵi¹³
③ ȵi²⁴ ④ ȵi¹³

擦抹，如“出仔勿少汗勒席浪，席要～～哉”。方言一般只用在～席一处。《集韵》平声脂韵女夷切：“～，研也。”按：“研”《玉篇·石部》：“磨也。”《齐民要术·羹臛法》：“豉汁于别铛中汤煮一沸，漉出滓，澄而用之。勿以杓～，～则美浊，过不清。”“勿以杓～”，意思是不能用勺子柄压着铛中的东西研擦。清光绪《常昭合志稿》卷六：“擦卧席曰～。”

䱐

① bu²⁴
③ bu²⁴ ④ bɤɯ¹³

土～鱼：也可说土～。一种大口、细鳞、头略扁、灰黑色的形状似鲇的鱼。常伏在岸边河底，喜食小鱼。大者不过五寸左右，味鲜美，尤其是春天菜花盛开时节最佳，有“菜花土～”的说法。苏州一般说鳑鲏鱼，因此有“菜花鳑鲏鱼”的说法。～，方言不单用。《集韵》平声模韵蓬逋切：“～，小鱼名。”清张南庄《何典》第七回：“活死人看时，却是五簋一汤：一样笋敲肉，一样乌龟炒老虫，一样是白土～（《何典》原注：‘～，读婆。’）。”《光绪盛湖志补》卷一：“吐哺鱼，一名土～，好伏水底，附土而行，状似松江之鲈。春间菜花开时，逐队出游。庖人煮莼菜加吐哺作羹，价廉味俊，非其时则不佳也。”该志认为“吐哺”即“土～”，一般写作“吐哺”。哺，《广韵》去声暮韵薄古切，“哺”与“～”方言同音。但“吐哺”作为鱼名，似只有音方面的联系，无意义上的联系，而“土～”则可以认为是一种附土的小鱼，音义都比较明确。又冯树可《南航杂录》：“吐哺鱼本名土附，以其附土而行，不似他鱼浮水也。”认为附土而行故名“土附”。按：土附，附土而行，因以名土附，这有一定道理。给事物命名，常着眼于事物的某一特性。但单用土附两字不足以表明是一种鱼名，相比较用～字更符合鱼名。清翟灏《通俗编》卷二十九认为其字当作“土附”，云：“～，今俗名

‘土部’,盖声讹也。此鱼质沉,常附土而行,故曰‘土附’。”后人加魚去‘阝’,则书以为“～焉耳”。笔者认为未必如翟氏所说土附在先、土～在后。～字古已有之,且是作鱼名的字。有的写作“土步”。清会稽童岳《调羹集》卷五:“杭州以土步鱼为上品,而金陵贱之,目为虎头沙(按:字当作鲨),可发一笑。”“步”与“～”的古音同音。有的写作“土部”。“部”,《广韵》上声姥韵裴古切,“部”与“～”方言声调不同。如苏州阳上声调归阳去,则为同音。还有的写作“魠鲌”。宋吴自牧《梦粱录·分茶酒店》:“兼之食次名件甚多,姑以述于后,曰:酒吹鯚鱼,油煠魠鲌……魠鲌假清羹。”“魠鲌”两字不见于《广韵》《集韵》等书,这大概是根据“土部”的音而造的新形声字。以上“吐哺”“土附”“土步”“魠鲌”等与“土～”音同或音近。

搫 ① bu^{24} ② bu^{13} ④ bɤɯ^{13}

扫除,清除。～面:洗脸,除去脸上污垢,如“早晨起来阿曾～面哉”。《广韵》平声戈韵薄波切:“～,除也。”《广雅·释诂三》:“～,除也。”王念孙疏证:“潘岳《射雉赋》:‘～场拄翳。’徐爰注云:‘～者,开除之名,谓除地为场也。’”有的写作“蒲”。《缀白裘》二集卷一:“我想人个面孔蒲得勿干净,原是难看个。”《描金凤》第五回:“先去烧面水与大爷蒲面。”“蒲”与“～”方言同音。

扯 ① tsʻɑ^{44} ② tsʻɑ^{44} ③ tsʻɑ^{53}

拉(使升起张开),如“～篷/～旗”。《正字通·手部》:“～,昌者切。”清赵翼《陔余丛考》卷四十三:“俗云以手牵物曰～,然经书无此字。《宋史·杜纮传》:‘伴夏国使入见,夏史欲有所陈乞,纮连扯之,乃不敢言,～字始见于此。’”《宋史》为元人托克托所撰。《广韵》《集韵》均无～字。至于～字读音,《正字通》云:昌者切,该为上声,方言有此一读,如“东拉西～/～来～去”等都读阴上。但方言还有阴平的读法,～篷、～旗,～读阴平(不是连读后的变调)。明冯梦龙《警世通言》卷三:“危滩急浪中,趁着这刻儿风顺,～了满篷,望前只顾使去,好不畅快。”清李宝嘉《文明小史》第十五回:“齐巧这夜正是顺风,撑船的抽去跳板,便～起篷来。”

籭 ① sɑ^{44} 又 sɿ^{44} ② sɑ^{44} ③ sɑ^{53} 又 sɿ^{53} ④ sɑ^{55} 又 sɿ^{55}

～子。竹编的浅口圆形底部编

有小孔的竹器，用来分离粗细颗粒的用具。农家主要用来筛米麦一类的粮食。~，四地方言可分为大小两种，大的口径有一米左右，中间有横档，便于悬在架子上筛动；小的口径只有一尺多，便于手端起筛动。筛子又分为粗细两种，孔细的叫“粞筛”，用来除去比米麦粒小的颗粒，取粗去细；孔稍大的叫米筛，用来除去比米麦粒大的东西，除粗取细。~，现在也泛指一切筛东西的筛子。《集韵》平声佳韵所佳切：“~，簺具。”《说文·竹部》：“~，竹器，可以取粗去细。”段玉裁注：“~、簁，古今字也。”认为“~”“簁”为同一字。不过《说文》分为两字，意义也略有不同。朱骏声《说文通训定声》：“簁，与~略同……今俗谓筛。”可能相同是后来才有的。《玉篇·竹部》：“~，所街、所饥二切，竹器也，可以除粗取细。簛、筛，同上。”《说文》与《玉篇》对~的释义，一为取粗去细，一为除粗取细。在意义和功用上起了互补的作用。同时《玉篇》还说明~有两个不同的音。从以上所引可知，“~”有“簁”“簛”“筛”等异形字，本文以~为本字，筛为通用字。按：“筛”，《说文》无“筛”字，《玉篇》有“筛”字，与“~”“簛”为同一字。唐颜师古注《急就篇》第三章“簁箄箕帚”云：“簁，所以箩去粗细者，今谓之筛。”但是《广韵》平声脂韵疏夷切：“筛，筛竹，一名太极，长百丈，南以为船，出《神异经》。又竹器。”《集韵》平声脂韵霜夷切：“筛，竹名。”《神异经》曰：“长百丈，南方以为船。”两书所释筛的主要意义是竹名。《广韵》有又“竹器”，但未详说。《集韵》则不提竹器。不过在《集韵》同一小韵中有“~、簛，竹器，可以除粗取细，或作簛，通作筛。”但是《广韵》疏夷切，《集韵》霜夷切，方言是不能切出[sɑ]的音，普通话也不可能音“shāi”。这可能是后来“筛”通作~用才有这一音的。另外从“~”“簁”“簛”“筛”四字看，都是形声字，~，从竹丽声；簁，从竹徙声；簛，从竹斯声；筛，从竹师声。除~的丽声，有的字（繁体）如洒、晒、酾等都是丽声，方言韵母念[ɑ]（晒，三地方言白读音韵母为[o]，无锡市区、常州市不分文白均音[sɑ]）；其余徙、斯、师作声旁，三地韵母都不念[ɑ]（“簁”，《集韵》有所佳、所皆二切，可能是因为“簁”同“~”才有韵母为[ɑ]的读法），而一般念为[ʅ]或[i]。

~，在方言特定的词语中也有念作[sʅ]的，如绷~：绢罗，筛米麦面等的用具。用竹片圈成圆形，绷上有细孔的绢而成。它与筛子不同，筛子是竹篾编成小孔的。~，方言读为[sʅ]音，来源于《广韵》平声支韵所宜切和《集韵》平声支韵山宜切:“竹器也,可以取粗去细,或作簛、簁。”又《集韵》平声脂韵霜夷切:“竹器可以除粗取细,或作簛,通作篩。”

综上所说,~,簁、簛、篩都有两个不同的读音[sɑ]和[sɿ],称不同的器具时分开用。绷~,苏州旧时也有说绷~[sɿ]的,一般说绷~[sɑ]。

~(sɑ),还有作为筛动义的动词用法,如“~米”。通常写作“筛”。

㾹

① zɑ^{24}　② zɑ^{13}

瘦。瘦~~:清瘦或瘦小的样子,如“该个老头子瘦~~里,蛮健葛”。方言不单用。《广韵》平声佳韵士佳切:“~,瘦也。”《集韵》平声佳韵锄佳切:“~,瘦也。”《玉篇·疒部》:“~,瘦也。”

牙

① ŋɑ^{24}　② ŋɑ^{13}

③ ŋɑ^{24}　④ ŋu^{13} 又 ŋɑ^{13}

咬、啃,如“骨头上葛肉~~干净/伊呒不事体就要~指头”。《广韵》平声麻韵五加切:“~,牙齿。”这是名词的释义,~,作为动词就有用牙啃、齧的意义。《战国策·齐策三》:“王见大玉之狗……投之一骨,轻起相牙者,何则?有争意也。”高诱注:“牙,言以牙噬。”《太玄·争》:“两虎相~,知所制也。”范望注:“虽当俱争,宜知强所制服也。”这里所说的都是狗虎一类的动物,后世就引申扩大至人,因为有共同处。明冯梦龙《山歌》卷五:“你弗见肥猪肉吃子一星两星便觉油烟气,骨炙~得里头香。”又卷三:“姐儿说话不到家,吃郎君盘问只捉指头~。”四地方言都音[ŋɑ],与“~”的白读音完全符合。特别是无锡市区方言,~音[ŋu^{13}]和[ŋɑ^{13}]两读,都是白读音(文读音[ɦiɑ^{13}]),读[ŋu]方言色彩更浓(青年已少说),啃咬骨头说“牙[ŋu]骨头”。这也说明~是啃、咬意义的本字。

㢊

① ɑ^{52}　② ɑ^{52}

③ ɑ^{44}　④ ɑ^{324}

~凳:凳子的总称,如“走得吃力哉,搬张~凳坐一歇”。《广韵》上声蟹韵乌蟹切:“~,坐倚貌。”《集韵》上声蟹韵倚蟹切:“~,倚坐。”按“倚”,《说文·人部》:“倚,依也。”~凳,人可依靠它坐的凳子。~凳,一般写作矮凳,其实~凳不一定矮,方言中有“高~凳/大~凳”。“矮”不是本字,但通常都写作“矮”。明冯梦龙《醒世恒言》卷二十:“走入门来,见母亲正坐在矮凳上,一头绩麻,一头流泪。”胡祖德《沪谚外编·张凤山卖布做人情》:“凤山当场逆不过情,勉勉强强坐矮凳。”

瘑 ① kuɑ^{44} ③ kuɑ^{53}

粪～:粪便中钩虫钻入人皮肤后,引起脚和小腿红肿发痒,甚至溃烂的一种疾病。旧时农民赤脚下地易得此病。～,方言不单用。《广韵》平声皆韵古怀切:“～,恶疮。”宋赵叔向《肯綮录·俚俗字义》:“～,恶痒曰～。”清范寅《越谚》卷中:“～癞如痱多痒,必搔出血乃止。”

嘐 ① p‘ɐ^{44} ③ p‘ɔ^{53} ④ p‘ʌ^{55}

过头、超越、不实在,如“伊葛话勿好才$_{\text{都}}$相信葛,～出勿少勒化$_{\text{在里面}}$”。《集韵》平声爻韵披交切:“～,言不实而夸。”《说文·口部》:“～,诗语也。”

暴 ① bɐ^{213} ② bæ^{31} ③ bɔ^{213} ④ bʌ^{213}

时间短。～腌:短时间的腌制,如“青菜～腌腌就吃脱伊”。《广韵》去声号韵薄报切:“～,猝也,急也。”《大戴礼记·保傅》:“何殷、周有道之长,而秦无道之～。”清朱彝尊《食宪鸿秘》卷下:“～腌糟鱼:腊月鲤鱼治净,切大块,拭干。每斤用炒盐四两擦过,腌一宿,洗净晾干,用好糟一斤,炒盐四两拦匀。”

慆 ① t‘ɐ^{44} ④ t‘ʌ^{55}

～悠悠:慢悠悠,如“晨光还早唻,你～悠悠里做末哉,勿要急”。方言不单用。《集韵》豪韵他刀切:“～,一曰慢也。”《玉篇·心部》:“～,慢也。”按:“慢”,《广雅·释诂二》:“慢,缓也。”《诗·郑风·大叔于田》:“叔马慢忌,叔发罕忌。”毛传:“慢,迟。”陆德明释文作嫚,云:“又作慢。”陈奂传疏:“慢、嫚皆趱之假借字。《说文》:‘趱,行迟也。’”引申为缓慢。

嫍 ① nɐ^{31} ③ nɔ^{31} ④ nʌ^{232}

恨,如“看见仔伊个人心里就～”。《广韵》上声皓韵奴皓切:“～,相～乱也,《说文》曰:有所恨痛也。”《说文·女部》“～,有所恨痛也。今汝南人有所恨曰～。”元马致远《黄粱梦》第四折:“早则绝忧愁,没～聒。”《集韵》上声皓韵乃老切:“～,或作恼。”《正字通·女部》:“～,今作恼。”可知恼为后起字。清胡文英《吴下方言考》卷三:“吴中谓怒容曰恼忽忽(音呼)。”今通作“恼”。

綃 ① sɐ⁴⁴

系(船),如"船靠仔岸~根缆绳"。方言只用于~缆绳。《集韵》平声爻韵师交切:"~,维舟谓之~。"有的写作"稍"。明陆云龙《型世言》第二十五回:"忙寻了一只船,将家私尽搬在船中,傍着一株绝大树缆了。叫家中小厮阿狗稍了船,他自蓑衣箬帽,立在船上捞氽来的东西。""稍"与"~"方言同音。

~,《汉语大字典》作"绡"。引"《集韵·爻韵》维舟谓之绡"。本书依上海古籍出版社《集韵》作~。

悛 ① sɐ⁴²⁴ ② sæ⁴¹² ③ sɔ⁴²⁴ ④ sʌ³⁵

快,如"走得~点"。方言常说"豪音~",也说"快~",如"你豪~去吧/你快~点吃"。《集韵》去声号韵先到切:"~,快也。"《玉篇·心部》:"~,快性也。"清翟灏《通俗编·杂字》:"俗有~性之语,又江北人催人速办事曰~些。"清胡文英《吴下方言考》卷九:"~,吴中谓牲畜急行曰~头骡子,人性急亦曰~(音燥)。"在意义上与四地方言稍有不同。《民国嘉定县续志·方言》:"豪~,俗促人赶促曰豪~。"~,有的写作"燥"。张春帆《九尾龟》第十七回:"耐豪燥点去哩,别人家等耐勿来,要性急格碗。""燥"与"~"方言同音。有的写作"少"。弹词《文武香球》第四十回:"倍个臭贼,快少点替我走出去。""少"(去声)与"~"方言同音。

膘 ① zɐ²⁴ ② zæ¹³ ③ zɔ²⁴ ④ zʌ¹³

因腹饥而心里不舒服,如"肚皮饿得心里有点~哉"。方言还常说"心~"。《集韵》平声豪韵财劳切:"~,一曰腹鸣。"腹鸣也常表示肚子饿,有时就伴随出现心里不舒服的感觉。方言有"肚里咕咕叫,饿煞哉"的说法。有的写作"嘈"。清吕熊《女仙外史》第七十回:"柳烟道:'奇得紧,把我看饱了,竟不饿。'女秀才道:'我却看饿了,觉心嘈。'""嘈"与"~"方言同音。有的写作"痓"。《字汇补》从陶切。"痓"与"~"方言同音。清翟灏《通俗编·杂字》:"腹常如饥曰痓。"清范寅《越谚》卷中:"痓,饿也。"《民国崇明县志·方言》:"痓,音曹,俗谓腹如常饿曰心痓。"按:"痓",《广韵》《集韵》均未收此字。据以上所引,"痓"大多为旧时吴方言人使用,可能是吴方言地区用字。

蔹 ① hɐ⁴⁴ ② hæ⁴⁴ ③ hɔ⁵³ ④ hʌ⁵⁵

肥料上得过多,反而不利于作

物生长,易使作物枯萎,如“粪浇得忒多,菜要～杀脱葛”。又引申为饭菜里放了过量的盐难上口,如“咸得来,吃下去要～坏人葛”。《广韵》平声肴韵许交切:“～,禾伤肥。”

壕 ① ɦɐ²¹³ ② ɦæ³¹ ③ ɦɔ²¹³ ④ ɦʌ²¹³

用容器估约数量多少,如“缸里葛米～一～,还有几化多少”。《集韵》平声豪韵乎刀切:“～,较多少。”按四地方言都不读阳平,而读阳去。《民国嘉定县续志·方言》:“～,俗言测多少曰～。《集韵》音豪,俗读豪去声。”这一读音与四地方言一致。明褚人获《坚瓠集》:“除灰岂亦论颗数,换粪油还逐滴～。”四地方言还有“～粥～饭”的说法,意思是每顿粥饭都限量,不管你是否吃饱,表示非常克扣。明孙楼《吴音奇字·人事门》:“～,方言～粥～饭。”胡祖德《沪谚外编》:“第六房新妇身段长,煮粥煮饭无～量。”有的写作“号”。清张南庄《何典》第六回:“醋八姐还不肯放松他,时常萝卜弗当小菜的把他要打要骂,后来一发号粥号饭起来。”“号”与“～”方言同音。

詾 ① tiɐ⁴⁴ ② tiæ⁴⁴ ③ tiɔ⁵³ ④ tiʌ⁵⁵

小孩说话咬不正音,如“该个小人说话有点～葛”。方言还说～嘴或～屄。《广韵》平声豪韵徒刀切:“～,一曰小儿未能正言也。”按照反切四地方言音为[dɐ²⁴]、[dæ¹³][dɔ²⁴]和[dʌ¹³],与方言声母不相符,声母的清浊又影响声调的阴阳,但～和方言的意义是完全相符的。《说文·言部》:“～,一曰小儿未能正言也。”《玉篇·言部》:“～,小儿未能正语也。”《民国嘉定县续志·方言》:“～嘴,俗谓小儿未能正言者曰～嘴,《说文》～音陶,俗读若刁。”一般常写作“刁”。清曹春江《合欢图》第四十三回:“内中有介一个小丫头叫瑞香,只得九岁,勿曾知音,刁子个只嘴洛叫道。”

銚 ① tiɐ⁴²⁴ ② tiæ⁴¹² ③ tiɔ⁴²⁴ ④ tiʌ³⁵

烧水的器具,如“～子/铜～”。《广韵》去声啸韵徒吊切:“～,烧器。”按照反切四地方言应读[d]声母,但实际读[t]声母,因为声母的不同,声调也由阳去变为阴去。与反切不合。～,温岭方言读[d]声母,与反切符合。《说文·金部》:“～,温器也。”段玉裁注:“今煮物瓦器,谓之～子。”唐玄应《一切经音义》卷十四:“又徒吊反,江南有铜～,形似铛而无脚,上加锯龙为襻也。”《正字通·金部》：“～，金釜之小而有柄有流者亦曰～。”清龚自珍《驿鼓三首》之一：“夜久罗帱梅弄影，春寒银～药生香。”综上所说，或曰从金，或曰瓦器，或曰形似铫，或曰有柄有流者，从制作材料、形状和功用做了说明。一种器物在长期的发展中在制作材料、形状和功用上都会发生变化。中国疆域如此之大，即使同一事物或现象，其名称也会有很大的不同。使用的人群不同，制作的材料不同，有的金属制的，有的用瓦制的，这在电视里还可以看到瓦制的～子。今天大多为铝制或不锈钢制，很少用铜制作了。清韩邦庆《海上花列传》第二回：“那半老娘姨已把烟盒里……仍提～子下楼自去。”有的写作“吊”。清朱骏声《说文通训定声》卷七：“今苏俗煎茶器曰吊子，即此盄字。”按：“盄”，《说文·皿部》：“盄，器也。从皿吊声。”《广韵》平声宵韵止遥切：“《玉篇》器也。”《集韵》平声宵韵之遥切：“《说文》器也。”“盄”，从释义看似乎释义太笼统，不若温器、烧器等明确贴切；从字音看《广韵》止遥切，《集韵》之遥切，是切不出“吊”音来的；但从字形看是从皿吊声的形声字，读“吊”音也不是不可能的。也许朱氏另有所本，或许“盄”字音“吊”是一个方言的读音。

斣 ① tʻiɐ^{44} ② tʻiæ^{44} ③ tʻiɔ^{53} ④ tʻiʌ^{55}

给甜头、好处，如“～～你，让你揭个便宜货/有人请客，～你去白吃一顿”。《集韵》平声萧韵他彫切：“～，一曰利也。”《说文·斗部》：“～，斛旁有～，一曰利也。”按：“利”，益于人曰利。《孟子·梁惠王上》：“亦将有以利我国乎？”～，一般都写作“挑”。《儒林外史》第四十二回：“只要六老爷别的事上多挑他姐儿们几回就是了。”《三笑》第十五回：“二娘娘想想介，索性挑子表只吃子饱饭吧。”“挑”也可以叠用。陈寿嵩《泪珠缘》第三十四回：“好好，咱们府里的生意，明儿就挑挑你罢。”“挑”与“～”方言同音。

趒 ① tʻiɐ^{424} ② tʻiæ^{412} ③ tʻiɔ^{424} ④ tʻiʌ^{35}

跳躍，越过。《广韵》去声啸韵他吊切：“～，越也。”《说文·走部》：“～，雀行也。”王筠释例：“若云雀行，专指雀之行，则非许君之意。雀能行不能步，人之跳似之，故雀行仍指人。”诚如徐灏笺云：“此谓人之躍行如雀也。”又段玉裁注：“今人概用跳字。”不过“跳”字从《广韵》《集韵》来说，虽有与～相同相近的释义，如“跃也”等，但“跳”，《广韵》平声萧韵徒聊切。《集韵》去声啸韵徒吊切等，都没有与之完全相符的读音。就本字来说还是以～字为宜。清梦麟《雉朝飞》：“雉朝飞，其羽灼灼，雌前～，子后跃。”清姚鼐《金麓村招同浦柳愚毛俟园宗棠圃饮莫愁湖亭》：“烟深出鹭翔，波静响鱼～。”～，还有作名词解的意义，即指搭在车船等边沿便于人上下的长板。～，《广韵》释义为“越也”。越，《说文·走部》：“度也。”～，今都作“跳”。都是动词。作为名词，～是助人渡过本来不能达的地方的用具，如“穿一根～，人好下船”。方言还说～板。这也是词义的引申。一般都写作“跳”。《西游记》第五十三回：“沙和尚将行李挑上去，行者扶着师父上跳。”明冯梦龙《挂枝儿》卷八：“新打的船儿其实妙，下了篙，搭上了跳，把客招。”其实“跳”的读音也不完全符合，字当作“～”。今通作“跳”。

掉 ① diɐ^{213} ② diæ^{31} ③ diɔ^{213} ④ diʌ^{213}

摆动，舞动，如“～龙灯/～狮子/～枪花”。《广韵》去声啸韵徒吊切：“～，振也，摇也。”《说文·手部》：“～，摇也。”段玉裁注：“～者，摇之过也；摇者，～之不及也，许浑言之。”《左传·昭公十一年》：“末大必折，尾大不～。”《汉书·蒯通传》：“且郦生一士，伏轼～三寸，下齐七十余域。”颜师左注：“～，摇也。”清胡文英《吴下方言考》卷五作“嬥”：“吴中跳跃舞闹者皆谓之嬥（音条），如嬥钟馗之类是也。”按：“嬥”，《广韵平声萧韵徒聊切：“《声类》云：‘细腰貌。’”《说文·女部》：“嬥，直好貌，一曰娆也。”段玉裁注：“直好，直而好也。”意指身材美好（笔者认为现在指女性身材苗条的“条”，会不会即“嬥”字）。“娆”者，朱骏声《说文通训定声》云：“《说文》一曰：娆也，则姚冶，妖娆字。”意即妖娆艳丽。由此可见“嬥”字在意义上不合。在读音上《吴下方言考》作者胡文英注“音条”，音也不是完全符合的，现在还说的～龙灯、～狮子、～枪花，以及～钟馗的～，四地方言都读阳去，其作者武进（今常州）人，照例也应读阳去。又虽然嬥“音条”为阳平字，可能是连续变调后读似阳平。薛典、苏州如读“～龙灯、～狮子”三字组时，～就变读为似阳平的调值。

燎 ① liɐ^{24} 又 liɐ^{44} ③ liɔ^{24}

（1）火烧，如“乡谚云：‘火着好看～人家’，比喻虽然一时好看，但结果烧毁房屋，人家损失很大”。《集韵》平声萧韵怜萧切：“～，纵火焚也。”《说文·火部》：“～，放火也。”徐灏注笺：“……～之本义为烧草木。”《广雅·释言五》：“～，烧也。”《书·盘庚上》：“若火之～原，不可嚮迩，其犹可扑灭？”今“星星之火，可以～原”语本出此。

（2）因接近火而烧着，如“对门火着，火舌头火焰窜过来，～着仔对过人家”。《新唐书·李勣传》：“（勣）性友爱，其姊病，尝自为粥而～其须。”

捞 ① liɐ^{24} ② liæ^{13} ④ liʌ^{13}

在水中或其他液体中取东西，如“～水草/勒河里向～木头/～馄饨”。《集韵》平声萧韵怜萧切：“～，取也。”按：普通话“～”读开口呼，来源于《广韵》平声豪韵鲁刀切。《玉篇·手部》：“～，取也。”《广雅·释诂一》：“～，取也。”王念孙疏证：“《方言》：‘～，取也。’……《众经音义》卷五引《通俗文》云：‘沉取曰～。今俗呼入水取物曰～。’”《民国川沙县志·方俗志》：“物沉于水而取之曰～。”《光绪常昭合志·方言》：“水中取物曰～。”

訬 ① tsʻiɐ^{424} ② tsʻiæ^{412} ③ tsʻiɔ^{424} ④ tsʻiʌ^{35}

打扰，吵闹，如“上班哉，勿要～哉，做生活吧”。《集韵》去声笑韵七肖切：“～，轻也，江东语。”《说文·言部》：“～，扰也。”《玉篇·言部》：“～，扰也。”清桂馥《扎朴·乡里旧闻·乡言正字·杂言》：“烦扰曰～。”明冯维敏《海浮山堂词稿》卷二：“闹～～，甜言美语枉徒劳。”有的写作“俏”。漱六山房（张春帆）《九尾龟》第一百七十九回：“耐生病刚刚好得勿多两日，自家总要保重点，勿要来浪外势外面瞎俏，阿晓得。”“俏”与“～”方言同音。

帩 ① tsʻiɐ^{424} ② tsʻiæ^{412} ③ tsʻiɔ^{424} ④ tsʻiʌ^{35}

缚；缚后在绳子内插入短棒旋转使紧。如“～尿布/末事捆好仔再～～紧”。《广韵》去声笑韵七肖切：“～，～缚。”《集韵》去声笑韵七肖切：“～，缚也。”清毛奇龄《越语肯綮录》：“紧缚曰～。”胡祖德《沪谚》：“紧缚曰～。”《民国嘉定县续志·方言》：“～，俗言紧缚曰～。”《民国崇明县志·方言》：“～，绳绞紧也。”

捎 ① siɐ^{44} ② siæ^{44} ③ siɔ^{53} ④ siʌ^{55}

摇动，搅动。～马桶：用刷帚放到马桶中做圆周摇动，使马桶清洁。～耳朵管：用消息子（一种用羽绒扎在细竹丝头上，清洁耳垢的用具）伸到耳孔内转动，去除耳垢屑。《广韵》平声宵韵相邀切:“～,摇～,动也。”《广雅·释诂一》:“～,动也。”王念孙疏证:“摇～,犹掉～也。”按:“掉”,《说文·手部》:“摇也。”清胡文英《吴下方言考》卷五作“㰫”:“谓以物搅其巢窟而令之出也。吴谚谓以竿入巢穴摎物曰‘㰫’(音消)。”按:“㰫”,《广韵》《集韵》的反切均没有音“消”的。根据《吴下方言考》作者所释意义,字当作“～”。有的写作“消”。明冯梦龙《桂枝儿》卷八:“重了绞我又当不起,轻了消我又熬不得。”

方言称鱼排卵为“鱼～子”,因为鱼排卵时鱼尾剧烈摆动,鱼身也随之翻动,如“鲤鱼～子”。字也当作“～”。

又人因病痛或其他原因在地上滚动,或小孩发脾气赖在地上滚动,如“伊痛得勒地浪～来～去/小人吃勿着糖就望地浪～”。清夏敬渠《野叟曝言》第五十七回:“奚囊要撞进去代打,被把门的一棒,直打下台阶来,就在地下乱～乱滚,嚎哭。”清胡文英《吴下方言考》作“狷”:“谓小儿颠地诈赖也,醉人在地诈赖亦曰狷(音消),故云狂也。”“狷”与“～”音相同,但“狷”的意义只是狂或狂病。《广韵》平声宵韵相邀切:“狷,狂也,出《文字集略》。”《玉篇·犬部》:“狷,狂病。”狂病,只能指人的精神方面不太正常,而～主要是动作上的滚动。所以笔者认为本字不是“狷”,而是“～”。

䚺 ① ɦiɐ^{213} ④ ɦiʌ^{213}

因光线太亮或反光太强而看不清。～眼,眩目。如“对仔太阳光～眼得来,看勿清爽”。《广韵》去声笑韵弋照切:“～,视误也。”《说文·见部》:“～,视误也。”桂馥义证:“视误也者,《广韵》视不定也。”《玉篇·见部》:“～,视误也。”今通常写作“耀”。

⿵門要 ① iɐ^{44} ③ iɔ^{53}

从中间分隔,如:“两间房间可以～～开/该间房间蛮大葛,可以一～两”。《广韵》上声小韵於小切:“～,隔也。”《集韵》上声小韵於兆切:“～,隔也。”按薛典、常熟方言读阴平。《广雅·释诂二》:“～,遮也。”王念孙疏证:“～者,《广韵》～,隔也。”《正字通·门部》:“～,要遮,经史借用要,俗作～。”“要”,既然经史也只是借用,本书就以专门表示分隔意义的“～”为本字。

夭 ① iɐ^{52} ② iæ^{52} ③ iɔ^{44} ④ iʌ^{324}

折叠,如“衣裳～～好/报纸勿

要摊开子,～一～放好”。《广韵》上声小韵於兆切:“～,屈也。”《说文·夭部》:“～,屈也。”宋育仁部首笺正:“屈,犹曲也。”《广雅·释诂一》:“～,折也。”按:“折”,《广雅·释诂一》:“曲也。”《玉篇·夭部》:“～,屈也,又折也。”～作为折叠义,是～作为屈、折的引申义,因为“～衣裳”“～报纸”都是原先平摊的东西屈曲后才完成的。《乾隆昆山新阳合志·方言》:“折纸曰～,～亦折也。”

版

① $p\varepsilon^{52}$ ② $p\text{E}^{52}$
③ $p\varepsilon^{44}$ ④ $p\varepsilon^{324}$

本指木板或木头解成的木片。借用作量词页,指一页纸的两面,如“该本书一共一百～”。按:旧时用木板刻字印书,单面印成一张纸,折叠成两面,即所谓一～。《广韵》上声潸韵布绾切:“～,《说文》:判也。”一般写作“板”。元乔吉《金钱记》:“我上学读了八年光景,一本《蒙求》还有五板不曾记得。”清菊畦子《醒梦骈言》第十回:“珍姑抽出本书来行酒令,要随口说是第几板第几行第几字。”“板”与“～”同音。

泛

① $f\varepsilon^{424}$ ② $f\text{E}^{412}$
③ $f\varepsilon^{424}$ ④ $f\varepsilon^{35}$

浮。河～:河底杂物发酵,沉渣浮起,水中缺氧,鱼飘游水面甚至死去。《集韵》去声梵韵孚梵切:“～,《说文》:浮也。”《周礼·天官·酒正》:“辨五齐之名:一曰～齐……五曰沈齐。”郑玄注:“～者,成而滓浮……沈者,成而滓沈。”明冯梦龙《警世通言》卷三十三:“不知怎的缘故,把董小二谋死,丢在新桥河里,如今～起。”

儋

① $t\varepsilon^{44}$ ② $t\text{E}^{44}$
③ $t\varepsilon^{53}$ ④ $t\varepsilon^{55}$

(1) 肩挑。《集韵》平声谈韵都干切:“～,《说文》何也。”《说文·人部》:“～,何也,或从手。”段玉裁注:“～,俗作擔。”按:“何”,《说文·人部》:“何,～也。”段玉裁注:“何,俗作荷。”《国语·齐语》:“负、任、～、何,服牛,轺马,以周四方。”韦昭注:“背曰负;肩曰～;任,抱也;何,揭也。”《广雅·释诂三》:“揭,擔也。”《淮南子·氾论》:“肩荷负～之勤也。”～,均有肩挑义。

(2) 方言由肩挑义引申为送。旧时农民在田间耕作,由于离家较远,中午不回家吃饭,常由家人送饭至田头称“～饭”。虽然已不一定肩挑着去,或由家人提篮子送去,但仍说“～饭”。同样农村小学生中午由家长送饭至学校也叫～饭。此外,旧时订亲时,男方要肩挑礼品送订亲礼,叫"～茶礼"或"～盘"。但后来常不用肩挑礼品,只是送钱和饰品等,仍照旧说,实际上～已引申为"送"的意义了。又如"儿子上学,天落雨哉,我去～把伞拨伊/铜钿勿够末我～得来"。有的写作"担"。明凌濛初《拍案惊奇》卷二十:"兰孙只得将了些钱钞,买上告下,去狱中传言寄语,担茶送饭。"

～,通常作"擔",今作"担"。

推 ① t'ɛ44 ② t'ᴇ44 ③ t'ᴇ53

由外往里送。这一意义实际上也就是《现代汉语词典》所释的"向外用力使物体或物体的某一部分顺着用力的方向移动"这一意义在运用上的扩大。如"拿一粒糖～勒嘴里/草把～勒灶膛里"。《集韵》平声庆韵通回切:"～,进也。"清张南庄《何典》第六回:"活死人没法,只得攖好乱柴把,吹着阴火,向冷灶里～一把进去。"

攤 ① t'ɛ44 ② t'ᴇ44 ③ t'ɛ53 ④ t'ɛ55

～膏药:把磨成细末的药物等熬成糊状,用竹片蘸糊状物在纸上或布上做成圆形的膏药。这一意义近似于作为烹饪方法的～,《广韵》平声寒韵他干切:"～,开也。"《集韵》平声寒韵他干切:"～,手布也。"按:"布",《小尔雅・广言》:"布,展也。"《说文新附・手部》:"～,开也。"

檯 ① t'ɛ52 ④ t'ᴇ324

树木或木条从顶上或末梢砍或锯,如"树长得忒高哉,梢头～脱点/木头嫌长末,头浪～脱一段"。《集韵》上声海韵坦亥切:"～,吴人谓逆剡木曰～。"按:"剡",《玉篇・刀部》:"剡,削也。"

徊 ① dɛ24 ④ dᴇ13

回,如"你碰勿着伊就～转来"。《集韵》平声灰韵徒回切:"～,～徊,疑不进貌。"《玉篇・彳部》:"～,～徊,徘徊也。"方言有"～来～去"或"～来缩音去"的说法,意思就是徘徊,如"你走走又～转来,一脚勤浪～来～去作啥?"

癗 ① lɛ31 ② lᴇ31 ③ lᴇ31 ④ lᴇ232

～～头:皮肤上长的小包,如"到草堆里走一趟,脚老向上出仔勿少～～头"。方言不单用。又方言俗称青春痘为"骚～～"。《广韵》上声贿韵落猥切:"～,痱～,皮外小起。"《玉篇・疒部》:"～,皮起也。”清范寅《越谚》卷中：“～，皮外起小粒。”

㶑

① lɛ²¹³ ② lᴇ³¹

④ lɛ²³²

沾染，如“该段白布～着仔红颜色哉”。《集韵》上声敢韵鲁敢切：“～，一曰染也。”薛典方言读阳去。有的写作“累”。明冯梦龙《山歌》卷一：“吃娘打得哭哀哀，索性叫郎夜夜来。汗衫累子鏖糟拼得洗，连底湖胶打勿开。”《生绡剪》第十四回：“白花绫里，左边护耳有点点血渍，是小的冻耳累的。”“累”与“～”，方言同音。清胡文英《吴下方言考》卷九作“纇”：“吴中凡新洁之物而为垢秽所溅染则曰纇（音类）。”按：“纇”，《广韵》去声队韵卢对切：“粗丝也。”《说文·糸部》：“纇，丝节也。”《广雅·释言》：“纇，节也。”王念孙疏证：“纇为丝节之节。”《淮南子·氾论》：“明月之珠，不能无纇。”高诱注：“纇，磬若丝之结纇也。”似乎都没有沾染、沾污之义。

殘

① zɛ²⁴ ② zᴇ¹³

④ zɛ¹³

（1）剩余的，如“该只菜是只有～～头哉”。《广韵》平声寒韵昨干切：“～，余（馀）也。”《玉篇·歹部》：“～，食余也。”《列子·汤问》：“以～年余力，曾不能毁山之一毛，其如土石何？”唐韩愈《论变盐法事宜状》：“百姓贫虚，或先取粟麦价，及至收获，悉以还债，又充官税，颗粒不～。”

（2）吃动过或动用过，不再完整全新，如“该只菜已经吃～哉/该件衣裳勿新哉，已经着～哉”。明冯梦龙《新平妖传》第三十二回：“少了匹把到是小事，可惜都剪～了。”明凌濛初《二刻拍案惊奇》卷二十五：“可笑谢三郎，好端的新妇，直到这日方到手，已是个弄～的了。”孙家振《续海上繁华梦》一集第二十一回：“厨房里吃～的菜，不好拿来敬客。”

銳

① zɛ²¹³

③ dzᴇ²¹³

锄头铁锴等用旧了，对口子、齿尖重新加工使利，如“该把铁锴葛齿勿好哉，要～一～勒好用得来”。《广韵》去声祭韵以芮切：“～，利也。”按照反切～为以母字，但方言读如日母字，与“芮”同音。普通话也有同样情况。《说文·金部》：“～，芒也。”段玉裁注：“芒者，草耑也，草耑必鑯。”按：“鑯”，《正字通·金部》：“尖本字，锋芒～也。”《广雅·释诂二》：“～，利也。”《淮南子·时则》：“柔而不刚，～而不挫。”

高诱注:"～,利也。"以上释义都是作为形容词解,方言作为动词解。

揩

① gɛ^{24} ② gᴇ^{13}
③ gɛ^{24} ④ gᴇ^{13}

触,碰。～碰:触碰冒犯,如"你勿要～碰伊啊,伊要打人葛啊"。《广韵》平声咍韵古哀切:"～,～触。"按照《广韵》反切,方言声母应读[k],但方言实际读[g]。《广韵》群母限于三等,一、二、四等无群母,但四地方言一、二、四等也有群母字。～为开口一等字。《玉篇·手部》:"～,触也。"清翟灏《通俗编·杂字》:"～,《集韵》触也。"

虺

① huɛ^{52} ② huᴇ^{52}
③ huᴇ^{44} ④ huᴇ^{324}

秃$_{音}$～蛇:蝮蛇。《广韵》上声尾韵许伟切:"～,蛇～。"《尔雅·释鱼》:"蝮、～,博三寸,首大如擘。"南朝宋邢昺疏:"案,舍人曰:蝮,一名～,江淮以南曰蝮,江淮以北曰～。孙炎曰:江淮以南谓～为蝮,广三寸,头如拇指,有牙最毒。"清郝懿行义疏:"《尔雅》所释乃是土～,今山中人多有见者,福山、棲霞谓之土脚蛇,江淮间谓之土骨蛇,长一尺许,头尾相等,状类土色,人误践之,跃起中人。"根据以上所说,谓江淮以南曰"蝮",不称"～"。然而无锡、苏州、常熟等地说秃～蛇、地壁～、～地壁、瞎秃～、地皮～等都有"～"字,是当时说得不够全面精确呢,还是北方话对江南的影响呢?又郝懿行义疏所说土～、土脚蛇、土骨蛇都有"土"字,这大概该蛇接近土色,如丹阳说土公蛇,由此无锡等地所说的秃～蛇或托～蛇的"秃"或"托",不知道是不是土字音在方言中的音变。另外,苏州等地方言中的"地皮～""地壁～""～地壁",都带有"地"字,是否也是与地皮的颜色相近而命名。明李诩《戒庵老人漫笔·土～伤鹤膝发背方》:"土～(一名秃～)蛇伤人不治,为害最甚。"按:李诩,无锡江阴人。

鲩

① ɦuɛ^{31} ② ɦuᴇ^{31}
③ ɦuəŋ^{31} ④ ɦuən^{232}

草鱼。薛典、苏州称草鱼为"～鱼",字音来源于《广韵》上声潸韵户板切:"～,鱼名,又胡本切。"常熟及无锡市区等称草鱼为"～子",字音来源于～的又音胡本切,当为《广韵》上声混韵胡本切:"鲜,鱼名。"《广韵》未列～字。但《集韵》上声混韵户衮切:"～,鱼名,或作鲜。"因此～有两读。在胡本切的读音上,"～"与"鲜"为同一字。《说文·鱼部》:"～,鱼名。"《本草纲目·鳞部·～魚》:"～,郭璞作'鲜',其性舒缓,故曰~,曰缓,俗名草鱼,因其食草也。”徐珂《清稗类钞·动物类》:“鲩,可食,形长身圆,类似青魚,而色微灰,江湖中处处有之,食草。”又作“~”。

詗 ① ɦuɛ^{213} ② uᴇ^{412} ③ ɦuᴇ^{213} ④ ɦuᴇ^{213}

转让,如“该件衣裳买仔觉着忒花,我葛年纪有点着勿出,~拨你吧”。《广韵》去声队韵胡对切:“~,市~。”按:“市”,《广雅·释诂三》:“买也。”《集韵》去声队韵胡对切:“詯,一曰决后悔也,或作~。”《玉篇·言部》“~”作“詯”:“詯,《字书》:市决后悔也。”“詯”与“~”为同一字。然而,“詯”,《说文·言部》:“胆气满,声在人上。”宋本《玉篇·言部》:“詯,胆气满,声在人上也。”均无“决后悔”之义,决后悔也不是“詯”的本义。所以本书就以“~”为本字。方言“有饭店里~葱”的说法,意思是向饭店转买,价格比市场贵,明显不划算。徐珂《清稗类钞·苏州方言》就有记载,但“~”字写作“回”:“买葱于市,今向饭店购之,其价必昂,盖饭店须得赢利也。喻人明知吃亏也。”明凌濛初《拍案惊奇》卷一:“如是转发在伙伴中,回他几百两中国货物,上去打换些土产珍奇,带转去有大利钱。”用吴语写的白话小说,~,一般都写作“回”。有的方言也读“回”的音。但“~”苏州读阴去,其他三地读阳去,“回”与“~”音近。

𨑨 ① bø^{213} ② bø^{31} ③ bɤ^{213} ④ bo^{213}

躲藏,如“该两日一直寻勿着你,你~勒啥场化”。《集韵》去声换韵薄半切:“~,去也。”按:“去”,《集韵》上声语韵苟许切:“弆藏也,或作去。”《左传·昭公十九年》:“及老,托于纪鄣,纺焉以度而去之。”陆德明经典释文:“裴松之注《魏志》云:古人谓藏为去。案今关中犹有此音。”《汉书·苏建传附苏武》:“掘野鼠去中(草)实而食之。”颜师古注:“去,谓藏之也。”~,一般都写“伴”。明李诩《戒庵老人漫笔》卷五:“躲谓之掩,又谓之闪,又谓之伴。”明鹤市道人《醒风流》第十一回:“你老人家一向伴在那里,倒不晓得。”《道光苏州府志·风俗》:“藏避曰伴。”“伴”与“~”方言同音。

褑 ① mø^{24} ② mø^{44} ③ mɤ^{53}

棉~:棉袍。苏州可以单说“~”。《集韵》平声桓韵谟官切:“~,胡衣。”旧时穿的棉~是清代才有的,应是满族的服饰,胡衣是古代指少数民族的衣服,看来是沿用了旧名。苏州、常熟读阴平。有的写作"褠"。按:"褠",不见于一般字书,可能是一个方言字。清韩邦庆《海上花列传》第十三回:"足有一个时辰,松桥才来了,已另换了一身棉褠马褂,时路行头。"陆小谔《十尾龟》第十六回:"穿的棉褠。夹衫、棉袄、夹袄通有着,就只缺几件大衣服。"

㒼

① mø[24]　② mø[13]
③ mɤ[24]　④ mo[13]

~裆裤:对开裆裤而言,指裤裆缝合的裤子。《广韵》平声桓韵母官切:"~,无穿孔状。"章炳麟《新方言·释言》:"今浙江谓物无窍穴为~。"清顾张思《土风录》卷三:"绲裆裤盖即俗所谓~裆裤,注:~,音瞒。"有的写作"瞒"。明冯梦龙《警世通言》卷十四:"身上裹一条猪肝色肚带,旧瞒裆裤,脚下草鞋。""瞒"与"~",方言同音。有的写作"满"。朱骏声《说文通训定声》卷九:"绔:……今苏俗谓之套裤。古又名襗,若满裆裤。""满"与"~",方言声调不同。

漫

① mø[213]　② mø[31]
③ mɤ[213]　④ mo[213]

水过满溢出,如"水~金山/大水~过仔桥面"。按:"~"字只有这一意义四地方言读上列音,其余如"漫山遍野、漫不经心、漫无目的"等四地分别读[mɛ[213]]、[mᴇ[31]]、[mɛ[213]]、[mɛ[213]]。《广韵》去声换韵莫半切:"~,大水。"《集韵》去声换韵莫半切:"~,大水貌。"《世说新语·文学》:"譬如写水着地,正自纵横流~,略无正方圆者。"宋王安石《饭祈泽寺》:"春映一川明,雪消千壑~。"

瓭

① tø[52]　② tø[52]
③ təŋ[44]　④ to[324]

~子:旧时打酒或酱油等用的量器,用竹筒或金属做成圆筒状,上有直柄作提手。"~"又可作量词,如"拷打仔三~酒"。《集韵》上声感韵都感切:"~,《博雅》:瓶也。"按:"瓶",《广韵》平声清韵薄经切:"汲水器也。"《方言》卷五:"缶谓之瓿甌,其小者谓之瓶。"钱绎笺疏:"《说文》:缾,瓮,或从瓦作瓶。……是瓶亦为汲水之器。郑注云:盆以盛水,瓶以汲水是也。"又,~,小罂。《方言》:"瓬、~……罂也。桂灵之郊谓之瓬,其小者谓之~。"按:罂,或从缶。《说文·缶部》:"罂,缶也。"缶,古时为盛酒瓦器或汲水瓦器。段玉裁《说文·缶部注》:"缶有小有大,如汲水之缶,盖小者也。"综上所说,~

是一种小的汲水瓦器。随着社会发展汲水器的形制、制作材料、功用等都有发展。方言称作～子的,已不是一般的汲水器,而用作打酒、酱油等的量器,沿用了旧时的名称。

撢 ① t‘ø⁴²⁴ ② t‘ø⁴¹² ③ t‘ɤ⁴²⁴ ④ t‘o³⁵

把挂起的或悬在高处的东西取下,或把装好戴好的脱卸下,如“一只篮～下来/门～下来/头浪葛帽子～下来”。《说文·手部》:“～,探也。”《说文·手部》:“探,远取之也。”《广雅·释诂一》:“探,取也。”《广韵》去声勘韵他绀切:“～,探取。”《集韵》去声勘韵他绀切:“～,《说文》探也。或作探。”在《集韵》看来,认为“～”“探”为同一字,且音义均相同。但《广韵》《玉篇》《说文》“探”都注为“他含切”,音并不相同,与方言的音也不相符,所以本书仍以～为本字。我们现在见到的古代和近代的著作大多用“探”字。《汉书·宣帝纪》:“毋得以春夏擿巢探卵。”清李宝嘉《文明小史》十七回:“姚老夫子本是一个近视眼,见人朝他作揖,连忙探去眼镜,还礼不迭。”张春帆《九尾龟》第二十三回:“立刻叫相帮出去,把门首那一块一尺余长,四寸余阔,金地黑字的书寓牌子探下来。”

揇 ① nø³¹ ② nø³¹ ④ no²³²

搦聚,常指不分东西的类别或同一东西不分质量好坏搦聚在一起,如“该堆末事～勒一堆,放放好/该点青菜～～堆,我才都买,价钿便宜点”。《广韵》上声感韵奴感切:“～,～搦。”《集韵》上声感韵乃感切:“～,搦也。”《玉篇·手部》:“～,～搦也。”清翟灏《通俗编》卷三十六:“俗谓物未检别美恶,曰一～货,言随手搦之也。”“一～货”薛典、苏州等地也有此说,意思是不加挑拣,随手抓搦,类似现在说的统货。有的写作“暖”。明李诩《戒庵老人漫笔》卷五:“美恶粗细兼者为暖。”《乾隆苏州府志·风俗》:“美恶兼曰暖。”清翟灏《通俗编》卷三十六:“李诩云:‘美恶粗细兼,谓之暖。’”意思是说“暖”当作“～”。“暖”与“～”方言同音。

詀 ① ts‘ø⁴⁴ ② ts‘ø⁴⁴ ③ ts‘ɤ⁵³ ④ ts‘o⁵⁵

把人家背地里说的话,往往添油加醋传给本人或他人,搬弄是非,如“我搭你讲葛话,你勿要～拨伊自家听啊/～嘴咉舌头搬嘴弄舌”。《集韵》平声盐韵蚩占切:“～,多言。”《玉篇·言部》:“～,多言。”《广韵》平声添韵丁兼切:“～,转语。”《集韵》除了“蚩占切”外，还有六个音，音与方言不符，但其释义为“～诡”“巧言”“妄言”等，都有虚浮不实乱言之义。～作为动词，就有了搬嘴的意义。《西游记》第二十七回：“贤弟，你是个好人，却只要留心防着八戒～言～语。”

趯　① ɕiø⁴⁴　② ɕiø⁴⁴　③ ɕiɤ⁵³　④ ɕio⁵⁵

快走，如“我～到伊屋里，伊已经走哉”。《广韵》平声仙韵许缘切：“～，疾走。”《说文·走部》：“～，疾也。”《玉篇·走部》：“～，疾行也。”明王绅《右平江汉二十二句》：“～～狡兔，固其窟穴。”清胡文英《吴下方言考》卷五：“～，疾行不留滞也。吴谚谓疾行不止息者曰：一脚～到某处也（音暄）。”“暄”与“～”方言同音。

揎　① ɕiø⁴⁴　② ɕiø⁴⁴　③ ɕiɤ⁵³　④ ɕio⁵⁵

打、掴，如“伊勿识相末～脱伊一顿”。《广韵》去声霰韵许县切：“～，击也。”《集韵》去声霰韵翾县切：“～，《博雅》击也。”按四地方言都读阴平。《广雅·释诂三》：“～，击也。”清胡文英《吴下方言考》卷五：“～，掌人颊也。吴中凡掌人颊曰～（音萱）。”按胡文英为武进（今常州）人，～，音萱，也读阴平。不过四地方言～，不限于掌颊。有的写作“喧”（按也为阴平字）。清华广生《白雪遗音》卷四：“倘然明朝头，隔子一日，申大爷到奔子居来，那末打碎招牌，喧耳刮。”“萱”“喧”与“～”方言同音。

脧　① təu⁵²　④ tɤɯ³²⁴

肉～～，形容长得胖而丰满，如“你葛儿子长得胖得来，面孔浪肉～～里/该个女人混身肉～～里，勿好看”。方言不单用。《集韵》上声哿韵典可切：“～，肉物肥美。”《玉篇·肉部》：“～，肥貌。”

麰　① tʻəu⁴⁴　② tʻəu⁴⁴　③ tʻɤɯ⁵³　④ tʻɤɯ⁵⁵

一种烹饪方法，将虾、魚等外面糊上调成糊状的面粉或蛋液，放在油里煠，如“面～虾/面～蟹”。《集韵》平声戈韵汤河切：“～，饵也。”一般写作“拖”。清童岳《调鼎集》卷三：“脊里肉：精肉劗碎，～鸡蛋，配石耳煨。”清袁枚《随园食单》：“精肉一斤切片，清酱拖过，风干一个时辰。”“拖”与“～”方言同音。

鐳　① ləu²⁴　② ləu¹³　③ lɤɯ²⁴　④ lɤɯ¹³

～，方言已不单用，只用在“銅～

锡器”这一词组中，是铜锡一类日用器具的统称。所谓铜～，一般指铜制的铜铫烧水的壶、铜罐一种有斜柄的烧水器、脚炉、手炉、汤婆子汤壶、镟子以及铜盆等，大都是加温或取暖的日用器具。所谓锡器，是指锡制的方钉大型烛台、腊钎小型烛台、锡茶壶、锡酒壶、锡罐等，大多也是日用器具。旧时大户人家女子出嫁常要有铜～锡器作为嫁妆，人们还常以这些器物的多少、大小款式等作为评论的话题。《集韵》平声戈韵卢戈切：“～，温器。”《篇海类编·珍宝类·金部》：“～，锉～，小釜，一曰温器。”《字汇·金部》作“鑹”：“小釜，一曰温器。”按：“鑹”为“～”的讹字。

潄

① sei[44]　② sʏ[44]
④ sei[55]

冷～～：有点冷的感觉或者有点寒意，如“衣裳着得少仔点，身浪有点冷～～哉”。方言所说的冷～～，与风无关，因此与普通话中的“冷飕飕”不完全相同，而与普通话中的冷丝丝相似。《广韵》平声侯韵速侯切：“～，冷～。”《集韵》平声侯韵先侯切：“～，冷也。”方言也说“瀴～～”，意思相同。按：“瀴”，《广韵》去声映韵於孟切：“瀴瀙，冷也。”又：“瀙”，《集韵》去声映韵楚庆切：“冷也，吴人谓之瀙。”

辨

① pir[424]　② pi[412]
③ pie[424]

～白眼：翻动眼珠，出眼白视人，常用来表示不高兴或责怪、制止等意义，如“看唔笃娘对你～白眼哉，快点识相点”。《广韵》去声裥韵匹苋切：“～，小儿白眼视也。”方言不限于小孩。按反切三地方言声母是[p‘]，但实际读音是[p]。《说文·目部》：“～，小儿白眼也。”《玉篇·目部》：“～，小儿白眼，或曰视之貌。”有的写作“变”。叶祥苓《苏州方言志·分类词表·身体》：“变白眼。”“变”与“～”方言同音。有的写作“闭”。孙家振《续海上繁华梦》二集第四回：“只有一个穿玄色衣裤的妇人，向他闭了一个白眼，说：‘牌是瘟勿来的，你人只恐疯了。’”按：孙家振为上海人，上海方言“闭”与“变”同音。

眠

① miɪ[213]
④ miɪ[213]

卧倒，倒伏，平放，如“台风一来，田里葛稻～倒哉”。《集韵》去声霰韵眠见切：“～，偃息也。”《类篇·目部》：“～，偃息也。”清翟灏《通俗编·器用》：“～桅，按舟人讳倒桅曰～。”唐司空图《诗品·典雅》：“～琴缘阴，上有飞瀑。”清《历年记》：“至立秋后，天气热极，豆俱～倒，颗粒无收。”清董说《西游补》第十二回：“隔墙花唱罢，~倒琵琶，长叹一声，飘然自远。”按：~作为睡~义，方言读阳平。《广韵》平声先韵莫贤切：“寐也。”

舚 ① t‘iɪ[424] ② t‘iɪ[412] ④ t‘iɪ[35]

舌头伸出，如“伊舌头~勒嘴唇外头仔难看煞哉”。《广韵》去声掭韵他念切：“~，舌出貌。”《玉篇·舌部》：“~，~舑，吐舌貌。”按：“舑”，《广韵》平声谈韵他酣切：“吐舌也。”《篇海类编·身体类·舌部》：“~舙，舌出貌。”唐韩愈《喜侯喜至赠张籍张彻》：“杂作承间骋，交惊舌互~。”清厉鹗《金寿门有犬名曰小鹊要予赋长歌》：“似舐丹鼎垂~舑，碧桃花下瑶草稴。”清胡文英《吴下方言考》作“㐁”。按：“㐁”，《说文·谷部》：“舌貌，从谷省，象形。”《广韵》去声㮇韵他念切：“㐁，舌貌。”“~”与“㐁”《广韵》都是他念切，同音；从释义看，~，舌出貌；㐁，舌貌，义近而不完全相同。《广韵》也没有作为同一字的不同形体来看，认为是两个不同的字。为此，笔者认为《说文》的舌貌，象形，可以理解为舌头的样子；而做舌出貌解释的当作“~”。

跈 ① diɪ[31] ② diɪ[31] ④ diɪ[232]

同脚蹬或抵住，如“一歇歇一会儿被头就~脱哉/用脚~住仔门勿让伊进来”。《广韵》上声铣韵徒典切：“~，蹈也。”《玉篇·足部》：“~，蹈也。”按：“蹈”，《说文·足部》：“践也。”《广雅·释诂一》：“~，履也。”按：“履”，《诗·小雅·小旻》：“战战兢兢，如临深渊，如履薄冰。”“履”亦踩或践踏义。有的写作“垫”。清夏敬渠《野叟曝言》第九十七回：“一跤跌去……便直滚到山硐（涧）中去，复把左脚一垫，登时晕倒。”“垫”与“~”音近。

鍵 ① tɕiɪ[52] ② tɕiɪ[52] ③ tɕie[44] ④ tɕiɪ[324]

销~：插销；销子，如“门浪葛销~插插好”。~，方言不单用。《集韵》上声狝韵九件切：“~，籥牡也。”按：“牡”，古代锁具用作插入的部分。《礼记·月令》：“坏城郭，戒门闾，修~闭，慎管籥。”郑玄注：“~，牡；闭，牝也。”孔颖达疏：“凡销器入者谓之牡，受者谓之牝，若禽畜牝牡也。”《方言》卷五：“户钥，自关而东，陈之间谓之~。”《淮南子·主术》：“五寸之~，制开合之门。”清徐灏《说文解字注笺·金部》：“~者，门关之牡也。”今方言所说之销~，大多是金属制的。又：方言～与“关键、键盘”的“键”不同，“键”来自《广韵》上声阮韵其偃切。

⿱⿰咸欠糸 ① tɕʻiɪ^{44} ② tɕʻiɪ^{44} ③ tɕʻie^{53} ④ tɕʻiɪ^{55}

～命：指垂死的人，勉强维持生命不死的阶段。如“才$_{都}$当伊马上要死哉，还～仔一日天葛命”。《广韵》平声添韵若兼切：“～，坚持意。”《集韵》平声沾韵苦兼切：“～，持意坚固谓之～。”《说文·欠部》：“～，监持意。”段玉裁改作坚持意，并注：“坚，各本作监，今依《篇》《韵》正。”《玉篇·欠部》：“～，坚持意。”有的写作“牵”。《沪谚》：“牵命香烟不断根，弗烧只好上烟灯。”“牵”与“～”方言同音。有的写作“欠”。《缀白裘》八集卷二：“死是勿曾死，拉玍欠命。”“欠”与“～”单字不同音，“欠”为阴去，“～”为阴平，“欠命”连读发生变调，有的就变为同音，薛典、苏州就有这样的情况。

拑 ① dʑiɪ^{24} ② dʑiɪ^{13} ③ dʑie^{24} ④ dʑiɪ^{13}

胁迫，钳制，要挟。方言的意义具体说是别人得了好处或者自己吃了亏，心中不平不满，有胁迫、钳制、要挟的言行以倾轧、牵制别人让自己得到同等待遇，如“勿是我～你，该趟参观你好去，我就也好去，我的条件、资格才勿比你差。该趟要末大家一淘去，要末大家去勿成功。你说我～你，我就是～定哉，你看捺亨$_{怎么样}$”。《广韵》平声盐韵巨淹切有“～”“钳”“箝”三字，释义分别是“～，胁持也”，“钳，《说文》曰：以铁有所劫束也”，“箝，《说文》：籋也”。～释义与《说文》一致。段玉裁对三字都分别作了注：“～，谓胁制而持之也”，“钳，劫者以力胁制，束者，缚也”，“（箝字注）～，胁持也，以竹胁持曰箝，以铁有所劫束曰钳，书史多通用”。又徐灏笺亦云：“从手曰～，从竹曰箝，从钢铁曰钳，通用则不别也”。以上的意思是～、钳、箝三字它们的本义或引申义都有胁持的意义，在这一意义上可以通用。从三字的字形上看，箝，从竹拑声，它的产生应在～字之后。钳，从金甘声，本义是古代以铁圈束颈的刑具，胁持应是引申义。～，《说文》《玉篇》《广韵》《集韵》等都直接注为“胁持也”。从胁持这一意义来说，亦似应与手和胁有关，所以～应是表示胁持意义的本字。～的方言的意义就是从胁持引申来的。但是从后世人们使用的情况看，又似乎人们最容易联想起铁制的钳，因而钳字用得最普遍。现在～、钳、箝三字在异体字整理和汉字简化过程中，以“钳”为正体，“～”和“箝”为异体。

搒 ① $pã^{44}$ ② $pã^{44}$ ③ $pã^{53}$ ④ $pã^{55}$

橹～绳:船上用的上连橹把,下连船帮的绳子。有了这绳子,使橹有所牵连,并保持一定的角度,便于摇动橹,使船前进。又扭～:握住橹～绳扭动推拉,协助摇橹人摇船。《集韵》平声庚韵脯横切:"～,相牵也。"又《集韵》去声映韵北孟切:"榜,进舟也,或从手。"榜在这一意上与～是相同的。意思可以理解为划动撸或桨使船前进。《宋书·朱百年传》:"或遇寒雪,樵箬不售,无以自资,辄自～船送妻还孔氏,天晴复迎之。"有的写作"绷"。王翼之《吴歌乙集》:"阴山头上一根藤,拉来就做橹绷绳,媳妇摇船公出跳,咿唎啊啦出阊门。"顾颉刚《吴歌甲集》:"摇船扎绷,断子橹绷,跌杀一个小聋聱。""绷"与"～"方言同音,今多写作"绷"。

繃 ① $pã^{44}$ ② $pã^{44}$ ③ $pã^{53}$ ④ $pã^{55}$

张紧,拉紧。～架:绣花时用来～紧绸、布的长方形木框子,又叫"～子";～圈:绣花时用来～紧绸、布的竹圈,一般绣小朵的花用;～凳:搁～架的凳子,一般为三足叉开,凳面很窄,比一般凳子略高;～筵:用绢～紧在竹圈上,作筛米粉一类的用具。《广韵》平声耕韵北萌切:"～,束儿衣。"《集韵》平声耕韵悲萌切:"～,《说文》束也。或作绷。"一般都写作"绷"。《说文·系部:"～,束也。"按:"束",《说文·束部》:"束,缚也。"旧时把绸、布～紧在木框上,是在其四周用带子缚在～架上的,所以～作为～紧义是束的引申义。《秦并六国评话》卷上:"有那陷马坑,使麻布～了,将土撒在上。"宋张孝祥《读中兴碑》:"绣绷儿啼思塞酥,重床燎香驱群胡。"按:"绷儿",即方言所说绷子。明凌濛初《拍案惊奇》卷三十七:"假如取得生鳖,便净绳缚其四足,绷住,在烈日中晒着。"《山水情》第二十一回:"春桃听了吩咐,去取出绸来,上了绷子,复将绒线配匀了颜色,与素琴对坐窗前,双双刺绣。"今通作"绷","～"为"绷"的异体字。

烹 ① $p'ã^{44}$ ② $p'ã^{44}$ ④ $p'ã^{55}$

菜在用油略炒后加酒、酱油或水煮,如"～点水/～点酒"。这可能是方言特有的意义。《集韵》平声庚韵披庚切:"～,煮也或作亨。"《广韵》作"亨,煮也,俗作烹。"今按《集韵》作"～"。"～"古作"亯、享"等不取。清朱彝尊《食宪鸿秘》卷下:"肥鸡去骨,剁碎,入锅油炒,～酒、撒盐、加水。”《光绪宝山县志·方音》:“～,俗呼如普羊反,如煮物～酒、～醋之类。”～,方言有文白两读,如“～饪”,“～”就读文读音,方言韵母为[ən]或[əŋ]。

惪 ① mã⁴⁴

④ mã⁵⁵

方言不单用。～当中:正中央,如“你勿要立勒～当中,别人勿好走哉”。《集韵》平声耕韵谟耕切:“～,心所在也通作萌。”按:“心”,《说文·心部》:“人心,土藏,在身之中。”引申为物体之中央,如“中心、圆心”等。～,作为“心所在也”这一意义,一般字书都未列。《集韵》云:“通作萌。”《字汇补·心部》:“～与萌同。”但“萌”,一般字书未见“心所在也”这一意义。这里只是姑且做上述解释。又按《集韵》反切,方言当读阳平,但实际读阴平。次浊鼻边音声母方言常有读为阴调类的。

㹌 ① tsã⁴²⁴ ② tsã⁴¹²

④ sã³⁵

刺,如“手浪触着一个～”。《集韵》去声映韵所庆切:“～,刺也。”按反切,薛典、苏州方言声母是[s],但实际读[ts]。～,无锡市读[sã³⁵],常州市读[saŋ⁵²³],与《集韵》所标的反切音完全吻合。

殅 ① sã⁴²⁴ ② sã⁴⁴

③ sã³⁵

复活,方言实际上是指灵魂的复生。接～:旧时迷信说人死以后到五七那一天要回家来,家人在死者的床上铺上原先穿的衣服等,并准备礼仪接～回来。《集韵》平声庚韵师庚切:“～,死而更生。”按反切方言应读阴平,苏州读阴平,其余两处方言实际读阴去。这可能是为了与“接生”有所区别的变音。《玉篇·歹部》:“～,死而更生。”有的写作“眚”。清沈复《浮生六记》卷三:“回煞之期,俗传是日魂必随煞而归。故房中铺设一如生前,且须铺生前旧衣于床上,置旧鞋于床下,以待魂归瞻顾,吴下相传谓之‘收眼光’。延羽士作法,先召于床而后遣之,谓之接眚。”清沈起凤《沈氏四种·才人福》八出:“夜头出去接接眚,乓番子三牲,谢土呢促搭子点皮肉鸭蛋,跳神介开消些纸马千张。”按:“眚”,《广韵》上声梗韵所景切:“过也,灾也。”《集韵》上声梗韵所景切:“《说文》目病生翳也,一曰过也。”又《集韵》上声静韵息井切:“过也。”此外“眚”的其他意义也均无复活或灵魂复生而为之义。眚字当作～。又“接～”方言还引申为死人、死鬼之义,因而又成为骂人的话。作为骂人用语时,后面要带上别的成分,如“接~人/接~事体”。这种用法的“接~”,薛典、无锡市区~也读如阴平。清梦花馆主江阴香《九尾狐》第四十五回:“宝玉口中喔唷连声,吁吁娇喘道:‘格部接眚火车,停格辰光,勿壳张俚实梗一来格,害奴心里跳得勒。’”

行 ① ɦã^24 ② ɦã^13
③ ɦã^24 ④ ɦã^13

(1) 送,搬送,如“嫁妆阿曾~过去哉”。~嫁:指女方送往男方的嫁妆,如“伊葛~嫁蛮好看葛,蛮有面子哉”。~嫁脚力:指送嫁妆的劳力费。《广韵》平声庚韵户庚切:“~,适也。”清杜纲《娱目醒心编》卷二第一回:“允亲之后,马家即择日送礼下定,越岁遂~大盘。”明天然痴叟《石点头》卷十一:“开了大门七件事,柴米油盐酱醋茶,那一件少得?却又要~人情礼数,又要当官私门户。”清沈起凤《沈氏四种·伏虎韬》九出:“~嫁搭新娘娘明朝一牵来耶,请子庚贴去,我俚去哉。”《民国嘉定县续志·方言》作“行傢”:“俗谓妆匳也,傢,傢伙也,谓行傢伙于婿家也。”笔者认为用“傢”不合适。从意义说,嫁妆包含的内容比较丰富,傢伙只代表家具、工具,不能包括嫁妆的全部内容;说“行嫁”比较典雅庄重,说“行傢”比较俗,也不适合婚嫁礼俗用语。从方言语音说,“嫁”为阴去,“傢”为阴平,“嫁”符合方言读音,至少符合薛典、苏州、常熟和无锡市区四地方言的读音。

(2) 流~,时~,如“难该现在年轻人~着牛仔裤/难该小青年也~做生日”。方言这一意义可能是从古代表示“流通”这一意义上引申出来的。《左传·襄公二十五年》:“言之无文,~而不远。”清韩邦庆《海上花列传》第三十一回:“耐实概大讲究,上海勿~个,我先勿懂耐闲话。”张春帆《九尾龟》:“方才也学着上海堂子一般,~出碰和的名目,却每场和只要八块洋钱。”~,四地方言读作[ɦã],为口语音。

詳 ① ziã^24 ② ziã^13
③ dziã^24 ④ ziã^13

根据一点线索、迹象,揣摩推想,如“该个字看勿清,你~~看是啥个字”。《广韵》平声阳韵似羊切:“~,审也。”《说文·言部》:“~,审议也。”《玉篇·言部》:“~,审也。”《资治通鉴·魏元帝景元年》:“祸殆不测,宜见重~”胡三省注:“~,审也。”明凌濛初《拍案惊奇》卷三:“后来风人说起此事,有识得的道:

'～他两句语意,是个李字;况且又称十八兄,想必未冠的那人姓李,是个为头的。'"孙家振《续海上繁梦》三集第十回:"只说几句活络话,叫少太太自己去～。"

釀 ① ȵiã^{213} ② ȵiã^{31} ③ ȵiã^{213}

馅,名词,如"菜肉～/豆沙～"。又动词,指把馅包在所制的食品中,如"～面筋"。《集韵》去声漾韵女亮切:"～,《说文》:菜也,一曰藏葅。"《玉篇·艸部》:"葅,同菹。"《说文·艸部》:"菹,酢菜也。"王筠句读:"酢,今作醋,古呼酸为醋,酢菜犹今之酸菜,非以醋和之。"又《说文·艸部》"菹",段玉裁注:"齑菹皆本菜称,用为肉称也。"《礼记·少仪》:"麋鹿为菹。"意思当是剁碎的麋鹿肉。《汉书·刑法志》:"枭其首,菹其骨肉于市。"上述的酸菜和剁碎的肉都是后世作馅的原料。藏菹应该理解为把馅包在食品中,是一种引申义。

宲 ① mɑ̃^{24} ④ mɑ̃^{13}

屋梁,方言不单用。～梁:屋子中间最高处的梁木,如"新造房子,～梁浪挂仔发禄袋(一种讨吉利用的袋状刺绣品),还贴仔吉祥如意葛红纸头"。《广韵》平声唐韵莫郎切:"～,大梁。"《说文·木部》:"～,栋也。"王筠句读:"栋为正中一木之名,今谓之脊檩者是。"朱骏声《说文通训定声》:"栋,极也……屋内至中至高之处,亦曰阿,俗谓之正梁。"这样梁或～梁与栋在这里实为同义词。《尔雅·释宫》:"～廇谓之梁。"郭璞注:"屋大梁也。"唐韩愈《进学解》:"夫大木为～,细木为桷。"按:"桷",椽之方者。

管 ① mɑ̃^{213} ② mɑ̃^{31} ③ mɑ̃^{213} ④ mɑ̃^{213}

～砖:放在椽子上面瓦下面的薄砖,如"～砖排排紧,勿然要漏灰尘下来葛"。《集韵》去声宕韵莫浪切:"～,屋篑"。按:"篑",粗糙的竹编席或芦席。屋篑,指盖在屋上粗席一类东西。旧时苏南一带盖房,在椽子上直接铺瓦叫"冷榻音瓦",是最简陋的一种;有的在椽子上铺一层竹帘或芦帘(用整根芦苇编成),这就是所谓的屋篑,上面再铺瓦,有的再在帘子上糊上灰泥铺瓦。最好的是在椽子上铺一层薄砖,叫～砖,然后再铺瓦,这在旧时要较富裕人家才用。～砖实际上起到屋篑的作用,不过是用砖替代,所以这种薄砖称为～砖。这也是建筑材料上的进步,名称则仍沿用旧称。

有的写作“望”。明长安道人国清《警世阴阳梦》卷十第十回:“被那屋上望砖打下来,吃一惊,便跌倒了。”“望”与“～”,方言同音。

湯

① t‘ã^{44}　② t‘ã^{44}

③ t‘ã^{53}　④ t‘ã^{55}

热水。～婆子:汤壶。～罐:旧式烧柴火的灶头,安在锅膛边上,利用余热加温水的铁罐。《广韵》平声唐韵吐郎切:“～,热水。”《说文·水部》:“～,热水。”《论语·季氏》:“见善如不及,见不善如探～。”《汉书·晁错传》:“故能使其众蒙矢石,赴～火,视死如生。”方言有“放～浴”的说法,指旧时混堂浴室在晚上营业结束,把浴池内热水放掉前,放人入内洗免费浴,有人说是为了招徕生意,笔者认为浴室主人主要是做一个现成的人情,照顾一些穷困洗不起澡的人。因为稍有钱的人是决不愿洗这种水很混浊的澡的。后来仿此有“放～戏”“放～书”的说法。放～戏是指旧时剧场,主要是苏南乡镇剧场,在演出演了大半时,开门放场外人入场看戏。放～书是指旧时苏州一带书场,在说书说了大半将结束前,放场外人入场听书。《缀白裘》第十二集卷二:“我说混堂里去涉一个放～浴勒介,啰里晓得时运来推勿开,煠熟蟹爿(爬)子屋里来。”清曹春江《合欢图》第七十二回:“我俚再到舍场化去别相相(玩玩)了,居来吃夜饭,玄妙观听两句放～书罢。”

踼

① t‘ã^{52}　② t‘ã^{52}

③ t‘ã^{44}　④ t‘ã^{324}

脚未站住往前滑,如“脚一～末跌仔下去”。《集韵》上声荡韵坦朗切:“～,申足伏卧。”《说文·足部》:“～,跌～也。”段玉裁注:“～,跌也。今本作‘跌～’,恐是误倒。”《玉篇·足部》:“～,跌～也。”《文选·左思〈吴都赋〉》:“魂褫气慑而自～踿者,应弦饮羽。”李善注引刘逵曰:“‘～,踿,皆顿伏也。’《声类》曰:‘～,跌也。’”清胡文英《吴下方言考》卷八:“～,滑跌也。吴谚谓滑跌为～(音汤去声)。”四地方言不读去声,读为阴上,与《集韵》音相符。

溏

① dɑ^{24}　② dã^{13}

③ dã^{24}　④ dã^{13}

像糊状,没有完全凝结。～黄:指没有完全凝固的蛋黄。《集韵》平声唐韵徒郎切:“～,淖也。”《广雅·释言五》:“～,淖也。”按:“淖”,《说文·水部》:“泥也。”“泥”,《广韵平声齐韵:“泥,水和土也。”意思是不黏结的成糊状的泥。中医称大便成糊状为～或～薄亦此义。明方以智

《物理小识·医要类》："小便赤大便结者实，小便清大便～者虚。"有的写作"糖"。清吴趼人《二十年目睹之怪现状》第三十八回："大家都往盘子抓瓜子磕，他也往盘子里抓，可抓的不是瓜子，抓了一手糖黄皮蛋。""糖"与"～"方言同音。方言"～黄"，"黄"读如"荒"音。有的把"黄"写作"朊"。明冯梦龙《山歌》卷一："昨夜同郎说话长，失寣直睏到大天光，金瓶儿养鱼无出路，鸳鸯鸭蛋两边朊。"朊，音荒，可能是一个方言字。

蓈 ① lã[24] ② lã[13] ③ lã[24]

～花：稻穗秀出开花，如"该两日稻才都～花哉，勿要落大雨啊"。《广韵》平声唐韵鲁当切："～，《说文》曰：禾粟之穗。生而不成者谓之董～。"按：《说文》原文"穗"作"采"。采，《说文·禾部》："禾成秀也，人所以收，从爪禾。穗或从禾惠声。"段玉裁注："采与秀古互训，如《月令》注：'黍秀舒散。'即谓黍采也。"《广雅·释草》："粢、黍、稻，其采为之禾。"王念孙疏证："遍考经传，言禾者皆穀名，无以禾为穗者。此禾字疑当作秀，脱去乃字而为禾耳。"据此，笔者认为《说文》～的释义可以这样理解：～，禾粟之采（穗）；（采）生而不成者才谓之"董～"，而不是～就是生而不成者。因此"～花"即稻穗秀出时开的花。

鋼 ① kã[44] ② kã[44]

在刀口上加一点～，重新打造，或焠火削磨使利，动词，如"该把刀钝勿过哉，要到铁匠店里去～一～，还好用来"。《集韵》去声宕韵居浪切："～，坚也。"但两处方言都不读去声，而读阴平，即～作为名词和动词读音并无区别。普通话～作为动词读去声，与《集韵》音相符。

哐 ① hã[44] ③ hã[53]

用不怀善意的语言为难人或看人笑话，含呵叱义，如"你明晓得我勿会做葛，还要说我会做葛，你勿是有意来～～我夹语气词"。《集韵》平声江韵虚江切："～，咄也，一曰嗔语。"《广韵》平声江韵许江切："～，瞋语，出《声类》。"按："嗔"与"瞋"都有生气的意义。《玉篇·口部》："～，咄也。"按："咄"，《集韵》入声没韵当没切："呵也。"

佒 ① ã[44] ② ã[53] ③ ã[55]

体曲背弯，如"身体勿要～勒浪仔，挺直点"。《广韵》平声唐韵乌郎切："体不申也。"《玉篇·人部》："～，体不伸也。"《集韵》平声唐韵："～，伛～，体不申貌。"《玉篇·人部》"～，体不伸也。"方言有"～屁股"的说法，如"你～起子屁股作啥？"这是指身体弯曲后臀部抬高的意思。

鱴

① ɑ̃⁴⁴　② ɑ̃⁴⁴
③ ɑ̃⁵³　④ ɑ̃⁵⁵

～公音鱼：一种头扁口阔，口边有须，形状像鲇鱼，身上无鳞，但有黄黑花纹，腮边腹鳍处长有尖刺，会发声的鱼。苏州叫～鰤鱼。苏锡常一带小儿种牛痘以后要吃这种鱼，可促牛痘发好。《集韵》平声唐韵於郎切："～，鱼名，善醒酒。"《广雅·释鱼》："～，鮀也。"鮀，泛指大口的鱼。方言"～公鱼"，"公"字可能是"魟"字的音转。魟，《广韵》入声黠韵乌黠切："～魟，鱼名。"魟与轧《广韵》在同一小韵，均为乌黠切。"轧"方言音[gaʔ]，"魟"可能与"轧"同音，方言又音转为"公"音。明李时珍《本草纲目·鳞部·黄颡魚》："黄鲿鱼、～魟、黄颡，无鳞鱼也。身尾俱似小鲇，鳃下有二横骨，两须有胃，群游作声如轧轧。"明屠本畯《闽中海错疏》卷上："～魟，似鲇而小，边有刺，能螫人，其声轧轧。"《民国续修盐城县志》："～斯魚，～魟也。"按："斯"当作"鰤"，鰤，《集韵》平声支韵相支切："鱼名。"

桄

① guɑ̃²¹³
③ guɑ̃²¹³　④ guɑ̃²¹³

某些器物上的横木。凳～：凳子凳面下撑住凳脚的横木。台～：桌面下撑住台脚的横木。薛典台～也说台充。《说文·木部》："～，充也。"段玉裁注："取木充满之义，今言床～是也。"床～，方言也说，指床下横木，现在有的甚至把床架两头的横木也叫床～。《集韵》去声宕韵古旷切："～，《说文》充也。"《广韵》去声宕韵古旷切："～，织机～。又古黄切。"按：反切三地方言声母应是[k]，但实际都读[g]，这是因为～是合口一等字，《广韵》只有三等才有群母字。作器物上横木讲的还有辚、輄、膡等字。辚，《广韵》平声唐韵古黄切："车下横木。輄，上同。"膡，《集韵》平声唐韵古黄切："床下横木。"这些字无论是平声或去声指的都是器物上的横木，不过因器物不同而用了不同形旁或声旁造的字。薛典、常熟和无锡市区都读去声。～在《说文》上已有，本字当为～。《广雅·释地》："舩谓之～。"王念孙疏证："此谓船前横木也。～之言横也……凡舟车前之横木皆曰～。《众经音义》卷十四云：

'～,《声类》作轨,车下横木也。'今车、床及梯橥下横木皆曰～。"明徐光启《农政全书·蚕桑·桑几》:"桑几,状如高凳,平穿二～,就作登级。"清顾张思《土风录》卷三:"梯上横木曰梯～。"

衁 ① ɦuã²⁴

血。血～方言一般指杀猪时不加水凝结成块的猪血。旧时用来染鱼网。《广韵》平声唐韵呼光切:"～,血也。"按反切方言声母为[h],但方言实际读[ɦ]。《说文·血部:"～,血也。"《玉篇·血部:"～,血也。"《左传·僖公十五年》:"士刲羊,亦无～也。"杜预注:"～,血也。"

今四川餐馆中的菜名"毛血旺",笔者疑"旺"是否为～字。"旺",《广韵》去声漾韵于放切。"旺"与"～"薛典方言在血～连续时声调变近似。笔者推测四川方言是否也是声调不同的音近字,由于～字少见而写作"旺"。旺,成都音[uãŋ]。

扽 ① təŋ⁴²⁴

突然用力拉或提,如"叫你轻点慢点拉葛,难该现在拨你用力一～,绳拨你～断脱哉"。《广韵》去声慁韵都困切:"～,撼～。"《集韵》去声恨韵都困切:"～,《博雅》引也。"《广雅·释诂一》:"～,引也。"王念孙疏证:"《玉篇》:'～,引也,撼也。'《荀子·劝学篇》:'若挈裘领,诎五指而顿之,顺者不可胜数也。'杨倞注云:'顿,挈也。'按:顿者振引也,言挈裘领者,诎五指而振引之,则全裘之毛皆顺也。……今江淮间犹谓引绳曰顿矣。"按:上文所说谓手提裘领猛一抖动再一提,意思与现在～的意义基本一致。至于用字,"顿",《说文·页部》:"顿,下首也。"意思是顿首拜,头叩及地的意思。作为突然用力拉或提是一种假借的用法。由于～的动作都与手有关,也就有了～字。从方言来说"顿"与"～"同音,但普通话不同音。今以"～"为本字。

腯 ① t'əŋ⁵²　② t'ən⁵²
③ t'əŋ⁴⁴　④ t'ən³²⁴

放在油锅中煮,如"油～果肉花生/～肉皮/～臭豆腐干"。《广韵》上声混韵他衮切:"～,～肉。"《集韵》上声混韵吐衮切:"～,烹肉。"《篇海类篇·肉部》:"～,烹肉也。"按"烹",《集韵》平声庚韵披庚切:"煮也。"煮,一般指把食物或其他东西放在水里烧。水是液体,油也是液体。笔者认为放在油里煮食物方言就称～,区别于放在水里煮。现在通常写作"氽"。清顾禄《清嘉录·七月》:“七夕前,市上已卖巧果,有以白面和糖,绾作苎结之形,油氽令脆者,俗呼苎结。”清徐珂《清稗类钞·饮食类》:“猪肉皮略泡,入沸油氽之。”“氽”,看来是个后起字,《广韵》《集韵》均无“氽”字。《字汇·水部》:“氽,水推物也。”又清陶方琦《〈字林考逸〉补本·水部》引《字林撮要》:“氽,人浮水上为氽。”“氽”本来没有油炸之义,可能因为用油炸过的东西大多飘浮在油面上,由此联想就用“氽”来表示油炸的意义。“氽”与“～”方言同音。

蹬 ① dəŋ³¹ ② dən³¹ ④ dən²³²

不单用。～～:急匆匆赶路的样子,如“伊～～响追上去/我～～～～赶得去,还是勿曾碰着伊”。《集韵》上声等韵徒等切:“～,～～,行貌。”

捘 ① tsəŋ⁵² ② tsən⁵² ③ tsəŋ⁴⁴ ④ tsən³²⁴

用手挤压,如“伊生仔个疖,已经有脓哉,叫我搭伊～脱点/～牙膏”。《集韵》去声恨韵祖寸切:“～,《说文》:推也,引《春秋传》:～卫侯之手。”按:《集韵》反切,～为去声,但四地方言均读阴上。《玉篇·手部》:“～,挤也。”《广雅·释诂三》:“～,按也。”《文选·马融〈长笛赋〉》:“按挐～臧,递相乘遭。”李善注引《广雅》曰:“～,按之也。”《古文苑·王延寿〈梦赋〉》:“捶驳刿,～獠予。”章樵注:“～,犹挤也。”清胡文英《吴下方言考》卷七:“～,手批也,今谚谓批紧为～(音尊上声)。”声调与四地方言一致。《民国太仓州志·风土》:“以手挤人曰～。”

䞋 ① tsʻəŋ⁴²⁴ ② tsʻən⁴¹² ④ tsʻən³⁵

～钿:和尚、道士做斋事后给的酬金。《广韵》去声震韵初觐切:“～,施。”《玉篇·贝部》:“～,～钱。”《字汇·贝部》:“～,供斋下～礼。”南朝梁慧皎《高僧传·宋京师杯度》:“所得～施,迴以施欣。”清顾张思《土风录》卷二:“僧、道法事毕,与之钱,曰～钱。”～,今简化作“𧹞”。有的写作“衬”,明陆云龙《型世言》第二九回:“姓贾的寡妇,原住寺中房子,法明……替他看经,衬钱都肯赊,得空便做一手儿。”“衬”与“～”方言同音。

沴 ① tʂəŋ⁵²

带湿的东西堆放在一起,如“青菜潮葛,勿要～勒一淘,要烂葛”。《集韵》上声轸韵止忍切:

"～，～沕，湿相著。"按："沕"，《说文·水部》："沕，水也。"段玉裁注："沕，～沕，湿相著也。"《说文·水部》："～，水不利也。"意思也是水流不畅或水气不易蒸发。

証 ① tʂəŋ^{424} ② tsən^{35} ④ tʂən^{35}

争辩，对质，如"你根本不懂，搭你是～勿明白葛"。《广韵》去声劲韵之盛切："～，谏～。"《生绡剪》第十回："老兄既为我，不可造次。待我明日去～他，看他有甚言语回答。"有的说"～辩"。清梦花馆主江阴香《九尾狐》第二十四回："这个会无须看什么历本，拣什么好日，月舫休要上他的当，与他～辩，我们准定元宵佳节在这里吃酒聚会便了。"

脪 ① həŋ^{52} ② hən^{52} ③ həŋ^{44} ④ hən^{324}

皮肤因疹子或受热烫伤后肿起，如"天闷热，痱子也才$_{\text{都}}$～起来哉/开镬甑勿当心，拨热气哈着一哈，难该$_{\text{现在}}$皮肤又红又～起来哉"。《广韵》上声准韵兴肾切："～，肿起。"《集韵》上声准韵兴肾切："～，热气着肤也。"《说文·肉部》："～，创肉反出也。"段玉裁注："今《洗冤录》所谓皮肉捲凸也。"意思是创口愈合时，肉芽组织过剩再生，新肉略凸起。《玉篇·肉部》："～，肿起也。"《民国盐城县志·民俗》："～，疮痛也。"

黅 ① tɕiŋ^{44} ③ tɕiŋ^{53} ④ tɕin^{55}

～㲪：指米麦粉等调水后黏度高柔韧性好，如"新糯米粉加水一搦就～㲪勿过"。～，方言不单用。《集韵》平声欣韵举欣切："～，黏也。"《玉篇·黍部》："～，黏也。"《广雅·释诂四》："～，黏也。"有的写作"紧绍"。清胡文英《吴下方言考》卷十："紧绍，柔而不断也。吴中谓物之柔而久者曰紧绍（音经佞）。"其作者注音"经佞"，应该说符合作者方言的，也符合薛典等地方言。但写作"紧绍"，似不妥。虽然作者引用了唐元微之《野节鞭》诗"紧绍野节鞭"。"紧绍"是否表示"物之柔而久者"很难说。又"紧"，上声不同音，"绍"，一般字书均无此字，音义均无从了解。

頸$_{(1)}$頸$_{(2)}$ ① tɕiŋ^{52} kəŋ^{44} ④ tɕin^{324} kən^{55}

～$_{(1)}$～$_{(2)}$：脖子。颈，方言有两读：第一，～$_{(1)}$，《广韵》上声静韵居郢切："项也。"《集韵》上声静韵经郢切："《说文》：头茎也。"这两个反切折合成方言，读音相符，且与普通话及其他方言通常的读音也是相符的。第二，～$_{(2)}$，《广韵》平声清韵巨成切："项也。颈在前，项在后。"《集韵》平声清韵渠成切："项也。"又平声清韵吉成切："项也。"《广韵》巨成切，《集韵》渠成切，折合成方言声母为[g]，与薛典、无锡市区声母为[k]不符。但《集韵》的吉成切与两地的声韵调完全相符。至于《广韵》云："颈在前，项在后。"说明颈与项在意义上有差别。《说文·页部》："～$_{(1)}$，头茎也。""项，头后也。"唐慧琳《一切经音义》卷四引《仓颉篇》："前曰～$_{(1)}$，后曰项。"所以至今还用"～$_{(1)}$项"来指称整个脖子。薛典、无锡市区就用～$_{(1)}$～$_{(2)}$来指称整个脖子。

两地方言～$_{(2)}$的读音，普通话"脖颈儿"的"颈"读作(gěng)，看来与方言～$_{(2)}$是同样的原因，来源于《广韵》的巨成切，《集韵》的渠成切、吉成切，只是声调上不完全相应。两地方言～$_{(1)}$～$_{(2)}$，～$_{(2)}$，有的写作"根"。清弹词《珍珠塔》第二十一回："勿要胡言并乱道，听见仔要铁条儿锁～$_{(1)}$根。""根"与"～$_{(2)}$"方言同音。～$_{(1)}$～$_{(2)}$，两地方言还可说～$_{(1)}$～$_{(1)}$，意义相同。

凚

① dʑiŋ^{31}　② dʑin^{31}
④ dʑin^{232}

因受冷而感到心脏发颤，如"冷得来心也有点～哉"。薛典常说"冷心～"，苏州常说"寒心～"。《集韵》上声寝韵渠饮切："～，寒貌。"《广韵》上声寝韵渠饮切："～，《玉篇》云：寒极也。"《正字通·冫部》："～，寒战貌。"～，方言也引申为一般的颤动、震动，如"火车开过地皮也有点～葛"。有的写作"噤"。明凌濛初《二刻拍案惊奇》卷九："做了夫妻之后，时常与素梅说着那事儿，两个还是打噤的。"按："噤"，《广韵》上声寝韵渠饮切："～，寒而口闭。"《说文·口部》："噤，口闭也。"唐玄应《一切经意义》十二引《通俗文》："口不开曰噤。""噤"都与口闭相关。上面引的"打噤"，应是心跳激动的意思，把"噤"作为"～"用。这样的用法在《正字通》中也有说明。韩愈在《斗鸡联句》"磔毛各～淬"中，～也写作"噤"。茅盾《虹》七"一阵风来吹得他打冷噤"。现代汉语词"寒噤"等都说明"～"已通作"噤"。但本字当为"～"

墐

① dʑiŋ^{213}　② dʑiŋ^{31}
③ dʑiŋ^{213}　④ dʑin^{213}

用泥涂塞。方言引申为房间等用墙壁或板隔开，堵断，如"该只房间蛮大葛，可以一～两/该条弄～断脱仔末，只好兜远路哉"。《广韵》去声震韵渠遴切:“～,涂也。《诗》曰:塞向～户。”唐刘禹锡《武陵观火》:“山木行翦伐,江泥宜～涂。”清胡文英《吴下方言考》卷十作“埅”:“‘埅’,音‘近’。《玉篇》:埅,土壁。吴中以土墼隔房曰埅。”按:“埅”,《集韵》平声谆韵渠巾切:“土壁也。”《吴下方言考》云“音近”,“近”为上声字,与《集韵》反切不合。又“土壁”为名词,意义也不合。

䐕 ① ɦuəŋ[31] ② ɦuən[31]

～圆:带点儿遍的圆。方言～圆;与普通话的“浑圆”意义不完全一样,虽然“浑”与～方言同音。《集韵》上声混韵户衮切:“～,圆长貌。”《齐民要术·养牛马驴骡》:“颈欲得～而长,颈欲得重。”

熢 ① boŋ[31] ② boŋ[31] ③ boŋ[232]

团,量词,如“一～火/一～烟”。《集韵》上声董韵蒲蠓切:“～,～焞,火气。”按:“焞”,《集韵》入声没韵薄没切:“烟起貌。”胡祖德《沪谚》:“衙门钱,一～烟;生意钱,三十年;种田钱,万万年(原注:～,音“蓬”上声)。”有的写作“蓬”。明罗懋登《三宝太监西洋记通俗演义》第七十一回:“烧了一道飞符,一蓬火,把个银角大仙一时火葬已毕。”“蓬”为阳平字,与～方言音近。有的写作“篷”。弹词《玉夔龙》第五回:“等到夜深人静后,放个狗养火一篷。”“篷”与“～”方言音近。

同 ① doŋ[24] ② doŋ[13] ④ doŋ[13]

(1)合或聚在一起,如“冷粥～下去一淘$_{一起}$烧/棉袄～勒罩衫郎”。《广韵》平声东韵徒红切:“～,共也,合也。”《说文·冂部》:“～,合会也。”北周庾信《燕射歌辞·角调曲》:“泾渭～流,清浊异能。”张春帆《九尾龟》第十三回:“～的一班朋友,都是不三不四的人,帮闲篾片都跟着他吃喝。”

(2)带领,如“你不认得末我～你去/伊～仔一个陌生人来看我”。《诗·豳风·七月》:“～我父子,馌彼南亩,田畯至喜。”郑玄笺:“～,犹俱也。”明冯梦龙《警世通言》:“一日徐信～妻城外访亲,回来天色已晚。”清韩邦庆《海上花列传》第二十九回:“上海拐子倒无拨个,不过要认得人～得去末好。”

胴 ① doŋ[213] ② doŋ[31] ③ doŋ[213] ④ doŋ[213]

～肛[koŋ]:肛门。～,方言不单用。《集韵》去声送韵徒弄切:“～,大肠”。又“肛”①[koŋ[44]]、

②[koŋ⁴⁴]、③[koŋ⁵³]、④[koŋ⁵⁵]，《集韵》平声东韵胡公切："肛，肛门，肠耑。"按："肛"，《集韵》反切四地方言声母应为[ɦ]，但实际读[k]。除"～肛"的"肛"读作以上音以外，肛，《广韵》平声江韵古双切，四地方言分别读作[kã⁴⁴]、[kã⁴⁴]、[kã⁵³]和[kã⁵⁵]。《玉篇·肉部》："～，大肠也。""～肛"有的写作"洞肛"。清张南庄《何典》第九回："战不多几个会合，早被黑漆火头鬼一记杀车榔槌，打得头向洞肛里撒出来，死在马上。""洞"与"～"方言同音。

踵 ① tsʻoŋ⁴²⁴ ② tsʻoŋ⁴¹² ③ tʂʻoŋ⁴²⁴ ④ tsʻoŋ³⁵

走路不稳，身体往前倾如"伊走路一～一～，像吃醉葛酒一样"。也指(走路时)向前～跌，如"拨树桩一搣绊，望前头一～，险险叫跌子下去"。方言也说"跌跌～～"，如"伊跌跌～～走到我屋里"。意思跟普通话跌跌撞撞同。《广韵》去声用韵丑用切："～，踜～，行不正也。"《玉篇·足部》："踜，踜～，小儿行貌。"宋赵叔向《肯綮录》卷二十四："行不正曰踜～。"方言一般单说～。明凌濛初《初刻拍案惊奇》卷十四："杨化骑一步，～一～，几番要攧下来。"清俞万春《荡寇志》第一百二十八回："李成顺势将抢杆夺住，只一拖，李忠向前一～……李忠翻身落马。"有的写作踵，明陆云龙《型世言》第二十九回："田有获道：'我就拜，一定要相公宽处。'一踵跌了一交。""踵"与"～"方言音近。

揰 ① soŋ⁴⁴ ② soŋ⁴⁴ ③ ʂoŋ⁵³ ④ soŋ⁵⁵

用拳击打，如"伊～我一拳头"《广韵》平声钟韵书容切："～，撞也。"按："撞"，《玉篇·手部》："撞，击也。"又《礼记·学记》："善待问者如撞钟，叩之以小者则小鸣，叩之以大者则大鸣。"郑玄注："撞，击也。"由此可见～有碰撞击打义。《左传·文公十一年》："富父终甥～其喉以戈，杀之。"不过方言一般只用在以拳击人方面。清胡文英《吴下方言考》卷一作"搑"："搑音春。……搑，直拳而捧也。吴谚谓直击为搑。"按："搑"，《广韵》平声钟韵而容切："捣也。"又《广韵》上声肿韵而陇切："推捣貌。""搑""春""～"不同音。搑，《集韵》有四个音，分别为如容切、乳浓切、乳勇切、匿讲切，均不可能音"春"。胡文一卷有"～"字："～，撞也。吴中谓撞物曰～。"不可把～仅仅理解为撞，其实"撞，击也"。《沪谚》："借你拳头～你嘴(原注～音松)。"

⿰身重

① zoŋ²¹³　② zoŋ³¹
③ dʐoŋ²¹³　④ zoŋ²¹³

～身：妇女怀孕，这是比较文雅的说法，目前也有说“有喜”，通俗的说法有“拖身体”、“大肚皮”等。《广韵》去声用韵柱用切：“～，妇女娠也。”明焦竑《俗书刊误·俗用杂字》：“妇女怀孕曰有⿰亻身，又曰⿰亻身～。”《玉篇·人部》：“⿰亻身，妊身也。”清顾张思《土风录》卷七：“《广韵》～字注：‘妇人妊也。’音重，则当为～身。”

釭

① koŋ⁴⁴

方～：锡制的大型烛台，中部有一方斗，底部有方形座子，上端有钎子，插蜡烛用。方～旧时常放在厅堂正中，结婚时新房点花烛也用。《广韵》平声江韵古双切：“～，灯，又音工。”《集韵》平声冬韵沽宗切：“～，一曰灯也。”按“～”本为一种点油的油灯。清徐灏《说文解字注笺·金部》：“～中空，贯轴涂膏以利转，因之膏灯谓之～。”元王实甫《西厢记》第三本二折：“绛台高，金荷小，银～犹灿。”后方言转指点蜡烛的烛台。有的写作“方供”。民国王翼之《吴歌乙集》：“姐妮生来白爱爱，肚皮好像八仙台，两只白奶像付大方供，教郎轻轻插香踸下来。”“供”与“～”方言同音。

⿷匚赣

① koŋ⁴²⁴　② koŋ⁴¹²
③ koŋ⁴²⁴　④ kɑ̃³⁵

～碗：一种比一般饭碗略大的碗，口大底小，旧时～碗的外边常描青花，如“伊吃饭一顿要吃三～碗”。～，方言不单用。《广韵》去声送韵古送切：“～，小杯名。”《说文·匚部》：“小杯也。”《玉篇·匚部》：“～，小杯也。”按：“杯”，古代为盛酒或食物的器皿。《集韵》平声灰韵晡枚切：“桮，盖今饮器，或作杯。”《史记·项羽本纪》：“吾翁即若翁，必欲烹而翁，则幸分我一杯羹。”～，作为较小的碗，当是后来引申产生的意义。《民国嘉定县续志·方言》：“～碗，俗谓常碗也……（～）读如‘工’。《新方言》：‘～碗固非甚小，特较闷碗则为小耳。闷，呼雅切，今音转如海。’”关于《嘉定县续志》对“～碗”的解释，笔者想作一些补充。第一，释文云：“（～）读如工”，意思是说，“～”本不该读“工”，但在“～碗”中读如“工”。“～”，去声，“工”，平声（阴平）。嘉定～字所以读如“工”，是因为～碗连读，产生变调才变读如工的。同样，薛典、苏州等地，～碗的声调为阴去＋阴上，连读后前字变读为高平调调值，与两地方言中阴平调的调值相同相似，也可以说“～”变读如工。第二，“闷”，《广韵》上声马韵许下切:“大裂。”《说文·门部》:“閜,大杯亦为閜。”火下切。《玉篇·门部》:“閜,呼雅切,大杯亦为閜。”《方言》卷五:“閜,杯也,其大者谓之閜。”閜,作为大杯的意义是完全相符的,但根据以上所引的反切,在读音上与“海”的音差距还较大。我认为音转之说不一定可靠。“閜碗”不如直接写作海碗。“海”本来就有大的意义。《玉篇·水部》:“海,大也。”又:“海”还有大杯、大碗或较大器皿的意义。唐温庭筠《乾膗子·裴宏泰》:“有银海,受一斗以上,以手捧而饮,尽。”《红楼梦》第四十一回:“妙玉执壶,只向海内斟了约有一杯,宝玉细细吃了,果觉轻淳无比,赞赏不绝。”这样音义都相符。吴地方言的海碗、三海碗都是指较大的碗。

䞑 ① ɦoŋ^{213}

伤口红肿发炎化脓,如“前日割碎葛手,今朝~哉”。《集韵》平声东韵胡公切:“~,皮肉肿赤。”薛典方言不读阳平,读阳去,可能是跟“红”有所区别,读音有变(《方言》编者注:温州也读阳去)。有的写作“虹”。清翟灏《通俗编》卷三十六:“虹,去声。《诗》‘实虹小子’。笺云:‘溃也。’按今云疮溃曰虹是也。”按:《诗》指《诗·大雅·抑》:“投我以桃,报之以李。彼童而角,实虹小子。”《光绪黄岩县志》卷三十二:“疮烂曰虹(去声)。”《光绪川沙厅志·疆域》:“疮溃曰虹(去声)。”按:“虹”也有去声的读法,《集韵》去声胡贡切:“~,虹洞,相连。”但意义不同。

搑 ① ȵioŋ^{44} ④ ȵioŋ^{55}

收拢,聚集,指本来摊开的东西团缩在一起,如“棉袄里翻葛棉花~勒一淘哉/衣裳勿挺哉,有点~哉”。《集韵》平声锺韵如容切:“~,收也。”《广韵》平声锺韵而容切:“~,捧也。”按:“捧”,《集韵》平声尤韵陈留切:“聚也。”因此,~有收拢聚集义。按反切方言当读阳平,但次浊声母字方言常有读为阴平的,声母也清化。《广雅·释诂三》:“~,收也。”

氄 ① ȵioŋ^{24} ② ȵioŋ^{13} ④ ȵioŋ^{13}

~毛:鸟兽身上的软而细的毛,如“新孵出来葛小鸡长仔一身~毛”。《集韵》平声锺韵如容切:“~,鸟兽细毛也。”《书·尧典》:“厥民隩,鸟兽~毛。”孔传:“鸟兽皆生耎毳细毛以自温。”孔颖达疏:“~毛,谓附肉细毛。”清纪昀《阅微草堂笔记·滦阳续录三》:“视犬羊软毳厚～，有如仙兽。”《广韵》作“毦”，或作“～”，上声肿韵而陇切：“鸟细毛也”。普通话音 rǒng 来源于此。今通作“毦”。

墶 ① taʔ⁵ ② taʔ⁵ ④ taʔ⁵

处所，如“该～这里/格～那里/住勒一～场化”。《集韵》入声盍韵德盍切：“～，地之区处。”有的写作“笪”。明冯梦龙《醒世恒言》卷二十一：“却说那元礼，脱身之后，黑地里走来走去，原只在一笪地方。”“笪”，《广韵》入声曷韵当割切，与～方言同音。有的写作“搭”。《缀白裘》第十二集卷二：“阿是鼻头眼睛生拉一搭个。”“搭”与“～”方言同音。一般的吴语作品大都写“搭”。清韩邦庆《海上花列传》第二十三回：“阿是奶奶做得勿耐烦仔了，也到倪该搭堂子里来寻寻开心。”

黵 ① t'aʔ⁵ ④ t'aʔ⁵

黑，方言不单说。黑～～：黑乎乎。常形容黑得有点难看，如“你件衣裳黑～～里勿好看”。《集韵》入声合韵讬合切：“～，黑也。”

䜚 ① t'aʔ⁵ ③ t'aʔ⁵ ④ t'aʔ⁵

本义为堆积，物上加物，方言引申为大量购进或囤积，如“伊开仔爿店，一径一直要到城里去～货葛/伊～仔一批货，囤积勒浪等好价钿”。《广韵》入声合韵他合切：“～，积厚。”明岳无声《方言据》卷下：“～，以物加于物而累积之曰～。”《民国嘉定县续志·方言》：“俗谓厚积货物曰～，如云～货、～米。”胡祖德《沪谚外编·陆野臣卖娘子》：“远近地方乡邻人，巧货两字～仔星。”按：“巧货”，便宜货。由此笔者认为方言“～便宜”，字也当作～。有的写作“搨”。清韩邦庆《海上花列传》第二十七回：“再想到四老爷打着这野鸡，倒搨了个便宜货，此时不知如何得趣。”清徐珂《清稗类钞·上海方言》：“搨便宜：讨便宜也，殆有获得意外利益也。”清胡文英《吴下方言考》卷十一：“今谚谓以钱畜货待价曰搨。”按：“搨”并无畜货待价义，“搨”，只是“～”的方言同音字。

闒 ① daʔ²³ ② daʔ³ ③ daʔ²³ ④ daʔ²³

～门：旧时苏南一带农家的门分上下两截，上半可往里撑起或吊起，起窗户的作用，下半为可开关的门，实际是上～下门。必要时两截均可卸下。薛典方言说“矮～门，可能是因为其门只半截不高，故前边还冠以矮字。旧时上～也有用竹篾编成的，取其轻便，字也从竹作～，后来多用木制的。～门内还常有两扇可以开关的长门。看来～门的作用，上～撑起或吊起是为取光，下面矮门起到防止外人随意出入或鸡狗随意闯入。《广韵》入声盍韵徒盍切：“～，窗扇。”《民国嘉定县续志·方言》：“～，俗称半扉也，如云门～……俗读若达。”《崇明县志·方言》：“～，音踏俗谓蔽雨半扉也。”有的写作“闼”。高晓声《泥脚》七：“无奈朱坤荣家的闼门总是关着的，好像怕元宝滚出来。”按：“闼”，《说文新附·门部》：“闼，门也。”《玉篇·门部》：“闼，门内。”《广韵》入声曷韵他达切：“门内。”《集韵》也作“他达切”。闼，音和义均不合方言。又有的写作“矮踏门”。沪剧《卖红菱》：“手拎竹篮朝外走，一手推开矮踏门。”“踏”与“～”方言同音。

⿱穴咨

① tsaʔ5

嘴里吃满，如“你～仔一嘴，吃相难看得来，快点咽仔下去再吃”。《集韵》入声黠韵张滑切：“～，《说文》：口满食。”《玉篇·口部》：“～，口满食也。”

⿴囗亘

① tsaʔ5
③ dzaʔ23　④ zaʔ23

硬，方言不单说。～硬：用于指物品，有结实牢固的意思，如“该张台子木头蛮～硬葛”；用于指货物质量品牌，有牌子老，信誉好，货物佳的意思，如“你买葛该只牌子～硬葛”；用于指背景等，有坚强有力的意思，如“伊神气得来，自认为后台～硬勒化”。～硬，也可表示态度强硬不屈，如“伊蛮～硬葛，一点也勿买账，也勿让人”。三地方言也说“硬～”，不过语意上有细微差别，适用的范围也不尽相同。硬～表示硬的程度，如“今朝葛肉烧得硬～勒化”，意思不太软烂。硬～可表示身体健康，如“前段晨光伊身体勿好，难该现在是蛮硬～哉”。《广韵》入声麦韵陟革切：“～，硬貌。”《玉篇·口部》：“～，～～，硬貌。”《道光象山县志》卷一：“强有力曰～硬。”～，有的写作“札”。清蘧园《负曝闲谈》第三回：“这护勇听柳国斌的话来得硬札，顺手把那个护勇手里的一对灯笼夺了过来，望柳国斌面上照了照。”“札”与“～”薛典方言同音，常熟和无锡市区音近。

⿺走亜

① zaʔ23　② zaʔ3
③ zaʔ23　④ zaʔ23

（1）快走，如“还有半个钟头，我到街浪～一趟就转来/我～得去，看伊勒做啥/姜姜刚才看见侬葛，一歇歇勿见哉,你～到啥场化去葛”。又～麦疄:快步横穿麦垄,走近路。《广韵》入声洽韵士洽切:“～,行疾也。”《玉篇·走部》:“～,行疾也。”《字汇·走部》:“～,行疾貌。”清范寅《越谚》卷下:“～,疾走貌。～来～去,～进～出。”有的写作“闸”。《缀白裘》第十二集卷二:“个个入娘贼吓着子个,急拿个头混一钻,对子巷外头直闸。”“闸”与“～”方言同音。

(2) 出其不意的赶去,如“我～得去,看伊瞒仔我勒做啥”。

呷 ① haʔ^{5} ② haʔ^{5} ③ haʔ^{5} ④ haʔ^{5}

喝,如“～一口茶”。《广韵》入声狎韵呼甲切:“～,《说文》云:吸～也。”《玉篇·口部》:“～,《说文》:吸～也。”《正字通·口部》:“～,《说文》长笺,吸而饮曰～。”唐白居易《马坠强出赠同座》:“坐依桃花叶,行～地黄杯。”明冯梦龙《山歌》卷一:“姐儿肚痛～姜汤,半夜里私房养子个小孩郎。”胡祖德《沪谚外编·拜年灾》:“壁山头上有把破铁锆,当个当,二百八,买点烧酒大家～(注,音瞎)。”《民国川沙县志·方俗志》:“吸水曰～。”鲁迅《而已集·答有恒先生》:“他们其实也不过吃半只虾,或～几口醉虾的醋。”

搦 ① ȵiɑʔ$^{\underline{23}}$ 又 ȵiaʔ$^{\underline{23}}$ ② ȵiɑ^{3} ③ ȵiaʔ$^{\underline{23}}$ ④ ȵiɑʔ$^{\underline{23}}$

握、捏,如“伊～牢仔管笔勒写字/伊～牢仔我葛手勿放”。《广韵》入声陌韵女白切:“～,捉～。”按:“捉”,《广雅·释诂三》:“捉,持也。”《玉篇·手部》:“～,持也。”三国魏曹植《幽思赋》:“～素笔而慷慨,扬大雅之哀鸣。”《后汉书·臧洪传》:“抚弦～矢,不觉涕流之覆面也。”郭璞《江赋》:“舟子于是～棹,涉人于是檥榜。”明冯梦龙《山歌》卷六:“日里吃郎扯来拽,夜里凭郎～来挪。”《光绪常昭合志稿·方言》:“以手握物曰～。”李宝嘉《文明小史》第四十回:“手里～一本书,也不知是小唱呢,还是曲本。”今一般写作“捏”,按:“捏”,《广韵》入声屑韵奴结切,按照反切四地方言音当为[ȵiəʔ],“捏”与“～”方言并不同音,不过现在方言已把“捏”读成与“～”同音。

摑 ① kuaʔ^{5} ② kua^{5} ③ kua^{5} ④ kuaʔ^{5}

用手掌打,如“～伊一记耳光”。有时也可泛指打,如“勿识相末～脱伊一顿”。《广韵》入声麦韵古获切:“～,打也。”《玉篇·手部》:“～,掌耳也。”唐卢仝《示添丁》:“父怜母惜～不得,却生痴笑令人嗟。”《儒林外史》第十一回:“都是一鞭一条痕,一～一掌血。”明冯梦龙《古今小说》卷二十四:“刘氏自用手～其口与脸上,哭着告诉法官以燕山消息。”清胡文英《吴下方言考》卷十:“吴谚谓掌耳曰～(读若郭)。”胡氏为武进(常州)人,注的是当时武进音。今常州市区“郭”与“～”不完全同音。

揩 ① uaʔ⁵ ② uaʔ⁵ ③ uaʔ⁵ ④ uaʔ⁵

掏取,方言多指从袋中掏,如“伊从袋袋里～出五百元”。《广韵》入声末韵乌括切:“～,～取也。”《说文·手部》:“～,搯～。”钱坫斠诠:“今谓取出物曰～。”唐玄应《一切经音义》卷七引服虔《通俗文》:“～出曰掏。”一般都写作“挖”。清《六美图》第七回:“走在江河上挖包、剪绺,并且调换客官的财香。”清李宝嘉《官场现形记》第二十九回:“当天定议,共总一千块钱,章豹臣自家挖腰包付给了他。”《清常昭合志稿·方言》:“以指勾物曰挖。”按:“挖”,不见于《广韵》《集韵》,而见于《字汇补·手部》:“挖,挑挖也。”挑挖应是挖掘之义,即使有掏取义,也是后来因“挖”与“～”同音才产生的,本字该作～。

掠 ① liaʔ²³ ② liaʔ³

用手或工具平移使东西归拢便于取或去掉,如“台浪葛末事你用手～～勒一道,收脱伊/伊用手一～,台浪葛茶杯才都拨伊～勒地浪/场浪晒葛蚕豆你用畚箕～一～”。《集韵》入声药韵力灼切:“～,《说文》夺取也。”又《广韵》去声漾韵力让切:“～,取也。”音不同,意义也略有不同。《字汇·手部》:“～,拂过也。”以上所释～的意义,与方言的词义还不尽相同,但方言常用～表示。明陆云龙《型世言》第三十四回:“先霹栗朴碌把手一～,打得这些僧帽满地滚。”《续海上繁华梦》第一集第二十六回:“妆台上两座玻璃台花,又被伯范顺手两～,一齐～在楼板之上。”又《集韵》入声药韵力灼切:“擎,撩取也。”音与方言相符,意义与方言～基本相符。《正字通》认为“擎”是“～”的俗字。“擎”,可以认为是后起的形声字。

醭 ① p‘oʔ⁵ ② p‘oʔ⁵ ③ p‘oʔ⁵ ④ p‘ɔʔ⁵

酒、醋等表面生出的白色的霉。酒～气:酒发出的带酸的味儿,或者是人多喝了酒发出的酒气,如“伊吃仔酒,人走过来,一阵酒～气”。《集韵》入声屋韵普木切:“～,酒上白。”《广韵》入声屋韵普木切:“～,醋生白～。”《玉篇·酉部》:“～,醋生白。”唐白居易《卧疾来早晚》:“酒瓮全生～，歌筵半委尘。”

豛 ① toʔ^{5} ④ tɔʔ^{5}

用小槌轻敲。旧时苏南农村用旧货换麦芽糖，糖做成饼状，常用小槌轻敲小铁片，从整块糖上敲下一小块叫～糖，如“换糖三饶头，忒少哉，再～一块”。《集韵》入声沃韵都毒切：“～，《说文》：椎击物也。”《说文》段玉裁注：“谓用椎击中物。”《现代汉语词典》作㧻，～作为㧻的异体，释义为“用指头、棍棒等轻击轻点”。有的写作“笃”。明冯梦龙《警世通言》卷四十：“才把那脑后杵儿架住，忽一杵在心窝一笃。”“笃”与“～”方言同音。

喥 ① doʔ^{23} ② doʔ^{3} ③ dɔʔ^{23} ④ dɔʔ^{23}

方言不单说。～头：说话和行为偏执，不知分寸，不知变通的人，如“伊是～头，搭伊说勿明白葛/书～头$_{\text{书呆子}}$”。《集韵》入声铎韵达各切：“～，言无度也。”《广韵》入声铎韵徒落切：“～，口～～无度。”清翟灏《通俗编·言笑》：“世俗有所云～头者，正谓出言无度人也。”《民国嘉定县续志·方言》：“俗言出言无度者曰～头。”以上释义均谓“言无度”，其实方言的意义不限于此。有的写作“踱头”。清沈起凤《文星榜》三出：“真正老踱头，别人家个事务，关得俚啥事。”有的写作“铎头”。明无名氏《梼杌闲评》第十五回：“七官躲了不见那铎头人，都知他是个呆子也不去寻他。”有的写作“毒头”。《光绪周庄镇志》卷四：“谓人不慧曰呆子，亦谓之毒头。”“踱”“铎”“毒”与“～”方言同音。

⿱竹手 ① tsoʔ^{5} ② tsoʔ^{5} ③ tʂoʔ^{5} ④ tsɔʔ^{5}

用手握住散乱不齐的东西上下反复顿动使整齐，如“拿筷～～齐”。《集韵》入声屋韵张六切：“～，以手筑物。”有的写作“捉”。《缀白裘》五集卷四：“我是墙摊壁倒石脚捉勿齐拉里，拿我是大推大扳再跌坏子个双脚末，一发难收拾哉。”“捉”与“～”方言同音。

斸 ① tsoʔ^{5} ② tsoʔ^{5} ③ tsɔʔ^{5}

割、砍，如“锲子$_{\text{镰刀}}$磨磨好，明朝要～稻哉/～麦/～柴”。《广韵》入声烛韵陟玉切：“～，斫也。”《集韵》入声烛韵株玉切：“～，《说文》：斫也。”《玉篇·斤部》：“～，斫也。”“～”和“斫”为同义。“斫”，《广韵》入声药韵之若切：“斫，刀斫。”斫在《广韵》中与“酌”“妁”等字为同一小韵,按反切三地方言均音[tsɑʔ]。与~音不同。"斫",《集韵》有药韵职略切:"《说文》:击也。"又尺约切:"婥斫,不解悟貌。"同样音义与方言不符合。因此三处方言字当作"~"。唐牛殳《琵琶行》:"何人~得一片木,三尺春冰五音足。"宋杨万里《远峰》:"孤巘秀何似,碧莲寒未开,谁将修月斧,~取一尖来。"有的写作"斫"。明冯梦龙《古今小说》卷八:"不问贤愚,只如奴仆一般,供他驱使,斫柴割草,饲马牧羊。"清张南庄《何典》第六回:"你赖学也要赖得有方有寸……却在此做斫柴囡,是何道理。""斫"与"~"方言并不同音,而一般常用"斫",是误读,还是方言有此音,或者"斫"字笔画少而容易写,所以人们喜用,亦未可知。

涿

① $tso ʔ^5$ ② $tso ʔ^5$ ④ $ts ɔ ʔ^5$

~~渧,形容东西湿,水或其他液体往下滴,如"毛巾弄得~~渧,快点绞绞干"。《集韵》入声觉韵竹角切:"~,《说文》:流下滴也。"有的写作"捉"。《缀白裘》第二集卷二:"九里天亦无得火烘,冻得两只手馒头能五花迸裂,血捉捉滴。""捉"与"~"方言同音。

簌

① $so ʔ^5$ ② $so ʔ^5$ ③ $so ʔ^5$ ④ $s ɔ ʔ^5$

筛动,抖动,动词。~索粉线粉:用金属制的盆形有细孔的器具,盛上做线粉的原料筛动,使原料从细孔中成线状流出。《集韵》入声屋韵苏谷切:"~,筛也。"元王祯《农书》卷十六:"堈既圆滑,米自翻倒,~手笤内,一捣一~,既省人搅,米自匀细。"~,方言也用来形容人在极度惊吓或遇冷情况下身体~动,如~~抖,义同一般形容发抖的"筛糠"。茅盾《三人行》五:"把这不作美的电报递给云看的时候,许的手指~~地抖。"有的写作"索"。朱瘦菊《歇浦潮》第九十一回:"她一见奶奶的面,就身子索索抖个不住。""索"与"~"方言同音。方言还说"~~牵",如"伊吓得~~牵"。"牵"方言也有抖动、抽动的意思,明冯梦龙《墨憨斋定本传奇·双雄记》:"(净)日里不得坐,(丑)夜里不得眠。(净)肉又只管抖,(丑)筋又只管牵。""牵",有的写作"摔"。冯梦龙《山歌》卷六:"摔着仔大头长脚真三色,斗得你牙钳放解,直姜姜倘在尺中心。""摔",指蟋蟀开斗前,人要用一种有细须草在蟋蟀的牙钳前抖动撩拨,提高蟋蟀的打斗欲望。

擢

① $ho ʔ^5$ ② $ho ʔ^5$ ③ $hu ɔ ʔ^5$ ④ $h ɔ ʔ^5$

贴，紧贴，如“头浪生个疖，～张膏药拨脓”。～膏药：贴膏药。贴膏药时先把膏药撕开，在上面加上粉末状的药，推放在手心里，然后手一翻，把膏药贴在患处。《集韵》入声铎韵忽郭切：“～，手反覆也。”《字汇·手部》：“～，手反覆也。摇手曰挥，反手曰～。”由“手反覆”引申为贴近、紧贴，如“天热煞，你身体勿要～牢我”。清落魄道人《常言道》第十一回：“谁知钱士命的皮肤老结，热膏药一时竟有些～不上。”有的写作“霍”。明冯梦龙《山歌》卷九：“骨稜层，瘦乖乖，霍在肉上个样东西在上缴了缴，再惹得我介膙腌。”“霍”与“～”方言同音。

謞 ① hoʔ^{5} ② hoʔ^{5} ③ huoʔ^{5} ④ hɔʔ^{5}

用挑拨离间、真真假假的言词引诱，让对方说出真相或达到某种目的，贬义，如“伊是～、吓、骗样样才来葛，你勿要上伊葛当”。《广韵》入声觉韵许角切：“～，谗慝。”《玉篇·言部》：“～，谗慝也。”按：“谗”，《庄子·渔父》：“好言人之恶谓之谗。”也可以理解为陷害人的话。“慝”，《广雅·释诂三》：“～，恶也。”有的写作“擢”。清胡文英《吴下方言考》卷十：“今吴谚谓诱人之财物不还曰擢（音霍）。”按：“擢”似不可能有此义，“擢”只能是一个同音字。此外，四地方言的～，也不限于诱人财物不还。

搦 ① ȵioʔ^{23} ② ȵioʔ^{3} ③ ȵioʔ^{23} ④ ȵiɔʔ^{23}

按压，揉捏，如“两个人打相打，伊拿别人～勒地浪/～粉/～糕”。《广韵》入声沃韵内沃切：“～，捻～”。按：“捻”，按也。又《广韵》入声觉韵女角切：“～，搵也。”按：“搵”，《正字通·手部》：“搵，《六书故》：指按也。”上引《广韵》内沃切一等，四地方言读如三等，即方言［oʔ］或［ɔʔ］韵读为［ioʔ］或［iɔʔ］韵。同样情况，“褥”与“～”《广韵》在同一小韵，也读如三等，“褥”与“～”同音。至于《广韵》女角切与四地方言读音完全相符。明冯梦龙《新平妖传》第四回：“你出来收科便好，也来助兴骂他一场，又去推推～～。”明韩奕《易牙遗意》卷上：“新宰圈猪带热精肉一斤，切作四五块，炒盐半两，～入肉中，直待筋脉不收，日晒半干。”《民国嘉定县续志·方言》：“～，俗言捻～也，如云～面、～粉。”

勃 ① bəʔ^{23} ② bəʔ^{3} ③ bəʔ^{23} ④ bəʔ^{23}

拨动或移动，如“拿钟～过半个

钟头/拿格袋米～到旁边点"。《集韵》入声没韵蒲没切："～，《说文》排也。"《说文·力部》："～，排也。"段玉裁注："排者，挤也。今俗谓以力旋转曰～，当用此字。"又《说文·手部》："推，排也。"排还有推的意义。清胡文英《吴下方言考》卷十二："今吴谚谓搬掇其物曰～。"朱骏声《说文通训定声》卷十三："今苏俗语以力旋转物曰～。"章炳麟《新方言·释言》："今江南运河而东至于浙江谓推排重物曰～，若通语言搬矣。"四地方言中～与搬意义还略有不同。～在推动重物时常旋转着往预定地点移动，物体一般不完全离地；直接掇起东西移动才说搬。《民国嘉定县续志·方言》："俗谓推排重物曰～。"

⿰殳頁 (1) ① $mə ʔ^{23}$ ② $mə ʔ^{3}$ ④ $mə ʔ^{23}$

～头功音：游泳时头和身体潜入水中，如"伊一个～头功，到仔河对过"。《广韵》入声没韵莫勃切："～，内头水中。"《说文·页部》："～，内头水中也。"唐皮日休《二游诗·徐诗》："学海正狂波，予头向中～。"有的写作"没"。清溪道人改编《禅真逸史》第三十五回："明日令能惯水军士，没过对岸去，求取救兵，或可出此重围。"明罗懋登《三宝太监西洋记通俗演义》第十九回："一连沉了几个没头，吃了好几口水，随波逐浪，淌了有二三百里之遥。"～头功，有的方言说"没头潭"。清胡文英《吴下方言考》卷九："吴中谓沉水曰'潭'，人落水不出曰'没头潭音段'。"有的说"打没头"。清王应奎《柳南随笔》卷二："世有善泅者，往往能伏水底，谓之打没头。"其作者王应奎为常熟人。～，今通作没。

(2) ① $uə ʔ^{5}$ ② $uə ʔ^{5}$ ③ $uo ʔ^{5}$

～杀：沉入水中淹死，如"伊学浴河浴，险险叫～杀脱"。《广韵》入声没韵乌没切："～，内头水中。"清胡文英《吴下方言考》卷十二："案～，捽人头令入水中也。吴谚谓捽人头入水曰～杀。～音殟。"胡文释义与二地方言意义不尽相同。二地方言可不指被人揪住头按入水中致死，可以由于不识水性或发生意外淹死。

粅 ① $və ʔ^{23}$

马屁～：马勃，指一种菌类植物老化后成褐色的松轻的东西，易碎成粉末状，可用作中药外敷在冻疮外面。《集韵》入声勿韵文拂切："～，～～，粉貌。"常熟方言称"马屁［$bə ʔ^{23}$］"，字当作"勃"。"勃"，《广韵》入声没韵蒲没切。

勃，指粉末或粉状物。《周礼·地官·草人》："凡粪种……勃壤用狐，埴壚用豕。"郑玄注："勃壤，粉解者。"唐韩愈《昌黎集·进学解》："玉札丹沙，赤箭青芝，牛溲马勃，败鼓之皮，俱收并畜，待用无遗者，医师之良也。""牛溲马勃，牛溲，牛遗，车前草的别名；马勃，一名马窼，一名屎菰，生湿地及腐土。都供药用。比喻至贱之物。"按："马窼"，"窼"，同"屁"。由此可知，薛典在马屁后加"～"，常熟在马屁后加"勃"。

掇 ① təʔ⁵ ② təʔ⁵ ③ toʔ⁵ ④ təʔ⁵

（1）用手搬动或端，如"伊一只手～仔一碗饭出去哉/伊两只手～仔张凳子去乘风凉哉/伊笃两个人～仔一张台子摆勒门口"。现在四地方言单人搬动，"～"也说"端"。多人用手搬，也说"撮"。《广韵》入声末韵丁括切："～，拾～也。"《说文·手部》："～，拾取也。"因为"拾"是指把地面上的东西拿起来，而用手搬动或端也往往是指在地面上的或相对低处的东西端起搬动，这是～的引申义。宋杨万里《火阁午睡起负暄二首》："觉来一阵寒无奈，自～胡床近太阳。"明冯梦龙《警世通言》卷三十三："洪大工驮到河边，～块大石，绑缚在尸首上，丢在河内。"清梦花馆主江阴香《九尾狐》第十九回："叫阿珠撮好台子，～好凳子……又亲手派好码子。"《光绪常昭合志稿》："两手举器曰～。"《洪武苏州府志》："捧物曰～。"方言～与别的语素组成名词，如"碗～"，指瓷制的供贮藏东西的容器，无柄无梁，两边有的有小鋬供手～。《光绪常昭合志稿》："凡可～之器即名为～，如锡～、瓷～之类是也。"（2）回转、掉转，这应是搬动或端的引申义，因为搬动或端往往改变原来的朝向或位置，如"伊～过身来搭我讲仔几句闲话"。明王世贞《鸣凤记·忠佞异议》："那时我～身转来，就如奉承严家一般奉承他了。"明凌濛初《初刻拍案惊奇》卷十七："这里知观正待进房，只听得本家门首锣响…… ～转身望外就走。"韩邦庆《海上花列传》第四十四回："赖公子被文君挑动火，顾不得看戏，～转屁股，紧对文君嘻开嘴笑。"

敠 ① təʔ⁵ ② təʔ⁵ ④ təʔ⁵

手拿物估计重量，方言常叠用作～～或～一～，如"该袋米你～～看，阿有几化重"。《广韵》入声末韵丁括切："～，敁～知轻重也。"《集韵》入声末韵都括切："～，敁～度知轻重也。"《玉篇·攴部》："敁，敁～，称量也。"按："敁"，今作"掂"，

"～",今作"掇"。估计重量,方言还说"等",其读音分别为① təŋ[52]、② tən[52]、③ təŋ[44]、④ tən[324],"等"与"～"意义略有不同。"等",指用手托着东西,上下略晃动来估计轻重,一般为较轻的东西。方言常叠用作"等等"或"等一等",如"你等等看该只镯头手镯有几化重"。明凌濛初《拍案惊奇》卷一:"文若虚接了银钱,手中等等看约有两把重。"清吕熊《女仙外史》第四十九回:"宾铁儿随手把阿蛮大刀提起,等个轻重,觉道比已的轻些。"由于"等"作为估量轻重的意义,又引申为称轻重的衡器。明冯梦龙《警世通言》:"便取出银子,刚刚一块,讨等来一称……看时像少,称时便多,到有七钱多重。""等",有的写作"戥"。陈寿嵩《泪珠缘》第三十四回:"阿喜笑道:'老爹这手倒比秤子还准呢。'张寿也笑道:'咱们成日成夜拿这个过,自然戥得出来。'""戥"与"等"方言同音。按:"戥"不见于《广韵》《集韵》等书,可能是一个后起的字。"等子"今通作"戥子"。

狧

① t'əʔ[5]　② t'əʔ[5]

(1) 用舌取食物。狗吃东西时用舌勾取食物。其实动物中用舌取食物并不限于狗。《集韵》入声合韵记(应作託)合切:"～,《说文》犬食。或作'狧'。"《广韵》作狧,他合切。《续修盐城县志·民俗》:"犬食谓之～。"方言偶尔也用于人,如"粥打翻勒台浪,快点～脱伊"。

(2) 咬,方言有"冷～狗"的说法,意思是指不出声而悄悄地走到人身边突然咬人的狗。《正字通·犬部》:"～,方言,犬不吠而齧人曰冷～。"清朱骏声《说文通训定声》卷四":"苏俗谓犬不吠而猝噬人曰冷～狗。"

仄

① tsəʔ[5]　② tsəʔ[5]
③ tsəʔ[5]　④ tsəʔ[5]

倾斜不正,如"地图挂得有点～葛"。《广韵》入声职韵阻力切:"～,《说文》云:侧倾也。"《篇海类编·人物类·人部》:"～,不正。"《管子·白心》:"日极则～,月满则亏。"《后汉书·光武帝记下》:"每日视朝,日～乃罢。"宋杨万里《雨作抵暮复晴》:"行人～伞避斜丝。"有的写作"侧"。《说文·人部》:"侧,旁也。"《广韵》入声职韵阻力切:"侧,傍侧。"旁,是侧的本义。方言称正房旁的厢房叫"侧厢",就是旁的意义。不过"侧"也有倾斜的意义,《诗·小雅·宾之初筵》:"是日既醉,不知其邮,侧弁之俄,屡舞傞傞。"郑玄笺:"侧,倾也。"《字汇·人部》:"侧,倾也。"明冯梦龙《警世通言》卷八:“只见郭排军把头只管侧来侧去,口里喃喃地道:‘作怪、作怪。’”今通常写作“侧”。侧与～,《广韵》同音,四地方言也同音。普通话“侧”与“～”不同音。又:“～”,方言有两个音,在音韵诗词中的“平～”,四地方言口语中～分别音[tsɑʔ]、[tsɑʔ]、[tsəʔ]和[tsɑʔ]。

黢

① tsʻəʔ^{5} ② tsʻəʔ^{5}
③ tsʻəʔ^{5} ④ tsʻəʔ^{5}

～黑:很黑,很暗,如“一个夏天,面孔晒得～黑/天已经～黑哉,路浪当心点”。方言还说～～黑、墨～黑,都是很黑的意思,黑的程度更高一些。《集韵》入声术韵促律切:“～,黑也。”《玉篇·黑部》:“～,黑也。”《字汇·黑部》:“～,黑也。”有的写作“测”。《缀白裘》九集卷一:“(付)为倽边上有点测黑个?(净)个是油。”又《缀白裘》九集卷四:“阿爹,街浪墨测黑哉,我俚点介一碗灯笼,照子呾走吓。”有的写作“焠”。清落魄道人《常言道》第十六回:“人心不可测,莫信直中术,一嘴勿明亮,两眼墨焠黑。”“测”与“～”,方言同音。“焠”与“～”方言不同音不同义。“焠”,《集韵》去声队韵取内切:“《说文》坚刀刃也。”

焌

① tsʻəʔ^{5} ② tsʻəʔ^{5}
③ tsʻəʔ^{5} ④ tsʻəʔ^{5}

点,如“蜡烛阿曾～着哉”。～火:点火。纸～:用表芯纸搓成捻,点着后,熄火,用嘴一吹会发火。《集韵》入声术韵促律切:“火烧,亦火灭也。”《说文·火部》:“～,然火也。《周礼》曰‘遂籥其～,～火在前,以焞焯龟。’”段玉裁注:“以火烧物曰然。”明陆云龙《型世言》第十五回:“花纹叫舅子先将好烧酒泼在厢房,待沈刚来看时,暗将火～着,只见遍地阴阴火光。”清顾禄《清嘉录·十二月》:“送神之时,多放爆仗……或有买编成百千小爆,～之连声不绝者,名曰‘报旺鞭’。”墨憨斋主人《十二笑》:“那娘子叫做‘熟纸～’,分明烧残的纸瓣,火上一～就着,甚言其着手之易。”

撮

① tsʻəʔ^{5} ② tsʻəʔ^{5}
③ tsʻoʔ^{5} ④ tsʻəʔ^{5}

(1)用手指抓取。现在方言一般只用于抓取中药,因为配中药都是由店员从储药的抽屉或容器中用三个手指抓取的。《广韵》入声末韵仓括切:“～,手取也。”《说文·手部》:“～,两指～取。”桂馥义证:“两指当为三指,两指为拈,三指为～。”《玉篇·手部》:“～,三指取也。”清翟灏《通俗编》卷二十一:“今医家量药曰～。”明冯梦龙《醒世恒言》卷三十八:“只要说个症候,怎生模样，便信手～上一贴药。”清梦花馆主江阴香《九尾狐》第三十五回：“只得拿着方子、药钱，走到窗前叫下面相帮上来，命他即去～药。”《光绪常昭合志稿·方言》：“三指取物曰～。”（2）用手或手指抓住东西往上抬或托起，一般指多人合作的，如“两个人一道～张台子/伊生仔病，床浪也上勿上哉，只好～伊上床”。《三国志平话》卷中：“曹操得命，西北而走。至江岸，众人～曹公上马。”清梦花馆主江阴香《九尾狐》第十九回：“见牌与筹码一并在内，便叫阿珠～好台子，掇好凳子，放好茶几，倒好牙牌，又亲手派好码子。”

塞

① $sə?^{5}$ ② $sə?^{5}$ ③ $sə?^{5}$

～板：旧时商店的门用一块块长木板装拼而成，这种木板叫～板。门框的上下槛有槽，关门时把～板推～入槽内；开门时从槽内退出。《广韵》入声德韵苏则切：“～，满也，窒也，隔也。”《说文·土部》：“～，隔也。”段玉裁注：“凡填～字皆当作𡨄，自～行而𡨄、寋皆废矣。”徐灏笺：“𡨄隶变作寋，寋、～古今字。”《诗·豳风·七月》：“穹窒熏鼠，～向墐户。”《篇海类编·地理类·土部》：“～，填也。”由此可知，～有填～、堵～等意义。～板就是填入上下槽内的长木板。清《历年记下》：“雷击杜家行杜允公家，震之许久而止，并不伤人。只将家中～板、四壁俱打坏。”按：此处所说～板与上文所说略有不同，系指屋内隔开用的长木板。无锡市区称～板为“推槽板”，意即用来推入槽内的长木板。

蕆

① $zə?^{23}$ ② $zə?^{3}$ ③ $zə?^{23}$ ④ $zə?^{23}$

木～草：茎硬而有凹凸棱的草。旧时油漆木器前用它摩擦使光滑。又可作中药。一般写作“木贼”。“贼”与“～”方言同音。《广韵》入声德韵昨则切：“～，草名。”《集韵》入声德韵疾则切：“木～，草名。”《玉篇·艸部》：“～，木～草。”

煏

① $piə?^{5}$ ② $piə?^{5}$ ③ $piə?^{5}$ ④ $piə?^{5}$

用火在锅里干烤。《广韵》入声职韵符逼切：“～，火干肉也。”《说文·火部》：“～，以火干肉。”按照反切四地方言声母应为[b]，但方言实际读音为[p]。《广雅·释诂二》：“～，干也。”清徐珂《清稗类钞·饮食类》：“底复荡涤之，文火～中干。”《玉篇·火部》作“煏”：“火干也。”《齐民要术·伐木》：“凡非时之木，水沤一月，或火煏取干，虫则不生。”《民国嘉定县续志·方言》：“煏，俗言焙之使干也。《集韵》弼力切,俗读如笔力切。”有的写作“逼”。《水浒后传》第三十六回:“其胆将火逼干,贮在磁罐,自有别岛人来求买。”“逼”与“～”方言同音。今通作“煏”。

⿺走复

① biəʔ^{23} ④ biəʔ^{23}

快走,追赶,如“伊走仔一歇哉,你快点～上去,还来得及”。《集韵》入声职韵弼力切:“～,走也。”薛典方言较少用,无锡市区常用。

刺

① tsʻiəʔ^{5} ② tsʻiəʔ^{5} ③ tsʻiəʔ^{5}

即通常～的意义,但方言在某些特定的词语中读音不同,如“恨如～骨”,是恨到极点的意思。常误认为“恨如七国”,“七”与“～”、“国”与“骨”,方言同音,但又不可理解。《广韵》去声五寘韵七赐切:“～,针刺。”又:《广韵》入声昔韵七迹切:“～,穿也。”～有两个读音,在恨如～骨中,方言用“七迹切”的音。《集韵》入声昔韵七迹切:“～,穿也,伤也。”《玉篇·刀部》:“～,七亦切,针刺也。”

急

① tɕiəʔ^{5} ② tɕiəʔ^{5} ③ tɕiəʔ^{5} ④ tɕiəʔ^{5}

绷得紧,扎得紧,如“绳拉得～得来/猪脚结得～点”。《广韵》入声缉韵居立切:“～,～疾。”～疾是～的基本义,作为紧的意义,是～的引申义。《广韵》上声轸韵居忍切:“紧,纠～也。”《集韵》上声轸韵颈忍切:“紧,《说文》缠丝急也。”《广雅·释诂》:“紧,急也。”从而可知“～”和“紧”在这一意义上为同义。《字汇·心部》:“～,紧也。”《三国志·魏志·吕布传》:“遂生缚布,布曰:‘缚太～,小缓之。’太祖曰:‘缚虎不得不～也。’”唐杜甫《缚鸡行》:“小奴缚鸡向市卖,鸡被缚～相喧争。”明凌濛初《二刻拍案惊奇》卷二十五:“上边线已见绳～了,晓得有人吊着,尽气力一扯一扯的吊出井来。”

刏

① tɕiəʔ^{5} ④ tɕiəʔ^{5}

用线把东西拉断,如“用线拿把条肥皂～～断/年糕蒸好哉,拿根线～成条头。《集韵》入声质韵逆乙切:“刉,截也。”《说文·刀部》:“～,划伤也,从刀气声(按照《说文》小篆当作气声,但《集韵》楷书作乞),一曰断也。”依《集韵》反切,方言声母应为[ȵ],但实际读[tɕ]。《广韵》平声微韵居依切:“～,断切也。”依《广韵》反切韵母、声调与薛典等地方言不合。《玉篇·刀部》："戊,鱼乙切,断也。"《玉篇》反切跟《集韵》一样,与方言声母不符。"～""刉""戊"可以认为是同一字的不同形体。本书以《说文》～为本字。《民国嘉定县续志·方言》："俗以线断物曰～,音几,《广韵》断切也。"《光绪宝山县志·风俗》："～,音机,俗以线断物。"《上海县续志》卷一："'～'音机,以线断物也。"以上三地读音与《广韵》平声微韵居依切完全相符。

㥛 ① tɕiəʔ⁵ ② tɕiəʔ⁵ ③ tɕiəʔ⁵ ④ tɕiəʔ⁵

～力:疲劳,如"做仔半日生活,蛮～力哉"。《集韵》入声承韵乞逆切："～,疲也。"《说文·心部》："～,劳也。"段玉裁注："此与《说文》人部御音义皆同,本一字耳。"《玉篇·心部》："～,疲力也。"《广雅·释诂一》："御,劳也。"又："御,极也。"王念孙疏证："司马相如《子虚赋》:'徼䞓受诎。'郭璞注云:'穷极倦䞓,疲惫者也。'《方言》:'倻,倦也。'《说文》:'御,徼御,受屈也,～,劳也。'并字异而义同。"据以上所引"～""䞓""御""倻"等为同一字。今以《说文》～为本字。今四地方言疲劳义通常写作"吃力"。清沈起凤《才人福》六出："阿哟,走得吃力哉,等我坐坐勒介。"朱瘦菊《歇浦潮》第六十四回："我就担这寻开心的罪名,顶了石臼做戏,再吃力不讨好。""吃"与"～",方言同音。

餲 ① iəʔ⁵ ② iəʔ⁵ ③ iəʔ⁵ ④ iəʔ⁵

～蓬~音~气:米粉一类东西受潮或放久了发出的霉味,如"该葛粉有点～蓬气哉,勿好吃哉"。常熟说"～蒸~音~气"。《集韵》入声缉韵乙及切："～,《博雅》臭也。"又《集韵》入声业韵乙业切："～,～饧,臭也,或从臭。"又《集韵》入声质韵亿姞切："～,臭也。"《集韵》有三个不同的音,但意义相同。由于方言音系简化归併,成为同一个音。～,《广韵》作"䭇",入声业韵于业切："䭇,臭也。"《玉篇·食部》："～,～湿也。"《广雅·释器》："～,臭也。"今以《广雅》《玉篇》的～为本字。

㥮 ① huəʔ⁵ ② huəʔ⁵ ③ huɔʔ⁵ ④ huəʔ⁵

熟睡,四地方言不单用。～头里:熟睡中,如"我齐巧~刚巧~勒～头里,拨伊喊醒仔,眼睛也张勿开"。《广韵》入声没韵呼骨切："～,寝熟。"《集韵》入声没韵呼骨切："～,熟寐。"按:"～"与"寣"方言虽同音,但意义不同。睏一寣,是睡一觉的意思。《集韵》入声没韵呼骨切："寣，《博雅》觉也。"

䵽䵻

① uəʔ⁵ bəʔ²³
② uəʔ⁵ bəʔ³
④ uəʔ⁵ bəʔ²³

～～气：因潮湿不通风而发出的霉臭味，如"你屋里一股～～气，快点开开门、开开窗，透透风"。"䵽"，《集韵》入声没韵乌没切："䵽，臭气。""䵻"，《集韵》入声没韵薄没切："䵻，䵻䵻，臭败气。"《类篇·自部》："䵽，臭气。"又"䵻，臭气"。清唐甄《潜书·知行》："善如甘食暖衣，恶如䵻食缕衣。"方言"䵽䵻"连用。按《广韵》有"馧"和"馞"，入声没韵乌没切："馧，馧馞，大香。"与～～同音，但字形不同，一个从"香"，一个从"臭"，意义也就不同。方言没有大香的意义，故只有从臭的～～。清胡文英《吴下方言考》作"榲桲"，"吴中谓霉物曰榲桲（音殟孛）"。"榲桲"，《广韵》分别为入声没韵乌没切和薄没切，与"䵽䵻"同音。但"榲桲"，《广韵》："榲，榲桲，果似樝也。"意义完全不同。本字当作～～。"～～气"方言又引申为受人家的气而无法申辩说明，如"受仔人家葛～～气，搭伊也说勿明白"。有的写作"殟勃"。清胡文英《吴下方言考》卷十二："吴谚谓低头受气曰殟乌骨切勃。""殟勃"与"～～"方言同音。所谓低头受气的意思，笔者认为是～～的引申义，似不要再用"殟勃"两字表示。

殟

① uəʔ⁵ ② uəʔ⁵
④ uəʔ⁵

因潮湿不通风或暴露在外日晒雨淋，木头等一类东西变得腐朽不结实，如"楼下地板铺仔三年～脱哉/晾衣裳竹头用仔长远哉，已经～哉要断哉"。《集韵》入声没韵乌没切："～，《说文》胎败也。"《玉篇·歺部》："～，《说文》：胎败也。"按："胎"，指人和哺乳动物母体内未生的幼体，可理解为事物的根基本源。《尔雅·释诂上》："胎，始也。""败"，可理解为损毁、破败。《说文·攴部》："败，毁也。"《玉篇·攴部》："败，坏也，破也。"《广雅·释诂一》："败，坏也。"《字汇·攴部》："败，损也，颓也。""胎败"，就可理解为事物的根基已损毁、破败，不再具有原先的质地。这样，与方言的意义是相符的。清胡文英《吴下方言考》卷十二："吴谚谓……物之不得出气而霉烂者亦曰～。"

关于"～"，段玉裁认为应作"殜"："～，暴无知也。"并作注云："（～）各本作'胎败也'，误同'殜'解。"玄应《众经音义》卷八、卷十三、卷十四皆引《说文》:“～,暴无知也。……今据正。”根据笔者的理解,段氏认为《说文·歺部》:“殰,胎败也。”如果～也作“胎败”解,似不应如此。另外段氏又根据玄应引《说文》皆作:“～,暴无知也。”所以段玉裁认为～的释义有误。《说文》在后世辗转传写,又有人篡改,版本可能不同,另外,字义在使用中或有所发展,问题较复杂,本书不作进一步考证,姑且仍以“～,胎败也”解释,因为这与方言的意义都比较相符。

无锡、苏州、常熟方言本字(三)

銖

① tʂʯ^{44}　② tsʮ^{44}
④ tʂʯ^{55}

指尖锐的东西因用久磨损后不锋利,不尖利,如"铁铬齿～脱哉";也说"～dəudəu",如"铁铬齿坌田坌得～dəu dəu哉,勿好用哉"。《广韵》平声虞韵市朱切:"～,錙～,八～为錙,二十四～为两。"依反切方言声母音[ʐ],但方言实际音为[tʂ]或[ts]。《说文·金部》:"～,权十分黍之重也。"这应该是"～"的本义,～为古代衡制单位,二十四～合一两。《广雅·释诂三》:"～,钝也。"王念孙疏证:"～者,《淮南子·齐俗训》:'其兵戈～而无刃。'高诱注云:'楚人谓刃顿为～。'"按:"顿",通"钝"。《三国志·吴志·薛综传》:"器械～钝。"卢弼《三国志集解》引潘眉曰:"～亦钝也。"清胡文英《吴下方言考》卷三:"吴中谓刀锄类用久而无锋芒者为～。"

⿺辶壴

① ʐʯ^{31}　② zʮ^{31}
③ ʐʯ^{31}　④ ʐʯ^{232}

急走,急窜,如"今朝伊～来～去,勿晓得为子啥事体/伊也勿问问清爽,～上去就是一拳头/一只老虫～过去哉"。"～",《广韵》《集韵》均未收。《玉篇·走部》:"～,走,殊句切。"《篇海类编·人事类·足部》:"～,走也。"按:"走",《说文·走部》:"趋也。"《玉篇·走部》:"奔也。"清胡文英《吴下方言考》卷七:"～,走极速而易也。吴中谓来往之速者曰～(音树上声)去即来。"～,薛典读阳上,与《吴下方言考》注音一致,但与《玉篇》的殊句切,声调略有不同。

泌

① pi^{424}　② pi^{412}
③ pi^{424}　④ pi^{35}

把容器中的东西挡住,让液体流出。意义与"滗"相同。《集韵》去声至韵兵媚切:"～,《说文》侠流也。"按:"侠",通"狭"。《玉篇·水部》:"～,狭流也,又音秘。"清胡文英《吴下方言考》卷八:"～,滴尽水也。吴中谓泻水以存物曰～(音秘)。"按:"秘",方言音[pi],与"～"同音。《民国嘉定县续志·方言》:"～清,俗谓去汁曰～。"

紕

① pʻi^{52}　② pʻi^{52}
③ pʻi^{44}　④ pʻi^{324}

绸～～：华丽的丝绸类织品。～，方言不单用。穿这种织品的衣服，喻指装束很华丽气派的样子。《集韵》上声纸韵普靡切：“～，锦属。”按：“锦”为有彩色花纹的丝织品。又《集韵》去声寘韵平义切：“～，《说文》：装束貌。”～，有的写作“披”。《沪谚》：“身上绸披披，家中没有夜饭米。”“披”与“～”音近。薛典乡谚亦云：“身浪着得绸～～，屋里呒拨没有夜饭米。”意思相同。苏州也有此说。此谚指人外表很有派头，实际家中一贫如洗，用来讽刺那些虚伪不实之人。

岐 ① p'i⁵² ② p'i⁵² ④ p'i³²⁴

装拼器具（今多指木器），器件间不完全对准，有些走样或破损倾斜，如“该只脚盆四边的木块接缝已经不对齐哉，有点～哉，要瓻散脱块哉/该只凳子葛四只脚～哉，勿牢哉，坐下去要当心”。《集韵》上声旨韵普鄙切：“～，《方言》南楚谓器破未离曰～，或从皮。”～，《广韵》上声旨韵匹鄙切。清胡文英《吴下方言考》卷七：“按～，有破损而参差～出不平也……吴谚谓器损不能合旧者曰～（音蘙）。”

簸 ① bi²¹³ ② bi³¹

古代博戏所用的筹。赌博时因钱或筹码不够，用来暂时记下负方所欠数的方式。负方以大票面钞票给赢方，赢方在钞票的两端压上筹码或硬币计数，上端以一代表五，下端以一代表一，这叫打～。根据输赢的情况增减。如果减到不欠，就叫“拆～”或“脱～”。在方言中有时还可指还清所借的钱，或还了人情，也叫“拆～”或“脱～”。《集韵》去声祭韵必袂切：“～，簙筹。”按：“簙”，《说文·竹部》：“簙，局戏也。”段玉裁注：“经传多假博字。”《论语·阳货》：“饱食终日，无所用心，难矣哉！不有博奕者乎？为之犹贤于已。”由此可知“簙”通“博”。从意义上，博也从棋戏而成为后来泛指的赌博。簙筹也成为赌博用的筹码。方言更引申用～来计负方所欠钱款数。依～《集韵》反切，方言音应为[pi]，但实际读音为[bi]。昆山、嘉定等地也说。《民国嘉定县续志·方言》：“～，俗于赌博记负方之款数曰～。《集韵》音庇，博筹也。俗读如敝。”“敝”与“～”，方言同音。

潰 ① fi⁴²⁴ ③ fi⁴²⁴

墨水写在纸上化开，如“该种纸头勿灵葛，墨水写上去就～葛”。《广韵》去声未韵扶涕切：“～，～渭，水溢。”《集韵》去声未韵父沸切：“～，

~谓,水溢貌。"依《广韵》《集韵》反切,方言声母应为[v],但方言实际读[f]。又:"~",《集韵》去声未韵有"方未切"的读音,但释义为"泉涌出貌",与方言意义不合。可以说,方言~在意义上取《集韵》"水溢貌",在读音上取《集韵》"方未切"。

鮆 ① zi^{31} ② zi^{31} ③ dzi^{31} ④ zi^{232}

梅~魚:一种头小而尖,身体侧扁,尾尖细,约四寸左右长,似刀魚而小。生于海洋中,梅雨季节前后,洄游至江河,太湖一带盛产。今一般称"凤尾鱼"。《广韵》上声荠韵徂礼切:"~,鱼名,常以春时出九江。鲚,上同。"《集韵》上声荠韵在礼切:"~,鱼名,常以春时出九江。鲚,上同。"《集韵》上声荠韵在礼切:"~,《说文》:'饮而不食,刀鱼也。'或从齐。"《玉篇·鱼部》:"~,刀鱼也。"《史记·货殖列传》:"鲐~千斤。"张守节正义:"~,刀鱼也。"宋梅尧臣《雪中发江宁浦》:"~鱼何时来,杨花吹茫茫。"元贡师泰《送东流叶县尹》:"荻笋洲青鸥鸟狎,杨花浪白鲚魚鲜。"以上所引"~"或"鲚"均指刀鱼。刀鱼为长江特产,与鲥鱼齐名,现时已很少。太湖一带所产的似刀鱼而小,所以称"梅~鱼"。现通作"鲚"。

䵒 ① ȵi^{31} 又 ȵi^{213} ② ȵi^{31} ③ ȵi^{213} ④ ȵi^{232}

米面等烧的汤黏稠,如"新米粥一烧就~/面汤煮面条的水烧~仔下葛面勿好吃/着~句芡"。《集韵》上声荠韵乃礼切:"~,黏也。"《玉篇·黍部》:"~,黏也。"现在方言常写作"腻",其实腻一般与油脂有关,如"油腻"。《说文·肉部》:"腻,上肥(按:同"肥")也。"《玉篇·肉部》:"腻,垢腻也。"这是指污垢造成的垢腻。《广韵》去声至韵女利切:"腻,肥腻也。"作黏稠意义似不应作"腻"。一般常写作"腻"。明韩奕《易牙遗意》卷上:"再下绿豆粉或面水调,下锅内作腻,一滚盛起。"

[illegible] ① pʻu^{44} ② pʻu^{44} ③ pʻu^{53} ④ pʻɤɯ^{55}

液体沸腾溢出或液体、物体满溢,如"饭镬~出来哉,嫑烧哉/碗里水满哉,要~出来哉/缸里米要满哉,再倒下去要~出来哉"。《广韵》入声没韵蒲没切:"~,《说文》曰:吹釜溢也。"《集韵》也作"蒲没切"。《玉篇·鬲部》:"~,步忽切,釜汤溢。"在字音上与方言不合。但有人认为是"音之转也"。《说文·鬻部》:"~,吹声沸也。"段玉裁根据其他版本认为"吹声沸也"当为"炊釜沸溢",并注云:"炊,各本作吹,今从

《类篇》。釜沸益,各本作釜溢,宋本作声沸,今参合定为釜沸溢。今江苏俗谓火盛水沸溢出谓‘铺出’,~之转语也。正当作~字。”由此可见不同版本的《说文》,释义不同。杨树达《积微居小学金石述林·长沙方言续考》:“按段说是也。今长沙亦言水铺出。”朱骏声《说文通训定声》也认为:“(~)炊釜溢也。宋本《说文》:‘吹声沸也……今苏州俗语曰铺,音之转也。’”明冯梦龙《山歌》卷八:“再说道渠个年纪忒多,汤婆听得,眼泪直铺。”

~,从意义上说是完全符合的,因此段、杨、朱等三位都认为当是本字。至于语音上不合认为是转语之故。转语为训诂学上的名词,大致是因时地的不同或其他原因而音有转变,却未加细说。他们虽都认为~为本字,但在实际的说明中都用了“铺”字。我认为这个字音相同,从意义上也说得通。铺有展开平摊的意义,作为沸溢、满溢的意义,似乎可认为是展开平摊的引申义,因为溢出时都是平展摊开出来的。现在通用的“潽”,《玉篇·水部》:“潽,水。”《集韵》上声姥韵颇五切:潽,水也。”从音义来说均不符合,看来用“潽”表示沸溢解,只是一个从俗的字,现在约定俗成了。《现代汉语词典》也作“潽”。

匍 ① bu^{24} ② bu^{13} ④ bɤɯ^{13}

抚摸,如“跌痛仔末~~就好葛/你勿要勒我身浪~勒摸”。《集韵》平声模韵蓬逋切:“~,《说文》手行也。”《玉篇·勹部》:“~,伏也,手行。”意思为伏地手足并用的爬行,这是本义。《文选·马融〈长笛赋〉》:“逮乎其上,~匐伐取。”李翰周注:“~匐,以手足行也。”~,手行,由手爬行引申为手的移动抚摸。朱骏声《说文通训定声》卷九:“今苏俗以手抚摩曰~,音如蒲。”有的写作“㨒”(《广韵》《集韵》等均无“㨒”字,抚摸用手,所以加了提手旁,可能是个方言字)。明冯梦龙《桂枝儿》卷三:“是谁人撒下一把疥虫窠,痒来时透心肝,其实难过,抓抓还掐掐,懒懒还㨒㨒。”又《山歌》卷二:“姐儿做势打呼厝,凭郎君伸手满身㨒。”有的写作“蒲”。明西湖渔隐主人《欢喜冤家》第二回:“见员外肚皮歇歇的动,三元把手在上边蒲蒲摸摸。”有的写作“摗”。《乾隆昆山新阳合志·方言》:“摸物曰摗。”“摗”,也是方言字。“㨒”“蒲”“摗”与“~”方言同音。

方言还有“~丝摸索”的说法,表示抚摸抚摸丝(或丝类东西)又摸摸绳子(或似绳索类的东西)。意思是东摸摸西摸摸,摸那无关紧要的东西,形容行动拖拉迟缓没紧迫感。

如:“已经七点半哉,你还勒房间里～丝摸索勿出来,八点半要开会葛,要来勿及葛。”

埭 ① $dɑ^{213}$ ② $dɑ^{31}$ ③ $dɑ^{213}$ ④ $dɑ^{213}$

(1) 趟,次,如“我白跑一～,𫃭碰着伊”。《广韵》去声代韵徒耐切:“～,以土遏水。”《集韵》去声待戴切:“～,壅水也。”依反切四地方言音分别为 ① $dɛ^{213}$、② $dᴇ^{31}$、③ $dɛ^{213}$、④ $dᴇ^{213}$。苏州市有黄～镇,该镇地处水乡,地势低洼,据说地名就与壅水为堰有关。此外常熟、无锡、吴江都有以“～”作地名的。这样音和义都跟表示趟或次不相符合。但是《广韵》去声代韵、泰韵端透定母字,方言有的可读[ɑ]韵母的,如戴、态、带、太、泰、等,不过一般都是白话音。～,可能也是这一原因有[ɑ]韵母的读法。至于意义～可能只是一个方言借用字。清韩邦庆《海上花列传》第十四回:“我去一～就来,耐等一歇。”清梦花馆主江阴香《九尾狐》第五十九回“黄老来仔几化～数,刚刚奴勿勒屋里,到杭州去仔一～。”叶祥苓《苏州方言词典》:“～,量词,走一趟,叫走一～。”许宝华、汤珍珠《上海市区方言志》:“～,用于称走、跑、来、去、游等动作的次数。”蔡国璐《丹阳方言词典》:“～,量词,相当北京话行、排、趟等。”方言用～表示趟、次意义,已约定俗成,～可以认为是本字。

(2) 行,排,如“莳秧看上～(乡谚)/抄书抄仔半日,只写仔三～字”。这也可以认为是一个方言借用字,使用比较普遍,也已约定俗成。清韩邦庆《海上花列传》第三十一回:“该面一～才$_{都}$是书箱,一面四块挂屏,客人送拨俚个诗才裱来浪。”许宝华、汤珍珠《上海市区方言志》:“～,称成排、成列的事物。”有的写作“坎”,《沪谚》:“莳秧看前坎。(原注)坎:音大,～之俗字。”“坎”,不见于一般字书,也是一方言字。

③ 指老式房屋的“进”,如“苏州葛老式房子三～五～葛蛮多葛。有葛还七～八～葛,前门是条巷,后门是另外一条巷”。无锡市区不说～。苏州现在说“进”。清张南庄《何典》第一回:“到这个活鬼手里,发了横财,做了暴发头财主,造起三～院堂四～厅的古老宅基来。”朱瘦菊《歇浦潮》第六十四回:“鸣乾看这房子本造的两～进深……窗槛都装着铁条,很为坚固。”《吴歌甲集·西方路上一只船》:“第六掉勿落六六里个财神进我门,第七掉勿落七～高楼八～厅。”这也是一个方言借用字,使用比较普遍,也已约定俗成。

醨（head character printed as 西+麗 = 釃） ① sɑ^44 ② sɑ^44 ③ sɑ^53 ④ sɑ^55

从壶中倒出酒或茶等，如“～仔三杯酒”。《广韵》平声支韵所宜切：“～，下酒。”《集韵》平声支韵山宜切：“～，以筐漉酒也。”《说文·酉部》：“～，下酒也。”徐锴系传：“～，犹簏也，簏取之也。”意思是用滤酒的器具滤出酒，与酒糟分开。作为从壶中斟出酒，该是它的引申义。《晋书·周处传》：“王浑登建邺宫～酒。”宋苏轼《前赤壁赋》：“～酒临江，横槊赋诗，固一世之雄也，而今安在哉。”清范寅《越谚》卷下：“～，酒自壶注杯也。”《民国吴县志·风俗二》：“泻酒谓之篩。此为出物意，非节酒之义也。考其字义当作～。”《民国嘉定县续志·方言》：“～，俗言执壶倾茶酒曰～。”今长沙方言也说斟酒为～酒。杨树达《增订积微居小学金石论丛》卷四：“今长沙谓出酒于壶曰～。”鲍厚星等《长沙方言词典》斟酒也说篩酒。不过字用了“篩”字。今一般写作“筛”。

关于～的读音，《广韵》所宜切，《集韵》山宜切，方言都不能读［sɑ］的音。～，《汉语大字典》注音为 shī，（又音 shāi）；《现代汉语词典》注音为 shī，又 shāi。根据《广韵》《集韵》反切普通话，同样也不可能有又音 shāi。《广韵》与～同一小韵的“簏”，“漉也，又山佳切”。依山佳切，方言音［sɑ］，普通话音 shāi 都是符合的。所以笔者认为，“～”字似应同样有“又山佳切”这一反切，否则各地方言与普通话怎么会那样一致呢？

挨 ① ɑ^44 ② ɑ^44 ③ ɑ^53 ④ ɑ^55

强给，强要人接受，如“我勿要，你勿要～拨我/～卖勿值钿/今朝小菜好，我～仔半碗饭”。《集韵》平声皆韵英皆切：“揌，惟也，击也。或作～。”《广韵》平声皆韵乙谐切：“揌，推也，亦背负貌。”音与方言相符，但义不同。又《广韵》上声海韵於改切：“击也。”《广韵》骇韵於骇切：“打也。”音义与方言均不相符。看来方言是借用～字来表示上述意义的。清李旭旦《天籁集》：“我又不是～来的，我又勿是走来的，我是花花轿儿抬来的。”张春帆《九尾龟》第十回：“耐勿应该放倪格谣言，故歇弄得倪勿上勿落，格杯酒是要～耐吃格哉。”《民国嘉定县续志·方言》：“～，俗谓强进曰～。”

拐 ① gua^31 ② gua^31 ③ gua^31 ④ gua^232

脚有点跛，走路不平衡，如“伊走起路来～勒～，难看得来”。《广韵》上声蟹韵求蟹切："～，手脚之物枝也。"这是手杖的意义。方言的意义可能是脚跛常用手杖而引申出来的。《广韵》求蟹切音与方言完全符合。按：～今作拐。《西游记》第一回："猴王趴身跳起，～呀～的走了两遍。"茅盾《脱险杂记》八："这是韬奋，他一～一～地努力走着。"～，方言还有一个读音，与普通话一样，声母为[k]，如"～子、～骗"等。

奅 ① $p^{‘}ɐ^{424}$ ② $p^{‘}æ^{412}$

～松：虚大而松软不结实，如："饭看看末满满叫一碗，～松葛，你吃得落葛。"《广韵》去声效韵匹貌切："～，大也。"《说文·大部》："～，大也。"段玉裁注："此谓虚张之大。"《史记·建元以来侯者年表》："南～侯公孙贺。"司马贞索隐："张揖：'～，空也。'《纂文》云：'～，虚大也。'"有的写作"泡"。《通俗编·直语补正》："凡物虚大谓之泡。""泡"与"～"方言同音。

(2) 用夸大虚假的语言引诱人说出真情或隐私，如："你嫑用闲话来～我，我勿会告诉你葛。"《正字通·大部》："方言以言冒人曰～。"今粤方言还把喜说虚假大话的人叫"大～佬"。清胡文英《吴下方言考》卷九："吴中谓以言诱人自露其情曰～(音炮)。"

皰 ① $p^{‘}ɐ^{424}$ ② $p^{‘}æ^{412}$ ③ $p^{‘}ɔ^{424}$ ④ $p^{‘}ʌ^{35}$

皮肤上长的象水泡一样的东西。如"手浪拨开水烫着几个～"。《广韵》去声效韵匹貌切："～，面生气也。"《说文·皮部》："～，面生气也。"徐锴《说文解字系传》："面疮也。"《玉篇·皮部》："～，面皮生气也。"意思都是指面部皮肤长的小水疱。后引申泛指皮肤上长的水泡一样的小疙瘩。《正字通·皮部》："～，凡手足臂肘暴起如水泡者谓之～。"唐玄奘《大唐西域记·摩揭陀国上》："王闻心惧，举身生～，肌肤攫裂，居未久之，便丧没矣。"今通作"疱"。茅盾《子夜》十："吴荪甫很暴躁的回答，脸上的小疱，一个个都红而且亮起来。"

鈔 ① $ts^{‘}ɐ^{44}$ ② $ts^{‘}æ^{44}$ ③ $ts^{‘}ɔ^{53}$ ④ $ts^{‘}ʌ^{55}$

手指相错或用匙取物，如"用手～点水洒勒青菜浪/地浪～把麦看看阿曾晒干哉"。《集韵》平声爻韵初交切："～，《说文》叉取也。或作抄、摷。"《说文·金部》："～，叉取也。从金少声。"徐铉等在校订《说文》时加了"今俗别作抄"。《说文》段玉裁注："叉者，手指相错也，手指突入其间而取之，是之谓～。"《玉篇·又部》："叉，指相交也。"笔者认为手指相错，与手掌掌心必形成一个勺状的样子，这样就既可以取干的颗粒或块状的东西，也可以取水或水中的东西。这是～的动词的用法。由于手指相错与掌心形成勺状，因此方言就引申为像勺形取物的东西谓～，如“到灶下厨房去拿一把～来”。这是作为名词的用法。方言又引申为量词，如“喝一～汤尝尝味道”。动词～引申为名词、量词，这可能有点相像或推测的成分，但似乎是合理的。既然～的本义是手指相错取物，与形旁“金”似乎无甚关系，而应与手相关。《说文》没有“抄”字，“抄”是后起的字。后世在实际使用中～的形旁才改为“手”。徐铉的“俗别作抄”和《集韵》的“或作抄”，正是说明了这一点。《正字通·手部》：“抄，以匕抄取粒物也。”唐杜甫《与鄠县源大少府宴渼陂》：“饭抄云子白，瓜嚼水精寒。”清胡文英《吴下方言考》卷五：“抄，音超。韩昌黎诗‘匙抄烂饭稳送之’。按：抄，匙举物也。吴中以匕匙类取物曰抄。”清韩奕《易牙遗意》卷下：“前件一齐炒拌，仍用匙抄入新瓶内。”本书以“～”为本字，以“抄”作为通用字。有的写作“樔”。朱骏声在《说文通训定声》卷十一中认为作为名词解字当作“樔”，“苏俗所谓茶匙、汤匙、调羹、饭樔者也”。按：“樔”，《说文·木部》：“樔，车毂中空也。”“樔”，《广韵》平声虞韵山刍切，《集韵》平声虞韵双雏切，释义均同《说文》，因此音义均不相合。《集韵》另有平声宵韵千遥切：“樔，亦书作锹。”音义也不相合。其作者是否另有所据，则不知。有的写作“超（儿）”。清梦花馆主江阴香《九尾狐》第七回：“那只大衣袖子在桌面上一带，又把自己的杯儿、超儿、碟儿都掉在地下，好一片清脆的声音。”“超”与“～”方言同音。又无锡市区称一般汤匙不说～，如“饭～”才说。

睄 ① sɐ⁴⁴ ② sæ⁴⁴

粗略地看，有时含有轻蔑和不屑一看的意思，如“伊神气活现的样子，我～也嫑～”。《集韵》去声效韵所教切：“～，小视。”方言不读去声，而读阴平。茅盾《林家铺子》：“眼睛望着那些乡下人，又带～着自己铺子里的两个伙计。”

贅 ① ŋɐ²¹³ ② ŋæ³¹ ④ ŋʌ²¹³

头向上抬，如“伊～起仔头勒看啥/头～仔一歇颈颈也酸哉”。《集韵》去声号韵魚到切：“～，～顤，高也。或书作颟。”按：“顤”，《集韵》去声笑韵丘召切：“举首。”今方言只单说～。《说文·页部》：“～，～顤，高也。”段玉裁注：“当云头高也。”又徐锴《说文解字系传》：“～，颡高也。”按：“颡”，头，额头。章炳麟《新方言·释形体》：“《说文》：‘颡，额也。’西安谓头曰颡。”《太玄·傒》：“天扑之颡。”范望注：“颡，头也。”

滮 ① piɐ[44] ② piæ[44] ④ piʌ[55]

水急速喷出，如“自来水勒管子里～出来，～得远得来”。《广韵》平声幽韵皮彪切：“～，水流貌，亦作滤。”依反切方言声母应是[b]，但方言实际读[p]声母。《说文·水部》：“～，水流貌。从水彪省声。”《诗·小雅·白华》：“～池北流，浸彼稻田。”《毛传》：“～，流貌。”有的写作“滤”。《广雅·释训》：“滤滤，流也。”宋梅尧臣《五月十三日大水》：“我家地势高，四顾如湖滤。”“～”与“滤”实为同一字。后世一般都作“滤”，这也是让形声字声旁的标音功能显现，同时也免除误读的可能。《现代汉语词典》作“滤”。有的写作“标”。清李伯元《活地狱》第十回：“有的还将骨头打开，骨髓标出来好几尺远。”“标”与“～”方言同音。有的写作“彪”。长篇吴歌《五姑娘》：“小小舟船摇得两厢水浪好像腾白云，船前头浪起就像六人头车水头彪。”“彪”与“～”方言同音。

裑 ① tiɐ[424] ② tiæ[412] ④ tiʌ[35]

拼缝毛皮做衣服的里子，如“旧年伊～仔件皮襦，今年冬天天还𪨶冷来，伊就着勒身浪哉”。《广韵》平声萧韵都聊切：“～，死人衣。”《集韵》平声萧韵丁聊切：“～，《说文》棺中缣里。”～，《说文》解释的是本义，《广韵》解释的可认为是引申义。～方言的意义与《玉篇·衣部》中“～，～衣”一致，在读音上与《广韵》《集韵》反切的声调也不完全一致，～，方言不读平声读阴去。清朱骏声《说文通训定声·小部》：“今苏俗制裘通用～，不知其非吉语。”其实笔者认为苏州一带～读阴去，就与原义区别开来了。清桂馥《札朴·乡里旧闻·乡言正字附》：“衣加皮里曰～。”

挑 ① t'iɐ[44] ② t'iæ[44] ③ t'iɔ[53] ④ tiʌ[55]

用针等把东西剔出或用金针刺穴位，如“～竦：～出刺在肉中的刺/～田螺肉”。又如“～痧：旧时夏天中暑后用金针刺某些穴位，能减轻病痛或治病”。《集韵》平声萧韵他彫切：“～，《说文》挠也，一曰摷也。”唐玄应《一切经音义》卷二：

"《说文》：'～，抉也。'以手抉～出物也。"可能玄应所据《说文》版本不同。按："抉"，《说文·手部》："抉，～也。"段玉裁注："抉者，有所入以出之也。"《搜神记》卷十四："高辛氏，有老妇人居于王宫，得耳疾，历时，医为～治，出顶虫，大如茧。"又引申为挖、掘，如"～荠菜"。马融《长笛赋》："㔸窗伐取，～截本末。"李善注引《声类》曰："～，抉也。"清许锷《石湖櫂歌百首》："邻姐相呼～菜去，满畦新绿芬生孙。"清朱鹤《翡翠园》三出："父亲远馆未回，～些苦菜，回去胡乱充饥。"按：许锷、朱鹤均系吴县（今苏州）人。

跳

① die^{24}　② diæ^{13}　④ diʌ^{13}

～跃。～脚：脚跺地，可用在人高兴的时候，也可用人焦急的时候，如"伊接着录取通知后高兴得～脚拍手（形容手舞足蹈的样子）/心里急得只是～脚，勿晓得捺亨办"。又"～虱"，跳蚤。《广韵》平声萧韵徒聊切："～，跃也。"方言一般只在上举这些词语中读［d］声母。《说文·足部》："～，蹶也，一曰跃也。"明冯梦龙《醒世恒言》卷七："急得尤辰只把脚～，高赞心中大是不乐。"《民国崇明县志·方言："蚤曰～虱。"有的写作"条"。弹词《双帅印》第十回："打从人丛内面来捱进，嚎天大哭好恓惶，双足乱条手乱舞。""条"与～方言同音。

嫽

① liɐ^{24}　② liæ^{13}

逗引，戏弄，招惹，如"你勿要～得伊发火$_{\text{发怒}}$/你末欢喜～勒～，伊要当真葛啊"。方言还说："～～测测$_{\text{音}}$"，如"你一直搭伊～～测测，勿要拨伊打仔一顿"。《广韵》平声萧韵落萧切："～，相～戏也。"《集韵》平声萧韵怜萧切："～，一曰相戏。"不过大多写作"撩"。《字汇·手部》："撩，挑弄也。"唐韩愈《次同冠峡》："无心思岭北，猿鸟莫相撩。"宋陆游《闭户》："三日不作诗，幽禽语撩人。"明冯梦龙《醒世恒言》卷二十三："你这狗才，身上惹下了凌迟的罪儿，还不知死活，又来撩我。"又《山歌》卷二："更个恍水鬓梳来就是挂个招牌无两样，何消咦用脚撩郎？"明凌濛初《二刻拍案惊奇》卷二十一："坐间未免将几句风话撩他，那尼姑也是多见广识的，公然不拒。"今通作"撩"。

嫋

① ȵiɐ^{31} 又 ȵiɐ^{52}　② ȵiæ^{52}　③ ȵiɔ^{31}　④ ȵiʌ^{324}

纤细柔美，摇曳摆动。方言常用来形容女人走路时腰部臀部扭动灵活且幅度较大。按旧时的标准说是一种轻浮的表现，有贬义，如“个女人走起路来～勒～葛，阿要难看啊”。《广韵》上声篠韵奴鸟切：“～，长弱貌。”《说文·女部》：“～，嫋也。”按：“嫋”，《说文·女部》：“嫋，弱长貌。”引申为摇曳摆动。晋陆云《为颜彦先赠妇往返》之二：“雅步～纤腰，巧笑发皓齿。”有的写作“袅”。袅，也有细长柔美的意义，同样也引申为摇曳摆动的意义。唐元稹《春游遣兴》：“帘开斜照人，树袅游丝上。”唐温庭筠《杨柳枝》：“宜春苑外最长条，闲袅春风伴舞腰。”《三笑》第二十四回：“头浪介扎仔一块青蓝布，走一步什介袅一袅，挨门挨户拿个饭来讨。”“袅”与“～”同音。今多写作“袅”。不过《说文》《玉篇》《广韵》《集韵》等书均未见“袅”字。《古今韵会举要》：“褭，《说文》：‘以组带马也。’或作袅。”然今本《说文》无或作“袅”一说。看来本字还以“～”为宜。

爿 ① bɛ^{24} ② bᴇ^{13} ③ bɛ^{24} ④ bɛ^{13}

本义为劈成片的竹木，如“竹～、木～”。引申泛指成片状的东西，如“磨～、蒲包～一种加在布鞋底里的垫料”。～，方言也常用指破碎的片状东西，如“瓦～、玻璃～、碗～，布～～”。瓦～：一般指破碎的瓦片，如“拆房子葛辰光地浪才是瓦～/台子有点扤，拿块瓦～垫垫台脚”。《集韵》平声删韵步还切：“肦，片也。”丁声树、李荣《古今字音对照手册》～(肦)字注：“《集韵》平声删韵，‘肦，步还切，片也’，这就是今吴语方言说瓦～或一～店的‘爿’字。吴语声调是阳平，与集韵並母平声合。”丁、李两位先生认为“肦”同“～”。方言习惯上常写成“爿”。《字汇》：“～，步闲切，”与《集韵》步还切一致。清朱骏声《说文通训定声》卷十四：“（～），败瓦也。……谓破瓦，今苏俗‘瓦～’，字当作此。俗呼‘～’如‘办’平声。”茅盾《秋收》：“阿四随手拾起一块碎瓦～来赶走那乌鸦。”整张或整片的瓦，方言一般只单说瓦。有时也比较模糊，乡谚云：“瓦～也有翻身日”，意思是比喻命运不好，穷愁潦倒的人，也会有翻身出头的日子。这里的“瓦～”，也可以理解为完整的瓦。“瓦～”有的写作“瓦瓪”。‘瓪’，《广韵》上声潸韵布绾切：“瓪瓦。”《集韵》上声潸韵补绾切：“～，《说文》败也。”依反切瓪为帮母字，声调为上声。《说文·瓦部》：“瓪，败也。”徐锴《说文解字系传》：“瓪，败瓦也。”严章福校议云：“瓪者，今俗谓破瓦块为瓦瓪。”从瓪字的释义来看，与方言是十分贴切，完全相合的；从字音来说，按照《广韵》《集韵》的反切，瓪为帮母字声调为上声，方言为並母字，声调为阳平，韵还是相合的。由于瓪字意义和韵与方言相符合，因此有的地方志编者仍用“瓪”字表示。编者也知道瓪字音与方言不合，所以都加上了说明。《民国吴县志 · 风俗》：“碎瓦曰瓦瓪。……今人语如‘办’之平声耳。”《民国嘉定县续志 · 方言》：“瓦瓪，俗言瓦砾也…… 补缩切。瓪，俗读‘办’平声。”本书从俗，本字作～。

䟺 ① bɛ^{24} ② bᴇ^{13} ③ bɛ^{24} ④ bɛ^{13}

～，《广韵》平声衔韵白衔切：“～，涉水也”。～，《集韵》也作“踫”，平声衔韵皮衔切：“涉也，或作～”。涉水应是～的本义。～，方言用作以下几个意义：(1) 昆虫、爬行动物等行动或指人用手脚贴着地面向前移动，如“一条百脚(蜈蚣)～过来哉，当心拨伊咬着/伊跌子一跤，立勿起来，只好勒地浪～过来”。明冯梦龙《山歌》卷九：“我搭你……称起骨头来，你八两我半斤，看得别人便是虾头娘娘能介一点，自家便癞蛇蚆～进子天平。”又冯梦龙《新平妖传》第十回：“只见个白头老婆婆，腰驮背曲，半～半走的摸将出来。”清范寅《越谚》卷下：“～，龟鳖虫豸之行。”《乾隆宝山县志 · 方言》：“～，音爿，小儿覆行曰～。”有的写作“爿”，《缀白裘》第十二集卷二：“啰里晓得时运来推弗开，爍熟蟹爿子屋里来。”“爿”与“～”方言同音。(2) 指攀藤类植物的蔓沿着地面向外伸展或沿着别的东西向上攀，如“南瓜藤地浪才都～满哉/丝瓜藤～子屋面浪去哉”。这一意义可以看为(1)的引申义。方言有“牵丝～藤”的说法，用来形容行动迟缓不快捷，因为拉出丝来，爬出藤蔓都不是急速完成的。如“喊子倷一歇哉，快点哩，捺亨怎么牵丝～藤勿出来格咯”。又“牵丝～藤”还有纠缠不清的意思，因为丝与丝，藤与藤，既然牵出、～出，容易纠缠理不清。有的写作“牵丝扳藤”。清徐珂《清稗类钞 · 苏州方言》：“牵丝扳藤：纠缠不休之谓也。”这一意义现在似乎已很少用。扳与～方言音近。在方言中“牵丝～藤”，～也有说成“扳”字音的。我认为这是在长期使用中的转音。(3) ～，在方言中还指人或动物从卧倒状态爬起来的意义，如“伊每日早晨五点钟从床浪～起来起身/猫困勒地浪～起来哉”。有的写作“爿”。《缀白裘》第十二集卷二：“朝晨爿起来着着(靴子)，哟，只听得靴统里喊起来哉。”这是借用“爿”字表示。“爿”与“～”，方言同音。～的以上这些意义，大致相当普通话爬的意义，但爬山、地位越爬越高等，方言也说爬，不说～。

方言还有“～𨃮勿动”的说法，意思指人因伤痛或极度疲劳身体软弱无力，不能动弹。𨃮不见于一般字书。《篇海类编·身体类·足部》：“𨃮，～𨃮，不能行。音炭。”《通俗编》卷三十六：“《越语肯綮录：“俗以匍匐为～，以不能行者为～𨃮。𨃮，他衔切，所谓～𨃮不动是也。”从以上𨃮字的注音看，“𨃮”，音炭，方言为阴去字，“他衔切”，方言为阴平字，单字调不同。薛典、苏州方言中“～𨃮勿动”四字连读变调，“𨃮”无论是阴去或阴平，都读成阴平的调值，“𨃮”作为单字究竟该是什么调，存疑。

又：笔者认为，“～𨃮”应是方言的一个连绵词，“𨃮”字是由“～”而造的。

詉 ① fε[424]　② fɛ[412]　③ fε[424]

争吵，吵闹，也可指单方面的责备，如“嫑～哉，快点吃饭吧”。～嘴：吵架。《集韵》去声愿韵方愿切：“～，詉也。”按詉，《集韵》去声暮韵奴故切：“詉，恶言。”

有的写作“反”。张春帆《九尾龟》第一三五回：“马大少勿知为仔啥格事体，前日仔搭倪反仔一泡，搬仔物事去，倒说就此勿来哉呀。”清韩邦庆《海上花列传》第十七回：“难末无娒拿双宝来反仔一泡，再要我去劝劝双玉，教俚起来。”“反”与“～”，方言音近。有的写作“痜”。《吴语》：“南楚凡人贱骂谓之钳，又谓之痜。今吴县谓诃骂人为痜。”“痜”与“～”，方言同音。

嬯 ① tε[44]　② tɛ[44]　③ tε[53]

（头脑）迟钝，不灵敏，如“书～子”。表示这一意义，今方言很少说～。《广韵》平声咍韵徒来切：“～，钝劣。”《集韵》平声咍韵堂来切：“～，《说文》迟钝也。”依反切，方言声母应为[d]，但今方言实际读[t]。《说文·女部》：“～，迟钝也。阘～亦如之。”段玉裁注：“《集韵》‘懛，当来切’即此字也。今人谓痴如是。”段注认为“～”“懛”两字通，那在音义也该相同，即～也有“当来切”的读法。“懛”，《广韵》平声咍韵丁来切：“懛剀，失志貌。”《集韵》平声咍韵当来切：“懛㱚，儓悷也。”儓悷，失意貌。依反切“懛”与今方言的音完全一致，但《广韵》《集韵》的释义与方言不符，而且对“懛”字未作单独的释义。明陆容《菽园杂记》卷十二：“懛，丁来切。注云：失志貌。苏州谓无智术者为㱚，杭州以为懛。同年吴俊时用美姿容而不拘小节，杭人呼为吴阿懛。”明郎瑛《七修类稿·辩证类·懛子秋风》：“苏杭呼痴人为懛子”。从以上两段引文可知“懛”有痴呆迟纯的意义，与～的意义相同。本书根据段注“～”与“懛”两字相通一说，认为就本字来说，还应以“～”为本字。《说文》《玉篇》均未收“懛”字而都收有“～”字。今通作“呆”。按：“呆”，《广韵》无“呆”字，《集韵》有“呆”字，上声晧韵补抱切：“保，《说文》養也。隶作保、呆。”“呆”与“保”字同。“呆”，作为痴呆迟纯的意义和读音都是后来才有的，或者说是借用了“呆”字的字形。

待 ① dɛ[31] ② dᴇ[31] ③ dɛ[31]

～，招～，款～。这一意义本身并无特殊的地方，如“你表阿哥敌为音，特地的意思从上海来看你，你要好好叫～～伊葛啊”。但“～”用于对神佛，就有用供奉祭祀的方式招～、款～的意义。《广韵》上声海韵徒亥切：“～，俟也。”《集韵》海韵荡亥切：“～，俟也。”《说文·彳部》：“～，竢也。”按：“竢”为“俟”的异体。《玉篇·彳部》“～，俟也。”看来～的本义应是“等～”。～在使用中又产生了其他意义，包括招～、款～这一意义。本书所以提出“～”字，主要是由于“～猛将”这一词语引起的。“～猛将”，是旧时无锡、苏州一带农村中的习俗。早春农闲时，或者秋天农事告一段落，常举行“～猛将”的庙会，就是将猛将老爷请出，供奉在较大的场地上搭建的祭棚内，公开地进行斋祭，表示对猛将老爷的崇敬虔诚，同时祈求保佑赐福。所说的猛将有多种传说。有的说是唐代张巡，可能由于他在援绝粮尽的情况下还坚决抵抗安禄山，这种精神得到了人民的拥戴与敬仰，所以大家祭祀他。也有的说猛将是专管蝗虫的神。据清王应奎（号柳南，常熟人）《柳南随笔》卷二：“南宋刘寄漫塘，金坛人。俗传死而为神，职掌蝗蝻，呼为猛将。江南多专祠，春秋祷宴，则蝗不为灾。”笔者认为此说较可信，因为猛将除蝗与农村农民有直接的利害关系。清顾禄（吴县人）《清嘉录·七月》：“是时田夫耕耘甫毕，各醵钱以赛猛将之神。舁神于场，击牲设醴，鼓乐以酬，田野遍插五色纸旗，谓如是则飞蝗不为灾，谓之‘烧青苗’。”所谓“烧青苗”并非是烧去田间的青苗，实际上就是指上述祭神驱蝗活动。作者对祭祀猛将的时间、方式等都作了说明，这和解放前农村进行的～猛将的祭祀活动基本一致。新中国成立后作为迷信活动取缔。改革开放后有些农村又重新开始这种庙会活动。活动的方式、内容都会有所改变，因未直接参与，不能细说。现在有的报刊以及农村中记述、介绍本地旧时习俗时写作“抬猛将”，笔者认为“抬”（方言读阳平）只是一个音近字，本字应作“～”，是招～、款～的意思，对神来说就是以供奉斋祭的方式款～神。上引“舁神于场，击牲设醴，鼓乐以酬”是抬出专祠供奉猛将在场上祭祀，并非是抬着猛将巡行。“～猛将”与无锡、苏州一带旧时的“出会”不同。“出会”是抬着老爷（一般不是猛将）巡行，前有旗伞仪杖，后有扮成隶役的跟随，还有臂锣、玩钢叉、走高跷等表演，最后还有“善男信女”跟从，排成长队按预定的路线行进，路边还有众多看“出会”的人群。“出会”旧时城乡都有，“～猛将”只在农村举行，由此可见“～猛将”活动与农民的密切关系。清沈起凤（吴县人）《才人福》八出：“正月十三日拉记里～猛将，不渠杀尽大胜会，无一个弗赞声不绝。”这里就用了“～”字。

枀 ① dɛ²¹³ ② dɛ³¹

搁放蚕箔的木柱。蚕～：搁放蚕匾的木架。木架平时折拢，用时张开成三足鼎立状。木架分成许多格，每格可放一个竹匾。也说蚕～架子。如“拿蚕匾放勒蚕～浪”。《集韵》去声代韵待戴切：“吴俗谓蚕槌曰～。”《说文·木部》：“槌，关东谓之槌，关西谓之栚。”徐锴《说文解字系传》：“今江淮谓之槌，此则蚕薄之木也。”蚕薄，即蚕帘。古时养蚕的用具，像帘子或席子或片状的东西，用竹子或芦苇编成。蚕养在蚕薄上。“薄”，后作“箔”。《玉篇·竹部》：“箔，帘也。”《字汇·木部》：“～，俗谓蚕薄柱曰～。”《农政全书·蚕桑》：“夫槌随屋每间竖之，其立木外旁，刻如锯齿而深，各每茎挂桑皮绕绳，四角安二长椽，椽上平铺苇箔。”随着时代发展，养蚕的方法与用具有了很大改变。旧时苏南一带养蚕用竹匾，根据蚕的大小，匾也分大小，有二眠匾、三眠匾等之分，最大的直径一米左右。这些养蚕的匾分放在木制的架子上。这种架子与古代不同，但功用相仿，所以名称仍沿用旧时的，称蚕～。茅盾写作“蚕台”，《春蚕》：“老通宝掮着一架蚕台从屋子里出来，这三棱形家伙的木梗子，有几条给白蚂蚁蛀过了，怕的不牢，须待修补一下。”“台”与“～”单字音近，但蚕～连读时变成同音，辞典、苏州就是这样。吴方言的连读变调多，茅盾的乌镇方言也可能变成同音，所以写作“台”。

餒 ① nɛ³¹

丧失勇气，心虚害怕，如

"夜里一个人走路,心里有点～"。又,～愲愲:丧失勇气,心里惧怕的样子,如"走该顶小木桥脚也软哉,心里也～愲愲里葛"。《广韵》上声贿韵奴罪切:"餧,饥也,～,上同。"《集韵》上声贿韵奴罪切:"餧,《说文》饥也,或作～。"这应是"餧"或"～"的本义。作为丧失勇气,心虚害怕的意义一般只用～,也可能是～后来产生的假借义。《孟子·公孙丑上》:"行有不慊于心,则～矣。"明姚茂良《双忠记》第二十六出:"大丈夫休～,浩然之气,志士不忘。"格言:"胜不骄,败不～。"

愲,心里惧怕,方言不单说。《广韵》入声陌韵虎伯切:"愲,心惊。"《集韵》入声陌韵霍虢切:"愲,心惊貌。"方言有"心里愲愲响"的说法,表示心惊的样子。

瀺

① $z\varepsilon^{24}$ ② $z\text{E}^{13}$ ③ $dz\varepsilon^{24}$ ④ $z\varepsilon^{13}$

～唾:唾液,如"吐～唾/～唾搭搭渧"《广韵》上声豏韵士减切:"～,～灂。"《集韵》平声咸韵锄咸切:"～,～灂,水落貌。"根据方言的读音当为《集韵》的锄咸切。～,方言不单用。《字汇补·水部》:"～,手足液也。"《史记·扁鹊仓公列传》:"阴气者,病必入中,出及～水也。"张守节正义引顾野王曰:"手足液,身体汋。"按:"汋",指人的体液。根据此,～当为手足及身体所分泌的汗液及体液,而唾液也为身体口腔部分分泌的一种液体。《缀白裘》第四集卷三:"无得眼泪无那处吓,有里哉,～吐来里。"有的写作"馋"。明凌濛初《拍案惊奇》卷十三:"我为褚家这主债上馋唾多分说干了。"一般都写作"馋",认为唾液常在人们想吃时分泌较多。但方言中有"围～(围嘴)、围～袋袋(带袋子的较长围嘴)"的说法,主要是防止小孩唾液弄湿胸前用的东西。显然用"馋"字就说不通。此外晚上睡觉时流出唾液方言说"瀎～"。也不是因馋而流出的唾液。

濽

① $z\varepsilon^{213}$ ② $z\text{E}^{31}$ ③ $dz\varepsilon^{213}$ ④ $z\varepsilon^{213}$

水或液体溅起,如"汽车开过,～仔一身水"《广韵》去声翰韵则旰切:"～,水溅。"《说文·水部》:"～,污洒也,一曰水中人。"段玉裁注:"谓用污水挥洒也……'中'读去声,此与上文无二义,而别之者,此兼指不污者言也。"王筠句读:"'一曰'二字,当作'谓'。"唐玄应《一切经音义》卷三:"～,又作溅、㳘二形,同子旦反。《说文》:'～,相污洒也。'《史记》:'五步之内,以血溅大王衣。'作溅。杨泉《物理论》云:

‘恐不知味而唾哎。’江南行此音，山东音湔，子见反。”认为～与溅哎为同一字的不同形，至于不同音只是地域不同而造成。有的同一本书，～与溅还同用，《西游记》第四十四回：“烹的往里一摔，～了半衣襟臭水。”又《西游记》第四十七回：“寻一块鹅卵石，抛在当中，若是溅起水泡来，是浅，若是骨都都沉下有声，是深。”这可能是根据溅起的是污水还是一般的水来区分的，也可能是作者认为～与溅为可以通用的字。但是从《玉篇》来说，～是子旦切，溅是子贱切，是两个不同音的字。《广韵》溅，是去声线韵子贱切，而～是则旰切，而且溅是线韵，～是翰韵，明显不同音。因此，笔者认为普通话及其他方言用“溅”，来源于《广韵》子贱切，四地方言用～，来源于：《广韵》则旰切。按《广韵》则旰切，三地方言声母为[ts]，但薛典、苏州和无锡市区方言实际读为[z]，常熟读为[dz]，即四地方言不读精母而为从母。就四地方言来说，本字当作“～”。

载 ① zɛ[213] ② zᴇ[31]

舟车装运的物件，方言一般只指舟，江南水乡，河道纵横通畅，运物多用船。船装物量多称重～，如“今朝船浪装得满，是重～啊，摇起来要多化点气力哉”。又船装物后船的吃水深度称～脚，如“今朝～脚重，摇船葛晨光，当心船帮边进水”。《广韵》去声代韵昨代切：“～，运也。”《集韵》去声代韵睟代切：“～，舟车运物也。”《六书故·工事三》：“～，所～之物为～。”～，方言只在“重～”“～脚”等少数词读昨代切或睟代切，其余场合都读《广韵》《集韵》的作代切，方言声母为[ts]。

绽 ① zɛ[213] ② zᴇ[31] ③ dzɛ[213] ④ zɛ[213]

开裂，饱满，凸起，如“田里葛黄豆老哉，黄哉，豆荚荚要～开来哉/立夏哉，蚕豆已经～哉，可以采仔吃哉/人瘦末手指浪葛筋也～出来哉”。《广韵》去声裥韵丈苋切：“袒，衣缝解。～，上同。”《集韵》去声裥韵直苋切：“袒，《说文》衣缝解也。或作～。”按：《说文》无～字。徐锴《说文解字系传》云“今俗作～字”。“袒”与“～”为同一字。由于“袒”字读音有变，今普通话音 tǎn，四地方言也分别读为[tʻ]声母。今一般都作～，本文以～为本字。北周庾信《杏花》：“春色方盈野，枝枝～翠英。”明冯梦龙《警世通言》卷十九：“则见一片黑云起，云～处，见一个人驾一轮香车，载着一个妇人。”

清《光绪通州直隶州志》卷一:“～,谷实饱满也。”明冯梦龙《山歌》卷一:“牛皮做子汗巾,无人拭得破,只怕凤仙花子～笑开来。”鲁迅《呐喊·孔乙己:“孔乙己便涨红了脸,额上的青筋条条～出。”

餩 ① gɛ³¹ ② gᴇ³¹ ③ gɛ³¹ ④ gᴇ³²³

饱嗝儿,如“吃仔三碗饭,饱得来,一直来里在～”。关于～字的音义:《广韵》去声夬韵於犗切:“～,通食气也。欬,上同”。《集韵》去声怪韵乙界切:“噫,《说文》:饱食息也,或作欬,通作～”以上“於犗切”、“乙界切”与方言音不合,义完全相符。又《广韵》平声咍韵古哀切:“～,饴也。”《集韵》平声咍韵柯开切:“～,《方言》饴谓之～。”以上所引义与方言不合,音比较接近,韵相同,声和调不完全相同。《广韵》反切上字“古”,《集韵》反切上字“柯”都是见母字,方言声母应为[k],但方言读为群母字[g],这或许是因为“～”为一等字,《广韵》三等才有群母的缘故。另外,在《广韵》古哀切的小韵中还有“揩”字,方言声母也读[g];在《集韵》柯开切的小韵中有“隑、颏”两字,方言声母也读[g],这说明“～”字也完全有可能读[g]声母。至于“～”的声调《广韵》《集韵》都是平声,薛典方言读阳上,苏州方言由于阳上归阳去,读阳去,声调不一致。总上所说,是否可以认为～字在读音上大致用《广韵》的古哀切和《集韵》的柯开切;意义上用《广韵》的“通食气也”和《集韵》的“饱食息也”。这样的说法有很大的推测成分,能否成立,要进一步研究。本书姑且以“～”为方言本字,或者也可以把“～”作为方言表示上述意义的方言字。

敱 ① ŋɛ²⁴ ② ŋᴇ¹³ ③ ŋɛ²⁴

(头脑)迟钝,不灵敏,不灵活,如“你葛人～得来,搽亨听勿懂伊葛闲话葛,就是要倷赔铜钿拨伊/伊～勿过,拎勿大清葛/伊吓得～脱哉”。方言还可引申指某些东西反应迟钝,不灵活,如“该杆秤～勿过,加点上去勒拿脱点,秤杆动也不动葛”。《广韵》平声咍韵五来切:“～,～痴。”《集韵》平声咍韵魚开切:“～,痴也。”按:“痴”,《说文·疒部》:“不慧也。”～,音义与今方言完全相符。宋张镃《庄器之贤良作〈吾亦爱吾庐〉六诗见寄因次韵》:“更有一般～,望南看北斗。”也有俗作“呆”。《康熙常熟县志》卷九:“谓不慧曰～。俗作呆。”《光绪常昭合志》卷一:“谓不慧曰～。俗作呆。”今通作

"呆"。按:"呆",《广韵》无"呆"字。《集韵》上声晧韵补袍切:"保,《说文》养也,隶作保、呆。"呆,实为保的异体字。作为迟钝等意义及读音是以后才有的。本书以"～"为本字。

此外,笔者还认为,如果要进一步说明的话,～字不见于《说文》《玉篇》等书,而见于《广韵》《集韵》,似乎"～"字的历史并不太长,而在语言中要表示迟钝等意义的词语早该有了,也早该有相应的文字记录了。于是想到了"骙""儗"两字。先说"骙",《广韵》上声骇韵五骇切:"痴也。"《集韵》上声海韵五亥切:"童昏也。"按:"童昏",无智、愚蠢的意思。《说文·马部》:"骙,马行仡仡也。"意思是马行勇武壮健的样子,这是"骙"的本义。《说文·心部》:"儗,骙也。"段玉裁注:"儗骙,即《方言》之痴骙。《疒部》曰:'痴,不慧也。'"唐玄应《一切经音义》卷六引《苍颉篇》:"骙,无知之貌也。"《汉书·息夫躬传》:"外有直项之名,内实骙不晓政事。"颜师古注:"骙,愚也。""骙",从《广韵》《集韵》所注的反切释义来说,与今方言～字,声、韵相同,只是声调不同,意义完全相符,而且《现代汉语词典》"骙"字的注音为 ái,声调是阳平而非上声,这样就与～字同音,这样的注音应是有一定的依据的。再说"儗",《广韵》去声代韵五溉切:"儗,骙也。"《集韵》去声代韵牛代切:"儗,《说文》骙也。""儗",从《广韵》《集韵》所注的反切和释义来说,"儗"和"骙"两者与"～"的差别只是声调的不同。综上所说,"～"与"骙""儗"三字读音上差别只是～读阳平,骙读阳上,儗读阳去。表达同一意义,声调似乎并无区别意义的作用,是否与顾炎武所说"平、上、去三声,古多通贯"有关。根据以上分析,"骙""儗"二字均早于"～"字出现,以"骙""儗"为本字也未尝不可,尤其是"骙"字。

关于"～",我认为方言还另有一个读音和意义,我把它作为"$～_2$"。

$～_2$ ① $gɛ^{24}$ ② $gᴇ^{13}$

③ $gᴇ^{13}$ ④ $gᴇ^{13}$

傻、笨,糊涂,如"倷～得来,捺亨会上伊葛当葛/倷末真葛～葛,倷是勒做吃力勿讨好葛事啘"。$～_2$ 可以与词缀"式式"组成"～式式",意思是傻乎乎的样子。～可以与词缀"头"组成"～头",傻子的意思。按照前面所记"～",《广韵》平声咍韵五来切,方言声母应为[ŋ],但方言中表示傻笨等意义的还有读群母的,声母为[g]的读法。由于～为一等字《广韵》只有三等才有群字。其次是～为从犬岂声的形声字。"岂"为声旁的字以《广韵》为例:

平声咍韵古哀切　殪剀捱䶩腤（方言声母 k）；

平声咍韵五来切　皑嵦殪$_{又}$隑剀$_{又}$～（方言声母 ŋ）；

平声咍韵户来切　捱$_{又}$䶩鲍（方言声母 ɦ）；

上声海韵苦亥切　恺凯颽垲暟铠闿腤$_{又}$（方言声母 k'）；

去声代韵苦盖切　铠$_{又}$闿$_{又}$（方言声母 k'）；

去声队韵五对切　硙（方言声母 ŋ）。

以上各字按《广韵》反切，方言都读为见系声母，但没有读作[g]声母的，因为它们都是一等字。然而在方言中隑、捱都是读[g]声母的。隑，《集韵》去声代韵巨代切："《博雅》：陭也。""隑"为群母字，方言读[g]声母。"捱"，《广韵》有古来切和户来切："触也。"依《广韵》反切方言声母为[k]和[ŋ]，但方言实际读作[g]声母。所以笔者认为，"～"在方言中有可能读作[g]声母，用来表示方言的特定意义。此说能否成立，可以进一步探讨。

"～"与"～$_2$"虽然字形相同，意义也近似，但由于字音不同，意义也有差别，或者说侧重点不同。"～"[ŋɛ]强调的是迟钝、不灵敏、不灵活等意义，"～$_2$"[gɛ]强调的是傻、笨、糊涂等意义。

儗

① $hɛ^{424}$

③ $hɛ^{424}$　④ hE^{35}

痴～～：傻乎乎的样子，如"伊痴～～里一脚蛮高兴葛"。《广韵》去声代韵海爱切："～，儓～，痴也。"《集韵》去声代韵许代切："～，痴也。"痴～～连读，～～读似阴平。唐张说《开元正历握乾符颂》："先生独宴默书阁，含翰词林，奚为其儓～也。""～"在古代似乎常与"儓"连用，但在方言中常与痴字连用。薛典方言还有"痴～呆呆"的说法。清胡文英《吴下方言考》卷六："吴中谓笑声曰诶，不慧而笑曰痴诶诶（音海平声）。"按："诶"，《广韵》许其切，《集韵》有虚其切、於记切和於代切等，方言均不可能"音海平声"，用"诶"字似不妥。

矔

① $kuɛ^{424}$　② kuE^{412}

③ $kuɛ^{424}$　④ $kuɛ^{35}$

眼睛向旁边略看，有时也可指眼睛注视，如"我像煞$_{好像}$～着伊笃两个人一淘勒买末事/伊～仔我一歇，总算拨伊认出来哉"。《集韵》去声谏韵古患切："～，《方言》转目。"《方言》卷六："梁益之间……转目顾视亦曰～。"《玉篇·目部》："～，转目视。"《古文苑·刘歆〈遂初赋〉》：

"空时下而～世兮，自命己之取患。"章樵注："～，转目视也。"《说文·目部》："～，目多精也。"段玉裁注："～之言灌注也。"有的写作"关"。明冯梦龙《山歌》卷二："郎看子姐了，姐看子郎，四眼相关难抵挡。"清顾张思《土风录》卷十二："眼目伶俐者曰眼关六只。"今方言还说"眼～四方，耳听八方"。清胡文英《吴下方言考》卷十二："今吴谚谓瞥然一见曰关见。""关"与"～"，方言声调不同，音近。

掼 ① guɛ[31] ② guᴇ[31] ③ guɛ[31] ④ guɛ[232]

～，《广韵》去声谏韵古患切："～带。"《集韵》去声谏韵古患切："《说文》习也，或从心。"《说文·手部》："～，习也。《春秋传》曰：'～渎鬼神。'"桂馥义证《华严经音义》："郑笺《诗》曰：'～，习也。'字宜从扌，今经本从竖心者，俗通用也。"《玉篇·手部》："～，习也，又带也。"看来"习也"为～的本义。～字的读音，今方言声母不读见母而读群母，声调不读去声，薛典、常熟、无锡市区三地读阳上，苏州阳上归阳去，读阳去。～，今方言一般有如下几个意义：

（1）掴、打，如"勿识相末～脱伊一顿"。

（2）抓住东西用力摔，扔，如"～家生/～手榴弹"。明冯梦龙《醒世恒言》卷九："把那象棋子乱撒在街上，棋盘也～做几片。"玩花主人《缀白裘》十一集卷三："端夜饭出来，小菜都倒在地下，锡掇～扁了，马子跌翻了。"

（3）撂，丢开，如"伊吃仔饭，饭碗一～就走哉/该桩事体～勒浪勿管哉"。张春帆《九尾龟》第三回："自然哙，几年格老相好哉，阿肯勿应酬俚，～脱仔到倪搭来格。"清俞万春《荡寇志》第九十五回："场面上为老子的事务，少不得也有些假戏，都～与帮闲篾片及家人们料理。"

（4）抓住东西的一端向某种东西上摔另一端，如"～稻/～麦/衣裳浪葛灰～～脱"。

（5）跌倒或受外力影响倒向一边，如"头一昏，就～勒地浪/拨电动车一撞，人直～到路边浪"。张春帆《九尾龟》第四十八回："用得力猛，把那流氓踢得直～开去有四五步远近。"清张南庄《何典》第一回："鬼囡拿起撑篙，用尽平生力，望岸上一撑，不料趁水推落，船便望对岸直～转去。"～的以上读音、意义和用法在方言中已约定俗成，～，可以认为是方言的本字。

《现代汉语词典》也收"～"字，并注明"(方)"。列三个义项，四地方言的意义略多一点。

擐 ① $\mathrm{gu\varepsilon}^{213}$ ② $\mathrm{gu\varepsilon}^{31}$ ③ $\mathrm{gu\varepsilon}^{213}$ ④ $\mathrm{gu\varepsilon}^{213}$

连着的东西分前后或左右搭，或肩背负物前边用手抓住，如“两只包一前一后～勒肩胛浪/汏干净葛衣裳～勒竹头浪晒晒/伊～仔一袋米转来”。《广韵》去声谏韵胡惯切：“～，～甲。”《集韵》去声谏韵胡惯切：“～，贯也。”按反切方言声母应为[ɦ]，但方言实际读[g]。侯精一先生在《记忆深处的丁声树先生》一文中云：“丁先生说：‘上古无匣母，都是群母。吴语“环”读[g]就是遗迹。’”(《方言》2009年二期)据此，～,《广韵》《集韵》均为“胡惯切”，胡为匣母。今四地方言声母都读[g]，该是同样的道理，也应认为是一种遗迹。《说文·手部》：“～，贯也。”段玉裁注：“毌，各本作贯，今正。毌，穿物持之也，今废毌而专用贯矣。”慧琳《一切经音义》卷四十一：“～，注引《说文》作贯穿衣甲也。”《左传·成公二年》：“～甲执兵，固即死也。”杜预注：“～，贯也。”《广雅·释诂三》：“～，著也。”王念孙疏证：“～者，贯之著也……《吴语》服兵～甲……《众经音义》卷十七引贾逵注云：‘～，衣甲也。’高诱注《淮南子·要略》：‘～，贯著也。’”古时将士所穿盔甲是前后连着～在肩膀上，用来保护前胸和后背。今方言所说的“～”是指连着的东西搭放在肩上或其他东西上，这应该是～的引申义。清张南庄《何典》第一回：“只见一个硬头叫化子，背上～个长袋，手里牵只青肚皮猢狲。”

有的写作“掼”。《抱朴子·外篇·博喻》：“盘旋揖让，非寇之容；掼甲缨胄，非庙堂之饰。”看来“掼”与“～”在这一意义有相通之处。清顾张思《土风录》卷十五：“背负物曰掼……今方言作‘环’，去声。”清欧阳巨源《负曝闲谈》第二十四回：“一个学徒弟的肩上掼着两只靴子，腰里夹着衣包。”按：“掼”，《说文·手部》：“习也，《春秋传》曰：‘掼渎鬼神。’”桂馥义证《华严经音义》云：“郑笺《诗》曰：‘掼，习也。’字宜从扌(手)，今经本从竖心者，俗通用也。”《字汇补·手部》：“掼，惯本字，今掼习之掼作惯。”从以上对“掼”字的释义看，“掼”为“惯”的本字，有掼习之义。至于有的书把“掼”字作“～”字用，可能也是一种通用。严格地说，“～”与“掼”音也不同，义也不完全同。“～”，《广韵》《集韵》都是胡惯切；“掼”，《广韵》《集韵》都是古患切，“掼”与“～”音意均不同。本书以“～”为本字。

彎 ① $u\varepsilon^{424}$ ② $u\text{E}^{412}$ ③ $u\varepsilon^{424}$ ④ $u\varepsilon^{35}$

（1）中途顺路拐（到），如"你到无锡去末，顺便你就～到我屋里来坐坐，我有话搭倷说/我上街总要到姐姐屋里～一～，带点末事去，也看看小外甥"。《广韵》平声删韵乌关切："～，《说文》曰：'持弓关矢也。'"《集韵》同，两书都引用《说文》的释义，意思是引弓（射箭）。《玉篇·弓部》："～，引也。"《广雅·释诂一》同。以上所引用的都是～的本义。由此引申为曲折、不直等意义。方言还引申为"顺路拐"的意义。～在读音上按《广韵》反切，方言应读阴平，在～的一般意义上，方言也都读阴平，只是在作为"顺路拐"的意义上，方言读阴去，是～的动词用法。《中国现在记》第十二回："候着他出门看病的时候，走到我们这个街口，朝他下跪，求他过来～一～，他是斩钉截铁的不肯。"清孙家振《续海上繁华梦》一集第一回："乘前一班法公司轮船来的，到大兴舍下～了一次，前天又到上海。"

（2）拐～，如"～过该座山就到哉/伊～进一条小巷，我就看勿见伊哉"。清姬文《市声》第十六回："次日起一个绝早，趁着要债的没来，偷偷走到六马路，～过宝善街。"鲁迅《呐喊·社戏》："过了那林，船便～进了叉港，于是赵庄便真在眼前了。"以上句子中的～，方言都读阴去，也是～的动词用法。

灣 ① $u\varepsilon^{424}$ ② $u\text{E}^{412}$ ④ $u\varepsilon^{35}$

形容地处偏僻、道路曲折、交往不便，如"倷住葛场化～勿过，勿大容易寻着葛/伊葛老屋里～是～得来，我摸仔半日总算拨我摸着哉"。方言有"～煞浜兜"的说法，形容水路曲折交通不便的小河道。也可用来泛指，不限于曲折小河道。《广韵》平声删韵乌关切："～，水曲。"《集韵》同。"水曲"应是"～"的本义，名词。方言与此意义相同，如无锡市地名"羊腰～"，读音也与《广韵》反切相符。～，方言还有开头所说的意义，即形容词的意义，这可以认为是"～"本义的引申义。在读音上，方言不读阴平，改读为阴去，这是在读音上的区别。清张南庄《何典》第十回："山里有个女怪，叫作罗利女，住在～山角络一间剥衣亭里，专好吃男子骨髓。"

添 ① $t\text{‘}iɪ^{424}$ ② $t\text{‘}iɪ^{412}$

增加的与原有的混合在一起，方言指搓或绞草绳时添加稻草等，如"你搓绳，我～稻柴，搓起来好快一点/稻柴～得脱多，绞出来葛绳粗仔点哉”。《集韵》去声㮇韵他念切：“～，和益也。”按：“和”，去声。～作为单纯表示增加的意义，方言也读平声。《广韵》平声添韵他兼切：“益也。”

㼭 ① dɪɪ²¹³ ② dɪɪ³¹ ③ die²¹³ ④ dɪɪ²¹³

用东西放在器物下使平稳，如“台子勿平，台脚下拿瓦爿～～平”。《广韵》去声㮇韵徒念切：“～，支也。出‘《通俗文》。’”《集韵》去声㮇韵徒念切：“～，楮也。”按：“楮”，《说文·木部》：“柱砥，古用木，今以石。”段玉裁注：“䃰在柱下，而柱可立，因引申为支拄，拄塞之称。”《字汇·瓦部》：“～，支物不平。”元曾瑞《中吕·醉春风·清高》：“书万卷撑肠稳支～。”清胡文英《吴下方言考》卷九：“吴中凡案类不平则以瓦片～（音佃）之。”《民国崇明县志·方言》：“～，《肯綮录》音奠，俗谓以物支足令平也。”今一般写作“垫”。不过“垫”本无支撑垫塞义，可能是后来才有的。垫，《广韵》《集韵》都是去声都念切，与方言的音不完全符合。“垫”与“～”今方言同音。

䭠 ① tɕʻiɪ⁵² ② tɕʻiɪ⁵² ③ tɕʻe⁴⁴ ④ tɕʻiɪ³²⁴

韧～～：指米、面等制作的食品黏韧而不易咬断，如“该块饼勿脆，韧～～里咬也咬勿动”。又引申为一般事物不易折断，如“该根树条韧～～里，削（用手弯折）杀削勿断”。又引申指人的脾气不干脆、不爽利，如“伊韧～～里勿爽脆葛”。《广韵》上声狝韵去演切：“～，干面饼。”《广韵》又作“饙”：“饙，黏也。”《集韵》上声㺅韵去演切：“～，《博雅》一曰黏也……或省（作𫗧）。”《广雅·释诂三》：“～，搏也。”王念孙疏证：“《广韵》又作‘𫗧’，黏也。”《玉篇零卷·食部》引《声类》：“～，黏也。”清胡文英《吴下方言考》卷八：“吴中谓饼之凉而不中食曰‘纫～～（音遣）’。”

𤚬 ① tɕʻiɪ⁴²⁴ ② tɕʻiɪ⁴¹⁴ ③ tɕʻie⁴²⁴ ④ tɕʻiɪ³⁵

本指牛不听使唤、违拗的意思，方言引申对人也说，如“喊子你半日哉，捺亨（怎么）～勒浪勿动葛咯”。《集韵》去声霰韵轻甸切：“～，《博雅》很也。”按：“很”，《玉篇·人部》：“很，戾也，本作很。”《说文·彳部》：“很，不听从也。”清胡文英《吴下方言考》卷九：“～，音欠，吴中谓牛倔强而去曰～，小儿发悻而去亦曰～。”此释义与薛典等地方言稍有不同。

方言有熟语“牛～马踥”的说法，意思应是牛不听从使唤，马又拐脚行动不便而迟缓。方言的引申意义常指人不听使唤，行动拖拉迟缓，如“等子你长远哉，你牛～马踥勒作啥/嫑牛～马踥哉，要迟到葛”。“踥”，音[bã]，《集韵》平声庚韵蒲庚切：“踥，《说文》曲胫马。”《说文·足部》：“踥，曲胫马也。读与‘彭’同。”按：曲胫马，指小腿骨曲的拐脚马。《篇海类编·身体类·足部》：“凡胫曲皆曰踥。”“牛～马踥”方言还有一种引申义，表示很费时费力地勉强完成的意思，如“儿子开学要五千元，总算牛～马踥借仔点凑齐哉”。牛～马踥有的写作“牛牵马棚”，如果是这样，意思应是不合适、搞错了地方，或近似“张冠李戴”“牛头不对马嘴”的意思。事实并非如此。“牛～马踥”这一方言熟语的构成应理解为“牛～”和“马踥”上下两截对称结构构成，共同完成特定的意义。有的还把“牛～马踥”中的“踥”说成[pã]，这可能是在长期应用过程中的音变现象。由此有的就写成“牛牵马绷”，意思就不可理解了。

拌

① p‘ø⁴⁴　② p‘ø⁴⁴
③ p‘ɤ⁵³

舍弃不顾惜，如“～死吃河豚/～得舍得/伊为仔儿子才都～得葛”。《广韵》平声桓韵普官切：“～，弃也，俗作拚。”《集韵》平声桓韵铺官切：“～，《方言》楚人凡挥弃之物谓之～。俗作拚，非是。”《广雅·释诂一》：“～，弃也。”王念孙疏证：“～之言播弃也。”唐温庭筠《春日偶作》：“夜闻猛雨～花尽，寒恋重衾觉梦多。”清高绍康《永清庚申记略》：“余挺而走险，～死得至双营。”《民国嘉定县续志·方言》：“～命，俗谓弃身也。《博雅》：‘～，捐弃也。’音潘。”有的写作“拚”。唐杜甫《将赴成都草堂途中有作先寄严郑公五首》之三：“肯藉荒庭春草色，先拚一饮醉如泥。”本字当作～。～，后世常写作‘拚’。”“拚”，《广韵》《集韵》都没有符合方言的音，也没有舍弃不顾的意思。《说文·手部》：“拚，拊手也。”《玉篇·手部》：“拚，《说文》云拊手也。”按：“拊手”，拍手或用手击的意义。“拚”，作为舍弃不顾的意思是后世给予的。明冯梦龙《山歌》卷一：“汗衫累子鏖糟拚得洗，连底湖胶打勿开。”明凌濛初《拍案惊奇》卷三十二：“若得尊嫂如此留心，小生拚尽着性命，陪尊嫂取乐。”

～，今普通话和方言经常用作为“搅和”的意义用，音来源于《广韵》上声缓韵蒲旱切。“拚”，今方言只在口语词中用，大都已说“拼”。

方言中"拚"与"拼"不同音,如"拚死吃河豚"只说"拚",不说"拼"。

芊

① kø⁴⁴ ② kø⁴⁴

④ ko⁵⁵

~芠:形状像芦苇,茎不中空,叶较硬,侧有刺,丛生于不宜种庄稼的高坡地上。冬天割下后,绕成把当柴烧或作扎篱笆的材料。《集韵》平声寒韵居寒切:"~,蔽~,草名。""芠[k'əu]",《集韵》平声戈韵古禾切:"芠,草名。"依反切薛典、苏州当音[kəu],但实际读为溪母字。《玉篇·草部》:"芠,草名。"《民国嘉定县续志·方言》:"~芠,柴草之一种,俗读'看窠'。见《农政全书》。"按:《农政全书》为明徐光启作,徐是上海人。薛典、苏州方言"芠"与嘉定音同,音"窠"。但"~"与嘉定音不同。《说郛续·田家五行》:"看窠草,一名干戈,谓其刺故也,芦苇之属,丛生于地。"又胡祖德《沪谚》:"七斫坟柴,八斫芦,十二月里斫干戈。"从以上看,在读音上薛典、苏州与嘉定、上海等地略有不同,书写文字上也不尽相同,但所指是相同的。

叉

① ts'o⁴⁴

④ ts'ou⁵⁵

姆指与其余四指分开,姆指与任何一指两端的距离长度叫~。手有大小,手指有长短,~的两端距离也有长短。~可以作名词、量词和动词,如"我葛~不及你葛~大/该张台子有七~长/你用手~一~,该张台子有几化长"。《广韵》平声麻韵初牙切:"~,交手。"《集韵》平声麻韵初加切:"~,《说文》手指相错也。"《玉篇·又部》:"~,指相交也。"按照以上释义,~都是手指相错。~,还有分开、张开的意义。明汤显祖《牡丹亭·道觋》:"只那些儿正好~着口,'钜野洞庭';偏和你灭了缝,'昆池碣石'。"方言正是用了~作为分开张开的意义。如"~腰",即用大姆指和其余四指分开,分前后按在腰旁。

划

① ɦo²⁴

③ ɦu²⁴ ④ ɦu¹³

用手或筷子等拨动,如"该点长生果我搭倸平分,我葛一摊比倸葛一摊多,我要~点拨倸葛/倸菜吃仔勿少哉,要~几口饭哉/碗里还有饭米糁~~干净"。《广韵》平声麻韵户花切:"~,~拨进船也"。意思是用桨一类东西拨水使船前行。方言除了有这一意义外,还引申出了用手或筷子等拨动的意义。它们之间的相似之处都是用某种东西拨动。关于"~"《玉篇·刀部》:"~,镰也。公卧、公祸二切。"《广雅·释器》:“～,镰也。”看来～的本义是“镰”。《广韵》去声过韵古卧切:“～,镰也。”又《广韵上声果韵古火切:“～,～刈也。”作为～拨行舟的意义及读音都是后来才有的。

挜

① o^{44}　② o^{44}

③ u^{53}

强给。如“我勿要,伊～拨我葛。”《集韵》上声马韵乌瓦切:“～擩,摇也。”声调和义不合。《字汇·手部》:“～,强与人物。依架切。”义合,音不合,反切所示为去声,方言为阴平。明冯梦龙《醒世恒言》卷三:“将银子～在秦重袖内,推他转身。”清吴任臣《十国春秋·南唐·卢绛传》:“又持摧货～贾于山中。”清光绪《常昭合志稿》卷六:“强与曰～。”茅盾《故乡杂记·第二内河小火轮》:“因而就认为是有缝可钻的鸡蛋,拼命向我们～卖了。”《现代汉语词典》“～”,音 yà。

㔷

① lei^{44}　② $iɤ^{44}$

③ $liɤɯ^{53}$　④ lei^{55}

用隐蔽的方式逃跑或走开,如“贼骨头小偷抓牢仔勿曾看好,拨伊～脱哉/一歇歇人又勿看见哉,又～出去赌铜钿哉”。《集韵》去声候韵郎豆切:“～,《说文》侧逃也。”按照反切方言应读去声,但方言实际读阴平。因在方言中次浊声母的字,有较多其他声调的字也读为阴平调的。《说文·匸部》:“～,侧逃也。从匸丙声。”徐铉注:“丙非声,义当从内,会意。疑传写之误。”徐灏注笺:“～,陋古今字。”又桂馥义证:“侧逃也者,通作‘陋’。《释言》:‘陋,隐也。’”根据以上释义,丙声不合字音,而且也不合字义。笔者认为徐铉的说法可信。～,《说文》的释义:“侧逃也。”“侧”,《说文》:“旁也。”《玉篇》:“侧,傍也。”《广韵》平声唐韵:“傍,亦作旁。”旁、傍为同一字。由此可知,所谓“侧逃”,也就是不是从正面堂而皇之地逃跑、走开,而是乘人不备从旁用隐蔽的方式逃跑、走开的。本书依照《说文》以～为本字。也许～字比较冷僻,后世都写作“溜”。“溜”,《广韵》《集韵》都是去声宥韵力救切,作为上述意义,方言读阴平,普通话也读阴平。元方君宝《秋胡戏妻》第四折:“我们也没嘴脸在这里,不如只做送李大户到县去,暗地溜了。”清沈起凤《报恩缘》二十四出:“关伊拉后园勾耶,那亨不伊溜忒仔。”“～”,今作“溜”,方言除了上面的意义外,还引申为乘人不备偷偷地进入的意思,如“伊今朝勿曾买着门票,勿知那亨拨伊溜仔进去”。明凌濛初《拍案惊奇》卷二十六:“老僧趁着两杯酒兴,便溜进他房。”

𥦗

① kei^{424}

挖、掘。～井：挖井，也指井用久了，淤泥沉积，请挖井工下井淘去淤泥，如“伊勒自家天井里～仔一口井/井水混得来，要请人～一～井哉”。今方言一般只用于～井。《集韵》去声候韵居候切：“～，穴也。”《玉篇·穴部》：“～，～穴也。”《字汇·穴部》：“～，空也，穴也。”按：“穴”有挖凿义。《墨子·备穴》：“穴土而入。”《新唐书·隐逸传·秦系》：“穴石为砚，注《老子》。”

䏺

① bã^{24} ② bã^{13}

③ bã^{24} ④ bã^{13}

聋～：(1)耳聋。(2)耳聋的人。～，不见于《广韵》《集韵》及以前的字书，看来可能是一个后造的或为特定方言造的字，从耳彭声。称聋子为聋～，吴语区的江苏很多地方有此说，上海、浙江也有说聋～的。乡谚有云：“勿要拨瞎子看见仔，勿要拨聋～听见仔。”清王濬卿《冷眼观》第十三回：“你不该对着聋～骂瞎子。”顾颉刚编《吴歌甲集·摇船絷绷》：“断仔橹绷，跌杀一个小聋～。”有的写作“膨”。张春帆《九尾龟》第一三四回：“这个医生姓庄……因为他两耳重听，大家又叫他庄聋膨。”有的写作“髶”。清韩邦庆《海上花列传》第十四回：“耐哚包打听阿是个聋髶，教俚去……耳朵作作清爽，再去做包打听末哉。”“膨”与“～”方言同音，“髶”与“～”方言音近。笔者认为，“～”从字形、字音、字义来说都很符合，可以作为本字。

饏

① tsʻã^{44} ② tsʻã^{44}

③ tsʻã^{53} ④ tsʻã^{55}

吃得过饱，胃里有胀感，如“勿要再吃哉，肚皮要～葛”。《广韵》《集韵》均未收～字。《篇海类编·食货类·食部》：“～，～饹，饱也。”按：“饹”，《集韵》上声马韵女下切：“饹，餍也。”“餍”，《玉篇·食部》：“饱也。”《广韵》去声艳韵於艳切：“餍，饱也。”总之，“～”和“饹”都为饱食的意义。清蒲松龄《聊斋俚曲集·穷汉词》：“饥困了喝凉水，～的吱吱叫。”老舍《骆驼祥子》：“她一吃就是两三大碗，吃完又没有运动，她～得慌。”有的写作“撑”。《后西游记》第二十二回：“争奈来得多，连猪八戒也吃得撑肠摩肚，吃不下了。”清菊畦子《醒梦骈言》第七回：“大家去盛饭，适值这天料米少，戾姑又故意吃得撑肠拄肚，竟吃完了。”“撑”与“～”方言同音。今一般写作“撑”。

耕

① kã^{44} ② kã^{44}

③ kã^{53} ④ kã^{55}

犁田。旧时苏锡一带都用水牛拉犁～田。《广韵》平声耕韵古茎切:"～,犁也。"《说文·耒部》:"～,犁也。"这是耕的本义。所谓"犁"(按《说文》作"䎽"),是指用犁把田中的土翻动翻松。方言有"～饭镬"的说法,是指烧饭时用锅铲子把沉在锅底的米翻动,以免沉结黏锅。笔者以为,这与～田有相似之处,应是～字的引申义或引申的用法。方言还有"～馄饨"的说法。因为馄饨刚下锅是沉在底部的,很容易黏锅,所以要用锅铲子或勺子一类炊具翻动。为此方言还总结馄饨与面条煮法的不同:"生～馄饨熟～面",意即面条下水后不必马上翻动。

胮

① p'ɑ̃[424] ② p'ɑ̃[412]
③ p'ɑ̃[424] ④ p'ɑ̃[35]

酸～气:豆类等浸泡水中较久,或东西发酵后发出的酸臭味,如"黄豆浸得有点酸～气哉/天热哉,豆腐酸～气哉"。《广韵》去声绛韵匹绛切:"～,胀臭貌。"黄侃《蕲春语》:"今四川语状物之臭曰～臭底。"用来形容一种臭味。酸～气,方言还引申为怨气、窝囊气的意思。有的写作"胖"。清曹春江《合欢图》第二十七回:"极该应打发唐兄转故乡,害我连朝受尽酸胖气。""胖"与"～"方言同音。

(2)东西遇水或液体后胀大,如"浸子一夜,蚕豆浸～哉"。《玉篇·肉部》:"～,普降切,～胀也。"宋宋慈《洗冤录·溺水死》:"水浸多日,尸首～胀。"清胡文英《吴下方言考》卷八:"吴中谓物小而急有胖大者曰～(音蚌)。"按:四地方言"～"与"胖"同音,不读"蚌"。

盪

① t'ɑ̃[44] ② t'ɑ̃[44]
③ t'ɑ̃[53] ④ t'ɑ̃[55]

推挡,挡住,如"伊拔出拳头想打,我用手～住,总算勿曾拨伊打着/风大得来,拿块板来～一～,～脱点风/太阳旺勿过,撑把伞～～太阳"。《集韵》平声唐韵他郎切:"～,涤器也。"《说文·皿部》:"～,涤器也。"这是～的本义。但～还有推、推挡、挡住等意义。《论语·宪问》:羿善射,奡～舟。"邢昺疏:"～,推也。"元佚名《渔樵记》第一折:"老汉沽下一壶儿新酒,等两个兄弟来时,与他～寒。"明冯梦龙《古今小说》:"左伯桃冒雨～风,行了一日,衣裳都沾湿了。"清翟灏《通俗编·天文》:"《字典》:'～,音汤。'俗有～风冒雪之语。"清胡文英《吴下方言考》卷二:"郑熊《番禺记》:"婿先饮一杯曰～风。按,～,抵挡也。"有的写作"摚"。《字汇·手部》:"摚,他郎切，以手推止也。”这应该是后来造的形声字。由于强调了用手挡住，所以用了手旁，其实意义并不限于手挡。《民国崇明县志·方言》：“⿱汤手，音汤，以手抵御也。隋童谣‘提刀向前～’。古只作～。”今方言一般都写作“⿱汤手”。

摥 ① t‘ɑ̃⁴²⁴ ② t‘ɑ̃⁴¹² ③ t‘ɑ̃⁴²⁴

推。～蛳螺螺蛳：用网兜装在竹柄上，压下水，顺着河边底部往前推，把停留在那里的螺蛳推进网内。网兜形如簸箕，口阔而平，所以可把螺蛳推入网内，也能推到小鱼、小虾。《广韵》去声宕韵他浪切：“～，排～。”《集韵》去声宕韵他浪切：“～，排也。”按：“排”，《广雅·释诂三》：“推也。”明冯梦龙《山歌》卷四：“使得枪儿也弄得钯，丢得团鱼也～得虾。”《民国嘉定县续志·方言》：“～，俗言排～也，如云～稻等。”按：“～稻”，要用～耙，～耙是除稻田杂草的农具，是一个前窄后稍宽的木框架，底部钉上几排铁钉，框架上装长竹竿柄，使用时把～耙放在田里往前推，以除去稻行（横行）间的杂草，并同时可达到松土的作用。明邝璠《便民图纂》卷一：“～过秧来又要耘，秧边宿草莫留根，治田便是治民法，恶个祛除善个存。”“～稻”，今一般写作“耥稻”。看来“耥”是后来用形声的方式造的字，一般字书上都未收“耥”字。《汉语大字典》收“耥”字，注音为 tǎng。“耥”与“～”方言同音，三地方言读阴去。又：“耥”，《现代汉语词典》注音为 tāng，阴平，三地方言在“耥稻”这个词语中，由于连读变调的原因，“耥”读平调的调形，与普通话阴平的调值近似。又：“斛～”，丁字形短尺。旧时米麦等用升、斗、斛子一斛为五斗等量器量，斛～是用来推平斛子口上的米麦的。也有的用斛～来回推拉，这样可以多括去斛口上的米麦，旧时商人出售米麦常这样做。

䲥 ① dɑ̃²⁴ ② dɑ̃¹³

～鳢鱼：一种大口、头略扁、细鳞、灰黑色的鱼，经常伏在河边的浅滩上，喜食小鱼，大者不过五六寸，味极鲜美，尤其是菜花盛开时最佳，有菜花～鳢鱼的说法。《广韵》平声唐韵徒郎切：“～，鱼名。”《广雅·释魚》：“～，魠也。”按：“魠”，《说文·鱼部》：“魠，哆口鱼也。”意即大口的鱼。～鳢鱼属于大口的鱼。鳢，《广韵》上声荠韵卢启切：“鳢，《说文》鳠也。”按：“鳠”，《本草纲目·鳞部·鮧鱼》：“鳠，即今之鮰鱼。”鮰鱼，是一种似鲇而大的大口鱼。长江鮰魚很有名。其实,“鳢”,今通常是称为黑鱼或乌鱼的那种鱼,体圆筒形,青黑色,头扁,大口细鳞,喜食小鱼。鳢与～鳢鱼,从大口细鳞、体形颜色和食性等角度看,都有相似处。看来命为～鳢鱼是有一定依据的。～鳢鱼薛典方言也可说土鲋鱼,无锡市区说土鲋鱼。“鲋”,《集韵》模韵蓬逋切:“小鱼名。”“土鲋”,有的写作“鲀鲱”。宋吴自牧《梦粱录·分茶酒店》:“兼之食次名件甚多姑以述于后,曰:酒吹鯚鱼,油煠鲀鲱……鲀鲱假清羹。”“鲀鲱”,可能根据读音造的形声字。有的写作“土步”。清童岳《调鼎集》卷五:“杭州以土步鱼为上品,而金陵贱之,目为虎头沙。”按:“沙”,似应作“鲨”,因其形似鲨。

誏 ① lɑ̃[44] ② lɑ̃[44]

～声:冷言冷语,挖苦嘲弄人,如“你嫑～声,我听懂你葛意思葛”。《集韵》去声宕韵郎宕切:“～,谑也。”按反切方言当为阳去,但实际读为阴平。在方言中有的次浊声母字常变读为阴调类,甚至变读阴平。《玉篇·言部》:“～,闲言。”清胡文英《吴下方言考》卷八:“吴中谓冷话曰诶～。”

鶞 ① tsɑ̃[44] ② tsɑ̃[44]

青～:苍鹭。一般写作青庄。《广韵》平声钟韵书容切:“～,鸀～,鸟名。”《集韵》平声钟韵书容切:“～,鸀～,鸟名,布谷也。”《玉篇》作鹲,“式容切,鸟名”。与方言音义均不合。《篇海类编·鸟兽类·鸟部》:“～,青～,鸟名,音庄。”今以《篇海类编》的音义为准。～,从构字来说应是一个形声字,从鸟春声。这和《说文新附·木部》的椿(桩)从木春声一样,“～”和“椿”同音。清李元《蠕花·物知》:“～,青庄也,信天缘也。”

鷾 ① tsɑ̃[44] ② tsɑ̃[44]

～鸡:一种常棲息在水边或水边树林中的鸟。有的地方称水鸡。《广韵》平声阳韵诸良切:“吴人呼水鸡为～渠。”《浙江通志·物产》引《(万历)嘉善县志》:“生北乡湖荡中,颇肥,俗水里鲳,岸上～。”

戇 ① gɑ̃[31] ② gɑ̃[31] ③ gɑ̃[31] ④ gɑ̃[232]

傻、笨、糊涂鲁莽,如“你～得来,要倷去管啥个闲事/你做该种事体真是～杀哉”。《广韵》去声绛韵陟降切:“～,愚也。”又去声送韵呼贡切:“～,悷～,愚人。”《集韵》去声勘韵呼绀切:“～,愚也。”《说文·心部》:“～,愚也。”《玉篇·心部》:“～,愚也。”《广雅·释诂一》:“～,

愚也。"王念孙疏证:"～者,《众经音义》卷二十二引《三仓》云:'～,愚无所知也。'"根据以上所引,意义与方言相符,方言读音与反切所表示的音不相符。看来方言是借用～字而赋予方言的读音。《民国嘉定县续志·方言》:"～,俗读渠降切。"《史记·汲黯列传》:"甚矣,汲黯之～也。"清俞达《青楼梦》第二十七回:"若说了不久,他有些～的,说什么为僧为鬼,情愿取义舍生。"清梦花馆主《九尾狐》第五回:"奴末真真叫～得来,倷勿是蔡大少,奴亦勿是金巧林,辩俚作啥。"～,方言还可以构成"～子、～大、～头、～人"等词,用来指傻笨的人。《现代汉语词典》中,～除有了 zhuàng 的读音外,同时还有 gàng 的音,释义注明:"(方)傻;愣。"

唤

① ã⁴⁴ ② ã⁴⁴

④ ã⁵⁵

～忼:恶狠狠的样子,方言常叠用,如"你勿要对我～忼～忼,我也呒拨办法/你对我～忼～忼呒用葛,该桩事体也勿是我作主葛"。《广韵》平声唐韵乌郎切:"～,应声。""忼",《广韵》平声唐韵呼郎切:"～忼,很戾。"《集韵》平声唐韵虚郎切:"～忼,很戾。"按:"很",凶狠。无锡市区说"～声～气"。

晄

① huã⁵² ② huã⁵²

色彩艳丽漂亮,旧时常用来指女人穿衣时髦漂亮,色彩艳丽夺目,有贬义,如"格个女人着得～得来"。也用来指禽类毛色艳丽,如"格只雄鸡鸡毛～得来"。《广韵》上声荡韵胡广切:"晃,明也,辉也,光也。亦作～。"《说文·日部》:"～,明也。"段玉裁注:"晃,各本篆作～。"《抱朴子·外篇·喻蔽》:"守灯烛之宵耀,不识三光之晃朗。"元王实甫《西厢记》第一本第二折:"却怎睃趁着你头上放毫光,打扮的特来晃。"清胡文英《吴下方言考》卷八:"熿,吴中谓盛衣饰以动人耳目为熿(音况)。"《集韵》上声荡韵户广切:"～,《说文》明也。或作熿。"有的写作"恍"。明冯梦龙《山歌》卷三:"嫁出囡儿哭出子浜,掉子村中恍后生。""恍"与"～"方言同音。按照《广韵》《集韵》的反切方言音当为[ɦuã],方言实际读[huã]阴上。这一读音与《吴下方言考》所注音"况"是一致的。

汪

① uɑ⁴²⁴ ② uɑ⁴¹²

③ uɑ⁴²⁴ ④ uɑ³⁵

水积聚,如"落子一场大雨,门口水～起来哉"。《集韵》去声宕韵乌旷切:"～,停水臭,一曰水貌。"《说文·水部》:"～,池也。"桂馥义疏："《一切经音义》四《通俗文》：'停水曰～。'"停水，指水积聚不流动。清胡文英《吴下方言考》卷二："吴谚谓水不能流曰～。"～，普通话与方言的差别在于方言有两个音，作为水积聚义读阴去，作姓氏等读阴平，普通话都读阴平。

嬁 ① $təŋ^{44}$ ② $tən^{44}$ ③ $təŋ^{53}$ ④ $tən^{55}$

～样，形容人的相貌、身材美好而有样子，如"伊长得～样葛，身材勿长勿短、勿瘦也勿壮，正好"。～，方言不单用。～样也可以用于指物，形容形状、样子等好看，如"该件旗袍着勒你身浪蛮～样葛"。《集韵》平声登韵都腾切："～，美女貌。"《玉篇·女部》"～，美女貌。"方言引申为相貌、身材等美好。有的写作"登"。《长篇叙事吴歌·五姑娘》："面孔勿白勿黑，身体勿胖勿瘦，个子勿长勿短，实梗登样格女人世上少少教。"苏州评弹《白蛇传》："几年勿见，生得实梗登样哉。""登"与"～"方言同音。

吨 ① $t'əŋ^{44}$ ② $t'ən^{44}$ ③ $t'əŋ^{53}$ ④ $t'ən^{55}$

臭气、烟气等熏(人)。如"烟～得气也透勿转哉/你放个屁，臭得来～三间哉(喻指臭气可熏三间房)"。《广韵》上声混韵他衮切："～，气相冲也。"方言不读阴上，读阴平。明孙楼(号百川)《吴音奇字·人事门》："～，音吞，臭气～人。"孙楼为常熟人，注音"吞"，也读为阴平。有的写作"吞"。孙家振《海上繁华梦》(作于清末)第二集第十四回："但听得'吱'的一声，冲上一股气来，吞得满房的人几乎咳嗽。""吞"与"～"方言同音。

繗 ① $ləŋ^{24}$ ② $lən^{13}$ ③ $ləŋ^{24}$ ④ $lən^{13}$

(用针)缝，如"剪块布～只袋袋"。《广韵》平声真韵力珍切："～，绍也"。《玉篇·系部》："～，绍也。"按："绍"，《说文·系部》："继也，一日紧纠也。"段玉裁注："紧，缠丝急也。"《玉篇·系部》："绍，急纠也。""绍"有紧缠的意思，与～的意思有相通之处。方言中的～，就是指用针线把布紧紧地缝在一起。许宝华、汤珍珠《上海市区方言志·分类词表》："～，缝合：～衣裳。"

頖 ① $zəŋ^{213}$ ② $zən^{31}$ ③ $zəŋ^{213}$

低下(头)，如"伊～倒仔头勒转念头思考·想/覅～下仔头勿说话"。《集韵》去声沁韵时鸲切："～，槓

～，俯首。”按：“槸”，《集韵》平声侵韵犁针切：“槸～，俯首。”清蒲松龄《日用俗字·饮食》：“饮客槸～头不举。”今方言只单用～，明孙楼《吴音奇字》：“～，俯首。”

抻

① ʂəŋ424 ② sən412 ③ ʂəŋ424 ④ ʂən35

拉物使延长，如“该块布拉一拉～出来哉”。《广韵》去声震韵度试刃切：“～，～物长也。”《集韵》去声震韵试刃切：“～，展也。”清翟灏《通俗编·杂字》：“～，展物令长也。”清《嘉庆如皋县志·方俗》：“～，扯物令长也。”明孙楼《吴音奇字·人事门》：“～，申去声，～长也。”方言还引申为增加、增长的意义，如“买仔五尺布转来量量，～出来仔一寸/五十斤米着仔点潮，～出来仔一斤”。

詪

① gəŋ31 ② gən31 ③ gəŋ31 ④ gən232

在语言或行为上偏执倔强，不知变通，如“伊发起脾气来～勿过，随便啥人也说勿听葛”。～头：指具有这种性格的人。《广韵》上声很韵古很切：“～，难语貌。”《集韵》上声很韵口很切：“～，眼（按字当作很）戾也。”《说文·言部》：“～，眼（很）戾也。”据丁福保《说文解字诂林》：“沈乾一按：唐写本《玉篇》注引《说文》很也。今本作眼戾也，‘眼’系‘很’形近之误……盖古本有一训，即很也，戾也。野王节引其第一训乎，宜据补正。”《广雅·释训》：“～～，语也。”王念孙疏证：“《说文》：‘～，很戾也。’谓语言相很戾也。重言之则曰～～。”张舜徽《说文解字约注·言部》云：“很戾之见于行止者为很，见于言语者为～，见于目者为见，见于心者为恨。”方言之所谓～，表现在语言上，也表现在行为上。明孙楼《吴音奇字·人物门》：“～，人不慧，难与言也。”至于读音依《广韵》的古很切。按反切方言声母当为〔k〕，但方言实际读音为〔g〕。～属很韵一等字，《广韵》三等才有群母。有的写作“鲠”。评弹《西厢记·赖东》：“张生脾气忒鲠，红娘脾气忒大。”“鲠”与“～”，音近。

臖

① ɕiŋ424 ② ɕin412 ③ ɕiŋ424 ④ ɕiɪ35

～核或～核块：中医指淋巴结肿大，手模有球状核，能移动，肿痛或压痛，常由于炎症等疾病引发。《广韵》去声证韵许应切：“～，肿起。”《玉篇·肉部》：“～，肿痛。”叶祥苓《苏州方言词典》：“～槢，淋巴结肿大。”按：“槢”，同“核”。《集韵》入声没韵胡骨切：“槢，果中实，或作核。”

縈 ① $y\text{əŋ}^{44}$ ② ɦin^{44} ③ ioŋ^{53}

弯曲、缠绕、结缚。~草把：把稻草等屈转绕扎成锅膛里可烧的把儿，如"吪拨没有事体末~好点草把"。《广韵》平声清韵於营切："~，绕也。"《集韵》平声清韵娟营切："~，《说文》收拳也。"按："拳"，《说文·韦部》："革中辨谓之拳。"《广雅·释诂一》："拳，曲也。"又释诂四："拳，诎也。"《后汉书·张衡传》："瞻昆仑之巍巍兮，临~河之洋洋。"李贤注："~，曲也。"《诗·周南·樛木》："南有樛木，葛藟~之。"毛传："~，旋也。"《篇海类编·衣服类·糸部》："~，系也。"清朱骏声《说文通训定声》卷十七："《通俗文》：'收绩曰~。'《桂苑珠丛》：'~，卷之也。'按，收卷，丝若~绕而叠之也。今苏俗'~绩团'，'~草把'皆是。"有的写作"撄"。清张南庄《何典》第六回："活死人没法，只得撄好乱柴把，吹着阴火，向冷灶里推一把进去。"按："撄"，《玉篇·手部》："结也。"《集韵》平声清韵娟营切："有所系着也。""撄"有结扎缠绕义，与~都是娟营切，同音。因此，就音和义来说，用"撄"字也未尝不可；而从字形说，手作形旁似乎更合理。有的写作"罃"。清胡文英《吴下方言考》卷四："吴谚谓屈转为罃，故烧草者有'罃草巾'之谚（音撄）。"按："罃"，《广韵》平声耕韵乌茎切："芟除林木也。"《集韵》平声耕韵於茎切："刊木也。"都没有屈转义，而有修剪义，意义上不符合。《吴下方言考》作者为武进（今常州）人，今常州仍说"~草巾"。无锡市区有"~草把"或"~草巾"两说。

襱 ① loŋ^{31} ② loŋ^{31} ③ loŋ^{31} ④ loŋ^{232}

相~管：两手相互插入另一个袖子里（即所谓"袖手"）。旧时冬天穿棉袍棉袄，以此取暖。如"伊相~管子手响也勿响"。《广韵》上声董韵力董切："~，袴也。"《集韵》上声董韵鲁孔切："~，袴之两股曰~。"《方言》卷四："袴，齐鲁之间谓之襣，或谓之~。"郭璞注："今俗呼袴踦为~。"《说文·衣部》："~，绔踦也。"按："绔"，同"袴"。《广雅·释器》："绔，其䘿谓之~。"王念孙疏证："《说文》：~，绔踦也。徐锴传云：'踦，足也。'按，今人言袴脚或言袴管是也。管与䘿同。"朱骏声《说文通训定声》："~者，苏俗曰裤脚管。"根据以上所引，~有两个意义：一指袴子，另一指袴管。笔者认为，词义的发展，~不仅指袴和袴管，还可以指袖子。袴腿是穿在两腿上的筒状部分，袖子是指衣服套在胳膊上的筒状部分。样子相似,功用相近,这种引申是合理的。前边加上臂、袖等就跟裤管裤腿分开了。明孙楼《吴音奇字》:"~,方言臂~子。"其作者系常熟人。有的写作"笼"。《太仓州志》:"袖笼手曰相笼松。""笼"与"~"方言同音。

鏓 ① tsʻoŋ^{44} ② tsʻoŋ^{44}

用凿子一类的工具顶在要穿孔的东西上用锤击使穿,如"铁皮浪~一个洞"。《广韵》平声东韵仓红切:"鏓,大凿平木器。"《说文·金部》:"~,大凿平木者。从金悤声。"段玉裁注:"凿非平木器,马融《长笛赋》:'~硐隤坠。'李注云:'《说文》曰:~,大凿中木也,然则以木通其中皆曰~也。'"据此段玉裁改"平木者"为"中木也"。"~",《玉篇》《广韵》《集韵》均作"鏓"。《正字通·金部》:"鏓,俗~字。"《文选·马融〈长笛赋〉》:"鏓硐隤坠,程表朱理。"同一篇《长笛赋》,有的版本作"~",有的作"鏓",可见"~"和"鏓"为同一字,且通用。今依《说文》以"~"为本字。清胡文英《吴下方言考》卷一:"鏓,以木通个个去其节也,吴中谓击薄物而使穿曰鏓(音充)。"今通作"冲"。

舂 ① soŋ^{44} ② soŋ^{44} ③ soŋ^{53} ④ soŋ^{55}

把稻谷等放在臼里捣去皮壳,如"~米"。又指把药物等放在铜制的器具内捣碎,如"~药/豆~子(一种木制的种豆工具,成丁字形,上端有横柄,下端尖锐,用来打塘$_{\text{小穴}}$用)/菜~子(形状与豆~子相同,下端装有铁制锥形的头,打的塘比较大,便于种菜)"。《广韵》平声钟韵书容切。《集韵》平声钟韵书容切:"~,《说文》:捣粟也。"意思是用杵在臼里上下~动,捣去谷物皮壳。方言又引申为用杵样的东西往地里戳或捅。明徐光启《农政全书种植·杂种》:"~穴下种,或灰或鸡粪盖之。"《民国川沙县志·方俗志》:"持竿捣穴曰~。"~,普通话音 chōng,与《广韵》《集韵》的反切所表示的声母不太符合。在普通话中 sh 不与 ong 拼合。

拱 ① koŋ^{44}

鳝~头:旧时方言和中医称在头顶部位肿起的疖子。小儿常易患此病。所以称之为鳝~头,是因为黄鳝养在水中,头部常伸出竖起,~出水面,这种现象方言称为鳝~头。头顶上肿起高出头皮的疖子,与竖起的黄鳝头很相似,故称之为"鳝~头"。《广韵》上声肿韵居悚切:"~,手抱也,又敛手也。"《集韵》上声肿韵古勇切:"~,《说文》

欲手也。”看来欲手是～的本义。～,《集韵》还有其他的声调及不同的意义,但都没有表示钻出、顶出等意义。钻出、顶出的意义是后来引申产生的。唐杜甫《北征》:“鸱鸟鸣黄桑,野鼠～乱穴。”鳝～头,有的写作“鳝瘊头”。明海虞(今属常熟市)孙楼《吴音奇字·身体门》:“瘊,音贡,方言鳝瘊头。”“瘊”,不见一般字书,看来是一个方言字。有的写作“蟮贲头”。《民国崇明县志·方言》:“贲,音贡,地中有物负土突起也。《夷坚志》梦龙场窝条有云‘平地贲出一窟’,俗谓物在内动曰贲。小儿有蟮贲头病。”由此可知,吴方言的一些地方,都有称小儿头顶上生的疖子为鳝～头的,不过用字不同,读音和意义的理解也不尽相同。鳝与蟮方言同音,是两种不同的生物。在鳝～头中用蟮似乎也说得通,因为蟮也能从地下～出土来,把粪便堆积在洞口凸起高起,但从形象和意义的相似点来说,似乎用鳝字更恰当。至于读音,～《广韵》居悚切,《集韵》古勇切,都为上声,瘊、贲均注“音贡”。“贡”,《广韵》《集韵》都是古送切,去声。声调有上去之别。不过“鳝～头”与“鳝瘊头”或“蟮贲头”一样,三字连读变调后,在薛典、苏州等地是同音的。

供

(1) ① tɕioŋ44

～给,如“请人帮忙是要～饭葛/儿子上学,学费也～勿起”。《广韵》平声锺韵九容切:“～,给也。”《说文·人部》:“～,～给。”《广雅·释言》:“～,养也。”《三国志·魏志·锺繇传》:“供给资费,使得专学。”宋王安石《上仁宗皇帝言争书》:“取天下之财以～天下之费。”“～”在意义上方言并无特别之处,主要在读音上单用时不读[koŋ],而说[tɕioŋ]。“～”为锺韵合口三等见母字,在方言中少数字的声韵母都有变化,如“龚”等字也是这样。

(2) ① tɕioŋ424　② tɕioŋ424　④ tɕioŋ35

陈设,摆放。一般都适用于可陈放的东西,含有庄重的意义。但方言有时也可用于人,把人当东西看,含有训斥命令的意义,如“(对小孩)勿要跑来跑去,搭我安分点～勒浪,嫑动”。意思是规规矩矩地坐着,像供着的神佛一样。方言只在这特定的情况下读[tɕioŋ]。《广韵》去声用韵居用切:“～,设也。”《说文·人部》:“～,设也。”段玉裁注:“设者,施陈也。”《后汉书·班固传》:“乃盛礼乐～,置于云龙之庭。”李贤注:“～帐,～设帷帐也。”明冯梦龙《警世通言》:“桌上花瓶内～一枝碧桃花。"同前一个～字一样，～，也不说[koŋ]，而说[tɕioŋ]。

褟 ① taʔ⁵ ③ taʔ⁵

旧时指衣或贴身穿的单衣，今方言不单用，称背心为背～，汗背心为汗背～。今已很少说。《玉篇·衣部》："～，丁搭切，衣。"《广韵》《集韵》均未收～。一般写作"褡"。元秦简夫《赵礼让肥》第一折："我则见他穿着绵纳甲，斜披着一片破背褡。"茅盾《虹》第十章："旗袍从她胸前敞开着，白色薄绸的背褡裹住她的丰满的胸脯。"按："褡"，《广韵》入声盍韵都搕切："褡，横褡，小被。"《集韵》入声合韵德合切："褡，被横谓之褡。""褡"与"～"方言同音不同义。有的写作"搭"。清顾张思《土风录》："今俗号曰背单，亦曰背搭，言可搭背心也。"谓"背搭"由"搭背心"而得名。

鎝 ① taʔ⁵ ② taʔ⁵ ③ taʔ⁵ ④ taʔ⁵

铁～：翻地用的铁制农具，一般宽七寸左右，有四个齿，齿端为菱叶状，装有竹柄。铁～，南方多用，适宜翻黏性土。如"用铁～坌田"。《集韵》入声合韵悉合切："～，镂也，通作鈒。"音和义都与方言不合。～可能是方言字，是一种农具。明张自烈《正字通·金部》："～，按：今俗铁～。发土具，头广一尺，功用胜于耜。"有的写作"锴"。《生绡剪》第十五回："带领长工，肩着锄头铁锴，筛锣击鼓，去看虎迹。"有的写作"搭"。明冯梦龙《墨憨斋定本传奇·女丈夫》："铁搭四个齿，全靠力气使。""搭"与"～"，方言同音。今以《正字通》所列"～"作为正字。有的吴方言称"铁～"为"铁懒"或"铁赖"。清顾张思《土风录》卷三："《依渠录》云：'吴侬呼垦田器四齿者，音若铁懒。'"其作者为太仓人，当为太仓方言。昆山今称"铁赖"。

搨 ① tʻaʔ⁵ ② tʻaʔ⁵ ③ tʻaʔ⁵ ④ tʻaʔ⁵

擦，涂抹，如"～药/伊面孔浪～仔一层粉，～得雪白/伊写起字来乱～一泡"。《集韵》入声合韵讬合切："～，一曰摹也。"按："摹"有描摹的意义。方言～有擦、涂抹的意义，是～作为描摹的引申义。另外，"～"还有碑刻等上面蒙上一层纸，用扑子拍打使凹凸分明，然后再用带墨的扑子拍打，使黑白明显，显出文字或图像。这一意义今作"拓"与方言的涂抹、擦的意义也相近。《缀白裘》九集卷三："毛都堂来哉，～俚一身阳沟泥勒介，打得快活。"有的写作"塌"。清曹春江《合欢图》第六十回:"荷花个只娼根,腊黄一张面孔,搽面粉悔气,塌得来吊杀鬼个阿埋呢介个。""塌"与"～"方言同音。

㪉 ① huaʔ[5]

～水:旧式水车取水。按:水车由车斗、鹤膝、斗板、车轴榔槌(都是方言的名称)等部件组成。踩动车轴榔槌,使车轴旋转,带动鹤膝,斗板在车斗(木制的水槽)内转动把水提上来。《集韵》入声末韵呼括切:"～,《博雅》抒也。"《玉篇·斗部》:"～,抒也。"按:"抒",《说文·手部》:"抒,挹也。"段玉裁注:"凡挹彼注兹曰抒。'"王筠句读:"《通俗文》:'汲出谓之抒。'"又《集韵》入声黠韵乌八切:"～,斗取物也。"音与方言不完全相同,意义与水车用车斗、斗板等取水还是相符的。

栅 ① tsʻaʔ[5] ② tsʻaʔ[5]

用竹木条等竖编成栅栏,起阻隔、阻拦等作用。《广韵》入声麦韵楚革切:"～,竖木立～。"《集韵》入声麦韵测革切:"～,《说文》编树木。"段玉裁注:"～,编竖木也。"王筠句读:"树,一作竖,谓立木而编绾之以为～也。"《庄子·天地》:"内支盈于柴～。"这是～的本义。～在薛典、苏州等地方言中还特指斗蟋蟀用的竹编笼子。这种笼子用细竹丝编制,样子与鸟笼差不多,不过较小、较低矮,竹丝更细,密度较密(蟋蟀不能钻出),两头有上下开的门,以便放进双方蟋蟀。笼子中间有竹丝编的～栏隔断,可能由于这原因得名为"～"。斗蟋蟀时提起～栏,让两边蟋蟀接触开斗,直至分出输赢。由此～还引申指斗蟋蟀的场所也叫"～"。如"我前日到～里去斗暂节音,蟋蟀葛"。旧时秋天斗蟋蟀的场所开业,就说"开～哉"。明冯梦龙《山歌》卷六:"你只怕捽着子大头长脚真三色(指蟋蟀的品名),斗得你牙钳放解直差差倘(躺)在尺中心。"这里的"尺"就是指斗蟋蟀的笼子。"尺"与"～"方言同音。有的写作"筞"。清杨光辅《淞南乐府》:"上筞沙盆窝蟋蟀,斗圈锦袋出鹌鹑(原注:蟋蟀斗器,以竹为之,上施细～,故入斗场曰上筞)。"按:"筞",《集韵》入声麦韵测革切:"册,《说文》符命也。诸侯进受于王也。象其札一长一短,中有二编之形。或作册,古作筞。""筞"与"～",方言同音。

趚 ① tsʻaʔ[5] ④ tʂʻaʔ[5]

走。方言引申指在外走来走去

游荡，有贬义，如"你一脚～勒外头，嫑转来哉/嫑出去～哉，到田里去做点生活吧"。《广韵》入声药韵丑略切："～，《说文》云：乍行乍止，从彳止声（按：《说文》原文为'从彳乍止'）。"王筠《说文句读》："许君以字形为止，遂说以乍止，非也。部中字皆行义。～与行同意，行不能左行而右止，～不能前行而后止，止只是足耳……《广雅》'～，奔也'、《玉篇》'～，走也'是也。"今从甲骨文"𢓊"看，当为从行从止。从行与从彳同义。

槅

① kɑʔ^{5}　② kɑʔ^{5}
③ kɑʔ^{5}　④ kɑʔ^{5}

门窗上用木条制作的格子。～子，旧指上端带有木条格子（一般为方格的门或窗，木格上装明瓦（一种用蛎壳磨成的簿片，可以透光）或糊纸。后又引申扩大将不带方格的窗也叫～子，如"风大得来，～子关关好"。《广韵》入声麦韵古核切："～，车～。"《说文·木部》："～，大车枙。"这是～的本义，作为门窗上的木条格子应为其后起义。《正字通·木部》："～，网户曰～。"宋周邦彦《六丑·落花》："乱点桃溪，轻翻陌柳。多情为谁追惜，但蜂媒蝶使，时扣窗～。"明冯梦龙《古今小说》卷二十四："门上有牌面写道：'韩国夫人影堂。'婆子推开～子，三人入阁子中看时，却是安排供养着一个牌位。"清顾张思《土风录》卷四："窗扇曰～子。"

礟

① poʔ^{5}　② poʔ^{5}
③ pɔ^{5}　④ pɔʔ^{5}

（用石）堆砌。如"河边浪新～子一个河滩（供人上下的水码头）"。石～岸：河边用石头砌的保护堤岸、增加美观的建筑。《集韵》入声觉韵北角切："～，石也。"～，为名词。清严如熤《苗防备览》："沿河～岸码头悉巨石修砌。"明李实《蜀语》："砌石曰～。"～为动词。清孙楼《吴音奇字·宫室门》："～，石～岸也"。今通常写作"驳"。按驳并无砌石这一义，只是取其同音并字且较常用而已。"驳"与"～"，方言同音。苏州作家陆文夫《有人敲门》第二章："高高低低的瓦房，整齐的石驳岸，水码头上的石级像梯子似的。"今通作"驳"。

毒

① doʔ^{23}　② doʔ^{3}
④ dɔʔ^{23}

憎恨，仇恨，如"啥人说仔伊坏话，伊是～得来"。《广韵》入声沃韵徒沃切："～，憎也。"《广雅·释诂三》："～，恶也。"王念孙疏证："凡相憎恶亦谓之毒。《缁衣》云'惟君子能好其正，小人～其正’是也。”《后汉书·冯衍传》：“恶丛巧之乱世兮，～纵横之败俗。”李贤注：“～，恨也。”明冯梦龙《警世通言》卷二十四：“但得我哥哥在时，那个奴才敢调戏我，又气又苦，越想越～。”朱瘦菊《歇浦潮》第八十一回：“不要是昨儿惹～了他，今天打算用暗算手段害我。”

方言还有“结毒”的说法，即结下仇恨的意思，如“为仔房子地基葛事体，两家人家就结仔～哉”。梦花馆主江阴香《九尾狐》第十三回：“俚倷格人，勿比大少直爽，暗刁得野笃。奴搭俚结仔～，𡞞说姑歇吵吵闹闹，弄得鸭屎臭煞，只怕俚将来阴损奴。”

擉 ① tsʻoʔ⁵ ② tsʻoʔ⁵ ④ tsʻɔʔ⁵

刺，如“伊一早掮仔鱼叉到河里去～鱼哉”。《广韵》入声觉韵测角切：“～，司马彪注《庄子》云：‘～鳖，刺鳖。’”《集韵》入声觉韵测角切：“～，刺取鳖蜃也。”《庄子·则阳》：“冬则～鳖于江。”陆德明释文引司马彪云：“～，刺也。”宋欧阳修《送陈经秀才序》：“钓鲂～鳖，可供膳羞。”按：方言～的对象不限于鳖。明冯梦龙《山歌》卷八：“爬来小阿奴奴头边来学打雄，髭须～痛子奴个嘴，鼻涕流来累子奴个胸。”《道光苏州府志》卷二：“刺亦谓之～。”《光绪周庄镇志》卷四：“刺曰～。音龊。”

皵 ① kʻoʔ⁵ ② kʻoʔ⁵ ③ kʻɔ⁵ ④ kʻɔʔ⁵

原先紧贴或黏在一起的两物（多指平面的东西）由于干燥或水湿等原因，变得凸起不平不紧贴，如“太阳晒仔面浪葛块板有点～起来哉/纸头𫧃贴平，有点～起”。“～”，方言一般在后边常要带“起”或“起来”等。《广韵》入声觉韵苦角切：“～，嫛～，皮干。”《集韵》入声觉韵克角切：“～，嫛～，干也。”《玉篇·皮部》：“～，嫛～，皮干貌。”方言的意义，该是上述所引的“皮干”“干也”“皮干貌”等的引申义。不过古代“嫛～”要连用，方言～可以单用。清范寅《越谚》卷中：“嫛，凡黏物不熨贴曰嫛起。”按：“嫛”，《广韵》入声觉韵胡觉切：“嫛～。”《集韵》入声觉韵辖觉切：“嫛～，干也。”《越谚》用“嫛”字，可能是越地方言说“嫛”而不说～。

另外，方言还有“坼～”的说法，意思黏物之间有缝隙不紧贴，并引申为人际之间，特别是亲属之间感情上有距离有隔阂，不亲近不亲热，如“伊笃娘囡母女两个坼～勿过，碰勒一淘呒啥闲话讲葛”。按：“坼”，

《广韵》入声陌韵丑格切:"㡿,裂也。也作坼。"《集韵》入声陌韵耻格切:"坼,《说文》裂也。"依反切与方言音[tsʻɑʔ]相符合。《玉篇·片部》:"㡿,今作坼。"又述:"坼,裂也。"《诗·大雅·生民》:"不坼不副,无菑无害。"孔颖达疏:"坼、副,皆裂也。"

齶 ① hoʔ5 ② hoʔ5 ③ hɔʔ5 ④ hɔʔ5

口中上腭,包括硬腭、软腭。上腭,四地方言口语说上腭头。《广韵》入声铎韵五谷切:"～,口中龂。"《集韵》入声铎韵逆各切:"～,齿龂。"《玉篇·齿部》:"～,龂也。"按《说文·齿部》:"龂,齿本也。"意思指齿龈,龂,同龈。～作为上腭解,该是后来产生的意义。"～",按照《广韵》《集韵》的反切,四地方言的声母应为[ŋ],但口语读[h],这是比较特殊的。《龙龛手鉴·齿部》:"～,口中上～也。"清徐珂《清稗类钞·孝友类》:"刘捧以叉中其～。虎跃,刘亦跃,叉益进,贯其颐。"清孙楼《吴音奇字·身体门》:"～,口内上～下～。"～又常作腭。《字汇·肉部》:"腭与～同。"宋代宋慈《洗冤录·踢伤致死》:"女子之伤,则又现于上腭。"但《龙龛手鉴》认为:"腭,正作～。"今通作"腭"。"～",有的写作"㱿"。清胡文英《吴下方言考》卷十:"㱿,音壑。喉与鼻孔之交曰上㱿头。"其作者武进(今常州)人,也说上㱿头,与四地方言相同。其释义云"喉与鼻孔之交",这实际上指软腭。又"㱿",《广韵》入声沃韵火酷切:"气出貌。"《集韵》入声铎韵黑谷切:"嚣也。"就读音说,火酷切、黑谷切与方言音符合,就意义说与方言就不符合了,所以"㱿"只是一个同音字。"～",今通作"腭"。

㦜 ① hoʔ5 ③ hoʔ5

～～擀音:心不安而惊慌,如"看见草里一条蛇,伊吓得～～擀"。～,方言不单用,方言也说～～向。《广韵》入声铎韵胡郭切:"～,心动也。"《集韵》入声铎韵黄郭切:"～,惊也,扰也。"按照《广韵》《集韵》反切,方言声母应为[ɦ],但实际读为[h]。《玉篇·心部》:"～,惊也。"《广雅·释诂一》:"～,惊也。"王念孙疏证:"《众经音义》卷十一引《苍颉篇》云:'～,惊也。'"清孙楼《吴音奇字·人事门》:"～,音霍,心不安也。方言～～擀。"

㥁 ① tʻəʔ5 ③ tʻəʔ5

~~(里)：心里惊慌害怕，如“昨日半夜里有人碰门，也勿说是啥人，心里吓得~~里”。方言不单说，也说~~(能)。《集韵》入声德韵惕德切：“~，心惧。”《字汇·心部》：“~~，动心。”清孙楼《吴音奇字·身体门》：“~，音忒，心动貌。”有的写作“忒”。明冯梦龙《山歌》卷一：“姐儿有子私情忒忒能，无茶有水奉乡亲。”明凌濛初《二刻拍案惊奇》卷九：“那边素梅也自心里忒忒地，一似小儿放纸炮，又爱又害怕。”按：“忒”，《集韵》德韵惕德切，《集韵》“忒”与“~”同音，方言也同音。

嘞

① ləʔ^{23}　② ləʔ^{3}　③ ləʔ^{23}　④ ləʔ^{23}

说，有言语噜苏反复的含义，使人厌烦的感觉，有贬义，如“你~来~去就是该句闲语，谢谢你勿要说哉/你~仔几遍哉，我晓得哉”。此字不见字书韵书，该是一个方言字。《现代汉语词典》：“~~，(方)唠叨，音 lē。”刘禾《常用东北方言浅释》：“有他在，就不愁没人发言，他最能~~。”这里举的是东北方言的例子。《现代汉语词典》收~字，可能其他方言也有此说。薛典、苏州等地有类似的说法，不过不说“~~”，而只单说“~”。至于字音 lē，普通话语音没有入声，读作阴平。方言有入声，读与“勒”字同音。从字形来说，加上口旁，成为一个新形声字。因此笔者认为，薛典、苏州等地可以借用“~”字表示，作为本字。

䐈

① tʂəʔ^{5}　② tsəʔ^{5}　④ tʂəʔ^{5}

头发有油垢后黏腻，如“长远勿汏头哉，头发~勒一淘仔梳也梳勿通哉”。《广韵》入声职韵之翼切：“~，脯长尺有二寸曰~。”这里的释义是干肉条，且古代为特指尺有二寸的干肉条。这该是~的本义。《玉篇·肉部》：“~，黏也。”《周礼·考工记·弓人》：“凡昵之类不能方。”汉郑玄注：“郑司农云：‘谓胶善戾，故书昵，或作樴。’……玄谓樴，脂膏~败之~。~，亦黏也。”这段引文认为“昵”“樴”与“~”均有“黏”的意义。《集韵》入声职韵质力切：“昵、~、𪑹，黏也。……通作膱。”按：“昵”，《广韵》入声质韵尼质切：“近也。”“昵”该是形声字。形旁和声旁跟《集韵》的质力切似乎不好理解。《说文·日部》：“暱，日近也。从日匿声，《春秋传》曰：‘私降暱燕。暱或从尼。’”至于“樴”，《尔雅·释宫》：“樴谓之杙。”郭璞注：“橜(橛)也。”按：“橛”，指短的木桩。所以“昵”和“樴”都可能只是文字上的假借。《集韵》所说的

“通作膱”，按：“膱”，《广韵》作“䵂”，可能为“膱”字之误，入声职韵之翼切：“油败。”《玉篇·肉部》：“膱，油败也。《仪礼》曰：‘荐脯五膱，膱长尺有寸，膱犹脡也。’”由此可知“膱”也是尺有寸的干肉条，“油败”为其引申义。作为方言黏的意义来说，“膱”的意义似乎不如“～”更明确贴切。～作为黏的意义早在郑玄注《周礼》时已说明。从后来使用来说大多用～。明陶宗仪《辍耕录》卷六：“妇人头发有时为膏泽所黏，必沐乃解者谓之～。”明李时珍《本草纲目·草部·兰草》：“夏月采置发中令头不～。”《乾隆苏州府志·风俗》：“谓发黏曰～。～，音织。《周礼·考工记·弓人》注：……～亦黏也。疏：若今人头发有脂膏者则谓之～。”《乾隆震泽县志·语音》：“谓发黏曰～。音职。”

黐 ① tʂəʔ⁵ ② tʂəʔ⁵

实～，结实而富黏性，如“团子粽子才是糯米做葛，实～勿过，吃仔勿大容易饿葛/该块田里葛难泥泥土实～得来，坌也坌勿深，敲也敲勿碎，难泥还要得黏勒铁铬浪”。《集韵》入声麦韵陟革切：“～，《博雅》黏也。或从米。”《广韵》入声麦韵陟勒切：“䊋，黏䊋。”《玉篇·黍部》：“～，黏饭也。”《广韵》《集韵》入声麦韵的字，方言有的读[ɑʔ]韵母，有的读[əʔ]韵母。～韵母为[əʔ]。

窒 ① tʂəʔ⁵ ② tsəʔ⁵ ③ tʂəʔ⁵ ④ tʂəʔ⁵

实～，填满没有空隙；阻塞不通，如“箱子里葛衣裳塞实～勒化，拎起来蛮重葛/阴沟实～脱哉，水也流勿出去哉”。实～方言还常重叠使用，表示程度加深。《广韵》入声质韵陟栗切：“～，～塞也。”《说文·穴部：“～，塞也。”《玉篇·穴部》：“～，塞也。”《广雅·释诂一》：“～，满也。”朱素园等《四大庆总讲》八场：“里格金砖元宝塞实～拉哈，我只望撮发两双。”清李宝嘉《官场现形记》第八回：“此时游园妓女，数一数，足足到了五六十个，把个大洋房挤得实实～～的，好不热闹。”清欧阳巨源《负曝闲谈》第八回：“他的家住在一个实～胡同里。”按：“胡同”为北方话，南方方言一般说“弄堂”。如“实～弄堂”，即“死胡同。”乡谚俗语有“实～烟筒头”的说法，比喻不知灵活变通，不开窍的人。

杌 ① ŋəʔ²³ ② ŋəʔ³ ③ ŋɔʔ²³

～子：方形凳子，凳面有的用木板，有的用藤编成。如“端张～子拨伊坐坐”。《广韵》入声没韵五忽切：

"～,树无枝也。"《集韵》入声没韵五忽切:"～,树无枝也。"《玉篇·木部》:"～,树无枝也。"这里所释可能都是本义,作为方形凳子义是后来产生的。《宋史·丁谓传》:"(帝)遂赐坐,左右欲设墩,谓顾曰'有旨复平章事'。乃更以～进。"《齐民要术·种桑柘》:"春採者,必须长梯高～,数人一树,还条复枝,务令净尽。"明冯梦龙《警世通言》卷三十四:"取原日香罗帕向咽喉扣住,接连白练,打个死结,蹬开～子,煞时间三魂漂渺,七魂幽沉。"

～,也有动摇义。《篇海类编·花术类·木部》:"～,摇也。"古代典籍也有用～表示动摇义的。但《说文·手部》:"扤,动也。"《广雅·释诂一》:"扤,动也。"《广韵》没韵五忽切:"扤,摇动。""扤"与"～"虽然同音,但意义不同,还应有区别。《现代汉语词典》"扤"与"～"就有区别。

抴 ① ɦiəʔ$^{\underline{23}}$ ② ɦiəʔ^{3} ③ ɦiəʔ$^{\underline{23}}$ ④ ɦiəʔ$^{\underline{23}}$

拉,拖,如"伊闲话也赠讲,～仔弟弟就走/布葛两头还赠对齐来,要～过来点勒"。《广韵》入声薛韵羊列切:"～,拕也,亦作拽。"拕:《玉篇》同拖。《集韵》入声薛韵羊列切:"～,抴也,或作拽。"(《集韵》拽作拽)抴,《博雅》:"引也。"《说文·手部》:"抴,卧引也。"段玉裁注:"谓横而引之也。"《说文·手部》:"～,抴也。"据上引"～"或"拽"都有拖或拉的意义。至于本字,根据《说文》有"～"字,无"拽"字,《玉篇》:"～,拽同上,俗。"本书以～为本字。但在实际使用中较多写"拽"字。《民国嘉定县续志·方言》:"拽,俗言拖也。俗读如亦。"《现代汉语词典》中"曳""～""拽"作同一字,并以"曳"为正字,"～""拽"为异体字,这对方言来说,稍有不同。"曳"作为拖、拉义,方言也有。"曳"字早在《说文》之前就有了,如《孟子》中的"弃甲曳兵",《庄子》中的"宁其生而曳尾途中乎"。但是"曳"和"～""拽"方言不同音,"曳"方言读《广韵》去声祭韵余制切,《集韵》去声祭韵以制切的音,折合成方言音[ɦi],去声。

⿰歹屈 ① dʑyəʔ$^{\underline{23}}$ ③ dʑioʔ$^{\underline{23}}$

硬～～:形容僵硬,如"该块糕硬～～里吃勿动葛"。《集韵》入声迄韵渠勿切:"～,殭也。"《玉篇·歹部》:"～,～殭也。"按:"殭",《玉篇·歹部》:"死不朽也。"引申为一般意义的殭硬。"殭",今作"僵"。

趉 ① dʑyəʔ^{23} ② dʑyəʔ^{3} ③ dʑioʔ^{23} ④ dʑyəʔ^{23}

因生气而突然出走，如“伊听仔几句话，理也勿理别人，一～头就走哉”。《集韵》入声迄韵渠勿切：“～，《说文》走也。”《广韵》作九勿切，与方言声母不合。《说文·走部》：“～，走也。读若无尾之屈。”段玉裁注：“《玉篇》曰：‘卒起走也。’按今俗语有之。”清胡文英《吴下方言考》卷十二：“～，音倔，怒而走出也。吴中谓含怒不别而行曰～。”有的写作“倔”。清菊畦子《醒梦骈言》第六回：“谁知他还是大老官心性，斗口气倔了出去，绝足不上门来。”“倔”与“～”，方言同音。

煨 ① yəʔ

用稻草把放在热火灰的灶膛里使慢慢烧着，如“灶膛里～个草把，过一歇让伊旺起来”。《集韵》入声迄韵纡勿切：“～，畜火。”按：“畜”有培育、积聚等意义，是符合稻草在热火灰上再燃的。

⿰扌鬱 ① yəʔ^{5} ② yəʔ^{5} ③ ioʔ^{5}

把直的东西折弯，又引申为把弯曲的东西使直，动词。如“拿钢丝锉锉尖，～一只钩子/该根竹头不直，做铁锫柄要～～直”。《集韵》入声迄韵纡勿切：“～，拗戾也。”胡祖德《沪谚》：“桑条从小～，长大～不屈。”《民国嘉定县续志·方言》：“～，俗言拗戾也，音鬱。”有的写作“郁”。明杨尔曾《韩湘子全传》第五回：“桑条从小郁，大来郁不直，怎教我不打这畜生。”“郁”与“～”，方言同音。上述《沪谚》和《韩湘子全传》所说的“从小～（或郁）”的“桑条”应该是指桑树的树苗，不是一般养蚕用的桑树上的枝条，因为这种枝条是不用～的。

附　记

以上三篇无锡、苏州、常熟方言本字的拙文，前两篇在《方言》上发表过①，第三篇是后来写成的。前两篇的题目本来用的是《无锡方言本字考》和《无锡方言本字续考》。此次作了修改，主要有以下几点：

1. 原来的文前说明略有改动。

2. 文中有的释义略作修改。

3. 加引了书证，这是这次修改的主要点。书证大多选自《汉语大字典》，也引用了其他一些著作作为例证。无锡、苏州、常熟等地的方言都属吴方言，因此也引用了一些用吴方言写的著作中的例证。主要选自《明清吴方言词典》，同时也引用了吴方言地区地方志中的方言用字及现代吴语区人著作中所使用的吴方言词。虽然在这些作品中很多写的只是同音或音近的字，但是也说明这些表示单音的语素（成词或不成词）存在的历史及通行的地区，作为四地方言本字的参考例证。

4. 由于无锡薛典方言词语与无锡市区有很多共同的地方，为此又加注了无锡市区的音，兼释无锡市区方言本字。

5. 拙文在《方言》发表时，方言的声调注音用符号标记调值，为方便印刷，现改用数字标记调值，标在声韵的右上角。

6. 考虑到拙文只是大致写出了四地方言的本字，并没有多方考证，同时拙文在《方言》发表时，即兼谈了苏州、常熟两地方言的本字，为此改题为《无锡、苏州、常熟方言本字》。

---

① 分别发表于《方言》1984 年第 3 期和 1989 年第 1 期。

无锡、苏州、常熟方言单音词汇释

一、本文所说的无锡方言包括原无锡东部硕放乡薛典的方言[①]和无锡市区的方言。

二、无锡薛典方言在词汇上与苏州、常熟及无锡市区有很多共同的地方，所以本文对四地方言相同的词，就同时列出苏州、常熟和无锡市区方音，兼释三地方言。词义有不尽相同处，随文说明。

三、本文条目后所记的音：① 为无锡薛典音，② 为苏州市音，③ 为常熟市音，④ 为无锡市区音。文中所举例句都是无锡薛典方言。

四、本文所释的是方言口语中的单音词。这些单音词大都写不出本字，因此写的是同音字，用小字注明"音"；采用俗写的，用小字注明"俗"；字有文白两读的，也分别用小字注明。写不出同音常用字的，用"□"表示。

五、一个词有几个义项的，分别以(1)、(2)、(3)等表示。本文在例句中以"～"代替词目。例句中写不出的字用同音字，无同音字的记音。例句中的词语需要说明的，随文用小字加注。

六、无锡薛典、苏州市、常熟市、无锡市区四地方言的声韵调见前面《无锡、苏州、常熟方言本字》。

---

① 今为无锡市新区硕放镇薛典。

[资$_{\text{音}}$] ① tsɿ^{44}　② tsɿ^{44}　③ tsɿ^{53}　④ tsɿ^{55}　(1) 靠，如“看书眼睛嫑～得忒$_{\text{太}}$近”。(2) 紧贴、顶住，如“身体嫑～牢仔我｜枪口～勒腰眼里要伊答应”。(3) 钻出，如“鞋头破脱哉，脚节头～勒笃外头”。

[□] ① tsɿ^{424}　渗出、挤出，如“天热，汗也～出来哉｜泥浆从缝缝里～出来哉”。

[慈$_{\text{音}}$] ① zɿ^{24}　② zɿ^{13}　③ zɿ^{24}　④ zɿ^{13}　软烂熟透(指腐乳一类经过酿制的食品)，如“该届$_{\text{这次}}$葛$_{\text{的}}$乳腐～透哉”。

[市] ① zɿ^{31}　② zɿ^{31}　③ zɿ^{31}　④ ʐʮ^{232}　指家用器具用料做工讲究，又结实耐用。如“该套家生$_{\text{家具}}$货色倒蛮～葛，就是价钿忒贵”。

[朱$_{\text{音}}$] ① tʂʮ^{44}　② tsʮ^{44}　④ tʂʮ^{55}　吸食，如“要吃茶末$_{\text{语助词}}$茶壶里～一口吧｜骨头浪葛肉～～干净”。

[主$_{\text{音}}$] ① tʂʮ^{52}　② tsʮ^{52}　③ tʂʮ^{44}　④ tʂʮ^{324}　笔、批，量词，如“一～生意”｜一～货色”。

[竖$_{\text{音}}$] ① ʐʮ^{31}　② zʮ^{31}　④ ʐʮ^{232}　(1) 急走，如“今朝伊～过来～过去，勿晓得为仔啥事体”。(2) 冲，如“伊～上去就是一拳头”。(3) 窜，如“一只老虫～过去哉”。

[竖] ① ʐʮ^{31}　② zʮ^{31}　③ ʐʮ^{31}　④ ʐʮ^{232}　板起(脸)，如“伊～起仔面孔勿理人家”。这是“竖”的方言引申义。

[□] ① bi^{31}　② bi^{31}　④ bi^{232}　倾斜，如“该幢房子葛墙头有点～哉”。

[□] ① bi^{31}　② bi^{31}　③ bi^{31}　④ bi^{232}　走路不稳，跌跌撞撞，如“伊走路一径$_{\text{一直}}$～来～去葛”。

[币$_{\text{音}}$] ① bi^{213}　② bi^{31}　③ bi^{213}　旧时打牌时用来计算输方所欠钱数的方法。输方以大票面给赢方，赢方在钞票的两端压上筹码或铜板计数，上端以一代表五，下端以一代表一。这叫“打～”。根据输赢情况增减，如果减到不欠，就叫“拆～”或“脱～”。有时还清了借的钱，也叫“脱～”或“拆～”。

[废$_{\text{音}}$] ① fi^{424}　② fi^{412}　③ fi^{424}　～牙，小儿乳牙换恒牙。如“你儿子牙齿赠～哉”(《方言》编者按：字当作毁。《广韵》寘韵：“毁，男八岁女七岁而毁齿，况伪切”。晓母三等合口今读[f])。

[废$_{\text{音}}$] ① fi^{424}　② fi^{412}　③ fi^{424}　墨水写在纸上化开，如“该种纸头勿灵$_{\text{不好}}$，写上去就～葛”。

[妻$_{音}$] ① tsʻi^{44}　② tsʻi^{44}　③ si^{53}　④ tsʻi^{55}　草叶或细毛一类的东西轻拂或抖动。如“草叶子～得我脚背痒得来”。

[叙$_{音}$] ① zi^{31}　② zi^{31}　③ zi^{31}　④ zi^{232}　整理,如“拿书勒本子～～好”。常熟不音“叙”,也没有同音字。

[戏$_{音}$] ① çi^{424}　② çi^{412}　③ çi^{424}　çi^{35}　略开,如“门～开一条缝|～开仔张嘴”。

[易] ① ɦi^{213}　② ɦi^{213}　③ ɦi^{213}　④ ɦi^{213}　钱来得多而容易,如“伊现在勒做个体户,铜钿～得来”。

[潽] ① pʻu^{44}　② pʻu^{44}　③ pʻu^{53}　④ pʻɤɯ^{55}　沸溢、满溢,如“粥镬～哉|缸里米～出来哉”。《现代汉语词典》作“潽”,《集韵》姥韵颇五切:“水也。”音不合。

[铺$_{音}$] ① pʻu^{424}　② pʻu^{412}　④ pʻɤɯ^{35}　次,量词,如“汏仔一～,还要过一～”。

[婆$_{音}$] ① bu^{24}　④ bɤɯ^{13}　满溢,如“缸里米～出来哉,勿好再放哉”。也说“潽”。

[步$_{音}$] ① bu^{213}　② bu^{31}　③ bu^{213}　④ bɤɯ^{213}　蹲,如“伊～勒地浪,勿想立起来”。

[呼$_{音}$] ① hu^{44}　② həu^{44}　③ hu^{53}　④ hu^{55}　吸,如“～根香烟提提精神|～奶奶$_{乳汁}$”。

[乌$_{音}$] ① u^{44}　② əu^{44}　③ u^{53}　④ u^{55}　文火焖烧或烧煮后不开盖焖一下,如“肉烧滚仔末要～一歇”。

[□] ① u^{424}　② əu^{412}　③ u^{424}　④ u^{35}　陷,如“一只脚～勒烂稻田里”。

[具$_{音}$] ① dʑy^{31}　② dʑy^{31}　③ dʑy^{31}　④ dʑy^{232}　把,量词,如“一把钥匙一～锁”。

[□] ① y^{52}　③ iɤɯ^{44}　④ iɤɯ^{324}　衣服等擦肥皂后,不马上洗,搁一下,如“衣裳～一歇,汏起来容易”。

[罢$_{音}$] ① bɑ^{31}　② bɑ^{31}　③ bɑ^{31}　④ bɑ^{232}　勿～:不止,如“勿～七个人|勿～十块洋钿”。作反问句时,能单用,如“～七个人[kɑʔ]”意即不止七个人。

[妈$_{音}$] ① mɑ^{44} ② mɑ^{44} ③ mɑ^{53} ④ mɑ^{55} (1) 不离地面移动,如“该$_{这}$只缸掇勿动,~过一点吧”。(2) 两脚稍抬慢慢往前走,如“伊走起路来一~一~慢勿过”。

[多$_{白}$] ① tɑ^{44} ② tɑ^{44} ③ tɑ^{53} ~个:好几个,如“今朝来仔~个人得来”。《广韵》歌韵得何切。在其他场合分别读:① təu^{44} ② təu^{44} ③ tɤɯ^{53}。

[拖$_{白}$] ① t‘ɑ^{44} ② t‘ɑ^{44} ③ t‘ɑ^{53} ④ t‘ɑ^{55}拖出,如“~鼻涕|~舌头”。“拖”字在其他场合分别读:① t‘əu^{44} ② t‘əu^{44} ③ t‘ɤɯ^{53} ④ t‘ɤɯ^{55}。

[拕] ① dɑ^{24} ③ dɑ^{24} ④ dɑ^{13} (1) 移动,如“该张台子要~过一点”。(2) 临时移借,如“你~一百块洋钿拨我,等我发仔工钿还拨你”。《集韵》歌韵唐何切:“引也。”

[□] ① dɑ^{31} (1) 来回摇摆,如“鹞尾$_{风筝下拖的尾}$忒轻,鹞子一直~来~去”。(2) 来回摇动,如“拿谷放勒~谷篮$_{农具}$里~~干净”。

[埮] ① dɑ^{213} ② dɑ^{31} ③ dɑ^{213} ④ dɑ^{213} (1) 趟,量词,如“我白跑一~,赠碰着伊”。(2) 行,量词,如“莳秧看上~|该一~勿直”。

[埮] ① dɑ^{213} 指老式房屋的“进”,如“老房子深勿过,从大门到后门一共七~得来”。

[癞] ① lɑ^{213} ② lɑ^{31} ③ lɑ^{213} ④ lɑ^{213} 吃菜叶或花叶的青虫叫~虫,~虫吃菜叶、花叶叫“~”,如“叶浪向长仔~虫哉,菜叶也要~光哉”。

[斋$_{音}$] ① tsɑ^{44} ② tsɑ^{44} ③ tsɑ^{53} ④ tsɑ^{55} (1) 手有病不灵活,不听使唤,如“~”手。(2) 手不灵巧,如“你葛手~得来,一样事体也做勿好葛”。按方言中有“~手~脚”的说法,“~脚”本是没有的,是构词时的一种顺连。

[□] ① ts‘ɑ^{52} ② ts‘ɑ^{52} ④ ts‘ɑ^{324} 不正,斜,如“地图挂得~葛|~眼|~袄衣裳(指一种大襟在胸前呈斜式的衣服。袄fu^{44},襟)。

[筛] ① sɑ^{44} ② sɑ^{44} ③ sɑ^{53} sɑ^{55} 从壶中斟出,如“~酒”,苏州、常熟还可说“~茶”。

[筛] ① sɑ^{44} ② sɑ^{44} ③ sɑ^{53} sɑ^{55} 连续快打,如“~锣”。旧时人家失火或遇强盗抢劫等意外事常~锣报警。

[洒] ① sɑ^{52} ② sɑ^{324} 用力甩动,摆脱或去掉附着的东西,如“伊拉牢

仔我，勿拨给我走，我用力一～就走|菜根浪葛难泥泥土～～脱”。

［柴音］① zɑ^{24}　② zɑ^{13}　③ dʐɑ^{24}　④ zɑ^{13}　将就、马虎，如“该只面盆有点漏哉，～脱几日买只新葛”。按：常熟音不同“柴”，写不出同音字。

［惹音］① zɑ^{31}　② zɑ^{31}　③ dzɑ^{31}　④ zɑ^{232}　该方的不方正，该圆的不圆正，如“该只镜框做得～葛|该只碗做得有点～葛”。方言中“七□ts'ɑ不正，斜八～”的说法。常熟音不同“惹”，写不出同音字。

［射音］① zɑ^{213}　② zɑ^{31}　③ dzɑ^{213}　④ ʐɑ^{213}　拉，如“～尿|肚皮～拉肚子”。常熟音不同“射”，写不出同音字。

［届音］① kɑ^{424}　稻田里水灌到足够的程度，如“田里水～哉”。

［届白］① kɑ^{424}　② kɑ^{412}　④ kɑ^{35}　次，回，量词，如“伊寻仔你几～哉|我搭跟你是第一～碰头”。方言常作“届”。

［茄音］① gɑ^{24}　② gɑ^{13}　③ gɑ^{24}　④ gɑ^{13}　挤，如“亦呒不人请你，你～上去做啥|你总要～一脚葛”。

［澥］① gɑ^{31}　② gɑ^{31}　③ gɑ^{31}　④ gɑ^{232}　(1) 不稠，如“今朝粥烧得～得来”。(2) 不紧，如“该根绳搓得勿紧，～得来”。(3) 关系不密切，如“伊笃他们娘囡女儿两个勿亲热，看起来～勿过”。其中，(1)义《现代汉语词典》写作“澥”，(2)、(3)是(1)的引申义。

［解白］① gɑ^{31}　② gɑ^{31}　③ gɑ^{31}　④ gɑ^{232}　解开，如“摇仔半日船，缆绳也𫠣～来|鞋带～～开”。

［骱］① gɑ^{213}　② gɑ^{31}　③ gɑ^{213}　④ gɑ^{213}　骨节与骨节衔接的地方，如“脱～脱臼”。今通写作“骱”。《集韵》怪韵下介切：“坚骨。”

［□］① gɑ^{213}　② gɑ^{31}　③ gɑ^{213}　④ gɑ^{213}　卡住，如“物事～牢仔，人也勿好走哉|～牙齿卡在牙缝中”。

［哈音］① hɑ^{44}　② hɑ^{44}　③ hɑ^{53}　④ hɑ^{55}　(1) 打，如“小人勿听话末～脱一顿”。(2) 刮打，指用小棒贴着物体的表面向前移动的打，如“稻柴浪还有谷，用～柴棒～～干净”。

［挨］① ɑ^{44}　② ɑ^{44}　③ ɑ^{53}　④ ɑ^{55}　(1) 强给，如“别人家勿要，你为啥要～拨伊”。(2) 强吃，如“我吃饱哉，还要吃是～勿下去哉”。

［□］① tsiɑ^{44}　④ tsiɑ^{55}　(1) 淹没，如“落仔三日雨，麦田才全～勒水

里”。(2) 较长时陷入某些工作中,如“接仔该柱事体,伊就一直～勒里向哉”。

[斜$_{音}$] ① ziɑ^{24}　③ ziɑ^{24}　奔,快走,如“路勿远,我～得去好哉”。

[谢$_{音}$] ① ziɑ^{213}　② ziɑ^{31}　③ ziɑ^{213}　④ ziɑ^{213}　阵,量词,只用来计雨,如“一～雨|黄梅十八～”。

[□] ① dʑiɑ^{24}　② dʑiɑ^{13}　③ dʑiɑ^{24}　能干,手巧,如“伊～勿过,样样事体一学就会葛”。

[野$_{音}$] ① ɦiɑ^{31}　② ɦiɑ^{31}　④ ɦiɑ^{232}　(耳朵有点)背,如“伊耳朵有点～葛,你要说得响点”。

[乖$_{音}$] ① kuɑ^{44}　～嘴$_{亲嘴}$。

[坏] ① ɦuɑ^{213}　② uɑ^{412}　③ ɦuɑ^{213}　④ ɦuɑ^{213}　调皮、精明、机灵,如“伊几化～得来,勿会上你葛当葛”。

[泡$_{音}$] ① p'ɐ^{424}　③ p'ɔ^{424}　④ p'ʌ^{35}　用语言引诱别人说出真情或隐私,如“你覅用闲话来～我,我是勿会告诉你葛”。

[□] ① lɐ^{213}　③ lɔ^{213}　旧时小口底圆形的木制量米器,“一～”合两斗五升。

[□] ① lɐ^{213}　哭闹,如“覅～勿明白,勿会答应你葛”。又小孩哭闹叫“～牙官”。

[抄$_{音}$] ① ts'ɐ^{44}　② ts'æ^{44}　③ ts'ɔ^{53}　匙,如“买一把～”。又,量词,如“一～汤”。

[稍$_{音}$] ① sɐ^{44}　特指赌本,如“你～也勿赅勒海,还来赌啥铜钿”。

[扰] ① zɐ^{213}　④ zʌ^{213}　吵闹,捣乱,如“覅～哉,大家做生活吧”。

[靠$_{音}$] ① k'ɐ^{424}　② k'æ^{412}　③ k'ɔ^{424}　④ k'ʌ^{35}　舀,打,如“～一碗水|～一斤酱油”。俗写作“拷”,音义不切。

[颟] ① ŋɐ^{24}　③ ŋɔ^{24}　④ ŋʌ^{13}　昂起,如“～起仔头看啥物事”。《广韵》豪韵五劳切:“高头也。”

[蒿$_{音}$] ① hɐ^{44}　② hæ^{44}　③ hɔ^{53}　④ hʌ^{55}　猪油等放久了发出的哈喇味儿,如“油～脱哉”。

[拗] ① ɐ^{52}　② æ^{52}　③ ɔ^{44}　④ ʌ^{324}　用手执着柄,把东西拿起来,非提非举。可以用手～的器具往往旁侧有斜出的柄,如“～勺|～柄罐头|～手

脚盆”。”《集韵》巧韵于绞切:“拉也。”

［标$_{\text{音}}$］① piɐ^{44} ② piæ^{44} ③ piɔ^{53} ④ piʌ^{55} 喷出,如“自来水从缝里～出来”。

［吊$_{\text{音}}$］① tiɐ^{424} ② tiæ^{412} ③ tiɔ^{424} ④ tiʌ^{35} 西瓜太熟,中间发空,如“该只西瓜有点～瓤哉”。

［俏$_{\text{音}}$］① tsʻiɐ^{424} ② tsʻiæ^{412} ③ tsʻiɔ^{424} ④ tsʻiʌ^{35} 胡弄、吵扰,如“大家嫖～哉,正经点做事体”。

［销］① siɐ^{44} ② siæ^{44} ③ siɔ^{53} ④ siʌ^{55} 插上销子,动词,如“夜里拿门～～好”。销键,销子。

［□］① ziɐ^{213} ② ziæ^{31} ③ ziɔ^{213} ④ ziʌ^{213} (1) 搅动,如“放点糖勒里向$_{\text{里面}}$,再～一～让糖炀脱”。(2) 胡弄、吵扰,如“大家安份点,嫖瞎～哉”。

［翘$_{\text{音}}$］① tɕʻiɐ^{424} ② tɕʻiæ^{412} ④ tɕʻiʌ^{35} (1) 憋气而走,如“说仔伊几句,伊～脱哉”。(2) 死,如“生病～脱哉”。

［□］① ȵiɐ^{31} ② ȵiæ^{31} ④ ȵiʌ^{232} 走路时腰部臀部扭动灵活且幅度大,如“个女人走起路来～勒～葛”。

［嚣$_{\text{音}}$］① ɕiɐ^{44} ② ɕiæ^{44} ③ ɕiɔ^{53} ④ ɕiʌ^{55} (1) 吹,如“一张纸头拨风～脱哉”。(2) 翻、揭开,如“拿书～到第五版$_{\text{页}}$｜～开天窗说亮话”。

［板］① pɛ^{52} ② pᴇ^{52} ③ pɛ^{44} ④ pɛ^{324} (1) 翻脸,如“伊面孔一～,就骂起人来哉”。(2) 过分严肃,没有笑意,如“伊面孔一脚$_{\text{一直}}$～勿过,从勿搭人说说笑话葛”。

［板$_{\text{音}}$］① pɛ^{52} ② pᴇ^{52} ③ pɛ^{44} ④ pɛ^{324} 一定,如“你～要去葛”。

［背$_{\text{音}}$］① pɛ^{424} ② pᴇ^{412} ③ pɛ^{424} ④ pᴇ^{35} 拉,如“用点力～伊过来｜～纤$_{\text{拉纤}}$”。

［蹩$_{\text{俗}}$］① bɛ^{24} ② bᴇ^{13} ③ bɛ^{24} ④ bᴇ^{13} 爬行,如“小人勒地浪～｜一条百脚$_{\text{蜈蚣}}$～过来哉”。

［□］① bɛ^{31} ② bᴇ^{31} ③ bᴇ^{31} ④ bᴇ^{232} 拨,如“拿里向葛物事～出来｜拿物事～勒一淘$_{\text{一起}}$”。

［妹$_{\text{音}}$］① mɛ^{213} ② mᴇ^{31} ③ mᴇ^{213} 火不着只冒烟或热气,如“稻柴烧勿着,只～烟”。

[□] ① fɛ^{52}　③ fɛ^{44}　花开盛，花瓣已平展将谢，如“该朵花开～哉，勿好看”。

[泛$_{\text{音}}$] ① fɛ^{424}　③ fɛ^{424}　④ fɛ^{35}　颜色发蔫不匀，如“该条被面颜色有点～哉”。

[泛$_{\text{音}}$] ① fɛ^{424}　② fᴇ^{412}　③ fɛ^{424}　④ fɛ^{35}　吵，如“～嘴｜大家客气点，嫑～哉”。

[灾$_{\text{音}}$] ① tsɛ^{44}　② tsᴇ^{44}　③ tsɛ^{53}　④ tsɛ^{55}　切、砍、剁，如“到肉砧墩$_{\text{肉铺}}$浪去～斤肉｜你去～两根树丫杈来｜买斤肉～～做肉圆”。无锡市区与“灾”不同音。

[腿$_{\text{音}}$] ① tʻɛ^{52}　坡度大，陡，如“该个河岸～得来”。

[腿$_{\text{音}}$] ① tʻɛ^{52}　② tʻᴇ^{52}　③ tʻᴇ^{44}　烧，指火燃烧，如“头嫑靠近蜡烛，当心头发～脱/对面火着哉，火舌头～过来，该面葛房也烧着哉”。

[赞$_{\text{音}}$] ① tsɛ^{424}　③ tsɛ^{412}　倾斜（指房屋），如“房子有点～哉，要牮一牮哉”。

[搀$_{\text{音}}$] ① tsʻɛ^{44}　② tsʻᴇ^{44}　③ tsʻɛ^{53}　④ tsʻɛ^{55}　倒，如“该盆水～脱伊｜拿蚕豆～勒地浪晒晒”。

[碎] ① sɛ^{424}　② sᴇ^{412}　③ sᴇ^{424}　④ sᴇ^{35}　破，如“手节头拨玻璃割～脱哉”。

[崭] ① zɛ^{31}　② zᴇ^{31}　③ dzɛ^{31}　④ zɛ^{232}　坡度大，如“屋面～得来｜梯放得忒～，上去要当心”。《广韵》豏韵士减切：“高峻。”

[绽] ① zɛ^{213}　② zᴇ^{31}　③ dzɛ^{213}　饱满（一般指谷物豆类的果实），如“麦粒子长得～得来”。

[灒] ① zɛ^{213}　② zᴇ^{31}　③ dzɛ^{213}　④ zɛ^{213}　溅，如“勿当心，～仔一身泥浆水”。《广韵》翰韵则旰切：“水溅。”方言读如从母字。

[减] ① kɛ^{52}　② kᴇ^{52}　③ kɛ^{44}　④ kɛ^{324}　去掉一部分（一般指盛在碗里的食物），如“一碗是吃勿落葛，～脱半碗吧”。

[盖$_{\text{音}}$] ① kɛ^{424}　④ kᴇ^{35}　揩、擦（大便），如“登仔坑末屁股～干净点”。其余场合都说“揩”。还指收拾残局，如“～屁股”。

[□] ① gɛ^{24}　② gᴇ^{13}　③ gɛ^{24}　④ gᴇ^{13}　傻、呆，如“你个人～得来｜

～头”。

［□］① gɛ^{31}　② gᴇ^{31}　③ gɛ^{31}　④ gᴇ^{232}　打饱嗝儿，如“吃得忒饱哉，一直勒海打～”。

［□］① hɛ^{44}　② hᴇ^{44}　③ hɛ^{53}　④ hᴇ^{55}　用网络捞，如“河里氽仔勿少西瓜皮，拿～兜$_{\text{捞的工具}}$～脱伊”。

［虚$_{\text{白}}$］① hɛ^{44}　② hᴇ^{44}　③ hɛ^{53}　④ hᴇ^{55}　肿，如“脚浪拨虫咬仔一口，连脚背也～起来哉”。

［许$_{\text{白}}$］① hɛ^{52}　② hᴇ^{52}　③ hɛ^{44}　事先答应、允诺，如“搭伊买只电视机末你老早就～伊葛”。

［掼］① guɛ^{44}　② guᴇ^{31}　③ guɛ^{31}　④ guɛ^{232}　（1）抓在手里往下扔，如“伊一发火就要～家生$_{\text{家具}}$”。（2）抓住东西的一端摔另一端，如“～稻｜～麦”。（3）摔倒，如“脚一滑，人就～勒地浪向”。

［□］① guɛ^{213}　② guᴇ^{31}　③ guɛ^{213}　④ guɛ^{213}　分前后或左右搭，如“两只包一前一后～勒肩胛浪｜汏干净葛衣裳～勒绳浪”。

［□］① huɛ^{424}　② huᴇ^{412}　③ huɛ^{424}　④ huɛ^{35}　（1）丢掉，如“嫑用葛物事末～脱点”。（2）摇、摆，如“走起路来，小辫子一～一～”。

［会］① ɦuɛ^{213}　② ɦuᴇ^{31}　③ ɦuɛ^{213}　④ ɦuᴇ^{213}　经济一时困难，请亲友集款，第一次集款由举会人先收，以后按期集款，通过一定的方式（旧时常用摇骰子按点数大小排次序）分期轮流使用，是一种民间的临时经济互助形式，主要是帮助举会人的。旧时有“摇～”这一说法。

［□］① uɛ^{52}　② uᴇ^{52}　③ uɛ^{44}　（用桶）舀，如“到河里去～一桶水来”。用勺子、匙等取说“舀”。

［拌］① bø^{31}　② bø^{31}　③ bɤ^{31}　说、吵嘴，如“搭伊说勿明白葛，嫑搭伊～哉”。

［卵］① lø^{31}　② lø^{31}　③ lɤ^{31}　④ lo^{232}　男阴。“卵巢”中的“卵”读如《广韵》郎果切，跟此读法不同。

［钻］① tsø^{44}　② tsø^{44}　④ tso^{55}　想不清，不开通，片面固执，如“你倷享$_{\text{怎么}}$贼梗$_{\text{这样}}$～葛咯，事体蛮简单葛末｜你吃～脱勒海”。

［转$_{\text{音}}$］① tsø^{52}　② tsø^{52}　④ tso^{324}　次，趟，量词，如“我去仔三～，伊才$_{\text{全}}$勿勒浪”。

[蹿] ① $ts'ø^{44}$ ② $ts'ø^{44}$ ③ $ts'ɤ^{53}$ 突然用力往上跳，如“伊望上一～，上仔墙头哉”。

[窜音] ① $ts'ø^{424}$ ② $ts'ø^{412}$ ③ $ts'ɤ^{424}$ ④ $ts'o^{35}$ （1）种子长出新芽或植物的根茎生出新的分枝，如“菜子～芽哉|月季花～仔好几个嫩头”。（2）引申为人体生了疖子一类的东西，长了几个脓头也说“～仔几个脓头”。

[闪] ① $sø^{52}$ ③ $sɤ^{44}$ ④ so^{324} 绸或布一类的织物，由于阳光、空气等原因，颜色变得深淡不一致，如“被面的颜色有点～哉”。

[善音] ① $zø^{31}$ ② $zø^{31}$ ③ $dzɤ^{31}$ （1）搞，如“伊精勿过，你～勿过伊葛|你勿懂，嫑瞎～|你～错脱哉”。（2）马虎对付，应付，如“我要求勿高，能～过去就算哉|伊难～勿过”。常熟音不同“善”，也写不出同音字。

[传] ① $zø^{213}$ ④ zo^{213} 递，送，如“你搭我～封信拨给伊”。

[悬] ① $ɦiø^{24}$ ② $ɦiø^{13}$ ③ $ɦiɤ^{24}$ ④ $ɦio^{13}$ 离、隔，如“你嫑靠近我，～开点|～空八只脚离得很远”。

[巴] ① po^{44} ③ po^{53} ④ pu^{55} 受冻而麻木，如“西北风吹仔，手也冻～脱哉”。

[叉] ① $ts'o^{44}$ ③ $ts'u^{53}$ ④ $ts'ou^{55}$ 大拇指与中指或无名指张开后两端的距离叫“一～”。

[胯] ① $k'o^{424}$ ② $k'o^{412}$ ③ hu^{424} ④ $k'u^{35}$ 长袍或旗袍下部两边的开口，如“～开得高一点，走起路来方便”。常熟音[hu^{424}]，比较特殊。

[搲] ① o^{44} ② o^{44} ③ u^{53} 强给别人，如“该种物事我嫑，你嫑～拨我”。

[垩俗] ① o^{424} ② o^{412} ③ u^{424} 施粪，如“挑一担粪～勒田里”。

[□] ① $ɕio^{424}$ ② $ɕio^{412}$ ③ $ɕio^{424}$ ④ $ɕiou^{35}$ （1）以言词激人干某事（一般是不好的事），如“你嫑～伊去做坏事体”。（2）以特定的声音命狗干某事，如“伊～狗去咬人”。

[□] ① $məu^{31}$ ② mo^{31} ③ mo^{31} ④ $mɤɯ^{232}$ （1）泡沫，如“该种肥皂～特别多”。（2）肉类烧煮时浮在面上的泡沫样的东西，“如肉烧滚快要撇得点～”。

[躲音] ① $təu^{52}$ ② $təu^{52}$ ③ $tɤɯ^{44}$ ④ $tɤɯ^{324}$ 停留在高处，如“三只鸟～勒树浪|伊～勒凳浪装电灯泡”。

［拖］① t'əu^{44} ② t'əu^{44} ③ t'ɤɯ^{53} ④ t'ɤɯ^{55} 怀孕，如"葛歇辰光$_{\text{那时候}}$阿二还～勒身浪来"。

［□］① t'əu^{424} ② t'əu^{412} ③ t'ɤɯ^{424} ④ t'ɤɯ^{35} 脱落、掉下，如"树叶～下来哉|裤子～下来哉"。

［□］① t'əu^{424} ② t'əu^{412} ③ t'ɤɯ^{424} 延宕、拖拉、耽搁，如"病要早点看，覅～，要～出大毛病葛"。

［橹$_{\text{音}}$］① ləu^{31} ② lɤɯ^{31} ④ lɤɯ^{232} 爬，如"～勒树浪去|小人覅～勒大人身浪来"。

［□］① zəu^{24} ② zəu^{31} ③ zɤɯ^{24} ④ lɤɯ^{13} （1）极度疲劳，瘫软，如"跑仔一日天路，人～脱哉"。（2）食物烧煮到烂软入味的程度，如"肉烧仔三个钟头，～透哉"。苏州和无锡市区只有(2)义。

［裹］① kəu^{52} ② kəu^{52} ④ kɤɯ^{324} 包，如"～粽子|～馄饨"。

［过］① kəu^{424} ② kəu^{412} ③ kɤɯ^{424} ④ kɤɯ^{35} （1）传染，如"伤风是要～人葛"。（2）漂洗，如"衣裳～仔三铺$_{\text{次}}$水，干净哉"。（3）使东西顺利下咽，如"吃药末$_{\text{语助词}}$，拿开水、糖～～"。（4）从一个所在换到另一个所在，如"过船"，就是把东西从这只船放到另一只船上。

［□］① gəu^{31} ② gəu^{31} 嘴里吃满东西，如"～仔一嘴末$_{\text{语助词}}$，覅讲话哉"。

［□］① gəu^{213} ② gəu^{31} ③ gɤɯ^{213} ④ gu^{213} 粘糊，腻住，如"吃仔两碗粥，嘴浪～仔勿少|龌龊～牢哉，汏也汏勿干净"。

［□］① gəu^{213} ② gəu^{31} ③ gɤɯ^{213} ④ gu^{213} 反复小声地自言自语，如"伊嘴里一脚$_{\text{一直}}$勒～勿明白"。

［兜］① tei^{44} ② tʏ^{44} ③ tᴇ^{53} ④ tei^{55} 遮盖，如"吃葛物事要～～好，当心苍蝇|头浪～块布少吹风"。

［兜］① tei^{424} ② tʏ^{412} ③ tᴇ^{424} 推销："～生意"。按这一意义普通话仍作阴平，方言读阴去。

［兜$_{\text{音}}$］① tei^{424} 触，如"你拿仔竹头跑过来，竹梢险险叫$_{\text{几乎}}$～勒我葛眼睛里"。

［□］① dei^{31} ② dʏ^{31} ③ dᴇ^{31} ④ dei^{232} （性子）急，鲁莽，如"伊个人性子实在～勿过|做事体覅～，要慢慢叫仔细点做"。

［□］① dei^{31}　② dʏ^{31}　③ dᴇ^{31}　④ dei^{232}　（1）挣扎，如“该只猪四只脚才$_{\text{全}}$结好哉，还要～”。（2）禽兽关在笼中想窜出，如“鸡勒鸡棚里～来～去”。（3）（四处）奔走，如“伊～东～西想搭儿子寻一个好单位”。

［溜$_{\text{音}}$］① lei^{44}　称东西时秤杆往下略低，表示斤量还不足，如“该块肉一斤还～一点”。薛典方言读阴平。称东西时秤杆往上翘叫“鲜”。

［搂$_{\text{音}}$］① lei^{31}　② lʏ^{31}　③ lᴇ^{31}　④ lei^{232}　打闹着玩儿，如“～白相｜嫑～哉，要当真哉”。

［搂$_{\text{音}}$］① lei^{31}　③ lᴇ^{31}　④ lei^{232}　翻动，搅拌，如“糖搭粉摆勒一道，要～～和｜拿饭～～松”。

［□］① hei^{44}　② hʏ^{44}　④ hei^{55}　苍蝇用口器舐吸，如“小菜放放好，当心苍蝇～”。

［□］① hei^{44}　② hʏ^{44}　④ hei^{55}　（背）弯，如“胸脯挺出点，嫑～背皮$_{\text{背脊}}$”。

［□］① hei^{44}　③ hᴇ^{53}　④ hei^{55}　寻找（东西），如“你勒抽屉里～啥物事｜东～西～，勿晓得～啥”。

［□］① hei^{52}　② hʏ^{52}　③ hᴇ^{44}　④ hei^{324}　快跑或干了累活以后气喘，如“挑仔一担水，～得来”。

［鲎］① hei^{424}　② hʏ^{412}　③ hᴇ^{424}　④ hei^{35}　虹，如“东～日头西～雨”。

［掭$_{\text{音}}$］① tʻiɪ^{424}　② tʻiɪ^{412}　③ tʻie^{424}　④ tʻiɪ^{35}　踩空，如“走楼梯葛辰光勿当心踏～脱，滚仔下来”。

［掭$_{\text{音}}$］① tʻiɪ^{424}　③ tʻie^{424}　④ tʻiɪ^{35}　用脚抵住，如“～牢仔门，勿让伊进来”。又俗语“～门槛大”，指只会在家里称王称霸。

［荐$_{\text{音}}$］① tsiɪ^{424}　② tsiɪ^{412}　③ tsie^{424}　④ tsiɪ^{35}　占，如“～便宜｜你让伊一点，伊就～过一点”。

［千$_{\text{音}}$］① tsʻiɪ^{44}　② tsʻiɪ^{44}　③ tsʻie^{53}　④ tʻiɪ^{55}　（1）翻，如“～跟斗”。（2）跌，掉，如“伊勿当心，～勒河里向｜好好叫走，当心袋袋里葛物事～出来”。

［鲜$_{\text{音}}$］① siɪ^{44}　② siɪ^{44}　③ sie^{53}　④ siɪ^{55}　称东西时秤杆往上扬，表示斤量足，如“称青菜总要～点葛”。

[茧$_{音}$] ① tɕiɪ^{52} ② tɕiɪ^{52} ③ tɕie^{44} 薹,如“青菜老哉,要起~开花哉”。

[牵$_{音}$] ① tɕʻiɪ^{44} ② tɕʻiɪ^{44} ③ tɕʻie^{53} ④ tɕʻiɪ^{55} 发抖,如“冷得我束束~|我吓得~得来”。

[健$_{音}$] ① dʑiɪ^{213} ② dʑiɪ^{31} ④ dʑiɪ^{213} 食物烧得生或硬一点,如“面嫑烧烂,~一点|青菜烧得~点”。

[验$_{音}$] ① ȵiɪ^{213} ② ȵiɪ^{31} ③ ȵie^{213} ④ ȵiɪ^{213} 瘾,如“伊现在吃香烟已经吃出~来哉”(《方言》编者案:字当作念。念字《说文》指“常思也”。上瘾的事物为经常思念的对象。有的方言说“念头”)。

[验$_{音}$] ① ȵiɪ^{213} ② ȵiɪ^{31} ③ ȵie^{213} ④ ȵiɪ^{213} 赖在某处不肯走或不肯起来,如“伊~勒地浪勿起来|伊~勒屋里勿肯出去”。

[显] ① ɕiɪ^{424} ② ɕiɪ^{412} ③ ɕie^{424} ④ ɕiɪ^{35} 色彩鲜艳,如“该件衣裳颜色~得来”。

[蔫$_{音}$] ① iɪ^{44} 由于出汗等原因,皮肤表层磨伤。如“多走仔路,派哈裆里$_{两股之间}$有点~痛”。

[赝] ① iɪ^{424} ② iɪ^{412} ③ ie^{424} ④ iɪ^{35} 比量高低大小,如“两个人~一~,啥人长”。

[厌$_{音}$] ① iɪ^{424} ② iɪ^{412} ③ ie^{424} ④ iɪ^{35} 小孩好动而顽皮,如“葛个小人一日到夜~勿过”。

[烹$_{音}$] ① pʻã^{44} ② pʻã^{44} ③ pʻã^{53} ④ pʻã^{55} 估算,如“你~一个数目,看铜钿阿够哉”。

[烹$_{音}$] ① pʻã^{44} ② pʻã^{44} ③ pʻã^{53} ④ pʻã^{55} 雨因风斜洒进门窗,如“今朝风大,当心雨~进来”。

[碰] ① pʻã^{424} ② pʻã^{412} ③ pʻã^{424} ④ pʻã^{35} (1) 敲、拍,如“有话好好叫讲,嫑~台拍凳”。(2) 打,如“~麻将”。~方言一般读[b]声母。

[膨$_{音}$] ① bã^{24} ② bã^{13} ③ bã^{24} ④ bã^{13} 分开,如“伊~开仔两只脚立勒浪”。按薛典也说[pã^{44}]。

[膨] ① bã^{24} ② bã^{13} ③ bã^{24} ④ bã^{13} (1) 指腹部或器物的中间部分大,如“葛个人肚皮~得来|葛只花瓶当中~出来葛”。(2) 胀,如“奶奶$_{乳水}$多得小人吃勿落,奶奶~得来”。无锡市区无(1)义。

［猛$_{\text{白音}}$］① mã^{31}　② mã^{31}　③ mã^{31}　④ mã^{232}　（1）禾苗，蔬菜等栽种或长得密，如“青菜长得～得来”。（2）网眼或雨点密，如“该只筛眼眼～勿过|小雨落得～”。

［钖］① tʻã^{44}　② tʻã^{44}　③ tʻã^{53}　④ tʻã^{55}　～锣，较小的铜锣，声音清亮，敲时发出～、～的声音。

［撑］① tsʻã^{44}　② tsʻã^{44}　④ tsʻã^{55}　吃得过饱，胃里发胀，如“叫你少吃点末勿肯，现在末吃～哉”。

［撑$_{\text{音}}$］① tsʻã^{424}　② tsʻã^{412}　④ tsʻã^{35}　购置，如“伊～仔勿少物事|新近$_{\text{最近}}$我～仔只彩电”。

［生$_{\text{白}}$］① sã^{44}　② sã^{44}　脾气暴躁，如“葛个人脾气～勿过”。

［哽$_{\text{音}}$］① kã^{52}　② kã^{52}　③ kã^{44}　④ kã^{324}　用生石灰吸去食品中的水份，使潮软的食品变干变脆，如“饼干放勒～灰$_{\text{石灰}}$甏里～一～就脆葛”。

［揯］① gã^{24}　② gã^{13}　③ gã^{24}　④ gã^{13}　用身体推挤，如“大家立好，覅～来～去”。《广韵》耕韵口茎切：“撞也。”按反切方言声母应是［kʻ］，但实际读［g］，这是因为“～”是开口二等字，《广韵》只有三等才有群母字。

［亨$_{\text{音}}$］① hã^{44}　② hã^{44}　④ hã^{55}　所谓吃得开、神气，有势力，有办法，如“伊现在是～勿过勒化”。又“大亨”。

［□］① hã^{52}　② hã^{52}　③ hã^{44}　④ hã^{324}　歪向一边，如“伊头有点～葛”。方言有“～头”的说法。

［行$_{\text{白}}$］① ɦã^{24}　② ɦã^{13}　③ ɦã^{24}　④ ɦã^{13}　东西的用料、做工差，不结实不耐用，如“该套家生$_{\text{家具}}$～勿过”。与前面写到的“市”是相对的两面。

［行$_{\text{白}}$］① ɦã^{24}　② ɦã^{13}　③ ɦã^{24}　④ ɦã^{13}　搬、送，文雅的说法，如“明朝嫁囡$_{\text{女儿}}$，嫁妆今朝～过去”。

［炝］① tsʻiã^{424}　② tsʻiã^{412}　③ tsʻiã^{424}　④ tsʻiã^{35}　用酱油、酒、糖等佐料腌拌生的（甚至是活的）虾子等，如“～虾|～蟹”。《现代汉语词典》作“炝”，但方法略有不同。

［戗］① tsʻiã^{424}　② tsʻiã^{412}　③ tsʻiã^{424}　④ tsʻiã^{35}　剪开、割开，“该块布可以一～两|拿鱼肚皮～～开”。

［镶$_{\text{音}}$］① siã^{44}　② siã^{44}　③ siã^{53}　④ siã^{55}　混和，搀杂，如“糯米

里～点粳米|烧酒里～点水当好酒卖”。

[姜$_{\text{音}}$] ① tɕiã^{44} ② tɕiã^{44} ③ tɕiã^{53} 刚,如“伊～走,还勿到五分钟来”。

[噹$_{\text{俗}}$] ① dʑiã^{24} ② dʑiã^{13} ③ dʑiã^{24} ④ dʑiã^{13} 便宜,如“今年西瓜价钿比旧年～”。

[洋] ① ɦiã^{24} ② ɦiã^{13} ③ ɦiã^{24} ④ ɦiã^{13} 不上劲,不抓紧,如“伊做起事体来～勿过|～脱嘻嘻”。

[漾] ① ɦiã^{213} ④ ɦiã^{213} (1) 鱼浮游在水面上不动,如“早晨河里葛鱼才$_{\text{全}}$～勒水面浪”。(2) 晃、闪动,如“伊拿出来勒我眼睛门前一～,我还是𣍐看清爽”。

[样] ① ɦiã^{213} ④ ɦiã^{213} 做势,做样子,如“伊拿棒～仔几～,还是𣍐打下去”。

[□] ① kuã^{44} ④ kuã^{55} 责怪,如“我～仔伊几句,伊还勿服贴”。

[当$_{\text{音}}$] ① tã^{424} ② tã^{412} ④ tã^{35} (1) (用手)执、握,如“毛笔要～直|～好伊手教伊”。(2) 端,如“饭碗要～牢”。无锡市区无(2)义。

[汤$_{\text{音}}$] ① tʻã^{44} ② tʻã^{44} ③ tʻã^{53} ④ tʻã^{55} 挡住,如“伊要打人,我～脱葛|窗浪贴张纸头,～～风”。

[趟$_{\text{音}}$] ① tʻã^{424} 田地根据地形高低等不同分成若干块,如“前面一～田高,后面一～田低”。

[塘$_{\text{音}}$] ① dã^{24} ② dã^{13} ③ dã^{24} (1) 种菜种豆时用农具在田土上打出或开出的洞穴,如“打～种豆”。(2) 用作量词,如“一～里放两粒蚕豆”。

[荡] ① dã^{31} ② dã^{31} ④ dã^{232} 踱,无事闲游,如“伊一日到夜～来～去,呒啥事体|～马路”。

[荡$_{\text{音}}$] ① dã^{31} ② dã^{31} ④ dã^{232} 个、处,量词,如“该趟出差,跑仔三～场化”。

[宕$_{\text{音}}$] ① dã^{213} ② dã^{31} ③ dã^{213} ④ dã^{213} (1) 系物往下,如“结根绳,拿台子勒窗口～下去”。(2) 挂,如“一副镯子～勒耳朵浪”。

[凼] ① dã^{213} ② dã^{31} ④ dã^{213} 水～,小水坑,如“落仔雨,路浪水～多得来”。

[藏$_{\text{音}}$] ① zã^{213} ② zã^{31} ④ zã^{213} (1) 堆、叠,如“拿书聚一聚$_{\text{理一理}}$,～

～好|砖头～勒墙脚沿头”。(2) 叠,量词,如“一～书”。

[□] ① hã^{424} ③ hã^{424} ④ huã^{35} 抽打或给带毛的东西划过后,皮肤上出现的条形红肿,如“脚浪拨草叶勒着几条～”。

[杭$_{\text{俗}}$] ① ɦã^{24} ② ɦã^{13} ③ ɦã^{24} ④ ɦã^{13} 硬挺,强忍,如“该种生活难做葛,难该$_{\text{现在}}$只好～一～哉|该葛物事价钿贵得来,要伊末呒办法,只好～伊一记哉”。

[□] ① ã^{424} ④ ã^{35} 浪费,糟蹋,如“蛮好葛物事嬒摆好,～脱哉”。

[□] ① kuã^{424} ② kuã^{412} ③ ɦuã^{424} ④ kuã^{35} 液体在容器内摇晃,如“碗端端平,当心汤～出来”。

[荒$_{\text{音}}$] ① huã^{44} ② huã^{44} ③ huã^{53} ④ huã^{55} 蛋黄,如“该只是双～蛋”。

[□] ① huã^{52} (1) 色彩鲜艳并有闪光,如“该只雄鸡葛毛～得来”。但如指人穿的衣服,有俏皮、讽刺的意味。(2) 用来指人,则有年轻、漂亮的意思,如民歌“嫁出囡儿哭出仔个浜,掉落仔村中～后生”。

[汪$_{\text{音}}$] ① uã^{44} ② uã^{44} 称东西时秤杆稍下垂,表示斤量不太足,如“称青菜末也嬒看见称得贼梗$_{\text{这样}}$～葛威$_{\text{语气词}}$”。薛典也说[lei^{44}](见前文)。

[坌$_{\text{俗}}$] ① bəŋ^{213} ② bən^{31} ③ bəŋ^{213} ④ bən^{213} 用铁耙翻地,如“小伙子一日天可以～一亩田”。

[问$_{\text{音}}$] ① meŋ^{213} ② men^{31} ③ məŋ^{213} 把树或花木的主头去掉,如“拿该棵树头～脱伊”。

[登$_{\text{音}}$] ① təŋ^{44} ② tən^{44} ③ təŋ^{53} 砍,如“到竹冈$_{\text{竹园}}$里～一根竹头”。“～”适用的范围很窄,薛典也说“到肉砧墩$_{\text{肉店}}$浪～一斤肉”。

[登$_{\text{音}}$] ① təŋ^{44} ② tən^{44} ③ təŋ^{53} ④ tən^{55} 嗉子,如“鸡～|鸡葛～里向饱勿过勒化”。

[吞$_{\text{音}}$] ① t‘əŋ^{44} ② t‘ən^{44} ③ t‘əŋ^{53} ④ t‘ən^{55} 烟或臭气熏人,如“煤炉生勿着,烟～得来”。

[□] ① t‘əŋ^{52} ② t‘ən^{52} ③ t‘ᴇ^{44} ～食:原来很能吃,变得吃不下或不想吃,如“胃口一直蛮好,最近勿晓得傣亨$_{\text{怎么}}$～仔几日食哉,一点也勿想吃”。适用于人和禽畜。

[腾] ① dəŋ^{24} ② dən^{13} ③ dəŋ^{24} ④ dən^{13} 把东西从这个容器倒

到另一个容器，如“一杯水～过来倒过去，剩仔半杯哉”。

［钝］① dəŋ^{213}　② dən^{31}　③ dəŋ^{213}　④ dən^{213}　用语言讽刺、挖苦，嘲弄，有时用作反话，如“我勿搭伊相骂，只是～仔伊几句，倒说伊也勿响哉”。

［伦$_{音}$］① ləŋ^{24}　② lən^{13}　④ lən^{13}　口吃，如“伊说起话来有点～葛”。～子，口吃的人。

［论$_{音}$］① ləŋ^{213}　② lən^{44}　③ ləŋ^{213}　④ lən^{213}　砍而不使全断，如“该块肋条肉里葛骨头搭我～～断”。苏州读阴平。

［□］① tsʻəŋ^{52}　③ tsʻəŋ^{44}　（1）用手上下翻动使物松，如“拿棉花～～松”。（2）用手从东西的表面抓掉一些，如“先上面～脱点，再弄下面葛”。

［□］① zəŋ^{213}　② zən^{31}　③ zəŋ^{213}　④ zən^{213}　低，垂下，如“你～倒仔头做啥｜稻穗头已经～下哉”。

［真$_{音}$］① tʂəŋ^{44}　② tsən^{44}　③ tʂəŋ^{53}　④ tʂən^{55}　扔，投掷，如“～砖头”。

［准$_{音}$］① tʂəŋ^{52}　抵押偿付，如“借仔伊一千块洋钿，一房新家生～拨勒伊哉”。

［□］① tʂəŋ^{424}　蒸东西用的竹器，如“今朝吃剩葛菜拿～蒸一蒸”。按：～，可能是蒸的名词用法，读阴去。“蒸”作动词读［tʂəŋ^{44}］。

［□］① kʻəŋ^{424}　② kʻən^{412}　③ kʻəŋ^{424}　④ kʻən^{35}　皮肤上的污垢，如“十日天覅淴浴，身浪～勿少”。方言也说“漆～”。

［□］① gəŋ^{31}　② gən^{31}　③ gəŋ^{31}　④ gən^{232}　脾气固执、死板，常发蛮劲，如“伊脾气～勿过，搭伊讲勿明白葛”。～头：指有以上脾气的人。

［亨$_{文音}$］① həŋ^{44}　② hən^{44}　③ həŋ^{53}　④ hən^{55}　撕，如“信覅写好，信纸倒～脱仔五六张哉”。

［狠］① həŋ^{52}　② hən^{52}　③ hən^{324}　（1）力气大，本领大，如“伊～勿过，两百斤重葛担子一挑头”。（2）厉害，犯狠，如“你嫑～，勿怕你葛”。

［鉼］① piŋ^{424}　② pin^{414}　③ piŋ^{424}　④ pin^{35}　（1）用力坚持，如“你～住，嫑拨伊拉过去”。（2）用力使动，如“该担水你～伊起来，挑转去｜屎ŋ̍$_{拉}$勿出，你～一～就出来哉”。（3）东西沉淀或结块后发硬，如“灰沙有点～哉，要重新活一活哉”。（4）卡住，不通，如“你勿让我，我勿让你，大家勿好走，大家～杀｜乡谚云：蛇叫黄鳝实～杀”。《广韵》映韵陂病切：“坚～

也。”(3) 义只有薛典说。无锡市区无(4)义。

[□] ① $miŋ^{31}$ 又 $miŋ^{52}$ ② min^{31} ③ $miŋ^{31}$ ④ min^{232} 含而又不嚼，如“吃糖嫑嚼，要～葛”。薛典阴上阳上两读。

[□] ① $tiŋ^{424}$ ② tin^{412} ③ $tiŋ^{424}$ ④ tin^{324} 让液体中的某些东西沉淀后变清，如“井水勿干净，～一～再用”。按：意义与普通话“澄(dèng)”相同。

[□] ① $t‘iŋ^{424}$ ② $t‘in^{412}$ ③ $t‘iŋ^{424}$ ④ $t‘in^{35}$ 留、剩，如“搭我～点菜，我夜里转来吃”。

[近$_{音}$] ① $dʑiŋ^{31}$ ② $dʑin^{31}$ ③ $dʑiŋ^{31}$ ④ $dʑiŋ^{232}$ 震动，如“火车开过，地也有点～葛”。

[□] ① $dʑiŋ^{213}$ ② $dʑin^{31}$ ③ $dʑiŋ^{213}$ ④ $dʑin^{213}$ 指台阶、楼梯的级，量词，如“一层楼有十八～楼梯”。

[忍$_{白音}$] ① $ȵiŋ^{31}$ ② $ȵin^{31}$ ③ $ȵiŋ^{31}$ 没站稳，晃了一下，如“勒$_{在}$梯浪走下来，～着一～，总算覅跌下来”。

[兴] ① $ɕiŋ^{424}$ ④ $ɕin^{35}$ (1) 禾苗、菜蔬等长得茂盛，如“田里稻长得～得来”。(2) 生意兴隆，如“新开店里生意～得来”。

[引] ① $ɦiŋ^{31}$ ② $ɦin^{31}$ ③ $ɦiŋ^{31}$ ④ $ɦiŋ^{232}$ 招惹，如“伊蛮乖勒浪，嫑～伊哭”。

[引] ① $ɦiŋ^{31}$ ② $ɦin^{31}$ 热天身上皮肤突然不舒服，发痒，人很烦躁(多为小儿)，接着生出痱子。这种过程，方言叫“痱子～”。

[印$_{音}$] ① $iŋ^{424}$ ③ in^{424} 交配(一般指猪)，如“该只老猪婆$_{母猪}$～仔三趟哉，肚皮仍旧覅大”。

[印$_{音}$] ① $iŋ^{424}$ ② in^{412} ③ $iŋ^{424}$ ④ in^{35} 熄火，如“柴烧勿着，～脱哉|困觉哉，灯～脱仔”。

[印$_{音}$] ① $iŋ^{424}$ ② in^{412} ③ $iŋ^{424}$ ④ in^{35} (1) 湿东西渗透扩散，如“落着仔雨，里向葛衣裳也～潮透哉”。(2) 透过，如“外面葛衣裳薄勿过，里向花衣裳葛花也～出来哉”。

[□] ① $boŋ^{31}$ ② $boŋ^{31}$ ③ $boŋ^{232}$ 量词，指量较多的一团，如“伊搛仔一～青菜到碗浪|一～火”。

[攻$_{音}$] ① $koŋ^{44}$ ② $koŋ^{44}$ ③ $koŋ^{53}$ ④ $koŋ^{55}$ 挤，钻，如“伊勒人哈

拉$_{隙缝}$里～来～去|一股气勒肚皮里～来～去"。

［□］① oŋ^{424}　② oŋ^{412}　③ oŋ^{424}　④ oŋ^{35}　事情不顺利，办糟了，增加了麻烦，如"葛桩事体办得～透"。

［凶］① ɕioŋ^{44}　② ɕioŋ^{44}　③ ɕioŋ^{53}　④ ɕioŋ^{55}　烟酒味较辣，难于上口，如"美国香烟比中国香烟～"。

［训$_{音}$］① ɕyəŋ^{424}　③ ɕioŋ^{424}　(1) 斜，不平直，如"该件衣裳裁得不服贴，有点～起"。(2) 脸板起没有笑意，如"伊～起仔面孔，勿晓得为啥"。

［□］① yən^{44}　把稻草一类的东西扎成锅膛里可以烧的把，如"拿稻柴～好点草把"。

［发］① faʔ^{5}　③ faʔ^{5}　猫～：猫发情。只用于猫。

［搭$_{音}$］① taʔ^{5}　② taʔ^{5}　④ taʔ^{5}　被逮捕，如"隔壁阿三，今早拨警察局～仔进去哉"。

［辣$_{音}$］① laʔ^{23}　② laʔ^{3}　③ laʔ^{23}　④ laʔ^{23}　(1) 拦，挡，如"～牢伊，嫑让伊走"。(2) 隔，如"～一块场化，养两只鸡"。

［杀$_{音}$］① saʔ^{5}　② saʔ^{5}　③ saʔ^{5}　④ saʔ^{5}　插、塞，如"衬衫～勒裤子里向|腰里～仔一把手枪"。

［煠$_{音}$］① zaʔ^{23}　④ zaʔ^{23}　将青蚕豆夹在指头中弯断挤出豆子，如"伊～起蚕豆来真快"。

［煠$_{音}$］① zaʔ^{23}　② zaʔ^{3}　③ zaʔ^{23}　④ zaʔ^{23}　凸出，如"线勿直，有个场化～出来葛"。～角，样子不规正。

［煠$_{音}$］① zaʔ^{23}　② zaʔ^{3}　③ zaʔ^{23}　④ zaʔ^{23}　喷，如"救火车葛水～得远得来"。

［闸$_{音}$］① zaʔ^{23}　③ dzaʔ^{23}　④ zaʔ^{23}　东西放在器具里，不停地动，让东西与器具的内壁造成磨擦使东西干净，如"米放勒筲箕里～～干净"。

［夹］① kaʔ^{5}　② kaʔ^{5}　③ kaʔ^{5}　④ kaʔ^{5}　(被有钳状口器的)虫咬，如"我拨百脚$_{蜈蚣}$～着一口"。

［荚］① kaʔ^{5}　② kaʔ^{5}　③ kaʔ^{5}　(萝卜)缨子，如"我今朝买葛是带～葛萝卜"。

［荚$_{音}$］① kaʔ^{5}　② kaʔ^{5}　③ kaʔ^{5}　④ kaʔ^{5}　搬(嘴)，～嘴舌：搬嘴弄舌，如"伊欢喜$_{喜欢}$～来～去，弄点事体出来葛"。

［掐$_{音}$］① k‘aʔ^{5}　② k‘aʔ^{5}　③ k‘aʔ^{5}　④ k‘aʔ^{5}　压，如“信～勒台子浪丨嫑～勒我身浪”。

［轧］① gaʔ^{23}　② gaʔ^{3}　③ gaʔ^{23}　④ gaʔ^{23}　碾，压，如“～米丨昨日马路浪拨汽车～杀一个人”。

［轧$_{俗}$］① gaʔ^{23}　④ gaʔ^{23}　夹，如“头发拿～针～～牢丨衣裳拿～子～～牢”。

［轧$_{俗}$］① gaʔ^{23}　② gaʔ^{3}　③ gaʔ^{23}　推测，估计，～苗头，推测估计趋势和情况，如“该趟伊苗头𫞓～准，吃仔亏哉”。

［轧$_{俗}$］① gaʔ^{23}　② gaʔ^{3}　③ gaʔ^{23}　④ gaʔ^{23}　修剪，如“头发～得短点丨路边浪葛矮冬青要～～齐”。理发用的推子，方言称“～剪”。

［轧$_{俗}$］① gaʔ^{23}　② gaʔ^{3}　③ gaʔ^{23}　④ gaʔ^{23}　（1）拥挤，形容词，如“街浪人～得来”。（2）用身体推挤，动词，如“你嫑～过来哉”。

［轧$_{俗}$］① gaʔ^{23}　② gaʔ^{3}　③ gaʔ^{23}　④ gaʔ^{23}　结算，如“弄仔半日帐也𫞓～清爽丨～帐”。

［轧$_{俗}$］① gaʔ^{23}　② gaʔ^{3}　③ gaʔ^{23}　④ gaʔ^{23}　结交，如“～朋友丨你搭别人家一淘末，要～好淘”。

［□］① guaʔ^{23}　② guaʔ^{3}　③ guaʔ^{23}　④ guaʔ^{23}　用东西略抵住卡住，如“你出来葛辰光拿门～～牢丨抽屉拨物事～牢哉，开也开勿开”。

［□］① guaʔ^{23}　② guaʔ^{3}　③ guaʔ^{23}　④ guaʔ^{23}　风闻，如“我耳朵里～着伊最近要出国哉”。

［豁$_{音}$］① huaʔ^{5}　② huaʔ^{5}　③ huaʔ^{5}　④ huɑʔ^{5}　（1）跨越，翻，如“～墙头逃走哉丨～仔三个虎跳$_{跟斗}$”。（2）遗失，如“我葛钢笔～脱哉”。（3）缺，如“样样全哉，就是还～一把剪刀”。常熟方言只有(2)义。

［豁$_{音}$］① huaʔ^{5}　② huaʔ^{5}　④ huaʔ^{5}　（1）摇，如“狗看见仔熟人，尾巴～勒～”。（2）挥动，如“看台浪葛国旗～勒～，要队员加油”。（3）推倒，如“台子浪物事拨伊～勒地浪”。苏州方言只有(1)意义。

［摘$_{白}$］① tsɑʔ^{5}　② tsɑʔ^{5}　③ tsaʔ^{5}　④ tsɑʔ^{5}　用钩子一类的东西钩，如“葛只桃子拿钩子～伊下来”。

［绰$_{音}$］① ts‘ɑʔ^{5}　② ts‘ɑʔ^{5}　③ ts‘aʔ^{5}　④ ts‘ɑʔ^{5}　用笊篱一类可沥水的工具在水面上捞，如“缸面浪葛龌龊用笊离～～脱”。

［焯］① $ts^{‘}ɑʔ^{5}$ ② $ts^{‘}ɑʔ^{5}$ ③ $tʂ^{‘}ɑʔ^{5}$ ④ $tʂ^{‘}ɑʔ^{5}$ 把肉类或蔬菜放在开水里略煮即取出，如“拿肉～一滚｜～青菜”。

［□］① $sɑʔ^{5}$ ④ $sɑʔ^{5}$ 用工具掏使通，如“阴沟拿竹头～～通”。

［□］① $sɑʔ^{5}$ ② $sɑʔ^{5}$ ③ $sɑʔ^{5}$ 用水使燃着的木，炭等熄灭，如“炉子勿用哉，～印$_{熄}$脱仔罢”。

［□］① $sɑʔ^{5}$ 湿透，如“今朝一场雨，田里落得～透哉”。

［额$_{音}$］① $ŋɑʔ^{23}$ ② $ŋɑʔ^{3}$ ③ $ŋɑʔ^{23}$ ④ $ŋɑʔ^{23}$ （1）走路摇摇摆摆，如“小脚走起路来一～一～葛”。（2）摇动使松，如“墙头浪只钉，～伊出来”。苏州方言只有(2)义。

［鹊$_{音}$］① $ts^{‘}iɑʔ^{5}$ ③ $ts^{‘}iɑʔ^{5}$ 鸟不扇动翅膀滑翔疾飞，如“一只老鹰勒天浪～过”。

［朴$_{音}$］① $p^{‘}oʔ^{5}$ ② $p^{‘}oʔ^{5}$ ③ $p^{‘}oʔ^{5}$ ④ $p^{‘}ɔʔ^{5}$ （1）松而不结实，如“伊身浪葛肉～葛”。（2）东西多烧以后胀大或多空发松，如“豆腐烧～脱哉”。

［朴$_{音}$］① $p^{‘}oʔ^{5}$ ② $p^{‘}oʔ^{5}$ ④ $p^{‘}ɔʔ^{5}$ 藕的老头一段叫“藕～”，如“该段藕的～忒长”。

［笃$_{音}$］① $toʔ^{5}$ ② $toʔ^{5}$ ③ $toʔ^{5}$ ④ $tɔʔ^{5}$ 米粉和水调成糊状，放在锅里用少量的油煎，如“今朝～仔三只饼”。

［笃$_{音}$］① $toʔ^{5}$ ② $toʔ^{5}$ ③ $toʔ^{5}$ ④ $tɔʔ^{5}$ 舌头不灵活，说话时发音不清楚，如“伊讲话舌头有点～葛｜刁屄～舌头$_{语音不准不清楚}$”。

［笃$_{音}$］① $toʔ^{5}$ ② $toʔ^{5}$ ④ $tɔʔ^{5}$ （1）丢，如“嫑葛物事～脱伊”。（2）投掷、扔，如“小人观喜～砖头”。

［笃$_{音}$］① $toʔ^{5}$ ② $toʔ^{5}$ ③ $toʔ^{5}$ ④ $tɔʔ^{5}$ 加水在砂锅里煮肉一类的东西，如“肉～仔两个钟头，烂哉｜白～肉$_{不加酱油煮}$”。又：煮肉的砂锅叫“～锅”。在铁锅里煮肉就不叫“～肉”。

［庹］① $t^{‘}oʔ^{5}$ ② $t^{‘}oʔ^{5}$ ③ $t^{‘}ɔʔ^{5}$ ④ $t^{‘}ɔʔ^{5}$ 两手伸直平举，这两端之间的距离叫“一～”。见《字汇补》广部：“两腕引长谓之～。”

［落］① $loʔ^{23}$ 经手钱财时，暗中把部分占为己有，如“叫伊买件衣裳，拨伊～仔十元去”。

［作$_{音}$］① $tsoʔ^{5}$ ② $tsoʔ^{5}$ ③ $tsɔʔ^{5}$ ④ $tsɔʔ^{5}$ （1）无理吵闹，招惹，

如“你乖点，嫑～”。（2）自找，如“你老实点，嫑～死”。

[促$_{\text{音}}$] ① tsʻoʔ^{5}　② tsʻoʔ^{5}　③ tsʻɔʔ^{5}　④ tsʻɔʔ^{5}　用绳或带子缚，如“～裤子｜～稻”。

[宿] ① soʔ^{5}　② soʔ^{5}　③ ʂɔʔ^{5}　④ sɔʔ^{5}　（1）不新鲜，如“你葛菜隔仔几日哉，～哉”。（2）过时的或不适时的，如“葛种样子是～得来，老早呒人着哉”。

[逐$_{\text{音}}$] ① zoʔ$^{\underline{23}}$　② zoʔ$^{\underline{23}}$　③ zoʔ$^{\underline{23}}$　④ zoʔ$^{\underline{23}}$　（1）放、推，如“伊吃饱仔饭，碗一～就走哉”。（2）送、递，如“伊今朝～仔一张病假条来”。这两种意思都带有态度不好或不太客气的意味。

[逐$_{\text{音}}$] ① zoʔ$^{\underline{23}}$　② zoʔ$^{\underline{23}}$　跌，如“伊勿当心～勒河里向，险险叫～杀脱”。

[哭$_{\text{音}}$] ① kʻoʔ^{5}　② kʻoʔ^{5}　③ kʻoʔ^{5}　④ kʻɔʔ^{5}　凸起不紧贴，如“台浪葛贴塑面不平服，有点～起”。

[郝$_{\text{音}}$] ① hoʔ^{5}　② hoʔ^{5}　③ hɔʔ^{5}　④ hɔʔ^{5}　紧贴，如“面孔搭面孔～牢仔”。

[勃$_{\text{音}}$] ① bəʔ$^{\underline{23}}$　② bəʔ^{3}　③ boʔ$^{\underline{23}}$　④ bəʔ$^{\underline{23}}$　（1）（抱住了）摔，如“我～跟斗～勿过伊”。（2）（抱住了）移动，如“拿该袋米～过点”。

[勃$_{\text{音}}$] ① bəʔ$^{\underline{23}}$　② bəʔ^{3}　③ boʔ$^{\underline{23}}$　④ bəʔ$^{\underline{23}}$　算，想，如“该点小数目你就～勿清爽哉｜该桩事体你是～勿明白葛”。

[得$_{\text{音}}$] ① təʔ^{5}　② təʔ^{5}　③ təʔ^{5}　④ təʔ^{5}　（1）粘，形容词，如“该种浆$_{\text{浆糊}}$～勿过”。（2）贴，动词，如“信封浪邮票～～牢”。

[得$_{\text{音}}$] ① təʔ^{5}　② təʔ^{5}　③ təʔ^{5}　④ təʔ^{5}　点（头），如“伊跑来就搭我～～头，算是打招呼”。

[夺$_{\text{音}}$] ① dəʔ$^{\underline{23}}$　② dəʔ^{3}　（1）掉，如“一本书～勒地浪”。（2）遗失，如“昨日我～脱一本书”。

[勒$_{\text{音}}$] ① ləʔ$^{\underline{23}}$　② ləʔ^{3}　③ ləʔ$^{\underline{23}}$　④ ləʔ$^{\underline{23}}$　反复说，如“我～仔几遍，倒说伊还是忘记脱”。

[勒$_{\text{音}}$] ① ləʔ$^{\underline{23}}$　② ləʔ^{3}　③ ləʔ$^{\underline{23}}$　④ ləʔ$^{\underline{23}}$　皮肤给有刃的东西划了，如“我手浪拨草叶子～着一～”。

[测$_{\text{音}}$] ① tsʻəʔ^{5}　② tsʻəʔ^{5}　③ tsʻəʔ^{5}　④ tsʻəʔ^{5}　多人用手抬东西，如

“我搭你两个～该张台子”。

［□］① səʔ⁵　③ soʔ⁵　撒，如“伊拿稻种～勒秧田里，上面再～秧灰盖好｜～灰雨毛毛雨”。

［磕］① k'əʔ⁵　② k'əʔ⁵　④ k'əʔ⁵　身体向前靠在可依附的东西上，如“伊～勒台子浪困着哉”。

［搿俗］① gəʔ²³　② gəʔ³　③ gəʔ²³　④ gəʔ²³　两手抱住，如“小人～牢仔娘勿哭哉”。(2)（用膀子）夹住，如“伊～仔两本书到图书馆去哉”。

［月白音］① ŋəʔ²³　② ŋəʔ²³　用手指拾或取东西，如“地浪葛米糁饭粒～起来｜三只节头子指头～田螺，稳葛这是乡谚，表示轻而易举，万无一失”。

［黑音］① həʔ⁵　② həʔ⁵　④ həʔ⁵　把粘住的纸分开或揭下，如“该张纪念邮票～伊下来”。

［摘白］① tiəʔ⁵　② tiəʔ⁵　④ tiəʔ⁵　用手指甲掐取，如“～一个嫩头｜～两根葱”。

［踅］① ziəʔ²³　② ziəʔ³　③ ziəʔ²³　旋，如“闹钟葛发条～～紧”。《集韵》薛韵似绝切：“旋倒也。”

［激音］① tɕiəʔ⁵　② tɕiəʔ⁵　③ tɕiəʔ⁵　④ tɕiəʔ⁵　把东西或盛放东西的器具放在冷水中使降温，如“鸡蛋煮熟仔放勒冷水里～一～｜茶烫末，拿杯子放勒冷水里～～”。

［极音］① dʑiəʔ²³　② dʑiəʔ³　③ dʑiəʔ²³　④ dʑiəʔ²³　(1) 在棋类、球类、赌博等竞技活动中耍赖或作风差，如“伊着棋～勿过，一直要悔葛”。(2) 急，如“听到伊娘生病，伊心里～得来”。(《方言》编者案：字当作剧，广韵奇逆切。)

［国音］① kuəʔ⁵　② kuəʔ⁵　③ kuoʔ⁵　④ kɔʔ⁵　～嘴：漱口，如“伊早浪起来嘴也勿～就吃粥”。无锡城区与“郭”同音。

［郁音］① yəʔ⁵　② yəʔ⁵　③ ioʔ⁵　④ yəʔ⁵　把生的鱼、肉放在酱油、酒等调料中略浸待烧，如“鱼里向放点酒勒酱油～一～”。

（原载《方言》1992 年第 1 期。无锡市区音为笔者后加的）

无锡方言的归属

无锡县在苏南的中部，南临太湖，东南是吴县，东边是常熟市，北边是江阴县，西边是武进县。无锡市位于无锡县中间，南边面临太湖，其余北东西三面都是无锡县。请看后一页的地图。

无锡县方言可以分为东西两部分。东部比较小，约占全县面积的七分之一，包括厚桥、甘露、荡口、鸿声、后宅等乡和硕放乡的东部，语音跟苏州及吴县的东部十分接近；西部绝大部分地方与无锡市语音接近。由于语音上的明显不同，因此东部的人称梅村和硕放（西部）乡的人为“西天人”。无锡的东部方言归入苏南吴语东区是完全没有问题的。无锡西部（包括无锡市）的方言，许宝华和游汝杰两同志在《苏南和上海吴语的内部差异》（《方言》1984 年第 3 期）一文中也认为应归东区。许、游两同志从较大的范围立论，本书想从无锡与苏州、常州小范围的比较，进一步说明无锡方言应属江南（苏南和上海）吴语的东区。

（一）无锡市方言跟苏州及常州市方言的差异

1．声调的差异

无锡方言有八个声调，苏州市和常州市都只有七个声调。它们的差别主要在于，阳上和阳去是两个不同的声调还是归并为一个声调。无锡阳上和阳去是两个不同的声调；苏州和常州两地阳上与阳去合一。

2．声母的差异

三地的声母基本相同，主要差别在于古知、章组和日母字的今音。这些声母鱼、虞两韵的字，无锡、苏州（老派）两地今音都是舌尖后音［tʂ］组，常州是舌尖前音［ts］，见表一。无锡、苏州两地古知、章组和日母在其他韵中今音还有读［tʂ］组的，如古止摄字等，不过无锡读［tʂ］组的字要比苏州多一些。

表一

古声母	古韵母	例字	苏州市，无锡市，无锡县陆区	无锡县杨市、洛社、玉祁，武进县戴溪、雪堰桥	常州市，武进县横林，无锡县胡埭
知	鱼	猪	tʂɥ	tʂɥ	tsɥ
彻	鱼	褚	tʂʻɥ	tʂʻɥ	tsʻɥ
澄	虞	住	ʐɥ	dʐɥ	dzɥ
章	鱼	诸	tʂɥ	tʂɥ	tsɥ
昌	鱼	处	tʂʻɥ	tʂʻɥ	tsʻɥ
书	鱼	书	ʂɥ	ʂɥ	sɥ
禅	虞	树	ʐɥ	ʐɥ	zɥ
日	鱼	如	ʐɥ	ʐɥ	zɥ

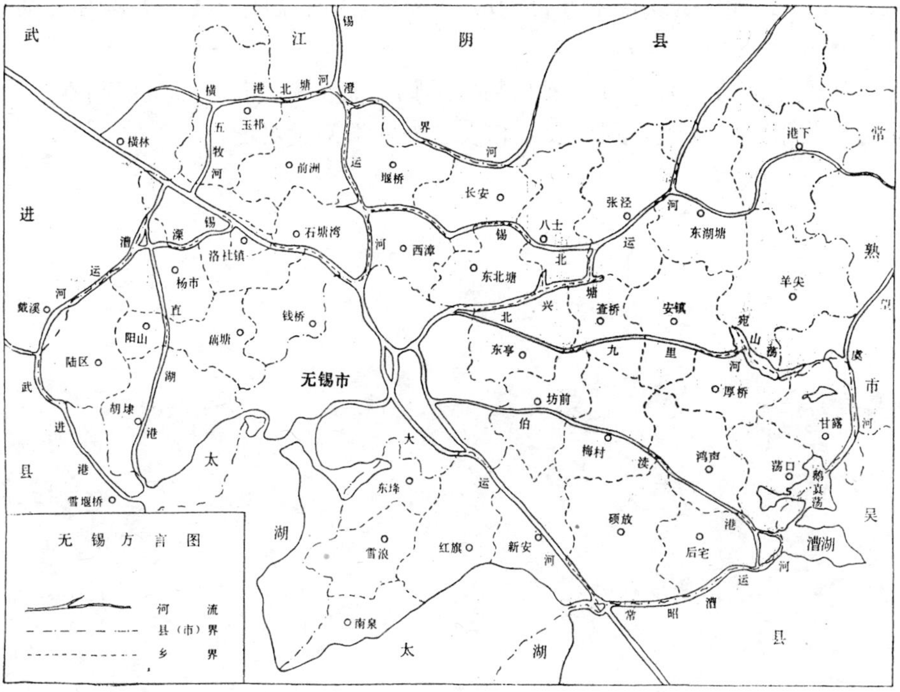

3. 韵母的差异

韵母的差异比较复杂,我们以《方言调查字表》所列韵目,结合今音,把无锡市方言的韵与苏州、常州方言的韵分别作了比较,结果是:无锡市与常州市的差异,舒声韵有27组不同,入声韵有9组不同;无锡市与苏州市的差异,舒声韵有18组不同,入声韵只有1组不同。其中具有特征意义的如:鱼、虞韵来母、精组的字,今音无锡、苏州是[i],常州是[y];鱼、虞韵知、章组的字,今音无锡、苏州韵母都是[ʮ],常州韵母是[ɥ];止摄开口知、章组的字无锡、苏州韵母都是[ʮ],常州韵母是[ʅ];宕摄、江摄与梗摄$_{开口二等}$,无锡、苏州是[a]的鼻化韵或[ɑ]的鼻化韵,常州都是鼻音韵尾[ŋ]。入声韵中无锡、苏州有前[aʔ]和[ɑʔ]的对立,常州没有。如袜和麦三处都不同音,无锡、苏州是袜[maʔ^{23}]和麦[mɑʔ^{23}],常州是袜[mɑʔ^{23}]和麦[mɔʔ^{23}]。总之,在韵母方面,无论从语音特征或综合统计数字看,都显示了无锡市方言与苏州市方言的接近。

根据以上情况,无锡市方言理应归入苏州市一边,即属于苏南和上海吴语的东区。

从某些字的有无文白异读和某些词语看,无锡市也与苏州市基本一致,而与常州市有较大的差别。表二和表三分别举例做对比。

表二

	跪		贵		鬼		龟		亏吃～		鱼		味～道	
	文	白	文	白	文	白	文	白	文	白	文	白	文	白
苏州市、无锡市及无锡县杨市、洛社、玉祁三乡	guᴇ	dʑy	kuᴇ	tɕy	kuᴇ	tɕy	kuᴇ	tɕy	k'uᴇ	tɕ'y	ɦy	ŋ̍	vi	mi
无锡县胡埭乡多数人	guᴇ		kuᴇ		kuᴇ		kuᴇ		k'uᴇ		ɦy	ŋ̍	vi	mi
少数人	guᴇ	dʑy	kuᴇ	tɕy	kuᴇ	tɕy	kuᴇ	tɕy	k'uᴇ	tɕ'y				
陆区乡	guæi		kuæi		kuæi		kuæi		k'uæi		ɦy	ŋ̍	vi	mi
常州市及武进县戴溪、横林、雪堰三乡	guæi		kuæi		kuæi		kuæi		k'uæi			ɦy		vi

表三

无锡=苏州	常州	无锡县				武进县		
		胡埭	陆区	杨市	洛社=玉祁	戴溪	横林	雪堰
着	穿	着少,穿多	着,穿	着	着	穿多,着少	着,穿	穿
汏	洗	汏多,洗少	汏多,洗少	汏	汏	洗多,汏少	汏多,洗少	汏
屋里	家里	家里	屋里,家里	屋里	屋里	家里	家里	家里
镬子	锅子	镬子,锅子	锅子	锅子	镬子,锅子	锅子	锅子	锅子
物事	东西	物事	东西	物事	物事	东西	东西	东西
(好)葛	佬	佬	佬	佬	葛	佬	佬	佬
啥(人)	tiɑ	啥	啥	啥	啥	tiɑ	tiɑ	tiɑ

无锡:着tsɑʔ^{5} | 汏dɑ^{213} | 屋里uəʔ^{5} li^{232} | 镬子ɦoʔ^{23} tsəʔ^{5} | 物事məʔ^{23}zɿ^{213} | (好)葛kəʔ^{5} | 啥(人)sɑ^{35} ‖;

苏州:着tʂɑʔ^{5} | 汏dɑ^{31} | 屋里uəʔ^{5}li^{31} | 镬子ɦoʔ^{3} tsɿ^{52} | 物事məʔ^{3}zɿ^{31} | (好)葛kəʔ^{5} | 啥(人)sɑ^{412} ‖;

常州:穿ts'ɤ^{55} | 洗si^{34} | 家里ko^{55} lə^{34} | 锅子kɤɯ^{55}tsəʔ^{5} | 东西toŋ^{55} si^{55} | (好)佬lɐɯ^{34} | □啥(人)tiɑ^{34}。

(二) 无锡县的西部方言

无锡县的西部方言包括无锡市方言在内。位于无锡市东南的新安、红旗、南泉、雪浪、东绛等乡,东边的坊前、梅村、东亭、查桥、安镇等乡和北边的东湖塘、张泾、八士、东北塘、长安、西漳、堰桥、前洲等乡的方言与无锡市是很接近的，愈靠近无锡市，接近的程度愈高。东边离无锡市较远的羊尖、港下两个乡，它们与常熟市接境，有些地方带有常熟方言的成分，但仍属无锡方言，正像常熟靠近无锡县的地方有无锡方言成分一样，这是由方言的渐变性决定的。至于位于无锡市西边的一些乡，如藕塘、钱桥和石塘湾三个乡紧靠无锡市，因而与无锡市方言十分接近。另外还有与武进县接境的胡埭、陆区、杨市、洛社和玉祁五个乡镇，是本文讨论的重点，说清楚这五个乡的方言情况就基本上划清了无锡方言的界线，同时也划清了江南（苏南和上海）吴语东西区的界线。

最近，我们对上述五个乡以及与这五个乡交界的武进县的雪堰桥、戴溪和横林三个乡作了调查，其中无锡县的杨市、洛社和玉祁三个乡的方言与无锡市接近。胡埭、陆区两乡的方言有武进方言的成分，也即带有常州方言的成分。这种成分愈接近武进县境愈多，但从总体看仍是无锡方言。有关声母、文白异读等情况见前面表一至表三所对比的例子，韵母方面，胡埭和陆区两乡也明显地接近无锡市。只有这五个乡与武进县接境的一小部分地方属于武进方言，如胡埭乡的周桥港以西的沙滩大队和西溪大队的部分地方，陆区乡西属于武进方言，如胡埭乡的周桥以西的沙滩大队和西溪大队的部分地方；陆区乡西部靠近锡溧漕运河的一小部分（那里大都是圩田，如尹城联圩、三摆渡联圩等，即现在的高潮、光明、建新、三好等大队的西部）；杨市乡西边与武进县接境的小部分地方（也是一些圩田，如保健联圩、勤余联圩等，即现在保健大队、勤余大队和红湖大队的西部）；洛社乡的常锡联圩的小部分（即现在绿化大队的西部）；玉祁乡的鞭蓉圩西部的蓉西、蓉丰、蓉新、蓉联等大队。

无锡县与武进县的行政区边界上，有一些较大的河流，如锡溧漕运河、武进港等。这既是行政区的分界线，大体上也是方言的自然分界线。河流的边上还有一些湖泊和洼地，有的后来开发为圩田。由于去圩田围垦的人来自无锡或武进，因此圩田有说武进方言的。

从我们对隶属武进县的几个与无锡县接境的乡所在地了解，如南边与胡埭乡连接的雪堰乡，中部与陆区乡连接的戴溪乡和北部与洛社、玉祁乡连接的横林乡，它们的方言虽有些某些无锡方言的成分，如戴溪、雪堰两乡声母也有舌尖后音，但都有明显的常州方言的特点，尤其在韵母方面（声母和文白异读等，见表一至表三）。因此我们认为：无锡县西部方言应归入江南（苏南和上海）吴语的东区，它的分界线基本与行政区域的划分是一致的。

（原载《方言》1985 年第 2 期）

再谈无锡方言的归属

无锡位于苏州、常熟和常州、宜兴的中间。在方言方面，苏州和常州根据方言的特点，分属吴方言的苏沪嘉小片和毗陵小片。苏州是苏沪嘉小片的代表点，常州是毗陵小片的代表点。无锡方言在两个代表点中间，与苏州和常州不可能是截然不同的，它们有着千丝万缕的联系，有共同的地方，也有不同的地方。无锡方言究竟属于哪一个小片，这就要分析对比后才能作出。

目前存在两种不同的划分：一种是认为无锡方言属于苏沪嘉小片，一种是认为属于毗陵小片。两种划分都是根据方言的某些特点的比较归类作出的，都有一定的依据。我们不能说哪种划分正确，哪种划分错误，只能说哪种划分更贴近方言的实际。

主张无锡方言划为苏沪嘉小片的，首先是许宝华和游汝杰两位先生在《苏南和上海吴语的内部差异》(《方言》1984 年第 1 期）一文中提出的。文中排比了方言的语音差异，根据特征判断和综合判断认为无锡方言接近苏州，应为东区苏沪话，即后来说的苏沪嘉方言小片。

后来，许宝华先生等又在《北片吴语内部的异同》(《方言》)1984 年第 4 期）一文中对常州小片和苏沪嘉小片的方言特点各列了十三项。两片的项目内容基本相同，可以互相对照，从中看出两小片的差异。这是比较全面地反映苏沪嘉小片和毗陵小片的情况的。

笔者在《无锡方言的归属》(《方言》1985 年第 2 期）一文中主要根据无锡与苏州、常州三地这一范围内，从语音和词汇两方面作了比较，认为无锡方言应归入苏州一边，即属于苏沪嘉小片。

1986 年傅国通先生等在《吴语的分区稿》(《方言》)1986 年第 1 期）中，对毗陵小片和苏沪嘉小片的方言又分别提出十三项和十四项作为分区的特点，也可以说是在许文《北片吴语内部的异同》的基础上作了调整和补充。如：删去了“女”字音，增加了“鱼”字音等。应该说根据和特点更全面一些。该文认为无锡市、无锡县的方言为苏沪嘉小片。

钱乃荣先生在《当代吴语研究》(上海教育出版社 1992 年版）中，主要根据唐、阳、江三韵非庄两组带鼻尾还是鼻化韵和歌、戈韵与模韵混不混两大特点，认为无锡方言属于苏沪嘉小片。

《江苏省志·方言志》(南京大学出版社 1998 年版)中根据提出的八项特征把江苏吴语分为东西两片。东片以苏州为代表,叫苏州片;西片以常州为代表,叫常州片。无锡方言属于苏州片。该书所提特征,大多跟《北片吴语内部的异同》《吴语的分区稿》相同,其中讲到两片方言的一个特征,认为前高元音常州片摩擦都较明显,苏州片摩擦都不明显,弱得多。

认为无锡方言应划为毗陵小片的,主要有陈祺生和颜逸明两位先生。

陈祺生先生在《无锡方言概貌》(《无锡教育学院学报》1993 年第 1 期)一文中,认为划分无锡方言东西区的主要根据是无锡腔和其他一些特点。该文主要是谈无锡方言内部分东西两区,但同时认为"无锡方言东区和西区的交接地带,也就是常州小片与苏沪嘉小片的分界线"。即无锡市区方言属于毗陵小片。

颜逸明先生在《吴语概说》(华东师范大学出版社 1994 年版)中,也认为"苏南吴语东西两片的分界线应在无锡县东郊,无锡市、无锡县的大部分乡镇都应划为西片"。书中也提出了一些特点,并对其中的某些特点提出了自己的看法。

上述对无锡方言归属的两种不同的划分,都有一定的依据。所列的特点,绝大部分都是适用的,这给我们进一步的划分提供了有利的条件。我们可以运用这些特点,全面而具体地排比一下,应该更能说明问题。

一种方言一般总是跟它邻近的市县方言接近。无锡方言处于吴语的苏沪嘉小片和毗陵小片之间。苏州是苏沪嘉小片的代表点之一,常州是毗陵小片的代表点。毗陵小片的范围比较小,包括的市县方言比较少;苏沪嘉小片的范围比较大,包括的市县的方言比较多。为了方便与无锡方言进行比较,我们认为可以缩小比较的范围,为此我们从苏沪嘉小片中选了苏州、常熟、吴江、昆山和太仓五个地点的方言,我们称它为苏州小片。同时从毗陵小片中选了常州、宜兴、丹阳、金坛和溧阳五个地点的方言,我们称它为常州小片。把上列市县的方言跟无锡方言做比较,看无锡方言跟哪一边的方言接近,或者说共同点多,从而判断无锡方言为哪一小片比较合理。

下面我们综合各家提出的分区特点,以及我们补充的有区别性的特点,列表加以分析比较。

（1）澄母字的今音

例字	太	昆	吴	熟	苏	锡	常	宜	丹	金	溧
茶	dz	z	dz	dz	z	z	dz	dz	dz	dz	dz
沉	dz	z	dz	dʐ	z①	ʐ	dz	dz	dz	dz	dz

常州小片都读[dz]，苏州小片有读[z]、[dz]、[dʐ]等不同。从无锡来说，澄母字有读[z]或[ʐ]的，更多的是读[ʐ]。如果从读塞擦音或擦音来看，无锡读擦音，与苏州小片比较接近，读擦音是苏沪嘉小片的特点，如上海、嘉定都读擦音[z]。

（2）歌、戈韵与模韵的韵母是否相同（两类同音，只用一个音表示；两类不同音，用两个音表示）。

	歌戈 模	太	昆	吴	熟		苏	锡		常		宜		丹		金		溧	
帮组	波 补	u	u	u	u		u	ɤɯ		ɤɯ	u	ɯ	u	ə	u	ɯ	u	əɯ	u
明母	磨 模	u	əu	o	o		o	ɤɯ		ɤɯ		ɯ		ə		ɯ		əɯ	
端泥组	多朵 都	əu	əu	əɯ	ɤɯ		əu	ɤɯ		ɤɯ	u	ɯ	u	ə	u	ɯ	u	əɯ	u
精组	佐梭 租	əu	əu	əɯ	ɤɯ		əu	ɤɯ		ɤɯ	ʮ	ɯ	u	ə	u	ɯ	u	əɯ	u
见组	哥锅 姑	əu	əu	əɯ	ɤɯ	u	əu	ɤɯ	u	ɤɯ	u	ɯ	u	ə	u	ɯ	u	əɯ	u
晓影组	河禾 湖	u	əu	əɯ	ɤɯ	u	əu	ɤɯ	u	ɤɯ	u	ɯ	u	ə	u	ɯ	u	əɯ	u

歌、戈韵与模韵，苏州小片除常熟外，今音韵母全相同，常州小片除明母外都分。无锡介乎分与不分之间，跟常熟一样，见系分，其余组不分。如果从见系看，无锡与常州小片一致；如果从帮组和端系看，无锡又与苏州小片一致。

（3）唐韵、阳韵、江韵三韵舒声字今音读鼻化韵还是鼻尾韵。

	太	昆	吴	熟	苏	锡	常	宜	丹	金	溧
开口一等　唐　汤	ɑ̃	ɑ̃	ɑ̃	ɑ̃	ɑ̃	ɑ̃	aŋ	aŋ	ɑŋ	ɑŋ	ɑŋ
开口三等　阳　香	iã	iã	iã	iã	iã	iã	iaŋ	iaŋ	ie	iɛ	iɛ

① 苏州旧时有[tʂ]组，“沉”读[ʐ]声母。今苏州市吴中区、相城区农村中很多老年人和苏州市评弹演员把“沉”仍读作[ʐ]声母。

续表

	太	昆	吴	熟	苏	锡	常	宜	丹	金	溧
开口三等　阳(庄组)庄	ɑ̃	ɑ̃	ɑ̃	ɑ̃	ɑ̃	ɑ̃	uaŋ	aŋ	ɑŋ	ɑŋ	ɑŋ
合口一等　唐　光	uɑ̃	uɑ̃	uɑ̃	uɑ̃	uɑ̃	uɑ̃	uaŋ	uaŋ	uɑŋ	uɑŋ	uɑŋ
合口三等　阳(非组)方	ɑ̃	ɑ̃	ɑ̃	ɑ̃	ɑ̃	ɑ̃	aŋ	aŋ	ɑŋ	ɑŋ	ɑŋ
合口三等　阳(见系)匡	uɑ̃	uɑ̃	uɑ̃	uɑ̃	uɑ̃	uɑ̃	uaŋ	uaŋ	uɑŋ	uɑŋ	uɑŋ
开口二等　江(见系白读)江	ɑ̃	ɑ̃	ɑ̃	ɑ̃	ɑ̃	ɑ̃	aŋ	aŋ	ɑŋ	ɑŋ	ɑŋ
开口二等　江(见系文读)讲	iɑ̃	iɑ̃	iɑ̃	iɑ̃	iɑ̃	iɑ̃	iaŋ	iaŋ	ɑŋ	iɑŋ	iɛ

唐韵、阳韵、江韵三韵舒声字，苏州小片都是鼻化韵，常州小片都是鼻尾韵，只有丹阳、金坛、溧阳三地开口三等阳韵读[ie]或[iɛ]。无锡全都读鼻化韵，与苏州小片一致。此外，苏州小片曾开一登韵帮组白读（如“朋”），梗开二庚韵和耕韵的白读（如“生”“耕”），梗合二庚韵（如“横”）都读鼻化韵，无锡也读鼻化韵，与苏州小片一致。

（4）唐韵、阳韵、江韵和庚韵今音韵母中是否有[ɑ]和[a]的分别。

	太	昆	吴	熟	苏	锡	常	宜	丹	金	溧
开口一等　唐　桑	ɑ̃	ɑ̃	ɑ̃	ɑ̃	ɑ̃	ɑ̃	aŋ	aŋ	ɑŋ	ɑŋ	ɑŋ
开口二等　庚　生$_{白}$	ã	ã	ã	ã	ã	ã	aŋ	aŋ	ən	ən	əŋ
开口二等　江　讲$_{文}$	iɑ̃	iɑ̃	iɑ̃	iɑ̃	iɑ̃	iɑ̃	iaŋ	iaŋ	ie	iɑŋ	iɛ
开口三等　阳　姜	iã	iã	iã	iã	iã	iã	iaŋ	iaŋ	ie	iɑŋ	iɛ
合口三等　阳　匡	uɑ̃	uɑ̃	uɑ̃	uɑ̃	uɑ̃	uɑ̃	uaŋ	uaŋ	uɑŋ	uɑŋ	uɑŋ
开口二等　江　横	uã	uã	uã	uã	uã	uã	uaŋ	uaŋ	ən	uən	uəŋ

苏州小片[ã]和[ɑ̃]、[iã]和[iɑ̃]、[uã]和[uɑ̃]都有分别；常州小片与无锡接境的常州、宜兴都相同为[a]，其余各地即使不同，也不是[ã]和[ɑ̃]的不同。无锡和苏州小片相同。

（5）流摄开口一等侯韵和开口三等尤韵、知系的今韵母。

	太	昆	吴	熟	苏	锡	常	宜	丹	金	溧
侯韵　斗	ø	e	iɤɯ	ᴇ	ʏ	ei	ei	ɤɯ	e	ei	ei
尤韵　守	ø	e	iɤɯ	ɤɯ	ʏ	ei iɤɯ	ei	ɤɯ	e	ei	ei

苏州小片韵母今音很不一致，但都不读[ei]。常州小片的常州、金坛、溧阳都读[ei]，宜兴、丹阳不读[ei]（赵元任先生在《现代吴语的研究》中说，丹阳记音为[ei]）。无锡都读[ei]，与常州小片比较一致，但无锡尤韵知、章两组的大部分字都有两读。韵母为[ei]，则声母为[tʂ][tʂʻ][ʂ][ʐ]；韵母为[iɤɯ]，则声母为[tɕ][tɕʻ][ɕ][dʑ]。口语大多用[iɤɯ]，可以认为是白读音。这是比较特殊的。总的来说与常州片比较一致。

（6）臻摄合口三等谆韵精、知、章三组今音韵母带不带[y]或[u]介音。

		太	昆	吴	熟	苏	锡	常	宜	丹	金	溧
精组	遵	ən	ən	ən	əŋ	ən	ən	ən	ən	yən	ən	ən
	迅	in	in	in	iŋ	in	in	yən	yən	yən	yən	yən
知组	椿	ən	ən	ən	əŋ	ən	ən	uən	yən	yən	uən	yən
章组	春	ən	ən	ən	əŋ	ən	ən	uən	yən	yən	uən	yən
	纯	ən	ən	ən	əŋ	ən	ən	uən	yən	yən	uən	yən

精组字苏州小片和常州小片一般都有两个不同的韵母。如“遵”，除丹阳外，韵母都为[ən]或[əŋ]（常熟）。“迅”，苏州小片韵母都为[in]或[iŋ]，声母为[ts]组；常州小片都为[yən]，有[y]介音，声母为[tɕ]组。知、章两组，苏州小片都没有介音，常州小片都有介音。常州、金坛带[u]介音，声母为[ts]组；宜兴、丹阳、溧阳带[y]介音，声母为[tɕ]组。无锡与苏州小片相同。

（7）麻韵开口三等章组字与二等帮、知、章三组是否同韵。

		太	昆	吴	熟	苏	锡	常	宜	丹	金	溧
开口三等	蛇	o	o	o	u	o	ɑ	a	o	ɑ	a	ɔ
开口二等	巴	o	o	o	u	o	u白 ɑ文	o	o	o白 ɑ文	o	ɔ
	茶	o	o	o	u	o	ou白 ɑ文	o	o	o	o	ɔ
	查	o	o	o	u	o	ou白 ɑ文	o	o	o	o	ɔ

苏州小片都相同，常州小片除宜兴、溧阳外不相同。无锡从开口二等的文读音看，韵母与开口三等相同，无锡与苏州小片相同。从白读音看，韵母与开口三等不相同。无锡又接近常州小片。

（8）咍韵与谈韵、寒韵的分混

			太	昆	吴	熟	苏	锡	常	宜	丹	金	溧
咍韵	端组	胎	ᴇ	ᴇ	ᴇ	ɛ	ᴇ	ᴇ	æi	ɐi	æ	ɛi	æᴇ
咍韵	泥组	来	ᴇ	ᴇ	ᴇ	ɛ	ᴇ	ᴇ	æi	ɐi	æ	ɛi	æᴇ
咍韵	精组	灾	ᴇ	ᴇ	ᴇ	ɛ	ᴇ	ᴇ	æi	ɐi	æ	ɛi	æᴇ
咍韵	见系	该	ᴇ	ᴇ	ᴇ	ɛ	ᴇ	ᴇ	æi	ɐi	æ	ɛi	æᴇ
谈韵	端系	三	ᴇ	ᴇ	ᴇ	ɛ	ᴇ	ɛ	ɛ	a	æ	æ	ɑ
寒韵	端系	丹	ᴇ	ᴇ	ᴇ	ɛ	ᴇ	ɛ	ɛ	a	æ	æ	ɑ

从咍韵与淡韵、寒韵的分混看，苏州小片都混，常州小片除丹阳外都分。无锡也分，无锡与常州小片相同。从读单元音韵母还是复元音韵母看，咍韵苏州小片都读单元音，都为[ᴇ]或[ɛ]，常州小片除丹阳外都为复元音。无锡咍韵读单元音，与苏州小片相同，韵母为[ᴇ]，也与苏州小片相同。如从咍韵与谈、寒韵的分混看，无锡接近常州小片。

（9）合口三等仙韵精、知、章组的韵母及声母

			太	昆	吴	熟	苏	锡	常	宜	丹	金	溧
仙韵合口三等	精组	全	ie	iɪ	iɪ	ie	iɪ	iɪ	iɤ	yɪ	ʏ	ʏ	yo
		宣	ie	iɪ	iɪ	ie	iɪ	iɪ	iɤ	yɪ	ʏ	ʏ	yo
	知组	转	ø	ø	ø	ɤ	ø	o	ɤ	yɪ	oŋ	ʏ	yo
	章组	川	ø	ø	ø	ɤ	ø	o	ɤ	yɪ	oŋ	ʏ	yo
	见系	拳	iø	iø	iø	iɤ	iø	io	iɤ	yɪ	ʏ	ʏ	yo
仙韵开口三等	精组	仙	ie	iɪ	iɪ	ie	iɪ	iɪ	iɪ	iɪ	iɪ	iɪ	iɪ

① 合口三等仙韵精、知、章组声母，苏州小片都为[ts]组，常州小片除常州外，宜兴、金坛、溧阳都为[tɕ]组，丹阳精组为[tɕ]组，知、章组为[ts]组。无锡与苏州小片一致。

② 合口三等仙韵精组与见系韵母，苏州小片都不相同，常州小片都相同。无锡不同，与苏州小片一致。

③ 仙韵合口三等精组和开口三等精组字的韵母，苏州小片相同，常州小片不同，无锡与苏州小片一致。

④ 仙韵合口三等精组、知章两组和见系的韵母，苏州小片为三个不同韵母。常州小片的常州精组和见系韵母相同，跟知、章组不同，宜兴、金坛、溧阳韵母全同。丹阳知、章组韵母比较特殊。无锡为三个不同的韵母，与苏州小片一致。

（10）古合口灰、泰、祭、支、脂五韵今韵母读单元音还复元音，带不带[u]介音或[y]介音

		昆	吴	熟	苏	锡	常	宜	丹	金	溧
合口一等　灰	帮组梅	e	ᴇ	ᴇ	ᴇ	ᴇ	æi	ɐi	e	ei	æᴇ
	端系推	e	ᴇ	ᴇ	ᴇ	ᴇ	æi	ɐi	ue	ei	æᴇ
	催	e	ᴇ	ᴇ	ᴇ	ᴇ	æi	ɐi	ue	uei	æᴇ
合口一等　泰	端系最	e	ᴇ	ᴇ	ᴇ	ᴇ	uæi	ɐi	ye	uei	æᴇ
合口三等　祭	精组脆	e	ᴇ	ᴇ	ᴇ	ᴇ	uæi	ɐi	ye	uei	æᴇ
合口三等　支	知章组税	e	ᴇ	ᴇ	ᴇ	ᴇ	uæi	ɐi	ye	uei	æᴇ
	泥精组随	e	ᴇ	ᴇ	ᴇ	ᴇ	uæi	ɐi	ye	uei	æᴇ
	章组垂	e	ᴇ	ᴇ	ᴇ	ᴇ	uæi	ɐi	ye	uei	æᴇ
合口三等　脂	泥精组虽	e	ᴇ	ᴇ	ᴇ	ᴇ	uæi	ɐi	ye	uei	æᴇ
	知章组追	e	ᴇ	ᴇ	ᴇ	ᴇ	uæi	ɐi	ye	uei	æᴇ

苏州小片都是单元音韵母，常州小片除丹阳灰韵帮组为单元音韵母外，具余都是复元音韵母。泰、祭、支、脂韵，常州、丹阳、金坛均读为复元音，都还带有介音。无锡读单元音韵母，与苏州小片一致。从韵母的实际读音看，苏州、常熟、吴江韵母为[ᴇ]，昆山为[e]，无锡为[ᴇ]，无锡与苏州小片接近。

（11）是否分尖团音

	太	昆	吴	熟	苏	锡	常	宜	丹	金	溧
焦	tsiɔ	tsiɔ	tsiɑ	tsiɔ	tsiæ	tsiʌ	tsiaɤ	tɕiaɯ	tɕiɔ	tɕiɑo	tɕiaɤ
取	tsʻy	tsʻy	tsʻi	tsʻy	tsʻi	tsʻi	tsʻy	tɕʻy	tɕʻy	tɕʻy	tɕʻy
西	si	si	si	si	si	si	si	ɕi	ɕi	ɕi	ɕi
齐	dzi	zi	dzi	dzi	zi	zi	zi	ʑi	tɕi ɕi	dʑi	ʑi

苏州小片都读尖音，常州小片除常州读尖音外，其余各地都读团音。读尖音声母为［ts］组，读团音声母为［tɕ］组。苏州市区和常州市区中年以下大多尖团不分，这是语音演变趋势。这里以中老年为准。无锡分尖团，与苏州小片一致。

（12）入声韵有无［aʔ］和［ɑʔ］的分别（下面表中喉塞音［ʔ］都省略不标）

		例字	吴	熟	苏	锡	常	宜	金	溧
开口一等　合	端系大部分	搭	a	a	a	a	a	a	a	a
开口一等　盍	端泥组	腊	a	a	a	a	a	a	a	a
开口二等　洽	庄见晓组	插	a	a	a	a	a	a	a	a
开口二等　狎	大部分	匣	a	a	a	a	a	a	a	a
合口三等　乏	非组	法	a	a	a	a	a	a	a	a
开口一等　曷	端系	擦	a	a	a	a	a	a	a	a
开口二等　黠	帮庄组	拔	a	a	a	a	a	a	a	a
开口二等　鎋	庄晓组	瞎	a	a	a	a	a	a	a	a
合口三等　月	非组	袜	a	a	a	a	a	a	a	a
开口三等　药	知系	酌	ɑ	ɑ	ɑ	ɑ	a	o	a	o
开口二等　陌	帮知见组	白	ɑ	ɑ	ɑ	ɑ	ɔ	a	ə	ə
开口二等　麦	帮组	麦	ɑ	ɑ	ɑ	ɑ	ɔ	a	ə	ə
开口三等　昔	知章组大部分	尺	ɑ	ɑ	ɑ	ɑ	ə	a	ə	ə

上列[aʔ]和[ɑʔ]的分别，概括地说，就是咸摄、山摄和宕摄、梗摄的部分入声韵的差别。咸摄、山摄的入声字在苏州小片的吴、熟、苏等地和常州小片，其韵母都是[aʔ]，不同的是宕摄、梗摄的部分入声字，苏州小片的吴、熟、苏等地韵母是[ɑʔ]，形成了[aʔ]和[ɑʔ]的对立，常州小片有的仍读[aʔ]，有的读[ɔʔ]或[əʔ]，很不一致。无锡与苏州小片的吴、熟、苏等地一样，有[aʔ]和[ɑʔ]的对立。

无锡[aʔ]和[ɑʔ]，《现代吴语的研究》（赵元任）以及《江苏省和上海市方言概况》都明确有分别，今无锡市老年人仍有分别，年轻人大多不分。

（13）古知、章两组部分字的声母

	熟	苏	锡	常	宜	金
止开三支 知 智	tʂ	tʂ ts	tʂ	ts	ts	ts
效开三宵 彻 超	tʂʻ	tʂʻ tsʻ	tʂʻ	tsʻ	tsʻ	tsʻ
深开三侵 澄 沉	dʐ	ʐ z	ʐ	dz	dz	dz
梗开三清 章 正	tʂ	tʂ ts	tʂ	ts	ts	ts
曾开三蒸 昌 称	tʂʻ	tʂʻ ts	tʂʻ	tsʻ	tsʻ	tsʻ
臻合三淳 船 顺	ʐ	ʐ z	ʐ	z	z	z
臻开三真 书 身	ʂ	ʂ s	ʂ	s	s	s
深开三侵 禅 十	ʐ	ʐ z	ʐ	z	z	z

旧时苏州有[tʂ]组，今市区[tʂ]组已消失，读为[ts]组，但苏州周围乡镇仍保留[tʂ]组，如西边的木渎，东边的角直，北边的黄埭等地至今还有[tʂ]

组。苏州评弹至今仍保留[tʂ]组。无锡、常熟有[tʂ]组。江阴南部靠近无锡的乡镇,如北涸、顾山、长泾、璜塘、马镇等乡镇以及张家港东部靠近常熟的乡镇,如塘桥、西张、凤凰等地①也都有[tʂ]组。以上各地读[tʂ]组的字有多少,能与之相拼的韵母也不完全相同。

虽然有没有[tʂ]组声母并不是苏沪嘉小片的特征,但从苏州小片的苏州、常熟和常州小片这一范围看,无锡有[tʂ]组毕竟是无锡接近苏州小片的一个特征。

(14) 贵、鬼等字有无文白异读

		太	昆	吴	熟	苏	锡	常	宜	丹	金	溧
贵	白	tɕy	tɕy	tɕy	tɕy	tɕy	tɕy	kuæi	kuɐi	kue	kuei	kuæᴇ
	文	kuei	kue	kue	kuᴇ	kuᴇ	kuᴇ					
龟	白	tɕy	tɕy	tɕy	tɕy	tɕy	tɕy	kuæi	kuɐi	kue	kuei	kuæᴇ
	文	kuei	kue	kue	kuᴇ	kuᴇ	kuᴇ					
亏	白	tɕʻy	tɕʻy	tɕʻy	tɕʻy	tɕʻy	tɕʻy	kʻuæi	kʻuɐi	kʻue	kʻuei	kʻuæᴇ
	文	kʻuei	kʻue	kʻue	kʻuᴇ	kʻuᴇ	kʻuᴇ					
跪	白	dʑy	dʑy	dʑy	dʑy	dʑy	dʑy	guæi	guæi	kʻue	guei	guæi
	文	guei	gue	gue	guᴇ	guᴇ	guᴇ					

以上这些字是止摄合口三等支、脂、微韵见组中的部分字。苏州小片有文白两读,白读声母为[tɕ]组,文读声母为[k]组,常州小片不分文白(丹阳"鬼"字有文白两读)。无锡分文白,跟苏州小片相同。

(15) "嘴"字的读音

	太	昆	吴	熟	苏	锡	常	宜	丹	金	溧
嘴	tsɿ	tsɿ	tsɿ	tʂʅ	tʂʅ tsɿ	tʂʅ	tsuæi	tɕy	tɕy	tɕy	tsuæ

苏州小片除常熟外,声母为[ts],韵母为舌尖元音[ɿ],常熟有[tʂ]组声母,声母为[tʂ],韵母为[ʅ],苏州旧时有[tʂ]组声母,也读[ʅ]韵母。常州小

① 此地依本文写作时的行政区划为准。

片除常州、溧阳声母为[ts]声母，韵母为[uæi][uæ]外，其他各地声母都是[tɕ]，韵母都是[y]。无锡跟常熟与旧时苏州一样，无锡与苏州小片接近。

（16）“梳”字的读音

	太	昆	吴	熟	苏	锡	常	宜	丹	金	溧
梳	sɿ səu	sɿ səu	sɿ səu	sɿ sɤɯ	sɿ səu	sɤɯ	sɤɯ	sɯ	sə	sɯ	səɯ

梳，苏州小片一般有两个读音，梳头、木梳，梳音[sɿ]，其他如梳妆台、梳妆打扮等，梳韵母为[əu]、[əɯ]、[ɯ]等。无锡没有两读，与常州小片一致。

（17）“鱼”字的读音

		太	昆	吴	熟	苏	锡	常	宜	丹	金	溧
鱼	白	ŋ̍	n̩	ŋ̍	ŋE	ŋ̍	ŋ̍	ɦy	ȵy	ȵy	ȵy	ȵy
	文	ɦy	ɦy	ɦy	ɦy	ɦy	ɦy					

苏州小片分文白两读，白读音大多读为自成音节的[ŋ̍]或[n̩]，常熟比较特别，白读为[ŋE]。常州小片不分文白，除常州读[ɦy]外，其余各地都读[ȵy]。无锡跟苏州小片一致。

（18）“厚”字的读音

	太	昆	吴	熟	苏	锡	常	宜	丹	金	溧
厚	ɦø	ɦe	ɦiɤɯ	ɦE	ɦʏ	gei白 ɦei文	gei白 ɦei文	gɤɯ	ke	gei ɦei	gei

“厚”为匣母字，苏州小片声母为[ɦ]，常州小片除丹阳外声母都是[g]（有文白两读的，文读声母为ɦ）。无锡白读声母为[g]，与常州小片一致；韵母为[ei]，也与常州小片一致。

（19）“铁锅”

（20）“家”

(21)“东西”

	太	昆	吴	熟	苏	锡	常	宜	丹	金	溧
铁锅	镬子	镬子	镬子	镬则	镬子	镬则	锅则	锅	锅	锅	锅
家	屋里	屋里	屋里	屋里	屋里	屋里	家里	家里	家里	家里	家里
东西	末事	末事	末事	末事	末事	末事	东西	东西	东西	东西	东西

以上三个词,无锡与苏州小片一致。

(22)“穿”

(23)“洗”

(24)“搬家”

	太	昆	吴	熟	苏	锡	常	宜	丹	金	溧
穿	着	着	着	着	着	着	穿	穿	穿	穿	穿
洗	汏	汏	汏	汏	汏	汏	洗	洗	洗	洗	洗
搬家	搬场	搬场	搬场	搬场	搬场	搬场	搬家	搬家	搬家	搬家	搬家

以上三个词,无锡与苏州小片一致。

从(19)—(24)看,常州小片受北方话的影响比较大。

(25)“谁”

(26)“什么”

(27)“多少”

	太	昆	吴	熟	苏	锡	常	宜	丹	金	溧
谁	啥人	啥人	啥人	啥人	啥人	啥人 [louka]	哆人	哪个	哪个	哆人	哪家
什么	啥个	啥	啥	啥	啥	啥	哆	点个	点告	哆家	点个
多少	几化	几化	几化	几化	几化	几化	多少	多少	多少	多少	多少

“谁”,苏州小片都说“啥人”,常州小片说“哆人”“哪个”等。无锡多说“啥人”,有时也说[louka],表示“哪个”的意思。无锡可以说属于苏州小片,也可以说属于常州小片。显示了无锡处于两小片交界处的特点。

“什么”，苏州小片多说“啥”“啥个”，常州小片说“哆”“点个”等，“哆”“点”的声母都是[t]。无锡说“啥”，与苏州小片一致

“多少”，作为疑问代词，苏州小片都说“几化”，常州小片说“多少”，比较接近官话。无锡与苏州小片一致。

(28) 单数第二人称“你”

(29) 单数第三人称“他”

	太	昆	吴	熟	苏	锡	常	宜	丹	金	溧
你	倷	nən	倻	nəŋ	倷	你	你	你	ŋ̍	你	你
他	夷	夷	伊	gᴇ	俚	dou	da	他[t‘o]	他	他	他[t‘ɔ]

“你”，苏州小片各地说法不同，但声母都是[n]；常州小片，除丹阳外都说“你”。无锡也说“你”，与常州小片一致。

“他”，苏州小片各地说法不同，但声母都不是[d]、[t‘]，常州小片除常州说[da]外，其他都说“他”，无锡说[dou]，与常州小片接近。

(30) “多么”

	太	昆	吴	熟	苏	锡	常	宜	丹	金	溧
多么	几化	几化	几化	几化	几化	几化	多少	多少	多	多	多少

用在感叹句中，表示程度高。如：“多么好啊！”苏州小片都用“几化”，常州小片都用“多”“多少”。无锡说“几化”，与苏州小片一致。

(31) 名词词尾“子”

(32) 名词后的“上”

	太	昆	吴	熟	苏	锡	常	宜	丹	金	溧
子	子	子	子	则	子	则	则	则	则	则	则
上	浪	浪	浪	浪	浪	让	让	让	上头	ȵia	拉

“子”苏州小片除常熟外都是“子”，常州小片都是“则”，读促音。无锡与常州小片一致。

“上”是普通话中名词后表示方位的词，这里我们姑且也作虚词看。苏州小片都是“浪”，常州小片是“让”、[ȵia]等。无锡与常州小片一致。

(33) “红的、好的”中的“的”

	太	昆	吴	熟	苏	锡	常	宜	丹	金	溧
的	葛	葛	葛	葛	葛	葛	佬	佬	格	佬	佬

苏州小片都与“葛①”字同音，常州小片除丹阳外都用“佬”。丹阳用“格”。无锡用“葛”，与苏州小片一致。

（34）疑问句是非问“……吗”和反复问“你愿意不愿意”的表示方式

	太	昆	吴	熟	苏	锡	常	宜	丹	金	溧
	阿	阿	阿	阿	阿	阿	哦	勿[vəʔ]	吧	哦	勿[vəʔ]

苏州小片都用表示疑问的“阿”放在动词前表示疑问。如：“你阿有书？”常州小片都用在句末加上疑问语气助词“哦、勿”等方式表示。如“你有书哦？”或“你有书勿？”丹阳比较特殊，用“吧”表示疑问。无锡跟苏州小片一致。

（35）语气助词“了”

（36）动志助词“了”

（37）结构助词“得”

	太	昆	吴	熟	苏	锡	常	宜	丹	金	溧
语气助词了	哉	哉	特	哉	哉	咧	连	列	咧	勒	列
动态助词了	仔	仔	是	则	仔	则	则	则	则	则	则
结构助词得	得	得	得	得 来	得	得 则	则	则	则	得	则

语气助词“了”，苏州小片大多音“哉”，吴江音“特”，比较特别。常州小片大多音“咧（列）”，常州音“连”，两者读音很接近，主要只是作为语气词读不读入声韵的区别。金坛音“勒”，也还是[l]声母字，比较一致。无锡读“咧”，与常州小片一致。

动态助词“了”，苏州小片大多音“仔”，吴江音“是”，差别只是声母清浊的不同。常熟音“则”。常州小片都音“则”。无锡与常州小片一致。

结构助词“得”，苏州小片都音“得”，常熟还说“来”。常州小片大多音“则”，金坛一般音“得”。无锡有说“得”，也有说“则”的。这正说明无锡是

① 在吴方言作品中，一般都写“个”和“格”。因“个”和“格”方言都有两个读音，所以这里用“葛”字。

介乎苏州小片与常州小片之间。

上面我们根据苏州小片和常州小片的方言特点，共列出了 37 个供比较的项目，以便说明两个小片语言的差异，同时与无锡方言做比较，说明无锡方言与两个小片的异同。

比较的项目，大致是（1）—（18）项是语音，（19）—（30）项是词汇，（31）—（37）项是虚词和语法。比较的结果大致是：18 项语音，无锡与苏州小片相同相近的有 14 项，与常州小片相同相近的有 6 项（18 项语音中有 3 项无锡分别与苏州和常州均有一致的地方）。12 项词汇，无锡与苏州小片相同相近的有 10 项，与常州小片相同相近的有 3 项，其中 1 项无锡与苏州、常州均有一致的地方。7 项虚词和语法，无锡与苏州小片相同相近的有 3 项，与常州小片相同相近的有 5 项（7 项中有 1 项与苏州常州均有一致的地方。）

从以上情况看，无锡方言比较接近苏州小片。

从语音来说，分区主要要重视语音的差别，一方面是因为方言的差别主要表现在语音上，表现的特点也最明显；另一方面语音的系统性比较强，反映的差别往往是一类音的差别，含量比较大，语感上也比较容易分别。平时我们说某人是哪里人，往往也是从交谈的语音上辨别出来的。我们列出的十八项语音差别，虽然每项的含量不尽相同，但从（1）—（18）项有关语音音系特点看，明显地显示无锡与苏州小片比较接近。

另外，从列出的比较项目中，我们还可以看到，苏州小片读单元音韵母的字多，相对来说，常州小片读单元音韵母的字少，往往是苏州小片读单元音韵母的，常州小片要读复元音韵母。除了前面列表比较中涉及的侯韵、尤韵、咍韵、灰韵、泰韵、祭韵、支韵、脂韵中的字以外，豪韵、肴韵和宵韵知系中的字，苏州小片都读单元音韵母，常州小片都读复元音韵母。如："包"字的韵母，常州、溧阳是[aɤ]、宜兴是[aɯ]、金坛是[ɑo]。

与读复元音韵母相关的，苏州小片少三合元音韵母，苏州、昆山没有三合元音韵母，常熟、吴江只有[iɤɯ]，太仓只有[uei]。常州小片三合元音韵母较多，如："规"，常州、宜兴、金坛、溧阳读[uæi]、[uæᴇ]等；"标"，常州、宜兴、金坛、溧阳读[iaɤ]、[iaɯ]等；"牛"，常州、宜兴、溧阳读[iɤɯ]等；"追"，常州、金坛读[uæi]、[uei]等。无锡三合元音韵母只有[iɤɯ]。这些不同，也可以说是苏州小片与常州小片不同的特点。无锡与苏州小片一致或接近。

从词汇来说，邻近的市县间相互的影响比较大，有些词语很难分清，但是还是可以选出一些具有代表性的有区别作用的词语,而且在方言的口语中经常普遍地使用。前面我们所举的词语是具有这种性质的词语。至于现在说方言的人偶尔也会运用一些与普通话相同的词语,这是受普通话的影响。往往是因为谈话的对象不是当地人,或因为谈话场合的需要。当地的人,为了让对方听懂,就会选用普通话的一些词,甚至用普通话与人交谈。这样的词不能认为是方言词。本地人之间的说话,一般是不会用普通话词语的。所以我们认为,应当用当地的口语来衡量,这是最能反映方言词汇特点的。

从词汇看,我们还可以看出,常州小片受官话的影响比较大,词语接近北方话的成分比较多,这也是常州小片词汇的特点。如:常州小片说“稻草、老鼠、蛇蚤”,苏州小片说“稻柴、老虫、跳(定母,今声母为[d])虱”。这些词无锡都跟苏州小片相同。

当然无锡既然跟常州等地邻近,也会有与常州小片相同而与苏州小片不同的词。如“月亮”,常州小片大都说“亮月”,苏州小片大都说“月亮”。又如“脖子”,常州小片大都说“颈根”,苏州小片说“头颈”、“颈颈”、“头颈骨”等,无锡与常州小片相同。一般说这样的词语在无锡方言中也有不少,但总的来说无锡方言在词汇上是比较接近苏州小片的。

语法上差异本来就比较小,两个小片之间的差异也很小。前面的举例,一项是句法上的,其余主要是一些虚词,特别是助词的不同。在这一点上,无锡有与苏州小片一致的地方,也有与常州小片一致的地方。相对而言,与常州小片一致的地方要多一些。

综上所说,无锡方言归苏州小片比较恰当。

(此文写于2000年)

无锡方言的语气词

无锡方言的语气跟普通话一样,可以分为陈述语气、疑问语气、祈使语气和感叹语气四种。无锡方言有表示这四种语气的语气词,但跟普通话不一样。无锡方言的语气词非常丰富,不同的语气都分别有相应的语气词表示,同一个语气词可以表示多种语气,同一种语气词用在同一语句中因语调不同又有细微的差别,而同一种语气又有不同的语气词可供选择。语气词还经常连用,表示较复杂的语气。

下面对无锡方言主要的语气词的意义、用法和读音略作说明。

无锡方言的语气词大多写不出确切的汉字,除少数外,一般写的是同音字,并用国际音标注音。没有同音字可写的,只注国际音标,只用音标的语气词,在例句中用"~"代替。语气词读音,有的会随语调,语气等的不同,声、韵、调有细微变化,尤其是声调。这里注的音只是一般情况下的调类、调值。语气词按声母的次序排列。例句中有不易理解的方言词语,随文用小字注明其意义,一般在第一次出现时加注。

怕[pʻu^{35}]

常用在疑问句末尾,表示揣测、估计的语气,希望得到证实。句中常带有"大概、也许、出怕$_{\text{恐怕}}$"等表示揣测的词语。"怕",大致相当于普通话中表示疑问语气的"吧"。

佗$_{\text{他}}$走咧怕?

你就是张老师怕?

意个$_{\text{这个}}$房子像是新造葛怕?

佗大概会来葛怕?

佗葛病也许已经看好咧怕?

意届$_{\text{这次}}$葛题目出怕$_{\text{恐怕}}$不难怕?

上列句子有的可用作回答别人的问话,语调下降,问号改为句号,就成为陈述句,表示揣测而不十分肯定的语气。

吧[ba^{232}]

用在祈使句的末尾，表示请求、劝阻、催促等语气。语气比较委婉，留有商量的余地。大致相当于普通话表示祈使语气的“吧”。

倷伲咱们一道走吧。

你就勿要去吧。

天在落雨咧，你还是快点走吧。

[$bia?^{23}$]

用在句子末尾，表示尽可放心，没有限制，不用顾虑，没关系等意义的语气。

你去～。

你随便看～。

意个末事勿贵，你买～。

让佗依歇现在就来～。

语气词[$bia?^{23}$]，无锡方言也可说“好咧”，如“你去好咧”与“你去～”，意思差不多。

有时可用作反语，语调上扬，有不满、提醒、警告、威吓或后果自负等语气，特别是句中有否定意义的词或表示否定的句子。

你尽管敖则这样瞎说～。

你走～，要末一脚一直勿转来。

你勿去～，以后勿要懊憦懊悔。

我葛闲话你勿听～。

吗[ma^{55}]

用在祈使句末尾，表示请求、催促、命令、警告等语气。与普通话的语气助词“吗”不同，大致相当于普通话中表示祈使语气的“啊”。

你勿要客气吗，吃吗。

到房间里来坐歇吗。

天要落雨咧，你快点走吗。

你比佗大，勿要欺瞒欺侮佗吗。

你勿要瞎说吗。

在表示催促的意义上，用“吗”的语气比用“吧”的语气强。

已经勿早咧，你快点走吧。

已经勿早咧，你快点走吗。

用“吧”语气委婉，是提醒、劝说和商量的语气。用“吗”语气直截了当，不容商量，用的是“你怎么还不走”的语气。

有时用“吗”，是肯定存在的事实、情况等，表示提醒注意的意思。不是反问句，也不带有质问、责备的语气。常与后续的句子构成复句，表示一种近似“既然……就”的因果关系。

河里勿是有只船吗，倷伲就乘船去吧。

意搭勿是让$_{在}$修路吗，难走得，我转去咧。

嘿[mə$ʔ^{23}$]

1. 用在句子中主语后，表示停顿，并有强调主语或引人注意下文的作用。

科学嘿，就是要讲实事求是。

意个道理嘿，你勿懂咧。

佗俚$_{他们}$葛事体嘿，我也勿晓则。

2. 用在并列句中主语后，除表示停顿外，还有舒缓语气的作用。多用于对举或列举。

你嘿先去，我嘿等一歇再去。

房子嘿买大一点，装修嘿稍为推板$_{差}$一点。

3. 用在表示假设分句的末尾，“嘿”的前面常跟“葛、咧”等连用，意义大致相当于普通话的“的话”。表示假设的连词“如果”等可用可不用。

你勿要嘿，我就还拨佗。

如果你想去嘿，侬歇要出来$_{起床}$咧。

你同意敖则$_{这样}$做葛嘿，我就搭大家讲咧。

你晓则咧嘿，我就勿说咧。

在承接上文的情况下，用在“勿、如果勿”或“否则、勿然”等后面，单用“嘿”也能构成表示假设的分句。

你去最好，勿嘿，只好叫别人去。

你要认真复习功课，否则嘿，考试就难咧。

你可以乘火车去，勿然嘿，也可坐高速公路葛汽车去。

到[tʌ³⁵]

常用在形容词和少数动词作谓语的句子末尾，强调程度，有表示赞叹、惊奇或出乎意外等感叹语气，并有成句的作用。意思近似于普通话中的“得很啊”。

意件衣裳显到。

意只箱子重到。

意搭葛末事贵到。

伦儿子勒$_{在}$美国，伦牵记到。

一只手表落落$_{丢失}$则，伦勿拚则$_{舍得}$到。

语气词“到”和“得”都能用在这类句子的后边，都有强调的作用，但“得”主要是肯定事实，“到”主要是强调程度。

得[təʔ⁵]

1. 用在陈述句的末尾，表示肯定事实，并有强调程度的语气。在形容词、动词作谓语或有副词“竟”的句子中，“得”还有成句的作用。

伦会吃得。

意本书好得。

伦几化有铜钱得。

伦竟漂亮得。

伦俚两个人竟要好得。

领导让$_{上}$竟关心得。

你竟想勿穿得。

2. 用在陈述句末尾，表示正在进行或持续的状态。句子中动词前常跟表示时间的副词“让$_{在}$、勒让$_{在(那里)}$、来里$_{在(这里)}$等搭配。相当于普通话中表示状态持续的“呢”。

雪还让落得。

伦勒让打电话得。

我来里看电视得。

3. 用在句子的末尾，表示说明事实，并有强调语气的作用。句中常跟“还”或表示否定的副词搭配。大致相当于普通话中的“呢”。

伦还会写小说得。

伦还想当高级工程师得。

伦还勿寻上学得。

我侬歇还勿想去得。

呐[nəʔ[23]]

1. 用在特指问句的末尾。句中包含的疑问代词由于在一定的上下文中省略了，只有一个名词性的成分。约相当于普通话中表示疑问的语气词“呢”。

(佗前几年到深圳去葛。)葛末依歇呐？

你嚜退休咧，你老婆呐？

大家才全来咧，小王呐？

如果上面的句子不省疑问代词，句末的语气词也可用“啥”。

(佗前几年到深圳去葛。)葛末依歇佗勒啰里搭什么地方啥？

你嚜退休咧，你老婆啥晨光退休啥？

2. 用在是非问句末尾，前边要有表示疑问的“阿”。“阿”常跟“要、会、想”等连用。这种疑问句往往用在出现某种情况后，顺着上文提出疑问，有探询、追问的语气。如果前面有分句，可用连词“葛末(那么)”连接。

打电话葛阿会是佗呐？

瞒则佗敖则这样做阿好呐？

你勿想去，佗阿高兴去呐？

今夜头图书馆开门葛，你阿要去呐？

旧年你勿寻考上大学，葛末你今年阿想再考呐？

3. 用在选择问句分句的末尾，后一分句可以不用。选择问句前后分句之间常用“还是”连接。与普通话中的“呢”相当。

你欢喜看小说呐，还是欢喜看报告文学呐？

你是要前排葛座位呐，还是要后排葛座位呐？

这种选择问句用了“呐”，语气要舒缓一些；不用“呐”，语气就要急促紧迫一些。

4. 用在句中停顿处。

用在主语之后，多用于并列句，有对举和列举的意思。与普通话中的“呢”相当。

意个这个呐，你俚你们就勿要问咧。

佗呐，欢喜爬山，我呐，欢喜游泳。

我大儿子呐，勒上大学，小儿子呐，上高中，拿儿女儿呐，刚刚上初中。

“呐”也以用在其他成分之后，表示停顿。

今朝呐，我请客，大家勿要客气。

这种句子中的“呐”，方言也可以用语气词“嚜”，表示的意思基本相同。

诺[nɔʔ^{23}]

用在陈述句的末尾，表示事实如此，加强肯定的语气。

你拨$_{\text{给}}$佗，佗勿要诺。

儿子勒上海，叫我去白相相诺。

后日我要到南京去诺。

恰头$_{\text{刚才}}$佗勒意搭$_{\text{这里}}$，依歇佗勿勒里诺。

“诺”还常用在语气词“葛、咧”等后面，起加强肯定的语气作用。表示不用商量、不容置疑等语气。

意桩事情敖则办，好葛诺。

搭你说佗去葛诺。

佗生病已经好咧诺。

一本书拨佗落落咧诺。

勒或（来）[leʔ^{23}]

1. 用在句子末尾，说明事实情况。句中常有表示否定的词“勿”“勿寻”等，前边还可以加“还”等，表示目前动作行为尚未启动或完成。“勒”大致相当于普通话中的语气词“呢”。

佗勿去勒。

意本书勿看勒。

意桩事体依歇还勿做勒。

佗勿寻出来勒。

功课还勿寻做完勒。

衣裳多勿过来里，依歇勿要买勒。

这些句子中语气词“勒”，方言也可用语气词“得”，意思基本相同。但有的还有细微差别。用“得”只表示肯定动作行为的启动或完成的情况；用“勒”似乎还有一种预示这种动作行为今后是要启动或完成的。

2. 用在句子末尾，说明事实现在完成的或正在进行的情况。用语气词“勒”，有强调未完成部分的作用，有一种“目前只完成……”的意义。大致相当于普通话中的语气词“呢”。

西瓜买落则三分之二勒。

吃则两碗勒。

儿子侬歇读高一勒，拿儿女儿还让在读小学勒。

3. 用在疑问句末尾，问经历、过程。句子中常与表示疑问的“阿寻”配合着用。

你阿寻读过大学勒？

你谢头昨天阿寻看电视勒？

佗住勒医院里，你阿寻去看过佗勒？

这种句子的语气词“勒”，方言也可用“啥”表示，但疑问的语气加重，且有一种追问的意味。

“阿寻……勒”大致相当普通话中表示疑问语气的“吗”，如“你读过大学吗？”

咧[liəʔ²³]

1. 用在陈述句的末尾，主要肯定事态出现了变化或即将出现变化，并有成句的作用。跟普通话中的语气词“了”大致相当。

起风咧。

天就要落雨咧。

我已经吃过饭咧。

我葛老小小孩才都大咧。

佗到北京去则两趟咧。

无锡要到快咧。

2. 前边有表示疑问的“阿”组成“阿寻、阿是、阿要、阿会”等词语，“咧”可用在疑问句末尾，表示对事态变化与否的疑问，语调上扬。

佗阿寻去咧？

侬歇阿是小张来咧？

你功课阿要做好快咧？

佗阿会先走咧？

则[tsəʔ⁵]

1. 常用在动词带有补语“落”掉的句子后面，表示未完全实现或假设性的结果。有的句子有被动意义，句子中常用表示否定或假设性的词语。用语气词"则"还起成句的作用。

"则"兼具动态助词和语气词的性质。

勿要拨佗逃落则。

你勿要弄坏落则。

意样末事落落则，就讨厌咧。

如果拨佗污$_{遗失}$落则，我就寻着你。

2. 用在句子末尾，表示肯定事实，强调程度，并略带夸张的作用。前边要与语气词"到"一起连用。

老婆出差勒外头，佗牵记到则。

儿子考取则大学，佗高兴到则。

佗爱人生则病，佗是忙到则。

啥[ʂɑ³²⁴]

1. 用在是非问句末尾，起加强疑问语气的作用，带有"到底怎样"的探究的语气。前面要与"阿、阿是、阿要、阿寻"等表示疑问的词语相配合。"阿……啥"表达的意思，大致相当于普通话中的正反问，"啥"近似于普通话中的语气词"吗"。

你阿去啥？

你阿是无锡人啥？

你阿要买新葛电视机啥？

你阿寻看清爽$_{清楚}$啥？

2. 用在特指问句的末尾，句子前面有表示疑问的词"啥、捺亨$_{怎样}$啰里搭、几时"等。大致相当普通话中表示疑问的语气词"呢"。

你去啥$_{什么}$啥？

你买啥末事啥？

你是捺亨$_{怎么}$来葛啥？

依歇你到啰里搭去啥？

意套本事你几时学会葛啥？

上面的句子若不用"啥"，也同样表示疑问，但是用了"啥"，疑问的语气比较强。

3. 用于反问，句子前面要有表示疑问的词"捺亨、啥、啰里"等。跟普通话中表示反问的"呢"相当。

捺亨勿记则啥？

佗啰里会去啥？

搭你说有啥用处啥？

意点花招能骗啥人啥？

4. 用在选择问句的后一分句的末尾。前一分句的末尾可不用语气词，也可用语气词“呐”或“勒”，但不能用“啥”。选择问的前后两分句之间常用“还是”连接。

你是张老师，还是李老师啥？

今朝吃面面条呐，还是吃馄饨啥？

你到南京去勒，还是到苏州去啥？

这种选择问句，在无锡方言中“啥”也可以不用，用了“啥”语气比较舒缓，但疑问语气增强，含有追问“究竟怎样”的语意。

5. 用在感叹句的末尾，表示出乎意外、惊奇、赞叹等语气，作用大致与普通话中表示感叹语气的“啊”相当。“啥”用在这类句子中，要跟“捺亨、几化”等配合用。

意搭葛房子捺亨赦则好啥！

佗几化有铜钱啥！

葛[$kəʔ^5$]

1. 用在句子的末尾，表示肯定，有加强语气的作用。大致跟普通话中的语气词“的”相当。

佗今朝要走葛。

我问过佗葛。

意件衣裳漂亮葛。

意桩事情拨佗弄僵落葛。

2. 用在句子的末尾，表示已然。如不加葛，表示事情尚未发生，有了“葛”表示事情已经发生。

我乘火车去葛。

佗啥晨光走葛。

我到图书馆去看书葛。

鞋[$\mathrm{ɦa}^{13}$]

(1) 用在祈使句末尾,表示命令的语气,但语气较和缓,很多用来表示关心或嘱咐。大致与普通话中表示祈使语气的"啊"相当。有时还可与别的语气词连用。

路让$_{上}$当心点鞋。

到则嘿打只电话来鞋。

你勿要听佗瞎说鞋。

多着点衣裳,勿要冻坏落则鞋。

你勿好教则打佗葛鞋。

2. 用在陈述句末尾,表示告诉或提醒对方,有加强语气的作用。

晓则咧,我马上过来鞋。

我去搭佗说说看鞋。

我已经吃过饭咧鞋。

意桩事体要做好蛮麻烦葛鞋。

呀[$\mathrm{ɦia}^{13}$]

用在陈述句的末尾,句子往往表示说明、提醒、解释等意义。语气词"呀"有强调这类语意的语气,有的还带不耐烦的语气。"呀"的前面常另有语气词"葛、咧、得"等。这种句子一般是陈述句,有时感情强烈时也可看作感叹句。

我勿想买呀。

意种场化我是勿去葛呀。

佗葛病已经好咧呀。

佗里两个人要好得呀。

意个老小乖得呀。

你勿要讲咧,搭你说勿明白葛呀。

匣[$\mathrm{ɦaʔ}^{23}$]

1. 常用在陈述句形式的句子末尾,表示疑问,要求得到证实。是一种是非问句。"匣"近似于普通话中表示疑问的"吗",但又不完全一样。

你勒无锡工作匣?

佗葛身体最近勿大好匣?

我葛闲话你听勿清爽清楚匣？

你要出国去匣？

这种句子的前面有的还可以有“阿是、阿要”等表示疑问的词语。如：“你阿是勒无锡工作匣？”

2. 用在反问句末尾，加强反问语气，带有责备、质问等语气。跟普通话中表示反问的语气助词“吗”接近。

意个道理还勿明白匣？

你可以敖则说葛匣？

你敖则做就算好咧匣？

句子中还可以有“难道”等副词，那样，反问的语气就更强烈。

3. 用在感叹句的末尾，表示惊奇、赞叹等语气。常与“几化”等配合用。大致与普通话中的“啊”相当。

你已经八十岁咧匣！

意顶大桥几化长匣！

意搭葛景致几化漂亮匣！

“匣”也可以用在句中，既表示停顿，全句也表示感叹语气。

你个人匣，真呒不没有说头！

意种事体匣，下趟千万勿能做！

啘[uɛ^{55}]

用在陈述句的末尾，除肯定事实并有强调意义外，还表示道理简单清楚、不用多说、应该知道等语气，有的还带有埋怨、不满、惊异等语气。

佗勿去啘。

人多力量大啘。

今朝天气勿错啘。

佗最近身体勿好啘。

意桩事体嘿敖则办啘。

你讲则半日，我一句也勿寻听清爽啘。

“啘”的前面常跟“咧、葛、得”等语助词连用。

好咧啘，勿要吵咧啘。

本来就是敖则葛啘。

佗胡咙竟响得啘。

饭我吃过葛咧啘。

阿[aʔ⁵]

表示疑问。用在句首或句中,不用于句末。常跟"是、会、要、有、好"等连在一起用。

用在句首:

阿是你勿认得佗?

阿会佗勿寻接着通知?

阿要我来帮帮你葛忙?

阿有人来过?

用在句中:

你阿去?

你阿是无锡人?

你身边阿有五块洋钱?

我阿好进来?

我说则阿对。

用"阿"表示疑问的句子,末尾还可以加表示疑问的语气词"啥"或"匣"等。但句子中有否定词的一般只能加"匣";如果加"啥",就改变了句子的性质,常要有后续的句子,这样句子才完整。如:

阿是你勿去匣?

阿是你勿去啥,难末佗只好自家去咧啘。

以上大致说了无锡方言的主要的语气词,是从无锡方言语气词的单用来说的。前面所举例句虽有语气词连用的句子,但文中要说明的语气词都处在句子最后的位置,因此基本不影响其表达的语气意义。无锡方言的语气词经常连用,而且很丰富,本书就不细说了。

(本文写于 2005 年)

明清吴方言作品中的“介”字

这里说的吴方言作品，主要是指明清时用吴方言或包含较多吴方言词语写的作品，包括小说、戏剧、弹词和民歌等。所说的吴方言主要是苏州方言以及苏州邻近的方言。

用吴方言写的作品，由于某些原因，有些词语往往用音同或音近的字。另外由于作者的籍贯不同、方言的差异、用字习惯的不同，以及字音文白不同等原因，同一个字在不同的作者作品中常常代表不同的词。明清吴方言作品中的“介”就有这样的情况。“介”字大都用在口语的句子中，代表不同的意义时，方言读音也不尽相同。本书打算对“介”字作一些初步的分析和归纳。

引例中有多个“介”字，用字下加“·”指明。

介$_1$　指示代词，这。

a　用在名词前，名词前常带量词。

1. 只是要我猜，就猜到开年介日脚也猜勿着喂。(《缀白裘》第12集卷中)

2. 唔个令爱姑娘勿曾对亲，吾末要讨来做两头大。吓，就是介句说话，老钱倍道那揢？(《描金凤》第3回)

3. 介个老钱，想是毪昏哉，正正经经个事体，也是故宗搂法，岂有此理哉！(《描金凤》第8回)

4. (副净)是哉。介位就是许官人？(末)正是。(《雷峰塔》第11出)

b　用在动词后、数词“多呵”的前边，一起做宾语；或者修饰动词、形容词、名词，一起作宾语。

1. 弗要介多呵，包扎十个嘉靖，薄光半分冰王。(《山歌》卷8)

2. 郎撑船，姐摇船，耍样风潮有介多呵颠。(《山歌》卷8)

3. 今日四，明朝三，要你来时有介多呵难。(《山歌》卷1)

4. 借别人介多呵物事，教我拿侪赔偿。(《山歌》卷9)

介$_2$　指示代词，那。

用在名词前，名词前常带量词。

1. 我里老公谷碌碌介双眼睛弗是清昏个，你要看奴奴那弗到后门头。(《山歌》卷1)

2. 姐儿生性怕穿红，见子介个孤孀娘子打扮得忒玲珑。(《山歌》卷5)

3. 明朝叫住子介个镇江皮匠，打子四个瓮子两个硬跟。(《山歌》卷9)

4. 拿介管乌匆三白匆四个笔来捉个小阿奴奴千万牑。(《山歌》卷6)

在有些句子中，"介"无所谓近指远指，"介"可理解为"这"，也可以理解为"那"，基本不影响句子的意思。如"介也差异哉，弗是烧香，又弗是还愿，娘娘家到和尚寺做啥?"(《雷峰塔》第11出)。但在一定的上下文中，还是可以分辨出哪种理解更恰当。"介"在方言口语中表示近指和远指时读音也往往不完全相同。

介$_3$　指示代词，这样，这么。清胡文英《吴下方言考》云："吴中谓称如此为'介'(音梗去声)。"

a　用在动词或形容词前，有一定的夸张强调的作用，有的还有过分或不以为然的语意。

1. 呾个个老妈妈，亦弗叫呾住拉里，要呾介着急！(《缀白裘》第8集卷4)

2. (贴)怕道银子不会赚，要你教道？(副)个丫头介好胜个！(《翡翠园》第4出)

3. 呾既然说得介容易，故个庚帖阿成请来？(《文武香球》卷1第6回)

4. 小阿奴奴私房本事侪吃你听会子去，只怕你搭家婆到弗得我介会顽皮。(《山歌》卷7)

b　用在名词或名词性词语前，名词前有的有数量词。

1. 若讲故眯点点物事，舍了一直留到目下呢？有介一个讲究个，乃是熊老夫人幼年时随身佩带之物。(《十五贯弹词》第1回)

2. 洛里晓得还有介两个惊天动地介两位英雄小姐拉朵前豆。(《文武香球》卷12第69回)

3. (付净)我搭呾好乡邻，匆消得行介大礼革。(《报恩缘》第6出)

4. 弗匡你起介一片个毒心，遇着介个残冬腊月，一刻也弗容我留停。(《山歌》卷9)

5. 师父，居来哉。介个大雨，为舍匆早点居来。(《珍珠塔》第13回)

介$_4$　指示代词,那样。指示程度。

一、前面常有用作比况性词语,有强调作用。

a　比况词语是名词性的,后边常有名词性数量词。

1. 咳,石头大介一块,叫我那哼用吓。(《缀白裘》第5集卷3)

2. 外头像化缘的道士介一个就是方公子?(《珍珠塔》第2回)

3. 叫得小阿奴奴小肚子底下膝馒头上的手掌大介一搭,痛弗痛,痒勿痒。(《山歌》卷7)

这一类的"介"有的似也可理解为助词"的",但强调的意义就不明显,特别是以上2、3两例,句子中有"的"也有"介",更说明"介"与"的"意义和用法有所不同,理解为"那样"更合理。

b　比况词语动词性,后边常是动词。

1. 那你说子风情就要飞得起介去,我有介条软麻绳缠子了弗放你就翻身。(《山歌》卷6)

2. 小阿奴奴焠得火着介欢喜子你,那了你一道狼烟就无处寻。(《山歌》卷6)

3. 弗比薰笼介碍事,又强如火炭个脚炉。(《山歌》卷8)

以上例句中的"介"有的也可理解为助词"地",但同样强调的意义不明显,"介"似乎理解为"那样"更符合原文的意义。

二、前面没有比况性词语,常有表程度的副词,后面是形容词。有强调的意义。

1. 许老一就在这里,身段极介即溜,面孔也介花臊。(《豆棚闲话》第10则)

2. 多因技艺弗曾讲习……身分脱介寒贱,所以人上看得我哩脱介轻薄。(《豆棚闲话》第10则)

介$_3$、介$_4$中的"介",在有些句子中,可以理解为"这样",也可以理解为"那样",但在一定的上下文中,还是可以分辨出哪种理解更为恰当。

介$_5$　指示代词,那么。指数量。

一、用在相同的单音动词中间,起一定的指示作用,意义比较虚,大多表示时间短、数量小,动作轻微等意义,有一种舒缓和随意的语气。

a　用在单音的相同动词的中间,格式为"动+介+动。意思近似"动+一+动",但又不完全是。

1. 健时节,跟子牛奔介奔走介走;倦时节,就在牛背上坐介坐眠介眠。

(《墨憨斋定本传奇·新灌园》第18折)

2. (净)叫他自己说,(副)王大舍,你就说介说。(《翡翠园》第2出)

3. 为傣新人弗出来?(众)快些。(净)众人立得膀脚酸。(丑)催介催。(《缀白裘》第5集卷4)

4. 介勒个只小脚,索性伸子出来哉,什介翘介翘。(《三笑》第9回)

5. 姜汤是容易得势个,先生坐介坐。(《描金凤》第2回)

6. 且拉门口踱介踱,等个把人出来,打听打听勒介。(《伏虎韬》第14出)

7. 住子!呒嫁弗嫁也要拿个曲尺得来量介量长短。(《缀白裘》第5集卷4)

b 用在相同的单音动词中的数词的前边。数词大多为"一",若不用"一",其数一般也不大,常与后边的动词构成一种量。格式为"动+介+数+动"。

1. 让我坐介一坐,想想革段事务看。(《才人福》第27出)

2. 立来无人烟所在,探下来看介一看,当真匆像。(《山歌》卷9)

3. 小官人,拿个只锭得来,让我……包介一包。(《缀白裘》第5集卷2)

4. 他就颠颠头……摇介两摇,笑介一笑。(《合欢图》第66回)

5. 拿个只脚伸得进去,踢介两踢,笑介一笑,惯常立朵个吓。(《三笑》第2回)

c 用在相同的单音动词中间的动态助词的后边。格式为"动+动态助词+介+动"。这种格式可以理解为后边动词前省去了"一"。

1. 一碗酒……答子介答,酒就罢哉啥个。(《党人碑》第9出)

d 用在相同的单音动词中间的动态助词和数词的中间,数词跟上述"b"一样,大都为"一"。格式为"动+动态助词+介+数+动"。

1. 姐儿气子介一气,嗑漫漫眼泪介双抛。(《山歌》卷8)

2. 我里阿公道是费柴费火了略拿个灰钯来动得介一动。(《山歌》卷9)

e 用在相同的单音动词中的代词和数词前边。格式为"动+介+代+数+动"。

1. 介蛮屄养个身浪倒冠冕卤,等我来骗介俚一骗。(《缀白裘》第10集卷4)

这种句子现在有的方言也说成"骗俚介一骗","介"和"俚"的位置交换一下,句子的意思没有差别。

二、用在动词后边,有一定指示数量的作用,有时还有强调数量的多或少，有的也无所谓强调，意义比较虚。

a 用在动词和名词中间，格式为“动 + 介 + 名”，名词大多为时间名词，名词前有时有数词“一”，都表示时间不长。

1. 正是既来之，则安之，你且在班房坐介歇，等开子门，叫你进去为何？(《翡翠园》第6出)

2. 郎道姐呀，你做着弗着做个大人情，放我在脚跟头困介夜。(《山歌》卷3)

3. 叫俚穿子海清，戴子毡笃头，拿子雨伞先到屋里去等介一歇。(《描金凤》第5回)

b 用在动词和数量词之间，格式为“动 + 介 + 数 + 量”，量词可以是物量词，也可以是动量词。物量词可以作宾语，所指事物前边常已指明；动量词则作补语。

1. 阿伯老大人吃得惯末，明朝挑介十担送到阿伯老大人府浪。(《描金凤》第7回)

2. 真当骚，真当骚，大门阁落里日多闯介两三遭。(《山歌》卷1)

3. 小阿奴奴好像元宵夜里个面花匡鼓，黄昏头就要擂介两三遭。(《山哥》卷2)

c 用在动词和数量词及名词之间，名词为动词的宾语。格式为“动 + 介 + 数 + 量 + 名”。数词代表的数一般不大，大多为“一”，数量较大的，有强调数量的作用，然而语气仍有轻飘不在乎的意思。

1. 他颠颠头，做介一个眉眼。(《合欢图》第66回)

2. 闲话少说，阿使得弄介一碗姜汤。(《描金凤》第2回)

3. 皂色上还覆教我无染处，馄饨弗熟你再有介一副厚面皮。(《山歌》卷4)

4. 为此请吒来，托吒寻介一头好亲事。(《报恩缘》第6出)

5. 采苹姐，对倍说介一句笑话。(《珍珠塔》第17回)

6. 一碗酒，撮介两粒盐豆。(《党人碑》第9出)

7. 无得啥个别样，拿倍个身体卖介几两银子，周济子徐大爷，送俚转去。(《描金凤》第6回)

8. 就是他这双小脚，足值一千两碎金子，(付)还要加介三个铜钱。(《缀白裘》第7集卷3)

9. 个个何朝奉，你拿介五吊铜钱，称介五两纹银，交代本勒船浪朋友，担子下船去末是哉。(《三笑》第8回)

d 用在动词、动态助词和数量词的中间，名量词由名词转来的，时间名词也表示一定的量，“介”有表示强调的作用。格式为“动＋动态助词＋介＋数＋量”。

1. 左手提子介一簩，右手拿子介一篮。(《山歌》卷 8)

2. 我只得耐子粇气，足足里吃你浪搭子介一年。(《山歌》卷 8)

3. 你出去子介一日，阿曾干子帽子个正经。(《山歌》卷 9)

e 用在动词、动态助词和量词名词间。格式为“动＋动态助词＋介＋量＋名”。

1. 人门前全勿骛好，头上箍子介条草绳。(《山歌》卷 8)

f 其他。主要是量词用“点”的，“介”有强调或减轻语意的作用。

1. 走了一日，只丢得一箬，肚里有介点饿哉。(《党入碑》第 9 出)

2. 情哥郎好像狂风吹到阿奴前，揭袄牵裙弗避介点嫌。(《山歌》卷 6)

以上介$_5$中的“介”，本书都作为“那么”解释，没有作为“那样”解释，笔者以为作为“那样”解释，指示的作用实一点，作为“那么”解释，指示作用较虚，起一种舒缓语气的作用。另外，介$_5$例句大多是方言口语，作为“那么”解释也较合适。

介$_6$ 怎么。不表示疑问，而表示程度，前边常有否定副词，后边常是形容词，“介”起减弱否定的作用，使程度改轻，语气较婉转。

1. 身上穿介一件油绿玄清……人看子也不介簇簇，自也道弗介猖狂。(《豆棚闲话》第 10 则)

2. 多因技艺弗曾讲习，窍窦弗介玲珑，身分脱介寒贱，所以人上看得我哩脱介轻薄。(《豆棚闲话》第 10 则)

介$_7$ 结构助词，的。

1. 日头照子好像走差次身头上草帽，雨落湿子好像压匾介一个老人头巾。(《山歌》卷 9)

2. 洛里晓得还有介两个惊天动地介两位英雄小姐拉朵前豆。《文武看球》(卷 12 第 69 回)

3. 弗但倪自身脱却他干系，还可以讨官府介欢喜。(《六月霜》第 10 出)

4. 我咿勿是倍介爷叔，倍咿勿是我介子孙。(《描金凤》第 3 回)

介$_8$　结构助词，地。

1. 俚玍大盘大盒介送子来，我里荸荠大个盘勿送去，叫我那去？(《缀白裘》第10集卷3)

2. 今后要来须是轻脚轻手介走，没要吓觉我里困猫团。(《山歌》卷8)

3. 弗好哉，闪子腰里哉，让我慢慢能介摆。(《伏虎韬》第14出)

4. 方才三司院里总甲，直撞介进来，对我说："按院大人阿曾进来。"(《珍珠塔》第19回)

5. 抢了人家女儿，与你甚相干？横天倒地介哭起来！(《党人碑》第13出)

6. 当初拿子小阿奴奴好似珍珠玛瑙，活宝珊瑚，道是我热闹闹介有趣，暖烘烘介对科。(《山歌》卷8)

介$_9$　疑问语气词。

a　前有表示疑问的代词，一般表示特指问。相当于"呢"。

1. 呀！拿子包去哉，叫吾弄倽介？(《缀白裘》第4集卷4)

2. (付)那哼困法介(丑)不过脚对肩尖肩对脚。(《三笑》第11回)

3. 钱先生既然热末，啥了来朵发抖介？(《描金凤》第3回)

4. 大老爷耐昨日夜头倽洛勿来介？(《海天鸿雪记》第4回)

5. 唔笃说仔半日，倪一句也听勿出，倒底啥个事体介？(《九尾龟》第15回)

6. 倷几时上坟去介？(《九尾狐》第54回)

7. 员外吔为倽到默默测测坐玍介？(《文星榜》第14出)

8. (净)老亲娘，我要撒尿，那里去介？(《党人碑》第11出)

9. 耐做啥介，实梗叽哩咕噜？(《负曝闲谈》第13回)

b　前有表示疑问的"阿"，一般表示是非问，"阿……介"相当于"吗"。

1. 句句双关，老秋阿明白介？(《三笑》第12回)

2. 勿知啥格新戏哓，倷阿有点晓得介？(《九尾狐》第8回)

3. 双人逼紧仔喉咙说道："看得来！阿肯拨点倪介？"(《海天鸿雪记》第3回)

以上a、b两种，"介"的前边还可有别的语助词。

1. 倷前头有信拨奴，说要搬到间搭，到底几时搬来格介？(《九尾狐》第48回)

2. 阿吓，故小姐到也算难得个，陈御史阿晓得个介？(《珍珠塔》第13回)

3. 萧老，耐只戒指出色哙，几时买格介？(《文明小史》第55回)

4. 走到华生面前，问堂倌道：“阿是该位点个介？”（《海天鸿雪记》第1回）

5. 宝玉道：“难末阿算完结哉介？”（《九尾狐》第58回）

6. 倒是租出格家生，阿能够马上讨转格勒介？（《九尾狐》第49回）

c 用在句末，前面往往只有名词或名词性的词语，一般是承上文省略了一些成分，常出现在对话中。相当于“呢”。

1. (丑)马大爷来搀我一搀。(付)拿个手得来嚧。(丑)哪。(付)手介手介？（《缀白裘》第1集卷2）

2. (净作寻介)阿呀，银子介？(付)先生寻偖没事？（《缀白裘》第9集卷1）

3. (丑)三四月里做啥？(付)卖水果。(丑)六七月介。(付)卖块头西瓜。(丑)个两日介？(付)勿做生意。（《三笑》第4回）

d 用在选择问句中，一般是前一分句用“呢”，后一分句用“介”。前面常有“到底”等词，后面常有“还是”呼应。

1. 相公，你到底是唐伯虎，还是祝枝山介？（《三笑》第6回）

2. 到底是蔡大少薄情呢，还是大夫人勿许实梗介？（《九尾狐》第5回）

3. 妹妹是一干子来格呢，还是搭洛里格位大少来格介？（《九尾狐》第4回）

4. 昨日倷说过要摆双台，……到底是真呢，勿真格介？（《九尾狐》第14回）

e 用于反问，加强说话力量，语气更加坚决。前边常有表示疑问的词。相当于“呢”。

1. 横竖倷勿怕啥夫人格，有啥要紧介？（《九尾狐》第3回）

2. 罗个勿晓得许卖婆孤孀，九烈三贞个四娘娘介？（《描金凤》第8回）

3. 两兄弟立朵老秋面浪做工夫，已经三载，两位娘娘罗里有啥勿晓得个介？（《三笑》第45回）

4. 俚说好勿来哉，阿好意思来介？（《海天鸿雪记》第4回）

介$_{10}$ 语气助词，相当于“呢”或“嘛”。用于句中停顿处。

a 用在主语和谓语之间，及其他成分之间，有强调某一成分或舒缓语气的作用。

1. 医诗病革郎中介，走得出来。（《才人福》第10出）

2. 死介野有轻重，有个介重如泰山，有个介轻如鸿毛。（《三笑》第28回）

3. 天下事体介奇个，真正宁可信其有，不可信其无。（《翡翠园》第17出）

4. 你是识货个吓，因而奉东相送你，来子介酒馆里，叫子介吃局，就上关子吓。(《三笑》第3回)。

b 用在有假设意义的分句末尾。

1. 说子真个介,大老官面浪过勿去;假个介,阿胡子面上下勿来。(《三笑》第42回)

2. 讲到外才介,要算秋姐姐,内才末,信老实朝你说,自我要算独步哚。(《三笑》第13回)

3. 相思两好介,便容易成,那介郎有心来姐无心。(《三刻拍案惊奇》第20回)

c 用在连贯的分句中,表示先后的步骤。

1. 这里就是了,列位先住子介,让我先进去看看介。(《党人碑》第13出)

介11 语气助词,简单说相当于"的",强调肯定的语气。

a 前边一般有"是",与"介"构成"是……介"结构。

1. 这关得时运啥事,据我看起来,都是陈荣弄穷介。(《描金凤》第1回)

2. 二朝奉,倍末是个财翁,自然吃得起介。(《描金凤》第3回)

b 前边一般有"阿是",与"介"构成"阿是……介"结构,不表示真正的疑问。

1. 老三横着眼道:"阿是耐看见介?"(《商界现形记》第16回)

2. 老三悄悄地对梅生道:"奴请耐,阿是好介?"(《商界现形记》第8回)

这里所引的例句,作者都是苏州或邻近苏州的人。就方言来说,笔者认为"介"并不是一个单纯的语气助词。单纯的表示肯定语气应该读入声,一般都写作同样也是入声的"个、格、革"等字。如:

个:

1. 俚哚是长三书寓里惯常哚个。(《海上花列传》第16回)

2. 勿像刚来个,面孔上(像)昨日来个。(《描金凤》第5回)

3. 阿唷,啥话?棒槌能介点,我拿得动个。(《珍珠塔》第2回)

4. 大娘娘,本来个个阿胡子,丫头见子索注个。(《三笑》第8回)

5. 阿呀,吃勿得个,有毒药拉哈个,吃子是眼睛乌珠才要爆出来个。(《缀白裘》第12集卷3)

6. 我俚老婆的蚌珠勿惹穿个,还是你丢湖州娘娘个湖珠惹穿。(《翡翠园》第6出)

格：

1. 对勿住，奴是就要来格。（《九尾狐》第12回）

2. 伲一帮里是勿做两个人格。（《负曝闲谈》第16回）

3. 陈大人来勿来，本来随俚格便伲夷勿是靠俚开销格。（《海天鸿雪记》第16回）

革：

1. 勿好疑疑惑惑，使不得革。（《报恩缘》第15出）

2. 我搭哂好乡邻，勿消行介大礼革。（《报恩缘》第6出）

由此可见，单纯表示肯定的语气是不用“介”字的。所以“介”似应是“格+啊”的合音[kɑ]或[ka]，与“介”字的方言读音很接近。再从句子表达的意义看，单纯的语气助词，一般只表示肯定语气，用了“介”是语气词的连用，除了加强表示肯定的语气外，还包含一定的感叹语气。

介12　语气助词。啊。

a　用于祈使句末尾，表示请求、催促等意义。

1. 两位大人，明朝请早点来，覅弄到老晏介。（《九尾狐》第38回）

2. 这里就是了。列位住子介，让我先进去看看介。（《党人碑》第13出）

3. 慢慢里，跌子筊等我上子岸介。（《缀白裘》第8集卷2）

4. 慢些，待我搀好跳板介。（《桃符记》第14出）

5. 格末停歇就来叫伲，让伲早点来介。（《九尾狐》第1回）

b　用在疑问句末尾，前边有表示疑问的代词。

1. 背后还有一个人勒，等我来认认看，罗个介？（《三笑》第20回）

2. 啥人介？勿要实梗噪哩！（《九尾龟》第38回）

这种句子与“介9a”形式基本一样，前边都有表示疑问的代词。“介9a”我们作为“呢”解释，介12我们认为作“啊”解释更为恰当。

c　用在感叹句末尾，有感叹惊异的语气。

1. 介骚花娘！银子是土块了，就是三两介。（《翡翠园》第4出）

介13　语气助词。吧。用在句子末尾，表示祈使、请求等意义，同时表示在道理上应该如此。

1. （贴）多时不见，磕个头介。（付净）我搭倍好乡邻，勿消得行介大礼革。（《报恩缘》第6出）

2,个位是大娘娘,等我拜谢子介。相公请上,小人拉里叩头哉。(《翡翠园》第7出)

3. 住子! 原是我原差的干系,等我禀明白子介。(《翡翠园》第11出)

这种句子中的"介",与"介12a"基本相同,不过语气上稍有差别而已。

介$_{14}$　介词。在。

1. 阿可以介倍屋里耽搁耽搁。(《描金凤》第2回)

(附记:本文是1997年递交给江苏省语言学会年会的论文,当时只交了一个提纲。后蒙《语言研究集刊》第六辑录用,未及补充。今补上,并略作修改)

《山歌》方言词语汇释(一)

明末冯梦龙编的《山歌》是一部以苏州为中心的吴地的民歌集。《山歌》的编者比较忠实于原作。因而它既保留了民间歌谣的特色,也保存了较多的吴方言词语。这些方言词语有些至今仍在吴地通用,有些由于时隔数百年在吴地也已趋消失。这两类词语都有必要作些注释。

这里所释词语,以《山歌》中出现的前后为序,例句后括号内的数字为原著页码。所据版本为上海古籍出版社出版的《明清民歌时调集》。释义一般只释与原著有关的意义,词语的喻意、双关等一般不注明。

丝网　用丝编结成的网。捕鱼时浮悬在水中,让鱼钻入网眼内,一般捕捉较小的鱼。“丝网捉鱼,尽在眼上起。”(1)

笊　此字本是笊篱的笊。这里用同“抓”,指猫用爪子抓。笊,今苏州音[tsɑ],上声。抓,今苏州等地音[tsɑ],阴平、上声两读。“笊”和“抓”上声同音。“三不谐,三不谐,瞎眼猫儿拐鸡来呀,笊得紧。”(1)

清昏　“瞎”的委婉语。“我里老公谷碌碌介双眼睛弗是清昏个。”(2)

搭棚水鬓　搭棚,架起棚;水鬓,鬓边头发擦上刨花水后向上梳的整齐光滑的发式。搭棚水鬓,是指当时女子梳的鬓边头发上掠后向旁边耸起的一种发式。男子鬓边头发只往上梳,不向旁边耸起,因而只说水鬓,不说搭棚。“青滴滴个汗衫红主腰……搭棚水鬓且是妆得恍。”(2) 又:“姐儿年少花未开,见子恍水鬓个情郎头弗抬。”(16)

恍　艳丽,俊俏。“搭棚水鬓且是妆得恍。”(2) 又:“嫁出囡儿哭出子个浜,掉落子村中恍后生。”(27)

真当　真正、实在。“真当骚,大门前冷眼捉人瞧。”(3)

快船　船舱较高,设备较好,舱内可设桌椅,专供人乘坐的木船,区别于一般运货的船。“出名虎丘山到弗高,第一等快船到弗是摇。”(3)

标　酒标,酒店挂在柱子上的招徕生意的旗帜或幌子。“结识私情隔条桥,对门酒店两边标。”(7)按:“标”,又是谐音双关。下文“黄柏皮做子酒标标得肚里介苦,百万仓相对两边厫。”(7) 标,看,今无锡等地方言仍说看为“标”。

丫髻　女子头上分开成丫形的发髻。“何仙姑丫髻两分开。”(7)

衖堂　通常作“弄堂”。吴地旧式有几进的房屋,在靠边处设的走道。

“姐在衖堂走一遭,吃情哥扯断子布裙腰。”(8)

认道　认为,当作。“姐儿推窗看个天上星,阿娘咦认道约私情。”(8)

累　沾染。“汗衫累子鏖糟拚得洗。”(8) 又:“鼻涕流来累子奴个胸。”(60)

鏖糟　脏。“汗衫累子鏖糟拚得洗。”(8) 又:“嫌奴奴拉闸手鏖糟。”(54) 今常熟、太仓等地仍说。

连底湖胶　河湖从水面到底部冰封。“连底湖胶打弗开。”(8)今苏州说“河胶”。有些方言“河”“湖”同音,“湖胶”“河胶”都可写。

团脐蟹　蟹厣圆形的蟹,指雌蟹。“有福个情哥弗知吃子奴个多少团脐蟹。”(9) 今苏州一带仍有“九月团脐十月尖”的说法,表示农历九月吃雌蟹,十月吃雄蟹。雌蟹脐圆,雄蟹脐尖,故有此说。

放乖　机灵、乖巧、识相。“结识私情要放乖,弗要眉来眼去被人猜。”(9)

寿器　指老年人生前准备好的棺材的讳称。旧时苏州等地棺材店常称寿器店。“寿器上剥灰材露布,老阴阳到处说新坟。”(10)

忒忒能　心里恐慌不安。忒,本字作“忒”,《集韵》入声德韵惕德切:“心惧。”“姐儿有了私情忒忒能。”(10)

捉头　(聚赌)抽头。“惯赌囊家要捉头。”(11)

娑婆树　传说月亮上的树。“眼泪汪汪哭向郎,我吃腹中有孕要人当,娑婆树底下乘凉奴踏月。”(12)

踏月　妇女怀孕足月。引例同上。

平基板　木船上盖在船舱和船艄上的可装上卸下的木板。“好像石灰船上平基板,常堂堂白过子两三年。”(12)

柴穄　原文:“正像个柴穄上火烧处处着。”(13)原注:穄音蔡。按:此字可能是“穄”字之误。音亦不是“蔡”,而是“祭”。今无锡、太仓、武进等地称稻把堆成垛为稻[tsi]阴去或[tsɿ]阴去;稻麦柴堆成的垛为柴[tsi]或[tsɿ]阴去。无锡还称堆稻或柴的预先做好的土基为“[tsi]筑”。而“穄”也非本字。“穄”,《说文》:“穈也。”《集韵》去声祭韵子例切,《说文》:“穈也。”与今方言音近音同,但义不合。本字应为“秶”。“秶”,《说文》:“积禾也。”徐锴《说文系传通释》:“秶,堆积已刈之禾也。”《集韵》去声寘韵子智切:“积禾也,或从齐。”按照反切,“穄”和“秶”无锡、太仓、武进等方言音同或音近。

傍　趁,靠。“活泼泼个鲤鱼弗要跌杀子了卖,要铜钱及早傍新鲜。”(14)

新泛头　新式,新时尚。“当初只道郎偷姐,如今新泛头世界姐偷郎。”

(15)按:“新泛头”,即“新法头”。今苏州、无锡还有“新法头里”“老法头里”的说法。

嘿测测　即默测测。暗地里不出声地。“痴乌龟口里哼喽喽介通陈只捉家婆来保佑。啰道家婆嘿测测保佑自情郎。”(15)

站垛踏车　旧时灌田用水车戽水,水车由车轴、龙骨(苏州称鹤膝)水槽、斗板等组成。车轴上装有踩脚的垛(无锡称车轴榔锤),车水时人站在垛上不停地踩前一个垛,车轴旋转,带动龙骨、斗板,水通过水槽往田里灌。“尔是站垛踏车逐脚上,水湿砻糠慢慢煨。”(17)

出套　出格、出奇、出色。“个样出套风流家数侪有来奴肚里。”(17)

摩矬　眼睛微闭无神。“姐儿房里眼摩矬,偶然看着子介本春画了满身酥。”(17)按:“矬”,本字该作“睉”。《说文》:“目小也。”《广韵》平声戈韵昨禾切:“小目。”“矬”“睉”同音。今无锡方言仍有“眼摩睉睉”的说法。

呼屠　打鼾。“姐儿做势打呼屠,凭郎君伸手满身搁。”(19)

宅基　住宅的地基。“你好像个打弗了个宅基未好住。”(20)

着肉　贴肉。“衬里布衫那了能着肉。”(20)

蒸饼　一种蒸制的松软的饼。“摸奶要摸蒸饼奶,亲嘴须亲红嘴唇。”(22)宋·黄朝英《靖康缃素杂记》:“余谓凡以面为食者皆为之饼……水瀹而食者,呼为汤饼,笼蒸而食者,呼为蒸饼。”

得知　知道。“别人笑我无老婆,你弗得知,我破饭箩淘米外头多。”(23)

上桩　打桩,喻指性交。“小阿奴奴拼得个老面皮、听渠勾塔句话,若得渠答应之时好上桩。”(23)

拦路　当路、路中间。“吃你好像煎退个药查拦路倒。”(24)今苏州、无锡等地仍有人把中药渣倒在路中间的习惯,据说这样让人踩,病人好得快。

牙　用牙齿啃咬。“姐儿说话弗到家,吃郎君盘问只捉指头牙。”(24)

做身擨分　摆架子。“搭烂子黄葱我个心还在,那了有你介个做身擨分臭天灾。”(25)

扳桩　拔桩子。船停靠时,常打桩系缆绳,开船时要拔去桩子。“滔滔风急浪潮天,情哥郎扳桩要开船。”(26)

阴落落里　隐隐地,阴沉沉地。“好似黄柏皮做子酒儿呷来腹中阴落落里介苦。”(27)

大熟　苏州等地习惯上把秋季收稻叫大熟,夏季收麦叫小熟。“两对手打拳你且看头势,没要大熟牵砻做出来。”(27)

橹人　装在船艄后帮上支橹用的小铁柱，一二寸高，顶端为圆球形，与橹上的"脐"相配对，装上后便于摇动，橹人的大小与橹的大小有关。所以称为橹人，可能因为顶端圆球形像人头缘故。今苏州等地说"橹人头"。"小船上橹人摇子大船上橹。"(27)

脐　这儿指橹上像脐凹陷的地方，以便放在橹人上。"小船上橹人摇子大船上橹，正要推扳忒子脐。"(27)

行房事　指男女性交。"皂隶家婆会捉人，外郎娘子会行房事。"(30)按：元明时衙门里的书吏称"外郎"，掌管刑房事。"行房事"为"刑房事"的谐音。

打生船　打鸟兽的猎人用的船，便于经常流动。"打生船上姐儿会弄鸟。"(30)

搊　推。用竹竿装着网兜的工具，顺着河底推（或拉）把虾与螺蛳一类的东西兜入网兜。"搊"，《玉篇》："推也。"《广韵》去声宕韵他浪切："排搊。""使得枪儿也弄得耙，丢得团鱼搊得虾。"(30)

毬千人　骂人语，意谓给千人毬的贱货。今苏州、无锡等地仍有此骂人语。毬，方言俗字，音义同"擉"，《集韵》入声烛韵枢玉切："刺也。""人人骂我毬千人。"(31)

轮流更替　按先后次序更换。"弗如轮流更替捉个大门看。"(32)

糖锣　铜锣。比锡锣大。"两面糖锣各自荡。"(32)

盬工　即盘工，互相换工。"忙月里踏戽我听你盬工看。"(32)

含蕊　花苞。"露水里采花还是含蕊好。"(32)

衔猪騌皮匠　騌即鬃。旧时皮匠上鞋时先用锥子钻孔，然后用猪鬃作为引子穿入孔内，把来去两条线抽紧。皮匠在钻孔、拉线时，常把两个线头上的猪鬃衔在嘴里，故称。"好像虎面子上眼睛两个孔，衔猪鬃皮匠两边抽。"(33)

骜　非常想、喜爱。"我里个娘贪花养子我，教我贪花骜后生。"(34)

豁　用脚横跨。"结识私情只结识个俏后生，豁得窗盘跳得墙。"(35)

筛油蛮子　筛，从有嘴的容器内倒出，如筛酒、筛茶等。筛油蛮子，对卖油贩子的蔑称。"再吃乡下个筛油蛮子讨子个小便宜。"(37)

床傍　床桄，床架上的横木。"毬折子床傍打地铺，毬穿子地皮见阎王。"(37)

窟臀　肛门。"犄子新人就要干窟臀。"(37)

膀哈喇里　大腿与下腹交会处。"婆娘那了学子胡子个样，膀哈喇里也有一团毛。”(38)今也说“膀哈裆里”。

爽宕　爽快利索。“嫖小娘须拣大脚个嫖,行来爽宕又风骚。”(40)

水窠　皮肤上长的发痒的泡。“脚跟里水窠老皮里介痒。”(40)今无锡等地说“水窠头”。

矬　死。按:本字应作“殂”。“矬”,《广韵》平声戈韵昨禾切。“殂”,《广韵》平声模韵昨胡切:“死也。”矬、殂今苏州、无锡等地方言同音,明时可能也是音同或音近。“姐儿命硬嫁子七个夫,第七个看看咦要矬。”(40)

帮铁　包在器物外面的铁皮。“城门散子要帮铁,婆娘家咦有小家公。”(40)

绿砖　砖。绿,本字应作“甎”。《广韵》入声屋韵卢谷切:“甎砖。”“绿”,《广韵》入声烛韵力玉切。“绿”与“甎”今苏州、无锡等地方言同音。“个样事务才是五百年前冤魂帐,舍子黄金抱绿砖。”(41)

乌弗三白弗四　不干净、不黑不白的。“拿介管乌弗三白弗四个笔来捉个小阿奴奴千万牖,直牖得我漕中水尽便休停。”(42)按:“牖”,《广韵》至韵平秘切。方言与“鐾”同音,意思是毛笔在砚台上轻擦。

鼌等　即厘戥,戥子。用来称轻量的贵重物品或中药的器具。“结识私情好像鼌等能,浑身扭捏侪是假星星。”(46)

消息子　细竹针上扎些羽绒,修成球状,可放在耳朵内捻动消痒的用具。“我里情哥郎好像消息子能,身子一捻骨头轻。”(46)

烟条　驱蚊用品。用纸糊成管状,灌入木屑及药草一类的东西,成条状,点燃后以烟驱赶蚊虫。“姐儿生来蔑(篾)条长介像烟条。”(47)

尽盘将军　对好吃的人的戏称,意谓能把盘子里菜吃光的人。“撞来尽盘将军手里弗曾停。”(47)

际凑　即左凑。本应别人迁就自己,现在反而自己迁就凑合别人。“姐道郎呀,我只撞弯子腰来际凑子你。”(49)

拍破子面皮　喻不顾脸面。“那间没要拍破子面皮弗认真。”(50)

矮婆娑　矮墩墩。“姐儿生得矮婆娑,好像南山老茶棵。”(50)

根由蒂瓣　寻根追源。“我当初青青翠翠那间吃你弄得黄熟子,弗由我根由蒂瓣骂梅仁(谐音媒人)。”(51)

捽　抖动。指用有细须的草放在蟋蟀牙前抖动,引蟋蟀张牙好斗。“你只怕捽着子大头长脚真三色,斗得你牙钳放解直姜姜倘在尺当中。”(51)

放解　指蟋蟀斗后牙钳咬伤张开后收不拢。引例同上。

倘　应是“躺”字。引例同上。

尺　斗蟋蟀的竹编笼子，中间有栅栏。斗蟋蟀时，双方蟋蟀先分放两边，然后提起栅栏让蟋蟀接触撕斗。按：本字应作“栅”。取笼子中间有栅为名。“栅”，《广韵》入声麦韵楚革切：“树木立栅。”此字与同一小韵中的“策、册”今苏州均音［tsʻɑʔ］。“尺”，《广韵》入声昔韵昌石切。今苏州音也是［tsʻɑʔ］。由此可见当时以尺代栅，“尺”与“栅”同音。旧时苏州一带称斗蟋蟀的场所叫“栅里”。引例同上。

鲹条　即鳌鲦。白色体形较小的鱼。常浮游在水面上。与白鱼不同，白鱼嘴翘形大。“只有个油嘴鲹条在搭团团里看。”(52)

乌背鲫鱼　背上微带青黑色的鲫鱼，鲫鱼中的上品。“一对乌背鲫鱼在荷花池里做鸳鸯。”(52)

橹牙　即橹人。“姐挡子橹牙全靠郎打水，郎越撑篙姐越扳。”(52)

龙挂　龙卷风时天上有一条黑柱状的东西往下与地面相接，旧时认为是龙尾下挂，故称。“好个阵头弗落得雨，青天龙挂惹人瞟。”(53)今无锡方言称“挂龙”。

连垂头　榔槌、榔头，喻指年轻力壮。“二十后生连垂头，肯来小阿奴奴仙桥上过。”(53)

杀　制止、压倒。“好像冷水里洗疮杀弗得我个痒。”(56)

绰板　檀板，打击乐器的一种，用坚木板两片，以绳串联，用以击节。“姐儿生来像个绰板能。”(56)

括撵　括即刮，撵即刨。用刀或刨刀去瓜皮。“黄瓜生来像姐儿，只为你聪脆清香括撵子渠。”(57)

聪脆　生脆。引例同上。

连牵　连接，相接。“要还我四址明白，啰里连牵。”(58)

鳗鲤叉　带有四个齿的鱼叉。“四只膀儿好像鳗鲤叉，橹人正对子填脐边。”(58)

填脐　橹上与橹人相配对的凹陷处。引例同上。

橹掣　连接橹与船帮上的绳子。“妆子橹掣就摇船，推个推来，扳个板。”(58)今苏州、无锡等地称“橹绷绳”。

利市头　称橹人的吉利语。此处喻指男阴。“浪头颠，颠得饭潭眼里侪是水，利市头上弗曾干。”(58)

饭潭眼　本义是指做酒酿时，把蒸过的米饭盛在缸、盆里，中间挖一个潭，让酒酿卤出。这个小潭就称饭潭眼。此处引申指船上插桅杆的洞眼。

"浪头颠,颠得饭潭眼里侪是水。"(58)

刮舌　由薄而韧的片状物制成,是用来清除舌苔上污垢的用具。"眉刷不住介掠来掠去,刮舌又介掀嘴撩唇。"(59)

剔帚　剔除木梳上脏物的刷子。"朗梳斜连霹脚后跟赶上,剔帚来得殷勤。"(59)

乘瘫　伸直而瘫软无力。"便用筋把力,再歇歇,便四手乘瘫。"(60)

踏雄、打雄　禽类交尾。"上床好似背板纤,下床好似鸡踏雄。"(60)"爬起来小阿奴奴头边来学打雄。"(60)

滚　灌。"拿我肚皮常滚得我急箍箍。"(61)按:"滚"作为"灌"讲,苏州、无锡等地声调为阴去。

派擵、派赖　泼辣蛮横。"情哥郎派擵忒无徒。"(61)"官人也是做人家个说话,并无半句派赖个肚肠。"(75)今常熟等地方言仍说。

踏板　床前踏脚板,板下装有短脚,略高于地面。旧时老式床前常放。"丢我来踏板上理也弗理,睃也弗睃。"(62)又:"那间捉我做个通房拖脚看成,冷清清踏板上好一分无兴。"(72)

炭篰　装炭用的圆筒形竹篓子。"我近看你活像个炭篰个嘴脸。"(62)

吞　臭气、烟气熏人。"竹夫人便说道我强如你吞个家主婆个双臭脚。"(63)

搩　原注音桀。用双手抱。《广韵》入声薛韵"搩"字,意思为"强暴",根据《山歌》上下文:"因是更了我听你有子个情意,一日子月黑夜暗搩子我就奔。"(63)"我便开弗不及个门闩,拔弗及个门锁,渠再一走走进子个大门对子房里就一跪,就来动手动脚搩住子我个横腰。"(66)可见他们都是情投意合的,作"强暴"讲说不通。据明代李翊《俗呼小录》:"抱持人物曰搩。"由此可见,"搩"的意思,当如吴语的"搿"。《山歌》中也有"搿"字。"搿子我汗弗离身,勾子我手弗离颈。"(61)"啰要你进来搿搿坐坐,一味里支花野味。"(66)搩,今常熟仍说。

沟荡　沟渠水凼。"也弗管雨落天阴,也弗管地下个沟荡。"(63)

巷门　旧时城镇为了安全,在街巷的两头设巷门。"挨过子多少巷门,也弗管个更铺里个夜夫。"(63)

夜夫　更夫,引例同上。

油篓　盛油和篓子,形似坛子。旧时运送油或小贩贩卖油都用油篓盛油。"你那间浑身好像个油篓,满面拌子个灰尘。"(64)

骜好　(主观上)要求自己好,上进。"人门前勿骜好。"(64)

计较　计谋。“个个臭贼当时使一个计较，立地就用一个机关。”(64)

立地　立刻、马上。引例同上。

爬爬懒懒　爬上爬下、爬来爬去。“你没要爬爬懒懒介趁意利，惊动我里门角落里困猫团。”(65)

趁意利　任性、无约束。引例同上。今无锡方言仍有“趁过意利”的说法。

支花野味　敷衍、应付、油滑不真诚。“今夜我来时失信，望你宽洪姐姐饶饶、姐儿双手扶郎起来，你弗要支花野味了唠叨。”(66)“啰要你进来鞒鞒坐坐，一味里支花野味。”(66)今苏州方言仍说。啰，谁。

牵板　把别人的不是或不到之处重又提出损人。“我若听你扯破子个面皮，你就要从头至尾捉我来牵板。”(66)

浪搭　耽搁。“浪搭私情三四春，一场吃醋走进子是非门。”(25)“足足里吃你浪搭子介一年。”(67)

簿　盛鱼的竹器。按：《集韵》作“箉”，《集韵》上声蟹韵杜买切：“取鱼竹器。”据现在的器物形，是像匾状的圆形浅口平底，篾间留有三角形的竹器。今无鋬。“左手提子介一簿，右手拿子介一篮。”(67)

播　即簸。颠动器具，使器物内东西翻动。“劈手一夺拿个簿里播播，提个篮里颠颠。”(67)

发角　发作。“欲要回言两声无点起因发角。”(68)今苏州、无锡说“发夹”。

夹嘴(两击)　左面颊(打一下)右面颊(打一下)。“夹嘴两击，就是一个巴掌。”(68)

霍　贴。“霍在肉上个样东西在上缴了缴，再惹得我介膱腌。”(69)

骚离离　轻佻有情欲要求。“有个骚离离掀格腊个样寡妇，时常捉我挓挓。”(69)

掀格腊、轩矻腊　轻浮不持重，喜欢买弄、炫耀。引例同上。又：“后头闪出两个轩矻腊个后生。”(77)

挓　用手指刮取糊状的东西，此处指用手指碰碰摸摸。“有个骚离离掀格腊个样寡妇，时常捉我挓挓。”(69)

牵　抓住两头来回擦。“又有个极妖娆最风趣个样尼姑，尽捉我来牵牵。”(69)

擨　抓、扯。“擨破子我个面孔方才道是你认真。”(70)

对合　两边相合。这里指两只鞋子底朝外,鞋面与鞋面合在一起。“当时成子交易,对合着袋(动词)子了就奔。”(71)

浆丢头　丢头,放在事物面上或头上起装饰美化作用的东西。如果是鞋子,指缝在鞋头上的布,起装饰和牢固的作用。浆丢头,是指用浆糊粘贴的丢头,虽有装饰作用,但质量很差,并且不牢固、不结实。“一个说我浆丢头个迟货,一个说我还复弗是真身。”(71)

看承　看待。“且耐过子今夜,看大官人明朝那捉我看承。”(72)

通房　指侍妾身份的婢女。“旧时捉我做出人前卖俏个妆扮,那间捉我做个通房拖脚看成。”(72)

冤三撷四　冤这冤那。“你既是冤三撷四,还你介个整旧如新。”(72)

连锤　榔槌、锤子。“硬板刷擦得我性命难存,连锤再锤得我介要紧。”(73)

杀　用水熄火。“热炊炊也再有趣,杀子火,依先教我冷冷清清。”(73)

周捉　收拾、料理。“大鱼大肉拖来便油脂膈腻介是我周捉。”(73)

饭滞　锅巴。“过日子你搭多烧子介一把了烧子个饭滞。”(73)

难为　花费。“前月个做分子烧难为子柴火。”(73)

超　掴、打。“拿个热铁铲来超子我介七八个耳光。”(73)

肚漏　泻肚、拉肚子的委婉语。“我那间吃气弗过,生子介个肚漏。”(74)

着意　知心、知己。“便去央求对门知心妈妈,又去央求隔壁着意个娘娘。”(74)今无锡方言仍有“知心着意”的说法。

了偿　了却心愿。“我从小许子穹窿山香愿,至今还弗曾去了偿。”(74)

三茆菩萨　“茆”同“茅”。道教中传说的修仙得道的茅姓三兄弟(茅盈、茅固、茅衷)。“昨夜头偶然得介一梦,三茆菩萨派我灾殃。”(74)

朓凳　比一般长凳长,凳面宽可睡人的家具。“朓”,本字作“㸽”。“朓”和“㸽”《集韵》都是上声筱韵徒了切,“朓”:“月测也。”“㸽”:“床版。”“朓”,《广韵》上声篠韵徒了切:“㸽床子。”“抬(枱)儿朓凳只听得霹雳拍拉,碗盏壶瓶流水倾匡。”(75)

青胖　青肿。“再开言,教你满身青胖。”(75)

解劝　劝解。“两人百般介解劝,听我说个衷肠。”(75)今苏州、无锡仍有此说,如“强解劝”意思是不分是非,袒护一方强行劝解。

千张　厚沓软黄纸切扎成的迷信品。“买停当子纸马牙香,蜡烛要介两对,还要介一块千张。”(76)

停当　漂亮匀称、端正适当。“这抬来女娘,身材停当。”(77)“唯有小张

官人头上帽子戴又戴得个停当,盔又盔得介娉婷。"(77)

破珠掇撒　破烂。"方才……像个常熟山上新装塑个尊观音佛,那间破珠掇撒,好像个盘门路里……个星臭婆娘。"(77)

鼓墩　像鼓一样的石墩。通常作柱子下的基石。"旧时作尖顶长号,后来改子平顶鼓墩。"(77)

偷瓜蝎　刺猬。"捻来手里好像拳紧介一只偷瓜蝎。"(78)

大块头　大块儿的。"大块头儿改双凉鞋着着,斜块头儿改子外公头上束发包巾。"(79)

打碎　擦破。"捉我改子凉鞋正要打碎你个老脚跟。"(78)

芦篾上芦篾下　喻指差不多,不分高低。芦篾,芦席,很薄,在芦席上边与芦席下边是不相上下的。"论起行户中间来我搭你芦篾上芦篾下,称起骨头来你八两我半斤。"(82)

行户　经常在外流动营生,没有定居的人。引例同上

田螺头个眼睛　指眼球混浊突出甚至有花纹的眼睛。"突出子个双田螺头个眼睛。"(82)今无锡方言仍说。

鲇鱼蝲蛂嘴　蝲蛂,脏。鲇鱼身上多粘液,所以说蝲蛂嘴。本指嘴角经常流涎水的人,后经常用来喻指语言脏粗的人。"开子张鲇鱼蝲蛂嘴。"(82)

吊鳑皮　喻指上眼皮,生过疖子有疤痕,眼皮变形的人。鳑皮,即鳑鲏。"我弗像你搭吊鳑皮个妹子能介弗收管个两脚蚌。"(82)

收管　管教。引例同上。

黄鲿嘴　黄鲿,鱼名,样子像白鱼,但背部微黄,嘴翘起。黄鲿嘴,喻指翘嘴唇。"弗像你搭黄鲿嘴家婆能介鱦臭鳝能。"(82)

鹆鹨鸸　猫头鹰。鹆,《广韵》入声烛韵余蜀切:"鸲鹆。"即八哥。音义均不合。鹆,可能误读。鹨,一般字书无此字。鹆鹨,方言拟声字,音[koʔloʔ],猫头鹰的叫声。"你个个鹆鹨鸸个讨人,一张嘴尝是鸦飞鹊乱。"(82)今无锡称猫头鹰为"角六子"。"鹆"与"角","鹨"与"六"同音;"鸸"与"子"音近。

尝　可算。引例同上。

野鸡斑　寿斑。因寿斑的颜色与野鸡毛色相近,故名。"面皮便野鸡斑起。"(82)

鱼扶头　鱼浮游在水面。"东边港里鱼扶头,你也弗去赶青。"(83)

（此为1991年全国汉语方言学会第六届年会论文,2008年略作修改）

《山歌》方言词语汇释（二）

打斜　从斜的方向。“东南风起打斜来，好朵鲜花叶上开。”（1）

上　装。“青滴滴个汗衫红主腰，跳板上栏干要样桥。”（2）

羊油成块一团骚　“骚”是“臊”的谐音。“骚”，举止轻佻，淫荡。按：羊油冷后能凝成硬块，故云。此句在当时可能是歇后语。“搭棚水鬓且是汝得恍，仔细看个小阿姐儿再是羊油成块一团骚。”（2）

桥/乔　都是“娇”的谐音。“娇”，娇俏美丽。“娇”，《集韵》平声宵韵渠娇切。与“桥、乔”同音。可能当时“娇”有此一读。“跳板上栏杆要样娇。”（2）“东南风起发跑跑，个星新结识个私情打搬得乔。”（2）

骇　笨，呆。“二十去子廿一来，弗做得人情也是骇。”（3）按：“思量同你好得场骇”（1）中的“骇”，其义不明，可能是一个语气词。

踏床　床前地上供踏脚用的木板。“二十姐儿困弗着在踏床上登，一身白肉冷如冰。”（4）

今日四，明朝三　找借口推托。“今日四，明朝三，要你来时再有介多呵难。”（4）

缯竿　“缯”同“罾”。鱼网上作支架用的竹竿。“好像新笋出头再吃你逐节脱，花竹做子缯竿多少斑。”（5）

灰　① 指砌墙用的灰泥。“泥水匠无灰砖来里等，隔窗趁火要偷光。”（5）② 指豆萁稻秆等烧成的草木灰，淋后灰水可洗衣。“好似漂白布衫落在油缸里，晓夜淋灰洗弗清。”（8）③ 指生漆与石膏等拌成的混合物。用来涂在拼缝处的布条上（旧时拼缝先贴上布条）。“寿器上剥灰材露布，老阴阳到处说新坟。”（10）

扳　① 拉起。“日长遥遥难得过，双手扳窗看日头。”（5）② 船上人用语，指把橹往身边拉。“姐挡子橹牙全靠郎打水，郎越撑篙姐越扳。”（52）

次身　替身。“姐儿心上自有第一个人，等得来时是次身。”（5）

捉惊骇　惊慌发呆的样子。“结识私情窗里来，吃娘咳嗽捉惊骇。”（7）今无锡等地仍说“捉惊竖眼”。

并胆同心　强调同心一致。“我听你并胆同心一个人能介好，啰怕闲人

捉要双。”(11)

囊家　指设局聚赌从中取利的人。“搠破子个灯笼个个眼里火,惯赌囊家要捉头。”(11)

蒲席　蒲草织的席。“蒲席包来对子荷花地里只一丢,思量几遍跌心头。”(12)

荐粜船　装有准备出售粮食的船。“姐儿生得好身材,好似荐粜船舱满未曾开。”(13)

探筒　一种金属制的长管,可插入深层检查底部粮食质量的工具。“郎要籴时姐要粜,探筒打进里头来。”(13)

桠　用手抓取。桠,本字作“搲”,《集韵》平声麻韵乌瓜切:“手捉物。”旧时茶叶店店员常用手抓取茶叶,可能当时不用包装,只是放在撩起的裙子兜里。“姐儿道卖茶客人尔弗要拨个粗枝硬梗屑来我,连起子罗裙凭你桠。”(13)

佥　削。本字作“㯿”,《广韵》平声盐韵千廉切:“削皮。”“好似橄榄佥皮舍弗得个青肉去,海狮缩缩再亲亲。”(13)

海狮　一种钉子样的、壳上有皱纹的螺蛳。可吃。“狮”当作“蛳”。引例同上。

缩　吮吸。本字作“欶”,《广韵》入声觉韵所角切:“口噏也。”《说文》:“吮也。”《集韵》又作“嗽、嗍”。《现代汉语词典》作“嗍”。欶、嗍与缩,苏州等地方同音。引例同上。

双鉼:两块或两样东西拼合而成的。木板双拼,中间常用竹制销钉连接。“好像双鉼板壁眼对子眼,蜡烛上无油空费心。”(14)

百沸滚汤　形容极烫的水。“百沸滚汤下弗得手,散线无针难入头。”(15)今苏州一带说“百沸滚烫”用来形容极烫。

斋堂　祭祀神佛的场所或厅堂。“姐儿见子有情郎,好似云游僧投饭入斋堂。”(16)

虫蛀子鳇鱼空白鲞　鳇鱼即黄鱼,白鲞,剖开晾干的黄鱼。空白鲞,谐音空白想。“虫蛀子鳇鱼空白鲞,出铜银子是干丝。”(16)

有数　数量不多,少数。“盘古以来也是有数个三贞并九烈。”(17)

推转　推上。“姐见郎来推转子门,再来门缝里张来门缝里听。”(17)

生毛桃　指未经嫁接的桃树结的未完全成熟的桃子。“好像新打个篱笆个一夹得介紧,生毛桃要吃叫我那亨拍开来。”(17)

拍　掰开,剖开。本字作“㼟”,《广韵》入声陌韵普伯切:“破物也。”引例同上。

冰排　河湖中飘浮的冰块。“姐做子船底下冰排叠起来。”(19)

奶奶　乳汁。“小阿姐儿再像牛奶奶洗浴满身酥。”(19)

摞　扭动。“你那了弗学染坊里漂白布儿摞腰凸肚立子了掼，马上加鞭背后抽。”(20)

做着勿着　不管情况如何，将就着(做)。“你做着弗着做个大人情放在我脚跟头困介夜，情愿拨来你千憎万厌到大天光。”(23)

陌纸　一种切成块状的多层软黄纸扎结成的迷信品。“当初指望杭州陌纸合一块，那间拆散子黄钱各自飘。”(26)

参　① 架，斜靠。“当初只指望……塔上参梯升天同到老，如今个山迸楼摊塔倒梯横便罢休。”(26) ② “蹿”的同音字，向上跳。“只见个个(那个)婆娘参起来叫四邻，便骂道你个丢丢响个乌龟弗要走子去。”(81)

掉　留下，抛下。“嫁出囡儿哭出子个浜，掉子村中恍后生。”(27)

忒　① 隐匿。“姐儿昨夜嫁得来，情哥郎性急就忒在门前来。”(27) ② “脱”的同音字，脱落，脱离。“小船上橹人摇子大船上橹，正要推板忒子脐。”(27) ③ 副词，太。“姐儿养个大细忒喇茄，吃个情哥郎打子两击大背花。”(28)

牵砻　用木制磨子把稻谷磨成糙米和砻糠。“没要大熟牵砻做出来。”(27)

推扳　摇船时的动作。手握橹柄向外推叫推，手握橹柄往身边拉叫扳。引例见“忒”②。

花利　红利。“搭宅基一块好田只吃你弗会种，年年花利别人收。”(28)

出景　出道。“新出景个嫖客还涨红子脸，那了新开荤阿姐会寻人?”(29)

踏戽　踏水车戽水。“忙月里踏戽我听你盘工看，两面糖锣各自荡。”(32)

沙角菱　一种有四个角的菱，可蒸或煮了吃。“囡儿道池里藕儿嫩个好，娘道沙角菱儿老个香。”(33)

把浜　把持河浜，不给船只通过。“竹筒里点火相照管，撑弗过航船船把浜。”(33)

白酒　用糯米加酒曲发酵后加水沥出的乳白色的甜酒。今也说“老白酒”。“小阿奴奴好像寄做在人家一缸头白酒，主人未吃你先尝。”(33)

还覆/还复　还成原样或修复成原样。“皂色还覆教我无染处，馄饨弗熟你再有介一副厚面皮。”(34)“一个说我浆丢头个迟货，一个说我还复个弗是真身。”(71)

响觉　因响声而惊醒。“一声响觉人在房门外，罗帐内无人好听渠争。”(35)

新出螃蜞无肚肠 “螃蜞”即“鳑鲏”。形体与鳊鱼相似的一种小鱼。产卵时腹下拖一长条输卵管,卵产在蚌壳内。新生鳑鲏不会有产卵管,故云“无肚肠”。比喻没有心机、不可靠。“结识私情没要结识暴后生,渠好似新出螃蜞无肚肠。”(35)

受 积聚。本字作“穊”,《集韵》上声有韵士九切:“聚也。”“道人问道师父那了能快活,我受子头发讨家婆。”(36)

枷里人 戴枷的犯人。“乡下人弗识枷里人,忽然看见只捉舌头伸。”(36)

乭 量词,滴。本字作“沰”,《集韵》入声铎韵当各切:“滴也。”“你嫌我筛得弗爽利时要便再滴子乭去,只没要动手动脚累得滑泥泥。”(37)

头 赌场老板抽取的头钱。“大街上行人不怕个牛,大场里赌客弗怕个头。”(39)

响铃铃 一种小铜铃,发音清脆悦耳。“郎唱山歌响铃铃,北寺塔造起子两三层。”(41)

牢石人 “老实人”的谐音。“砚台姐原是牢石人,吃个墨池里郎来污子我个身。”(42)

零了中间 到末了的时候。“零了中间吃郎打子镳铲结,结来结去死还渠。”(43)

缩手势 缩手的样子,比喻畏惧退缩的样子。“你没要过门不入来我面上做惯子个样缩手势,我听你斜插花强似以多为胜赌中壶。”(43)

斜插花 比喻用旁的事情来干扰正经的事情。引例同上。

薄幅/薄福 (身体)单薄。“情哥郎瘦骨棱层好像鹞子能,生来薄幅独取尔个点有风情。”(44)“姐儿窗下绣鸳鸯,薄福郎君摇船正出浜。”(2)

外夫端正里夫村 “夫”即“袂”。外袂,衣服的前襟;里袂,前襟里的小襟。此处“外夫”指姘夫,“里夫”指自己的丈夫。“结识私情像海青……外夫端正里夫村。”(45)

关着 看到。“进来出去能即溜,教小阿奴奴关着子毛头便痒杀人。”(46)

蔑条 即竹子劈成的竹篾条。“姐儿生来蔑条长介像烟条,情哥郎当面就䵒(原注:“䵒,音得”。方言字,粘的意思)牢。”(47)

温燉 指水或其他液体不冷不热。现在一般写作“温暾”或“温吞”。“结识私情好像茶注能,冷热温燉待子多少人。”(47)

焠得火熥/测得火着 像点火烧着一样,形容快而热烈。焠,点(火),今苏州一带“焠”与“测”同音。“小阿奴奴焠得火熥介欢喜子你,那了你一道狼

烟就无处寻。"(48)"你个心上测得火着,我倒有气无烟。"(60)

馋痨　贪馋的人或贪馋。"撞你介个馋痨捉我剥得精赤子,一连两个正救子肚饥人。"(49)"过日子你搭多烧子介一把了烧子个饭滞,倒说我馋痨了要吃。"(70)今苏州一带称贪吃的人叫"馋痨胚",贪馋想吃叫"馋痨痨"。

浑闷气　因受气、受委屈的烦闷。"我为你面生受子多呵浑闷气,那间没要拍破子面皮弗认真。"(50)

团搦　团弄揉捏。"姐儿生来紫糖色了像面筋,惹人团搦惹人蒸。"(50)

清水货　指纯净的不搀假的东西。"小阿奴奴是个主热烘烘新出笼个清水货,你没疑心我夫(原文'麸')多弗作成。"(50)

郎若头歪奴便艄　此句疑缺"扳"字,或"便"为"扳"字之误。"郎把舵,姐撑篙,郎若撑时姐便摇……郎若头歪奴便艄。"(52)

困猫团　喻指贪睡晚起的人。"小阿姐儿吃个听弗过了,捉个情郎一脚踢觉子,你个困猫团那了只贪眠?"(52)

检妆　女性梳妆用的镜盒类的用具。"短短头梳袖里藏……再来检妆里面摆祠堂。"(53)

竹榜　即"竹棒",竹竿。"日落西山影弗高,姐担子竹榜打樱桃。"(54)

过　在清水里漂洗。"小阿奴奴金盆洗子银盆里过,白罗帕子转三遭。"(54)

齐　并排聚集的意思。"船艄里打铺船舱里齐,船艄婆一夜忒顽皮。"(54)"郎做子鹭丝云头上飞,姐做子鲹鱼水面上齐。"(56)

到弗得　不及,及不上。"小阿奴奴私房本事侪吃你听会子去,只怕你搭家婆到弗得我介会顽皮。"(54)

顺情　顺从别人的情意。"吃郎推到后庭心,硬郎不过,只得顺情。"(55)

墙门　大户人家的前门。从苏州一带清代建筑看,一般由四扇或六扇门组成,有的门的下端还钉有竹条。"新做墙门黑枪篱,篱篱里面有介个小囡儿。"(56)

躲　鸟类停留栖息在某物上。"你好像折脚鹭丝躲在沙滩上,眼看子鲜鱼忍肚饥。"(56)

塞杀将　象棋用语,今说"闷杀将"或"闷宫将"。"你摊出子将军头要捉我做个塞杀将,小阿奴奴也有个踏车形势两逼车。"(56)

踏车形势　象棋用语。指两个车不在同一直线上,形成便于轮流交替将对方的局面。引例同上。

紧俏　紧紧地绞缚,紧凑。"俏",本字作"峭",《广韵》去声笑韵七肖切:

“峭缚。”“腰里着霎啥了能紧俏，你没要进门便屑子了就行程。”(57)

褥子上番身无席摸　歇后语。“无席模”是犹今说的“呒樵寞”的谐音。“呒樵寞”，形容百无聊赖的样子。“褥子上番身无席摸，千条棉被弗如郎。”(57)

糠虾　小虾。“我那间羹汤篮提子个糠虾来里眼泪出，升箩里坐子蚕茧细思量。”(58)

坐　安放。引例同上。

榧堂　旧指木船有棚的前舱。“打湿子一领䈰蓑衣犹自可，袱包正挂在榧堂前。”(59)

关　看。本字作“䁎”，《广韵》去声寘韵规恚切：“视也。”“一双眼睛弗住介捉我来关关。”

屑　谐音“泄”，液体排出。“吃你尖酸头弄大子我个眼，两人绞热子了屑来孔门边。”(60)“屑、泄”今苏州等地同音。

仝装　指男阴。“捉渠仝装只一摸，好似烟熏萝卜火烧葱。”(60)

礤脚绊手　碍手碍脚。“娘子官人咦道我礤脚绊手，丫头阿姐咦咒我离眼别睛。”(61)

像……心　合心意，称心。“横弗中渠个意，竖弗像渠个心。”(61)

对科　对劲。“道是我热闹闹介有趣，暖烘烘介对科。”

搽磨　一般解释为推磨。其实推磨跟搽磨不一样，从具体的动作来说，磨具不同，“推”是人推着磨子转，“搽”是又推又拉使磨子转动。磨盘石上边系有木制横梁，横梁两端有洞。另用三角形或丁字形的木架。一头套在横梁洞内，一头用绳悬起。保持平衡，人用力又推又拉，磨石就转动。推磨一人就可以推，牵磨要 2 ~ 3 人合作进行。锡剧《双推磨》：“推呀拉呀转又转”，“你拗磨，我来牵”，都说明推磨与搽磨不同。“苦怜我被窝中准夜如搽磨，一脚就碾开奴。”(62)

护　用热的东西接触冷的东西使变暖。今一般写作“焐”。“寒寒冷冷护子你多少脚，那间倒捉个竹夫人做子小家婆。”(62)

布头布脑　零碎布块。“包包扎扎便是布头布脑。”(62)

价色　身价和成色。“我骨格重你两两，我价色多是你十分。”(63)

劈竹性　劈竹时竹子会自行爆裂，比喻性子暴躁。“你下遭再弗许你个样劈竹性。”(63)

忒底　即“脱底”，掉了底儿。用来形容人品，指吃光用光，不要脸面，不可救药等意思。此处可作彻底不留余地的意思解。“因为偷光犯子个事，后

来忒底坏奴名。”(63)

局蹴/局促　粗壮而没有样子。“你道是我短又弗局蹴,长又弗伶仃。”(63)

辞劳　唠叨,啰唆。“郎道你弗要辞劳叹苦,懊悔连声。”(64)“蜊挞丫头个龌龊也倒耐子,馊酸个阿婆辞劳一发难听。”(73)

直楞窗盘　窗框中装有竖的方木条的窗户。“也弗怕直楞窗盘,一夜子钻进子我个屋里。”(64)

传教寄信　传唤带口信。“我蓦传教寄信来叫你,你蓦好像个讨冷债个能介有多呵今日了明朝。”(65)

篷尘　灰尘。篷,本字作“塳”,《集韵》平声东韵蒲蒙切:“尘也。”“我虽无奢篷尘落在你眼里,你搭个起男人家,好弗会生事造言。”(67)

萧山富阳　以地名代替所产的草纸。旧时浙江萧山、富阳以出产草纸有名。“你阿有萧山,阿有富阳,卖草纸个说无得。”(68)

嘱　向下顿动。本字作“㧊”,《集韵》屋韵张六切:“以手㧊物。”“卖草纸个拿个扁担一嘱,看看后生。”(68)

着根　贴近根部。“毛将军玉柱上头下头也替渠着根介周旋。”(69)

紧括　收紧而挺括。“爱我口儿紧括,喜我浅面低跟。”(71)

袋　动词,把东西放(在袋子中)。“当时成子交易,对合着袋子了就奔。”(71)

平洋洋　平展展。“厅堂才是平洋洋个砖地,房里又是光滑滑个地平。”(71)

乌皂泥泾　形容黑不黑,白不白的。“你当初精精致致,那间乌皂泥泾。”(72)

冤三攋四　冤这冤那。“你既是冤三攋四,还你介个整旧如新。”(72)

箩头　竹编的箩筐。“一揿揿我在箩头里子。”(72)

准　本指用抵押品偿付,此处指用东西偿付工钱。“打子四个钪子两个硬跟,拿我准来渠子。”(72)

馊酸　本指饭菜等变质而发出的酸臭味,此处可理解为尖酸。“蜊挞丫头个龌龊也倒耐子,馊酸个阿婆辞劳一发难听。”(73)

刮镬耙　刮铁锅底上锅烟子的耙子。“刮镬耙来打子我十数击背心。”(73)

钹　拨动、翻动。“钹我搭转来兜嘴介两撞,又弗容我汪气汪声。”(73)

搭转来　翻转身来,倒转过来。引例见上。

兜嘴　对准嘴巴。引例见上。

精无一塌　一无所有。“屋里精无一塌,硬三蛮极要行。”(74)

环子　耳环。“兰花头玉簪要借一只，丁香环子借介一双。”(75)

押鬓　戴在头上押鬓发的别针。女性的头饰。“徐管家娘子有一个金镶玉观音押鬓，陈卖肉新妇有两只摘金桃个凤凰。”(75)

涂金　镀金。“张大姐有个涂金蝴蝶，李三阿妈借子点翠个螳螂。”(75)

转背　转身(回去)。“打发两人转背，就央个姑妈外甥。”(76)

松篰　成捆的松柴。“一篰松篰今夜烧子个浴汤。”(76)

坐关　指和尚闭门静坐一室，与外界隔绝，进行修行。“转来要到天池看看石殿……还要看金山寺里坐关个和尚。”(76)

出乡　一种迎神赛会的形式。把神庙的神像抬出在街巷巡行，前面有仪仗开道。解放前无锡一带叫“出会”。“有个道是出乡个观音菩萨，有个道是抄花个陈州娘娘。”(77)

瓦楼　即“瓦楞”，瓦垄。“后来改子平顶鼓墩，咦有缨子朗锁密结瓦楼。”(77)

提偶　提线木偶。“看子多少提偶扮戏游湖踏青，唱船里人中显贵。”(78)

唱船　有歌女唱戏的游船。引例同上。

油　动词，用桐油、漆等涂抹。“捉个猪胆去油，教我受子多少腌臜苦恼。”(78)

上色　染色。“捉个百药箭上色，教我吃子多少乌皂泥筋。”(78)

捻　用手指头夹取，字当作“拈”。按：“捻”，用手指搓。“捻”和“拈”，今苏州一带声韵相同声调不同。“捻来手里好像拳紧介一只偷瓜蝎，落来地上好像矗起来介一只刺毛莺。”(78)“姐儿生来身小骨头轻，吃郎君捻住像个快儿能。”(47)

领丧　(请和尚)为丧家做法事。“遇着子承天寺里个和尚，定道请渠领丧。”(78)

退煞　驱退凶神恶煞。煞，道家指凶神。“撞见子玄妙观里道士，定道请渠退煞。”(78)

恍　炫耀，显示服饰的艳丽。“帽沿拿来做个扎额，我里夏天恍恍。”(79)

扎额　妇女扎在额头的装饰物。引例同上。

肆多多　任意妄为。“弗肯闭门家里坐，肆多多在土地堂里去安身。”(80)

带草连真　指书写好草书和楷书。“做诗咦弗会嘲风弄月，写字咦弗会带草连真。”(80)

生意淡薄　此处指生意清淡，生机无着。“只因为生意淡薄，无奈何进子法

门。”(80)

有劳劳　即“油劳劳”,油滑。“天生子软冻冻介一个担轻弗得步重弗得个肩膊,又生个有劳劳介一张说人话人自害自身个嘴唇。”(80)

曲子肚肠　喻指昧着良心歪曲事实。“硬子嘴了了说道恤孤了仗义,曲子肚肠了说道表兄了舍亲。”(81)

牛皮鸟觔　觔,同“筋”,不干脆,不爽快。“一张嘴尝是鸦飞鹊乱,久惯是牛皮鸟觔。”(82)

臬寒鹁鸡　今苏州称鹁鸡,常栖息在林子竹园或水边。也有人称竹鸡。“眼见得你搭家公寒鹁鸡能。”(82)

(原载第二届国际吴方言学术研讨会论文集《吴语研究》,2001 年 3 月)

读《苏州方言词典》

叶祥苓同志继《苏州方言志》之后，最近又由江苏教育出版社出版了《苏州方言词典》（以下简称《词典》），这对进一步了解苏州方言和提供方言学术研究的资料是很有意义的。

最近几十年来，苏州方言在语音、词汇等方面都发生了很大变化。以前常用的词有些已渐渐不用，或者为别的词所替代，有些词年轻人已不完全理解它的意义，甚至根本不知道了。当然还有语音的变化。老年人说的话常被年轻人视为"乡下人闲话"，因为苏州市周围的农村大多还保留旧时老苏州音。从这个意义上说，《词典》的出版也是很及时的。

由于我对方言的爱好，也由于我家乡的方言跟苏州方言十分接近，又由于我长期在苏州工作，因而对苏州方言有一种特殊的感情。在收到《词典》以后，我就很有兴趣地通读了全书。知道了一些原先不知道的东西，同时也想谈谈自己对《词典》的粗浅的看法。为了节省篇幅，举例时省略《词典》原著中的注音。

编写词典有编写的目的。目的确定以后，主要就是做好收词、注音、释义等工作。编写方言词典也是这样。我认为《词典》在这几方面都很有特点和成功的地方。

《词典》是作为《现代汉语方言大词典》的分册出版的。收词包括两个方面：一是新编的《方言调查词表》规定的词。这部分词，看来大多是各地常用的基本的词。这类词的方言特色，主要由本方言与通语及其他方言差别大小体现出来，有的多一些，有的少一些。二是本方言特有的方言词，也就是最能反映方言特色的词。作者叶祥苓对苏州和吴县方言进行了长期、广泛的调查研究，收集了大量的方言词语，内容涉及各个行业，也涉及日常生活和风俗习惯等各个方面。因为苏州是文化历史名城，还列举了一些著名的名胜古迹。例如：

① 与农业有关的：莳、鹤膝、满铎、牛拗头、帆潭眼。

② 与商业有关的：响堂、斛梢、砂壳子、落尺、氽筒、豁货。

③ 与医学有关的：铁树开花、流珠、急惊风、平肝。

④ 与日常生活和用品有关的:油面搨、一点焦、串头绳、颜罩。

⑤ 与风俗习惯有关的:担盘、上花坟、魂桥、接殃、采子。

⑥ 与文化艺术有关的:小落回、桥梁、尺相唱肮春。

以上所举词语有些现在已很少用,然而在苏州方言中又确实存在。如果不经过深入的调查和了解,这些词语是不容易获得的。

关于注音,《词典》不拘泥于本字,而是重视词语的实际读音,对在词中有特殊读音的字都加注。例如,“枸橘藜”的“藜”,注明读入声。“撑伞”的“撑”,注明“撑读tsʻiã^{44},不读tsʻã^{44},限于本条”。有些为了注重词语的实际读音,宁可不写本字而写同音字。例如,“枸希头”,“希”不写“杞”。杞,苏州音[tɕʻi^{44}],但此处读[ɕi^{44}]。“摆姆两家头”,注明“摆可能是伯字音变”。伯,苏州音[pɑʔ^{5}],为了符合实际语音,写作“摆”。

编写词典,释义最难,要做到正确、简明、贴切更不容易。通观《词典》,作者在释义方面是下了很大的功夫的,因而也收到了良好的效果。为了解释好词义,作者常常根据词语的性质,采用不同的方式,并尽可能地反映地方特色。

(一) 方言词与通语词相同,意义没有差别的词。这类词的释义,《词典》一般只是写出词义的主要点。这样的释义很简明。例如:

【丝瓜】一年生草本植物,果实长形,可供食用。

【蝗虫】农业害虫。

同样性质的词,也不完全采用同一种注释方式。例如:

【芝麻】有黑、白之分,白芝麻含油量高,黑芝麻则入药,能治头晕。

这是因为苏州常见的芝麻只有黑白两种,这种注释就丰富了词语的含义。

(二) 方言词与通语词相同,意义不完全相同。这类词的释义,《词典》常着重指明其不同点。例如,“主婚人”,根据《现代汉语词典》对“主婚”的释义是“主持婚礼”。主婚人当可理解为主持婚礼的人。它没有规定谁可以当主婚人。事实上现在单位的领导和非亲属的长辈都可以当主婚人。但是在苏州,主婚人除了主持婚礼的意义外,谁可以当主婚人是有传统习惯的,即《词典》所说:“新郎、新娘双方的父亲,如果父亲去世,则由长辈的伯父、叔父作主婚人,旧时女性不作主婚人。”这就把谁可以当主婚人说得很明确。又如,“老板娘”,《现代汉语词典》的释义为“老板的妻子”。但是在苏州也可以指女性老板。《词典》的释义是“女店主或男店主的妻子”。上面两个例子所说的,都跟苏州的传统习俗和观念有关。再拿“老板娘”来说,在苏州人的心目中,老板是指男性的,女性即使做了老板,仍只能称为老板娘。

（三）方言词。这类词的释义比较复杂,要解释好方言词的意义,特别是那些在通语中无对应的方言词,是有一定难度的。然而《词典》在这方面还是做得比较好的。主要表现在以下三个方面:

① 释义正确、贴切。例如:

【懊门痛】与懊恼词义相近。但懊恼只是懊悔,而懊门痛则有懊悔而产生痛惜的意思。

【收骨头】加强管束。

【说死话】说逗人发笑的幽默话。

从上面的释义看,懊门痛,分清了与懊恼的细微差别。收骨头,这原是一种形象的说法,意思是懒散了一段时间,好像骨头也松散了似的,需要收束一下。用“加强管束”释义很确切。说死话,用“逗人发笑”“幽默”这些词语来释义,确切地概括了它的意义。

② 释义采用多种方式。例如:

有些方言词即使解释了意义,有的也难于领会或不易完全理解。《词典》采用多种方式,力求把词语的意义表示得更清楚,易于为人们接受,甚至帮助了解词语的用法及其他含义。

主要的也是最常用的方式是用恰当的例句让人们在具体的语言环境中去理解。有的条目还引用了通俗而富有情趣的,或者含义深刻的方言俗语。例如:

【豁零子】暗示、提醒:吾勿是𫠳搭俚~,俚实头拎勿清葛。

【落槛】说话、做事合情合理,知趣大方:俚葛两声闲话~葛,大家听仔蛮窝心。

【割割裂裂】无可挽回:吾倒还想搭俚谈谈,劝俚嫑实梗做,啥人晓得俚回头得~。

【看穿】看破:年纪实梗一把,要~点|△脚炉盖当镜子——~脚炉盖上有很多小孔,可以穿过小孔看到东西。

【佮】合:两个人~一顶伞|……哀爿店张三搭李四~开葛|△坐得正、立得正,那怕和尚师姑~板凳。

【老虎灶】卖开水的小铺……大灶外形像老虎。烟囱为虎尾,两只大锅是虎身,左右两个小锅是虎眼。烧砻糠的灶门像老虎的血盆大口。

【铜匠担】铜匠挑的担子，前面有数十条铜皮串在一起，挑时擦擦作响，这声音是铜匠担的标志。

【吃讲茶】在茶馆中吃茶评理‖这是苏州一带的习俗，矛盾的双方在茶馆中将事情的前因后果、来龙去脉公之于众，请群众公议，分清是非曲直。

【砂壳子】指很小的铜钱……‖清代的制钱是翻砂铸造的，砂壳子可能是指这类铸造时不合规格的小钱。

【高兴】愿意：倷高兴去，呒不人来拉倷葛‖苏州的"高兴"一般都作能愿动词用，普通话里的"高兴"苏州说"开心"。

【打烊】晚上停止营业。如果说关店或关门，那是忌讳的。

【杀千刀】骂人话，往往是妇女咒骂男人。

③ 释义富于地方特色。

从以上①②所举的例子我们可以看出，《词典》在释义时，是有意识地结合词语的意义等反映地方色彩的，这也正是方言词典要求达到的。

总的说来，《词典》释义做得比较好。这跟作者的不断修改是分不开的。如"猪猡"一词，其中的一个意义原注释为"骂人愚蠢得像猪"。现在改为"骂人语"，这改得很好。释义的字少了，但词义的内涵丰富了。原释义限制了它的意义。其实骂人为"猪猡"，含义很多，至少还有一个"你是猪猡，不是人"的意思。我相信这样的修改还有很多，不过没有可比的材料，就不好多说了。

一部方言词典，内容包罗万象。在注音、释义、用字等方面，不可能是十全十美的。下面就《词典》的释义方面谈点意见。

释义相反或不正确的，如：

【推艄】【扳艄】这两个词都是船工用语。《词典》的释义反了。如果就自身的船来说，扳艄，船头向右斜出；推艄，船头向左斜出。这种用语，在行船过程中，也常常用来招呼迎面行驶的船只，以免两船相撞。如果要求对方扳艄，是要求对方船头向左；推艄，则要求对方船头向右（都从对方角度说）。

【头钮】【二纽】这是指秤杆上的秤纽。《词典》的释义把次序说反了。头纽是指靠近秤尾的纽，用来称轻物；二纽是靠近秤钩的纽，用来称重物。

【大小】一种赌博方式。《词典》释义中说："总点数满十点为大，十点以下为小。"正确的说法应是：满十一点为大，十一点以下为小。

释义不完全正确的，如：

把两个意义不完全相同的词中间加上等号。例如"【倒树】=【席树】把树锯下来”,按:倒树和席(似应用“截”)树使用的方法不一样。“倒树”是先挖去树根周围的泥土,让树根暴露于外,然后用斧头砍断其根,使树倒下。“席树”是用锯子在地面上锯断树干,使树倒下,留有树桩。

多加了修饰限制的词语,意义反不确切。例如:“【挦毛】用夹子把宰好的家禽的毛摘下。”这个释义至少“用夹子”“宰好的”可省去。挦毛一般不用夹子,也不全是宰好的。苏州一带旧时吃鸽子,常先灌酒,然后活着挦毛。又如:“【拜喜神】年初一家家悬挂神轴,长幼依次而拜。”按:神轴大多是年三十挂的,只是年初一拜。神轴也不是家家挂,旧时能挂神轴的,只是少数大户人家。

释义不够全面。例如“【家堂】旧时安放神主的木龛。”按:旧时祠堂也有放神主的木龛,不同处在于家堂是设在家里的。又如:“【美人肩】=【退肩架】双肩向下垂。”释义不错,但色彩不同。旧时认为女性的双肩向下垂为美,故名美人肩,有褒义。男性则不同,退肩架认为是一种缺陷。用现在的话说就是缺少男子汉阳刚之气的体态,一般也不用美人肩来形容男性。退肩架有贬义。

除了释义方面存在的一些问题外,方言词的用字也可以进一步斟酌推敲。例如:

【揵木梢】《词典》中说“通常写作掮木梢”。苏州邻近的方言有说杠木梢的,由此可见用“掮”更合适。

【穿条鱼】“穿条”《现代汉语词典》作“鳘鲦”。

最后,有一个希望,苏州方言词汇丰富,如果条件许可,今后可适当增加一些词语。

(原载《方言》1994 年第 1 期,有改动)

后　记

上世纪五十年代，我开始从事现代汉语的教学工作。六十年代，我有机会去南京大学听李荣先生为南大学生讲汉语音韵方面的专题课。由于李先生很关心汉语方面的研究，尤其是吴方言的研究，他知道我是从苏州去的，就鼓励我可以从事一些吴方言的研究，并指出可以先从自己熟悉的方言着手，然后扩大深入。这启发和培养了我对方言研究的兴趣。不久“文革”开始了。

八十年代初，苏州大学中文系要求开设选修课，我上了“汉语方言和方言调查”这门课。这促进了我对汉语方言的学习和研究，曾调查了无锡、苏州、常州、常熟等地的方言。这本集子中的文章都是在这之后陆续写成的，有的写在1990年退休前，有的写在退休后，其中有些在刊物上发表过。

本书中的文章一定会有不当和谬误处，诚请读者批评指正。

本书由苏州大学“211”工程建设经费提供资助，并在苏州大学文学院领导的关心、支持和帮助下得以出版，谨表示由衷的感谢。同时还要真切地感谢苏州大学出版社领导，支持出版这种读者少且印数少的有关方言的著作。本书中音标符号多，繁体字甚至冷僻字多，给编审和排印等增加了许多麻烦，他们要付出更多的辛劳，在此也表示真诚的感谢。